La legende dorée

LA

Légende Dorée

DE

JACQUES DE VORAGINE

NOUVELLEMENT TRADUITE EN FRANÇAIS

avec

INTRODUCTION, NOTICES, NOTES

et

Recherches sur les Sources

par

l'Abbé J.-B. M. ROZE

Chanoine honoraire de la Cathédrale d'Amiens

———

DEUXIÈME PARTIE

PARIS

ÉDOUARD ROUVEYRE, ÉDITEUR

76, RUE DE SEINE, 76

MDCCCCII

ÉDOUARD ROUVEYRE, Éditeur, rue de Seine, 76, PARIS

Publication honorée de la Souscription
du Ministère de l'Instruction publique et des Beaux-Arts

OUVRAGE COMPLET EN DIX VOLUMES

Connaissances nécessaires

Accompagnées de Notes critiques
et Documents bibliographiques à Un Bibliophile

recueillis et publiés par

ÉDOUARD ROUVEYRE

Libraire-Antiquaire et Éditeur, Officier de l'Instruction publique

CINQUIÈME EDITION

Dix volumes in 8° carré (14×225), illustrés de 1800 figures

Prix : 80 fr.

SOMMAIRE DES DIX VOLUMES

Les volumes ne se vendent pas séparément

Les sommaires DÉTAILLÉS des dix volumes sont adressés gratis et franco. — En faire la demande.

EDOUARD ROUVEYRE, Éditeur, rue de Seine, 76, a Paris

HISTOIRE — PHILOSOPHIE — DOCUMENT

Comment discerner les Styles
du VIIIe au XIXe siècle

PAR
L. ROGER-MILÈS

Publication honorée de la Souscription du Ministère
de l'Instruction publique et des Beaux-Arts

ÉTUDES SUR LES FORMES ET LES VARIATIONS
PROPRES A DÉTERMINER LES CARACTÈRES DU STYLE
dans

LE COSTUME ET LA MODE
- LA MODE — LES SYMBOLES — LA TRADITION -

Accompagnées de Deux mille Dessins graves par J. Mauge
D'APRÈS les TABLEAUX, MANUSCRITS et MONUMENTS en TOUS GENRES
existant dans les Musées, Bibliothèques et Collections nationales et particulières
UN FORT VOLUME IN-4 JÉSUS (22×30)
Exemplaire en cartonnage artistique, non rogné . . . . . **Quarante francs**

CARACTÈRES et MANIFESTATIONS des FORMES
en

Architecture et Décoration
XVIIIe SIÈCLE

LA RÉGENCE — ÉPOQUE LOUIS XV

Accompagnés de Deux mille Dessins graves par J. Mauge
D'APRÈS LES TABLEAUX, MANUSCRITS et MONUMENTS en TOUS GENRES
existant dans les Musées, Bibliothèques et Collections nationales et particulières
UN FORT VOLUME IN-4 JÉSUS (22×30)
Exemplaire en cartonnage artistique, non rogné. . . . . **Quarante Francs**

ÉTUDES SUR LES FORMES ET LES DÉCORS
PROPRES A DÉTERMINER LES CARACTÈRES DU STYLE
dans les

Objets d'Art, de Curiosité,
et d'Ameublement

ARMES ET ARMURES — BIJOUTERIE — BRODERIE — CÉRAMIQUE — DENTELLE
ÉMAILLERIE — HORLOGERIE — JOAILLERIE — MEUBLES
PEINTURE SUR VELIN — ORFÈVRERIE CIVILE ET RELIGIEUSE
VERRERIE — TAPISSERIE

Accompagnées de Deux mille Dessins gravés par J. Mauge
D'APRÈS les TABLEAUX, MANUSCRITS et MONUMENTS en TOUS GENRES
existant dans les Musées, Bibliothèques et Collections nationales et particulières
UN FORT VOLUME IN-4 JÉSUS (22×30)
Exemplaire en cartonnage artistique, non rogné . . . **Quarante francs**

LA

Légende Dorée

★ ★

La
Légende Dorée

DE

JACQUES DE VORAGINE
NOUVELLEMENT TRADUITE EN FRANÇAIS
AVEC
INTRODUCTION, NOTICES, NOTES
ET
RECHERCHES SUR LES SOURCES
PAR
L'Abbé J.-B. M. ROZE
Chanoine honoraire de la cathédrale d'Amiens

___

DEUXIÈME PARTIE

PARIS
ÉDOUARD ROUVEYRE, ÉDITEUR
76, RUE DE SEINE, 76
___
MDCCCCII

LA

LÉGENDE DORÉE

UNE VIERGE D'ANTIOCHE *

Au II⁰ livre des *Vierges*, saint Ambroise raconte en
ces termes le martyre d'une vierge d'Antioche : Il y
eut naguère à Antioche une vierge qui évitait de se
montrer en public ; mais plus elle se cachait, plus elle
enflammait les cœurs. La beauté dont on a entendu
parler mais qu'on n'a pas vue est recherchée avec
plus d'empressement à cause des deux stimulants
des passions, l'amour et la connaissance, car quand
on ne voit rien, rien ne saurait plaire ; mais quand
on connaît une beauté, on pense qu'elle aura d'autant
plus à plaire. L'œil ne cherche pas à juger de ce qu'il
ne connaît pas, mais un cœur qui aime conçoit des
désirs. C'est pour cela que cette sainte vierge, afin de
ne point nourrir trop longtemps des espérances coupables, décidée qu'elle était à sauvegarder sa pudeur,
mit de telles entraves aux passions des méchants

---

*Cette légende est copiée mot à mot dans saint Ambroise
au IIe livre des *Vierges*, ch. iv.

qu'elle attira l'attention avant même d'être aimée.
Voici la persécution. Une jeune fille incapable de fuir,
timide par son âge, afin de ne pas tomber entre les
mains de ceux qui auraient attenté à sa pudeur,
arma son cœur de courage. Elle fut attachée à la religion au point de ne pas craindre la mort; chaste au
point de l'attendre : car le jour vint où elle devait
recevoir la couronne, jour attendu impatiemment par
tous ; on fait comparaître une jeune fille qui déclare
vouloir défendre à la fois sa chasteté et sa religion.
Mais quand on vit sa constance dans son dessein, ses
craintes pour sa pudeur, sa résolution à souffrir les
tortures, la rougeur qui lui montait au front dès
qu'elle était regardée, on chercha comment on pourrait lui ôter la religion en lui laissant entrevoir qu'elle
garderait sa chasteté : car dès lors qu'on réussissait
à lui ôter sa religion, regardée comme ce qu'il y avait
de plus important, on pourrait lui faire perdre encore
ce qu'on lui laissait.

On commanda à la vierge de sacrifier ou d'être
exposée dans un mauvais lieu. Quelle manière d'honorer les dieux que de les venger ainsi! Ou comment
vivent-ils ceux qui portent de semblables arrêts? La
jeune vierge, non pas parce qu'elle chancelait dans sa
foi, mais parce qu'elle tremblait pour sa pudeur, se dit
à elle-même : « Que faire aujourd'hui ? Ou martyre ou
vierge ; on veut me ravir une double couronne. Mais
celui-là ne connaît pas même le nom de vierge qui renie
l'auteur de la virginité : en effet, comment être vierge
et honorer une prostituée? comment être vierge et aimer
des adultères? comment être vierge et rechercher l'a-

mour? Mieux vaut garder son cœur vierge que sa chair.
Conserver l'un et l'autre, c'est un bien, quand on le
peut, mais puisque cela devient impossible, soyons
chaste aux yeux de Dieu et non par rapport aux hommes. Raab fut une prostituée, mais après avoir eu foi
au Seigneur; elle trouva le salut. Judith s'orna pour
plaire à un adultère; mais parce que le mobile de sa
conduite était la religion et non l'amour, personne
ne la regardait comme une adultère. Ces exemples se
présentent heureusement : car si celle qui s'est confiée à la religion a sauvé sa pudeur et sa patrie, moi
aussi, peut-être, en conservant ma religion, conserve-
rai-je encore ma chasteté. Que si Judith eût voulu
préférer sa pureté à sa religion, en perdant sa patrie,
elle eût encore perdu son honneur. » Alors éclairée
par ces exemples, et gardant dans le fond du cœur
ces paroles du Seigneur : « Quiconque perdra son
âme à cause de moi, la retrouvera », elle pleura, et se
tut, afin qu'un adultère ne l'entendît même pas parler.
Elle ne préféra pas sacrifier sa pudeur, mais en même
temps elle ne prétendit point faire injure à J.-C. Ju-
gez si elle pouvait être coupable d'adultère, en son
corps, celle qui ne le fut pas même dans le ton de sa
voix.

Depuis longtemps déjà je mets une grande réserve
dans mes paroles, comme si je tremblais en entrant
dans l'exposition d'une suite de faits honteux. Fer-
mez les oreilles, vierges de Dieu! La jeune fille est
conduite au lupanar. Ouvrez maintenant les oreilles,
vierges de Dieu. Une vierge peut être livrée à la prostitution, et peut ne point pécher. En quelque lieu que

soit une vierge de Dieu, là est toujours le temple de
Dieu. Les mauvais lieux ne diffament pas la chasteté,
mais la chasteté ôte à pareil lieu son infamie. Tous
les débauchés accourent en foule au lieu de prostitution. Vierges saintes, apprenez les miracles des martyrs, mais oubliez le langage de ces lieux. La colombe
est enfermée ; les oiseaux de proie crient au dehors :
c'est à qui sera le premier pour se jeter sur la proie.

Alors elle leva les mains au ciel comme si elle
était entrée dans un lieu de prière et non dans l'asile
de la débauche : « Seigneur Jésus, dit-elle, en faveur
de Daniel vierge, vous avez dompté des lions féroces,
vous pouvez encore dompter des hommes au cœur
farouche ; le feu tomba sur les Chaldéens ; par un effet
de votre miséricorde, et non pas par sa propre nature,
l'eau resta suspendue pour fournir un passage aux
Juifs. Suzanne se mit à genoux en allant au supplice
et triompha des vieillards impudiques ; la main qui
osait violer les présents offerts à votre temple se dessé-
cha : en ce moment, c'est à votre temple lui-même
qu'on en veut : ne souffrez pas un inceste sacrilège,
vous qui n'avez pas laissé un vol impuni. Que votre
nom aussi soit béni, à cette heure, afin que, venue ici
pour être souillée, j'en sorte vierge. » A peine avait-
elle achevé sa prière, qu'un soldat, d'un aspect terrible,
entre avec précipitation. Comme cette vierge dut trem-
bler à la vue de celui qui avait fait reculer la foule
tremblante ! Elle n'oublia pas toutefois les lectures
qu'elle avait faites. « Daniel, se dit-elle, était venu
pour être spectateur du supplice de Suzanne, et celle
que tout le peuple avait condamnée, un seul la fit

absoudre. Peut-être encore, sous l'extérieur d'un loup,
se cache-t-il une brebis ? Le Christ a aussi ses soldats,
lui qui a des légions. Peut-être encore est-ce le bourreau qui est entré ; allons, mon âme, ne crains pas ;
c'est celui qui fait les martyrs. » O vierge, votre foi
vous a sauvée ! Le soldat lui dit : « Ne craignez rien,
je vous en prie, ma sœur. C'est un frère, venu ici
pour sauver votre âme et non pour la perdre. Sauvez-
moi, pour que vous-même vous soyez sauvée. Je suis
entré ici sous les dehors d'un adultère ; si vous voulez,
j'en sortirai martyr : changeons de vêtements ; les
miens peuvent vous aller et les vôtres à moi ; les uns
et les autres conviendront à J.-C. Votre habit fera de
moi un véritable soldat, et le mien fera de vous une
vierge. Vous serez bien revêtue, et moi je serai
assez dégarni pour que le persécuteur me reconnaisse
Prenez un vêtement qui cachera la femme, donnez-
m'en un qui me sacrera martyr. Revêtez la chlamyde
qui déguisera entièrement la vierge et qui protégera
votre pudeur : prenez ce pileur * pour couvrir vos cheveux et cacher votre visage. On rougit ordinairement
quand on est entré dans un mauvais lieu. Evitez,
lorsque vous serez sortie, de regarder en arrière ; en
vous rappelant la femme de Loth qui changea de
nature pour avoir regardé des impudiques, bien qu'avec
des yeux chastes : ne craignez point, le sacrifice sera
complet. Je m'offre en votre place comme hostie à
Dieu ; vous, vous serez en ma place un soldat de J.-C.

---

* Le *pileur* était un bonnet en feutre (poil) que portaient
exclusivement les hommes

et vous lui ferez bon service de chasteté ; l'éternité
en sera la solde ; vous porterez la cuirasse de justice
qui couvre le corps d'un rempart spirituel ; vous
aurez le bouclier de la foi, pour vous parer contre les
blessures, vous serez couverte du casque du salut. En
effet, où se trouve J.-C. là est notre défense. Puisque le
mari est le chef de l'épouse, J.-C. est le chef des
vierges.. » En disant ces mots il s'est dépouillé de son
manteau qui lui donnait la tournure d'un persécuteur
et d'un adultère. La vierge présente la tête, le soldat
se met en devoir de lui offrir son manteau. Quelle
pompe que celle-là ! quelle grâce ! ils luttent à qui
aura le martyre et cela dans un mauvais lieu ! Les
deux lutteurs sont un soldat et une vierge : c'est dire
qu'il n'y a pas parité de nature, mais la miséricorde
de Dieu les a rendus égaux. L'oracle est accompli :
« Alors les loups et les agneaux paîtront ensemble*. »
Voyez, c'est la brebis, c'est le loup qui ne sont pas
seulement dans le même pâturage, mais qui sont sa-
crifiés ensemble. Que dirai-je encore ? Les habits sont
échangés, la jeune fille s'envole du filet **, mais ce n'est
pas de ses propres ailes, puisqu'elle est portée sur les
ailes spirituelles : et ce qu'aucun siècle n'a vu encore,
voici une vierge de J.-C. qui sort du lupanar. Mais
ceux-là qui voyaient par les yeux, sans voir réellement, frémissent comme des ravisseurs en présence
d'une brebis, comme des loups devant leur proie. L'un
d'eux, plus emporté que les autres, entra ; mais dès

* Isaïe, LXXV, 25.
** Il y a dans ce passage des allusions sans nombre aux
combats antiques.

qu'il a constaté de ses yeux ce qui s'est passé : « Qu'est
ceci? dit-il; c'est une jeune fille qui est entrée, et ce
paraît être un homme. Ceci n'est pas une fable, c'est
la biche, à la place de la vierge *; mais ce qui est
certain, c'est une vierge qui est devenue un soldat. J'a-
vais bien entendu dire, mais je n'avais pas cru que
le Christ a changé l'eau en vin; le voici qui change
même le sexe. Sortons d'ici pendant que nous sommes
encore ce que nous avons été. Ne serais-je point changé
aussi moi-même qui vois autre chose que je ne crois ?
Je suis venu au lupanar; je vois quelqu'un qui repré-
sentera la condamnée ; et puis je sortirai changé aussi :
je m'en irai pur, moi qui suis entré coupable. Le fait
est constaté, la couronne est due à ce vainqueur éminent. Celui qui est pris pour une vierge est condamné
à la place de la vierge. Ainsi ce n'est pas seulement
une vierge qui sort du lupanar, il en sort aussi des
martyrs.

On rapporte que la jeune fille courut au lieu du supplice, et que tous les deux combattirent à qui subirait la
mort : Le soldat disait : « C'est moi qui suis condamné
à être tué ; la sentence vous absout, et elle m'atteint. »
La jeune fille s'écrie : « Je ne vous ai pas pris pour
être caution de ma mort; mais j'ai souhaité vous avoir
pour protéger ma pureté. Si c'est la pudeur qu'on
veut atteindre, mon sexe reste. Si l'on demande du
sang, je ne désire point de caution! J'ai de quoi me
libérer. La sentence est pour moi, puisqu'elle a été por-

---

* Une biche fut substituée à Iphigénie, quand Agamem-
non voulut sacrifier sa fille.

tée contre moi. Certes, si je vous avais donné pour
caution d'une somme d'argent, et qu'en mon absence
le juge vous eût fait payer ma dette au prêteur, vous
pourriez exiger par un arrêt que je vous satisfasse
au dépens de mon patrimoine. Si je m'y refusais, qui
ne jugerait ma déloyauté digne de mort ? à plus forte
raison dès qu'il s'agit d'une condamnation à mort. Je
mourrai innocente, et ne prétends pas vous nuire par
ma mort. Aujourd'hui il n'y a pas de milieu : ou je ré-
pondrai de votre sang versé, ou je serai martyre avec
mon sang. Si je suis revenue aussitôt, qui oserait me
chasser ? Si j'eusse tardé, qui oserait m'absoudre ? La
loi doit m'atteindre, non seulement pour ma fuite,
mais aussi pour le meurtre d'autrui. Si mes membres
ne pouvaient supporter le déshonneur, ils peuvent
supporter la mort. On peut trouver dans une vierge
un endroit où on la frappera, quand elle n'en avait
pas pour être flétrie : j'ai fui l'opprobre et non le
martyre. Je vous ai bien cédé mon vêtement, mais je
n'ai pas changé de qualité. Que si vous m'enlevez la
mort vous ne m'avez pas rachetée, vous m'avez cir-
convenue. Gardez-vous de discuter, je vous prie, gardez-vous de me contredire. Ne m'enlevez pas un bienfait que vous m'avez donné. En avançant que cette
dernière sentence n'ait pas été portée contre moi,
vous en faites revivre une autre. Une première sentence est infirmée par une seconde. Si la dernière ne
m'atteint pas, la première m'atteint. Nous pouvons
exécuter l'une et l'autre, si vous me laissez être tourmentée tout d'abord. Sur vous on ne pourra exercer
un autre châtiment, mais sur une vierge la pudeur s'y

oppose. Enfin vous retirerez plus de gloire pour faire
une martyre d'une adultère, que pour faire une adultère d'une martyre. » — Quel dénouement attendez-
vous? Ils combattirent à deux et tous deux furent
vainqueurs. Au lieu d'une couronne à partager, deux
furent accordées. C'est ainsi que les saints martyrs se
secondaient mutuellement, l'une ouvrait à l'autre la
porte au martyre, celui-ci lui donna de le réaliser.

On porte aux nues, dans les écoles des philosophes *, Damon et Pythias, de la secte de Pythagore.
L'un d'eux, condamné à mort, demanda le temps de
mettre ordre à ses affaires. Or, le tyran plein d'astuce,
pensant qu'on ne pourrait plus le retrouver, demanda
une caution qui serait frappée à sa place, s'il tardait à
revenir. Je ne sais ce qu'on doit le plus admirer, ni
quelque chose de plus noble, de l'un qui trouve quelqu'un s'obligeant à le représenter pour mourir, ou de
l'autre venant s'offrir. Mais comme le condamné tardait à se présenter au supplice, son répondant vint
avec un visage calme, et ne refusa pas de subir la mort.
On le conduisait au lieu de l'exécution, quand son ami
arrive; celui-ci vint se substituer à l'autre, et offrir sa
tête au bourreau. Alors le tyran, voyant avec admiration que les philosophes estimaient plus l'amitié que
la vie, demanda à être admis en tiers dans l'amitié de
ceux qu'il avait condamnés à mort. Tant la vertu a
d'attraits, puisqu'elle gagna un tyran! Ces faits méritent des louanges, mais ils ne l'emportent pas sur

---

* Cicéron, *De officiis*, lib. III. — Valère-Maxime, liv. IV,
c. VII.

ceux que nous venons de raconter. Car dans ce dernier exemple, ce sont deux hommes, dans l'autre on voit une vierge qui, tout d'abord, avait même son sexe à vaincre. Ceux-ci étaient deux amis : ceux-là ne se connaissaient point : ceux-ci se présentèrent devant un seul tyran : ceux-là devant beaucoup de tyrans et de plus cruels encore. Le premier pardonna, les seconds tuèrent. Entre les premiers, il y avait solidarité, dans les seconds la volonté était libre. Il y eut plus de prudence dans ceux-ci, parce qu'ils n'avaient qu'un but, la conservation de l'amitié, ceux-là, ne tendaient qu'à avoir la couronne du martyre. Ceux-ci combattirent pour les hommes ; ceux-là pour le Seigneur. (Saint Ambroise.)

SAINT PIERRE, MARTYR

Pierre signifie connaissant, ou déchaussant. Pierre peut encore venir de *petros*, ferme Par là on comprend les trois privilèges qui distinguèrent saint Pierre : Premièrement, car il fut un prédicateur remarquable, de là la qualité de connaissant parce qu'il posséda une connaissance parfaite des Ecritures et qu'il connut dans sa prédication ce qui convenait à chacun Secondement, il fut vierge très pur ; ce qui le fait dire déchaussant, parce qu'il se déchaussa et se dépouilla les pieds de ses affections de tout amour mortel : de sorte qu'il fut vierge non seulement de corps mais de cœur. Troisièmement, il fut martyr glorieux du Seigneur ; d'où le nom de ferme, parce qu'il supporta constamment le martyre pour la défense de la foi.

Pierre, le nouveau martyr de l'ordre des Prêcheurs, champion distingué de la foi, fut originaire de la cité de Vérone *. Tel qu'une lumière éclatante jaillissant de la fumée, qu'un lys qui s'élance des ronces, qu'une rose vermeille sortant du milieu des épines, il devint un prédicateur pénétrant quoique né de parents aveuglés par l'erreur : il fit paraître une splendeur virginale de sainteté corporelle et spirituelle, en sortant d'une souche corrompue, et du milieu des épines, c'est-à-dire de ceux qui étaient destinés à l'enfer il s'éleva pour être un noble martyr. En effet le B. Pierre avait pour parents des infidèles et des hérétiques et il se conserva entièrement pur de leurs erreurs. A l'âge de sept ans, un jour qu'il revenait de l'école, un oncle hérétique lui demanda ce qu'il avait appris en classe. Il répondit qu'il avait appris : « Je crois en Dieu le père tout-puissant, créateur du ciel et de la terre... *Credo in Deum.* » « Ne dis pas, lui répliqua son oncle, créateur du ciel et de la terre, puisqu'il n'est pas le créateur des choses visibles, mais que c'est le diable qui a créé toutes ces choses que l'on voit. » Mais l'enfant lui soutenait qu'il préférait dire comme il avait lu et croire comme il l'avait vu écrit. Alors son oncle s'efforça de le convaincre par différentes autorités : or, l'enfant, qui était rempli du Saint-Esprit, lui

---

* On comprend que le bienheureux Jacques de Voragine ait traité si longuement la vie d'un saint moine de son ordre, que, sans doute, il a connu lui-même, car saint Pierre fut assassiné en 1252. Or, Jacques de Voragine prit l'habit de dominicain en 1244. — Au reste les Bollandistes n'ont pas mis moins de 23 pages in-folio pour rapporter les miracles du saint dont la vie a été écrite par Thomas de Léontio, dominicain, puis patriarche de Jérusalem, lequel a vécu longtemps à Vérone avec le saint.

rétorqua tous ses arguments, le défit avec ses propres
armes et le réduisit au silence. Fort indigné d'avoir
été confondu par un enfant, il alla rapporter au père
tout ce qui s'était passé entre eux, et il persuada à
celui-ci de retirer son enfant de l'école : « Car je crains,
ajouta-t-il, que quand ce petit Pierre aura été tout à fait
instruit, il ne tourne vers l'Eglise romaine la prostituée,
et qu'ainsi il ne détruise et confonde notre croyance. »
Semblable à un autre Caïphe, il disait vrai sans le savoir,
quand il prophétisait que Pierre devait détruire la perfidie des hérétiques ; mais parce que tout est dirigé par
la main de Dieu, le père n'obtempéra pas aux conseils
de son frère ; il espérait, quand son fils aurait terminé
son cours de grammaire, le faire attirer à sa secte par
quelque hérésiarque. Mais le saint enfant, qui ne se
voyait pas en sûreté en habitant avec des scorpions,
renonça au monde et à ses parents pour entrer pur
dans l'ordre des frères Prêcheurs. Il y vécut avec une
grande ferveur, au rapport du pape Innocent, qui déclare dans une de ses lettres que le bienheureux Pierre,
dans son adolescence, pour éviter les prestiges du
monde, entra dans l'ordre des frères Prêcheurs. Après
y avoir passé près de trente ans, il avait atteint au
comble de toutes les vertus. C'était la foi qui le dirigeait, l'espérance qui le fortifiait, la charité qui
l'accompagnait. Il fit tant de progrès pour se rendre
capable de défendre la foi dont il était embrasé, que
la lutte soutenue par lui avec intrépidité et chaleur
pour elle contre ses adversaires, était de tous les jours,
et qu'il consomma ce combat sans interruption jusqu'au moment où il remporta heureusement la victoire

du martyre. Il conserva aussi toujours intacte la virginité de son cœur et de son corps : jamais il ne ressentit
les atteintes du péché mortel, comme on en a la preuve
par la déclaration fidèle de ses confesseurs : et parce
qu'un esclave délicatement nourri est insolent contre
son maître, il mortifia sa chair par une frugalité habi-
tuelle dans le boire et dans le manger. Pour n'être pas
pris au dépourvu par les attaques ennemies, il consacrait ses instants de loisir à méditer avec assiduité sur
les ordonnances pleines de justice de Dieu ; en sorte
qu'occupé entièrement à cet exercice salutaire, il n'avait
pas lieu de se livrer à des actions défendues et toujours il était en garde contre les malices du démon.
Après avoir donné un court repos à ses membres fatigués, il passait ce qui restait de la nuit à étudier, à
lire, et à veiller. Il employait le jour aux besoins des
âmes, ou à la prédication, ou à entendre les confessions,
ou bien à réfuter par de solides raisons les dogmes
empoisonnés de l'hérésie ; et on a reconnu qu'il y excellait par un don particulier de la grâce. Sa dévotion
était agréable, son humilité douce, son obéissance
calme, sa bonté tendre, sa piété compatissante, sa patience inébranlable, sa charité active, sa gravité de
mœurs était remarquable en tout : la bonne odeur
de ses vertus attirait à lui : il était attaché profondément à la foi, et comme il la pratiquait avec zèle, il
en était le champion brûlant. Il l'avait si profondément
gravée dans le cœur, et s'y soumettait de telle sorte
que chacune de ses œuvres, chacune de ses paroles
reflétaient cette vertu. Animé du désir de subir la
mort pour elle, il est prouvé que ses prières fréquentes

et assidues, ses supplications ne tendaient qu'à obtenir du Seigneur de ne pas permettre qu'il quittât la vie autrement qu'en buvant pour lui le calice du martyre. Il ne fut pas trompé dans son espoir.

La vie de saint Pierre fut illustrée par de nombreux miracles. Un jour, il examinait à Milan un évêque hérétique dont s'étaient saisis les fidèles. Or, beáucoup d'évêques, et grand nombre de personnes de la ville se trouvaient là ; l'examen s'étant prolongé fort longtemps et la chaleur excessive accablant tout le monde, l'hérésiarque dit en présence du peuple : « O méchant Pierre, si tu es aussi saint que le prétend cette foule stupide, pourquoi te laisses-tu mourir de la chaleur et ne pries-tu pas le Seigneur d'interposer un nuage afin que ce peuple insensé ne succombe pas sous ces feux ardents? » Pierre lui répondit : « Si tu veux promettre d'abjurer ton hérésie et d'embrasser la foi catholique, je prierai le Seigneur, et il fera ce que tu dis. » Alors les fauteurs des hérétiques se mirent à crier à l'envi : « Promets, promets, » car ils croyaient impossible que la promesse de Pierre fût réalisable, d'autant qu'il n'y avait pas en l'air l'apparence du moindre nuage. Les catholiques furent attristés, dans la crainte que leur foi n'en ressentît quelque déshonneur. Quoique l'hérétique n'eût pas voulu s'engager, saint Pierre dit avec grande confiance : « Pour preuve que le vrai Dieu est créateur des choses visibles et invisibles, pour la consolation des fidèles et la confusion des hérétiques, je prie Dieu de faire monter un petit nuage qui vienne s'interposer entre le soleil et le peuple. » Après avoir fait le signe de la croix, il obtint ce qu'il avait demandé :

pendant l'espace d'une grande heure, un léger nuage couvrit le peuple qui se trouva abrité comme sous un pavillon. — Un homme, nommé Asserbus, qui avait les membres retirés depuis cinq ans, et qu'on traînait par terre dans un boisseau, fut conduit à saint Pierre, à Milan. Le saint fit sur lui le signe de la croix, et le guérit. — Le pape Innocent rapporte, dans la lettre citée plus haut, quelques miracles opérés par l'entremise du saint. Le fils d'un noble avait dans le gosier une tumeur d'une grosseur horrible ; elle l'empêchait de parler et de respirer ; le bienheureux leva les mains au ciel, et fit le signe de la croix en même temps que le malade s'était couvert du manteau de saint Pierre ; à l'instant il fut guéri. Le même noble, affligé plus tard de violentes convulsions qu'il craignait devoir lui donner la mort, se fit apporter avec révérence ce même manteau qu'il avait conservé depuis lors ; il le mit sur sa poitrine, et peu après il vomit un ver qui avait deux têtes et était couvert de poils ; sa guérison fut complète. — Un jeune muet auquel il mit le doigt dans la bouche reçut le bienfait de la parole ; sa langue avait été déliée. Ces miracles et bien d'autres encore furent dus au saint auquel le Seigneur accorda de les opérer, pendant sa vie.

Cependant comme la contagion de l'hérésie multipliait ses ravages toujours croissants dans la province de la Lombardie et dans un grand nombre de villes, le souverain pontife, pour détruire cette peste diabolique, délégua plusieurs inquisiteurs de l'ordre des frères Prêcheurs, dans les différentes parties de la Lombardie. Mais comme à Milan les hérétiques, nombreux

et appuyés sur la puissance séculière, avaient recours
à une éloquence frauduleuse et à une science diabolique, le souverain pontife, connaissant pertinemment
saint Pierre dont le cœur magnanime ne se laissait pas
épouvanter par la multitude des ennemis, appréciant
en outre la constance de son courage qui le faisait ne
pas céder même dans les petites choses à la puissance
des adversaires, informé de son éloquence au moyen
de laquelle il démasquait avec facilité les ruses des
hérétiques, n'ignorant pas non plus la science pleine
et entière dans les choses divines avec laquelle il réfutait par ses raisonnements les paradoxes des hérétiques, l'établit dans Milan et dans son comté comme
un champion intrépide de la foi, et, de sa puissance
plénière, il l'institua son inquisiteur, comme un guerrier infatigable du Seigneur. Pierre se mit alors à
exercer ses fonctions avec soin, recherchant partout
les hérétiques auxquels il ne laissait aucun repos : il
les confondait tous merveilleusement ; les repoussait
avec autorité, les convainquait avec adresse, en sorte
qu'ils ne pouvaient résister à la sagesse et à l'Esprit
qui parlait par sa bouche. Les hérétiques désolés pen-
sèrent à le faire mourir, dans l'espoir de vivre tranquilles, dès lors qu'ils seraient débarrassés d'un persécuteur si puissant. Or, comme ce prédicateur intrépide, qui bientôt allait être un martyr, se dirigeait de
Cumes à Milan pour rechercher les hérétiques, il gagna,
dans ce trajet, la palme du martyre, ainsi que le pape
Innocent l'expose en ces termes : « En sortant de
Cumes, où se trouvait un prieuré de frères de son
ordre, pour aller à Milan afin d'exercer contre les héré-

tiques les fonctions d'inquisiteur qui lui avaient été
confiées par le Siège apostolique, selon qu'il l'avait
prédit dans une de ses prédications publiques, quelqu'un d'entre les hérétiques, gagné par prière et par
argent, se jeta avec fureur sur le saint voyageur.
C'était le loup contre l'agneau, le cruel contre l'homme
doux, l'impie contre le saint, la fureur contre le calme,
la frénésie contre la modestie, le profane contre le
saint ; il simule une insulte, il éprouve ses forces, il
fait des menaces de mort, il assène des coups atroces
sur le chef sacré de saint Pierre, il lui fait d'affreuses
blessures ; l'épée est toute ruisselante du sang de cet
homme vénérable qui ne cherche pas à éviter son
ennemi ; mais il s'offre de suite comme une hostie,
souffrant en patience les coups redoublés de son bourreau qui le laisse mort sur la place (l'esprit du saint était
au ciel), et qui, dans sa fureur sacrilège, redouble ses
coups sur le ministre du Seigneur. Cependant le saint
ne poussait aucune plainte, aucun murmure ; il souffrait tout avec patience, recommandant son esprit au
Seigneur en disant : « *In manus tuas...* Seigneur, dans
vos mains, je remets mon esprit. » Il commença encore
à réciter le symbole de la foi, dont il avait été le
hérault jusque-là, ainsi que l'ont rapporté par la suite
et le malheureux qui fut pris par les fidèles, et un
frère dominicain son compagnon, qui survécut quelques jours aux coups dont il avait été frappé lui-
même. Mais comme le martyr du Seigneur palpitait
encore, le cruel bourreau saisit un poignard et le lui
enfonça dans le côté. Or, au jour de son martyre, il
mérita en quelque sorte d'être confesseur, martyr,

prophète et docteur. Confesseur, en ce qu'il confessa
avec la plus éminente constance la foi de J.-C., au
milieu des tourments, et en ce que, ce jour-là même,
après avoir fait sa confession comme de coutume, il
offrit à Dieu un sacrifice de louange. Martyr, en ce
qu'il versa son sang pour la défense de la foi. Prophète, car il avait alors la fièvre quarte, et comme
ses compagnons lui disaient qu'ils ne pourraient pas
arriver jusqu'à Milan, il répondit : « Si nous ne pouvons parvenir jusqu'à la maison de nos frères, nous
pourrons recevoir l'hospitalité à Saint-Simplicien. »
Ce qui arriva : car, comme on portait son saint corps,
les frères, en raison de la foule extraordinaire de
peuple, ne purent le conduire jusqu'à la maison, mais
ils le déposèrent à Saint-Simplicien où il resta cette
nuit-là. Docteur, en ce que pendant qu'il était attaqué,
il enseigna encore la vraie foi en récitant à haute
voix le symbole de la foi.

Sa passion vénérable paraît encore avoir eu plusieurs traits de ressemblance avec la passion de Notre-
Seigneur. En effet J.-C. souffrit pour la vérité qu'il
prêchait, Pierre pour la vérité de la foi qu'il défen-
dait. J.-C. souffrit la mort du peuple infidèle des Juifs,
Pierre, de la foule infidèle des hérétiques. J.-C. fut
crucifié au temps de Pâques, Pierre souffre le martyre dans le même temps. Le Christ souffrant disait :
« Seigneur, en vos mains, je remets mon âme » ;
Pierre qui était tué criait les mêmes paroles. J.-C.
fut livré pour trente deniers afin qu'il fût crucifié,
Pierre fut vendu pour quarante livres de Pavie afin
qu'il fût tué. J.-C. par sa passion attira à la foi beau-

coup de monde, Pierre par son martyre convertit une foule d'hérétiques. Et quoique cet insigne docteur et ce champion de la foi eût amplement déraciné la croyance empoisonnée des hérétiques pendant sa vie, après sa mort toutefois, par ses mérites et les miracles éclatants, elle fut tellement extirpée que beaucoup abandonnèrent l'erreur pour retourner au giron de la sainte Église. La ville de Milan et son comté, où se trouvaient tant de conventicules de la secte, en furent purgés de telle sorte que les uns ayant été chassés, les autres convertis à la foi, il ne s'en trouva plus aucun qui eût l'audace de se montrer nulle part. Plusieurs même d'entre eux, devenus de très grands et de fameux prédicateurs, sont entrés dans l'ordre des frères Prêcheurs et aujourd'hui encore, ils sont les adversaires courageux des hérétiques et de leurs fauteurs. C'est pour nous un autre Samson qui tua plus de Philistins en mourant, qu'il n'en avait occis étant vivant. C'est le grain de froment tombé sur la terre et ramassé par les mains des hérétiques, qui meurt et rapporte une moisson abondante. C'est la grappe foulée au pressoir qui rejaillit en une copieuse liqueur ; c'est l'arome pilé dans le mortier qui en répand une plus forte odeur ; c'est le grain de sénevé écrasé qui offre des ressources sans nombre.

Après le glorieux triomphe du saint héros, Dieu le rendit illustre par de nombreux miracles que le souverain Pontife rapporte en petit nombre. Après sa mort, les lampes appendues à son tombeau s'allumèrent plusieurs fois d'elles-mêmes, miraculeusement, sans l'aide et le ministère de qui que ce fût : parce qu'il convenait que pour celui qui avait brillé par le feu et la lumière de la foi, il apparût un miracle de feu et de lumière. — Un homme qui était à table dépréciait sa sainteté et ses miracles, il prit, en témoignage de son dire, un morceau qu'il ne pourrait avaler, s'il faisait mal en parlant ainsi : aussitôt il sentit le morceau s'arrêter dans sa gorge sans pouvoir le r e jeter ni l'avaler. Il se repentit de suite et son visage changeait déjà de couleur, lorsque, sentant les approches de la mort, il fit vœu de ne plus proférer à l'avenir de semblables paroles. Il rejeta à l'instant ce morceau et fut guéri. — Une femme hydropique amenée par son mari au lieu où le saint avait été tué, y fit sa prière et fut guérie tout à fait. — Il délivra des possédés en leur faisant rejeter les démons avec des flots de sang ; il chassa les fièvres, il guérit toutes sortes de maladies. — Un homme qui avait un doigt de la main gauche percé de plusieurs trous d'une fistule, fut guéri miraculeusement. — Un enfant avait fait une chute si grave qu'on le pleurait comme mort ; le mouvement et le sentiment avaient disparu. On lui mit sur la poitrine de la terre imprégnée du sang précieux du martyr, et il se leva tout sain. — Une femme encore qui avait la chair rongée d'un cancer fut guérie, après qu'on eut frotté ses plaies avec cette même terre. Bien d'autres infirmes qui se firent porter au tombeau du saint y recouvrèrent une parfaite santé et en revinrent seuls.

Lorsque le souverain Pontife Innocent IV eut mis saint Pierre au catalogue des saints, les frères Prêcheurs s'assemblèrent en chapitre à Milan : ils vou_

laient placer son corps dans un endroit plus élevé, et
quoiqu'il fût resté plus d'une année sous terre, ils le
trouvèrent sain et entier, sans aucune mauvaise odeur,
comme s'il eût été enseveli ce jour-là même. Les frères le mirent avec grande révérence sur une estrade
élevée à la même place, et il fut montré entier devant
tout le peuple qui l'invoqua avec supplications. Outre
les miracles racontés dans la lettre précitée du souverain pontife, il y en eut encore plusieurs autres : car
souvent quelques religieux et d'autres personnes aper-
çurent visiblement, sur le lieu de son martyre, des
lumières descendant du ciel. Au milieu de ces lumières, ils rapportèrent qu'on distingua deux frères en
habit de frères Prêcheurs. — Un jeune homme nommé
Gunfred, ou Guifred, de la ville de Cumes, possédait
un morceau de la tunique du saint ; un hérétique lui
dit, en forme de moquerie, que, s'il croyait à la sainteté de Pierre, il jetât ce morceau dans le feu ; s'il
ne brûlait point, certainement Pierre était saint, et lui-
même embrasserait la foi. Tout de suite Guifred jeta
le morceau sur des charbons ardents ; mais le feu le
rejeta en l'air ; ensuite le même morceau retomba sur
les charbons enflammés qui furent aussitôt éteints.
Alors l'incrédule dit : « Il en sera de même d'un morceau de ma tunique. » On mit donc d'un côté le morceau de la tunique de l'hérétique et d'un autre côté
le morceau de la tunique de saint Pierre. Or, le morceau de la tunique de l'hérétique n'eut pas plutôt senti
le feu, qu'il fut instantanément consumé, mais le morceau de celle de saint Pierre fut maître du feu, qui s'é-
teignit, et pas un fil de ce drap ne fut endommagé. A

cette vue, l'hérétique rentra dans le sentier de la vérité
et publia partout ce miracle. — A Florence, un jeune
homme, infecté de la corruption de l'hérésie, était debout devant un tableau où était représenté le martyre
du saint, dans l'église des frères de Florence ; en
voyant le malfaiteur qui le frappait avec son épée, il
dit à quelques jeunes gens qui se trouvaient avec lui :
« Si j'avais été là, j'aurais encore frappé plus fort. »
Il n'eut pas plutôt parlé ainsi qu'il devint muet. Et
comme ses camarades lui demandaient ce qu'il avait,
et qu'il ne pouvait pas leur répondre, ils le recondui-
sirent chez lui. Mais ayant vu sur son chemin l'église
de saint Michel, il s'échappa des mains de ses compagnons et entra dans l'église où il pria à genoux saint
Pierre, de tout son cœur, de lui pardonner, en faisant
vœu, comme il put, que s'il était délivré, il confesse-
rait ses péchés et abjurerait toute hérésie. Alors subitement il recouvra la parole, vint à la maison des
frères, où après avoir abjuré l'hérésie, il se confessa,
en donnant la permission à son confesseur de dire
dans ses prédications ce qui lui était arrivé. Lui-même,
au milieu d'un sermon fait par un prêcheur, raconta
le fait devant toute l'assistance. — Un vaisseau, en
pleine mer, allait faire naufrage : il était furieusement
ballotté par les flots, la nuit était noire ; les matelots
se recommandaient à tous les saints ; mais ne voyant
pas d'espoir de salut ils craignaient fort d'être perdus,
quand l'un d'eux, qui était de Gênes, fit taire les autres et parla ainsi : « Mes frères, est-ce que vous n'a-
vez pas entendu raconter qu'un frère de l'ordre des
Prêcheurs, appelé frère Pierre, a été tué par les héré-

tiques il n'y a pas longtemps pour la défense de la foi
catholique, et que par son entremise le Seigneur opère
beaucoup de miracles. Eh bien! en ce moment, implorons sa protection avec grande piété, car j'espère
que nous ne serons pas déçus dans notre demande. »
Tous s'accordent à invoquer le secours de saint Pierre :
Et pendant qu'ils priaient, la vergue qui tient la voile
parut toute pleine de cierges allumés; l'obscurité disparaît devant l'éclat de ces flambeaux et la nuit qui
était affreusement noire est changée en un jour très
clair. Comme ils regardaient en haut, ils virent un
homme en habit de frère Prêcheur debout sur la voile,
et il n'y eut aucun doute que ce ne fût saint Pierre.
Or, ces matelots arrivés sains et saufs à Gênes vinrent
à la maison des frères Prêcheurs où, après avoir rendu
grâces à Dieu et à saint Pierre, ils racontèrent tous
les détails de ce miracle. — Une femme de la Flandre
avait eu déjà trois enfants morts-nés, et son mari
l'avait prise en dédain; elle pria saint Pierre de venir
à son aide. Elle mit au monde un quatrième fils qui
fut aussi trouvé mort. Sa mère le prit et supplia de
tout son cœur saint Pierre de vouloir rendre la vie
à son fils et d'exaucer ses ardentes prières. A peine
avait-elle terminé que l'enfant reprit la vie. On le
porta donc au baptème, et on convint de l'appeler
Jean; mais le prêtre au moment de prononcer le nom
de l'enfant, sans le savoir, le nomma Pierre : ce qui
dans la suite lui fit avoir grande dévotion à ce saint.
Dans la province de Teutonie, à Utrecht, des femmes,
occupées à filer sur la place, virent un grand concours
de peuple à l'église des Frères Prêcheurs, en l'honneur

de saint Pierre, martyr. Elles dirent à ceux qui étaient
là : « Oh! ces Prêcheurs! ils savent tous les moyens de
gagner de l'argent; car pour en amasser une grosse
somme, et pour bâtir de grands palais, ils ont trouvé
un nouveau martyr. » En disant cela et autres choses
semblables, voici tout à coup que leur fil est tout couvert de sang, et les doigts avec lesquels elles filaient
en sont tout couverts. A cette vue, elles furent éton-
nées et s'essuyèrent les doigts avec précaution dans
la crainte de s'y être fait quelque coupure : mais quand
elles virent tous leurs doigts entièrement sains, et le
fil ensanglanté de la sorte, elles eurent peur et se repen-
tirent : « Vraiment, dirent-elles, nous avons mal parlé
du sang d'un précieux martyr et c'est pour cela que
ce miracle si extraordinaire nous est arrivé. » Elles
coururent donc à la maison des Frères, et exposèrent
le tout au prieur en lui montrant le fil plein de sang.
Or, le prieur, à la sollicitation d'un grand nombre de
personnes, convoqua le peuple à un sermon solennel,
et rapporta en présence de son auditoire tout ce qui
était arrivé à ces femmes; il montra même le fil ensanglanté. Alors un maître de grammaire, qui assistait à
la prédication, se mit à se moquer beaucoup de ce fait
et à dire à ceux qui se trouvaient là : « Voyez donc,
comme ces frères trompent les cœurs des gens simples. Ils se sont entendus avec quelques femmelettes de
leurs amies, leur ont dit de teindre leur fil dans du
sang, et ils racontent cela comme un miracle. » A
peine il finissait de parler qu'il fut frappé par la vengeance divine : la fièvre le saisit vis-à-vis de tous,
d'une manière si violente que ses amis furent obligés

de le porter de l'église en sa maison. Mais la fièvre
devenant de plus en plus forte, il eut peur de mourir
de suite, fit appeler le susdit prieur, et après avoir
confessé sa faute, il fit vœu à Dieu et à saint Pierre
que si, par ses mérites, il recouvrait la santé, il aurait toujours envers lui une dévotion spéciale et qu'il
ne dirait jamais plus pareilles sottises. Chose merveilleuse! Il n'eut pas plutôt fait ce vœu qu'il fut entièrement guéri. — Une fois, le sous-prieur de cette
même maison conduisait dans un bateau de magnifiques et grosses pierres pour la construction de la
dite église; le bateau toucha, à l'improviste, le rivage,
de sorte qu'on ne pouvait le dégager. Tous les matelots étaient descendus et s'étaient mis ensemble à
pousser le bateau, mais sans pouvoir le remuer. Ils
croyaient le bâtiment perdu, quand le sous-prieur les
fit tous mettre de côté et approcha la main du bateau
qu'il poussa légèrement en disant : « Au nom de saint
Pierre martyr, pour l'honneur duquel nous portons
ces pierres, va. » Aussitôt le bateau s'ébranla avec vitesse, s'éloigna du rivage. Les matelots tout joyeux
montèrent et gagnèrent leur chantier.

Dans la province de France, en la ville de Sens,
une jeune fille qui passait dans l'eau fut entraînée
par le courant, y tomba et resta longtemps dans la
rivière; enfin elle en fut retirée morte. Il y avait quatre causes de mort : le long espace de temps, le corps
raide, froid et noir. Quelques personnes la portèrent
à l'église des Frères, firent un vœu à saint Pierre, et
aussitôt elle revint à la vie et à la santé. — Frère
Jean, Polonais, souffrait de la fièvre quarte à Bologne :

il devait, le jour de la fête de saint Pierre, adresser un sermon au clergé ; comme il s'attendait à avoir son accès cette nuit-là, d'après le cours ordinaire de la fièvre, il eut grande peur de manquer le sermon qu'il avait reçu ordre de prononcer. Mais ayant eu recours aux suffrages de saint Pierre, à l'autel duquel il vint prier afin de recevoir secours de celui dont il devait publier la gloire, cette nuit-là même, la fièvre le quitta et dans la suite il n'en éprouva plus jamais les attaques. — Une dame nommée Girolda, femme de Jacques de Vausain, était obsédée depuis quatorze ans par des esprits immondes : elle vint dire à un prêtre : « Je suis démoniaque, et l'esprit malin me tourmente. » A l'instant le prêtre saisi s'enfuit à la sacristie, y prit le livre dans lequel se trouvent les exorcismes, avec une étole qu'il cacha sous sa coule : il revint avec bonne société trouver la femme qui ne l'eut pas plutôt aperçu qu'elle dit : « Larron infâme, où as-tu été ? Qu'est-ce que tu portes caché sous ta coule ? » Mais le prêtre faisait ses conjurations et n'apportait aucun soulagement, cette femme alors vint trouver le bienheureux Pierre, car il vivait encore, et lui demander secours. Il lui répondit en forme de prophétie : « Confiance, ma fille, ne désespérez point ; car si je ne puis à présent faire ce que vous me demandez, il viendra cependant un temps où ce que vous demandez de moi, vous l'obtiendrez complètement. » Ce qui arriva en effet : car, après son martyre, cette femme étant venue à son tombeau, fut entièrement délivrée du tourment de ces démons. — Une femme nommée Euphémie de Corriongo, dans le diocèse de Milan, fut tour-

mentée du démon pendant sept ans. Quand on l'amena
au tombeau de saint Pierre, les démons se mirent à
l'agiter davantage, et à crier par sa bouche de manière
à être entendus de tous : « Mariole, Mariole, Pierrot,
Pierrot. » Alors les démons sortirent et la laissèrent
pour morte ; mais elle se leva guérie un instant après.
Elle assurait que principalement les jours de dimanche et de fête, et surtout lors de la célébration de la
messe, les démons la tourmentaient davantage. — Une
femme appelée Vérone, de Bérégno, fut tourmentée
pendant six ans par les démons ; elle fut conduite au
tombeau de saint Pierre, et c'était à peine que beaucoup d'hommes pouvaient la contenir. Parmi eux se
trouvait un hérétique, nommé Conrad, de Ladriano,
venu là pour se rire des miracles de saint Pierre. Or,
comme il tenait cette femme avec les autres, les démons lui dirent par la bouche de la femme : « Pourquoi nous tiens-tu ? n'es-tu pas des nôtres ? Ne t'avons-
nous pas porté à tel endroit où tu as commis tel homicide ? Ne t'avons-nous pas conduit en tel et tel lieu,
où tu as commis telle et telle infamie ? » Et comme
ils lui révélaient beaucoup de péchés que nul autre que
lui seul ne connaissait, il fut fort épouvanté. Alors
les démons écorchèrent le cou et la poitrine de la
femme qu'ils laissèrent à demi morte en sortant ; mais
peu après elle se leva guérie. Pour ce Conrad, quand
il vit cela, il en fut stupéfait et il se convertit à la foi
catholique.

Un hérétique, très fin raisonneur, d'une éloquence
singulière, discutait avec saint Pierre et exposait ses
erreurs avec subtilité et esprit ; il pressait audacieu-

sement le saint de répondre à ses arguments. Celui-ci
demanda à réfléchir, et alla dans un oratoire qui était
proche prier Dieu de défendre la cause de sa foi, et
de réduire à la vérité ce parleur orgueilleux, ou de
le punir en le privant de l'usage de la parole, de peur
qu'il ne s'enflât d'orgueil contre la vraie foi. Puis
revenant à l'hérétique, il lui dit en présence de l'assemblée d'exposer ses raisons de nouveau. Mais cet
homme fut pris d'un tel mutisme qu'il ne put prononcer un seul mot. Alors les hérétiques se retirèrent confus et les catholiques rendirent grâces à
Dieu. — Un homme nommé Opiso, hérétique crédule,
était venu à l'église des frères, à l'occasion d'une hérétique de ses cousines qui était forcenée. Arrivé au
tombeau de saint Pierre, il y vit deux deniers qu'il
prit en disant : « C'est bon, allons les boire » : et à
l'instant il fut saisi d'un tremblement tel qu'il ne put
en aucune manière se retirer de là. Effrayé, il remit
les deniers à leur place et s'en alla. Mais reconnaissant
la vertu de saint Pierre, il abandonna l'hérésie, et se
convertit à la foi catholique. — Il y avait en Allemagne, au monastère d'Octembach, diocèse de Constance, une religieuse de l'ordre de saint Sixte, qui,
depuis un an et plus, souffrait de la goutte au genou :
aucun remède ne l'avait pu guérir. Comme il lui était
impossible de visiter de corps le tombeau de saint
Pierre (car elle était sous obédience, et la maladie
très grave dont elle était atteinte l'en empêchait), elle
pensa du moins à visiter ledit tombeau par un pèlerinage mental avec une attentive dévotion. Elle apprit
qu'on pouvait aller en treize jours à Milan du lieu où

ellé se trouvait; tous les jours, pour chaque journée de voyage, elle récitait cent *Pater noster* en l'honneur de saint Pierre. Manière merveilleuse! A mesure qu'elle faisait ce pèlerinage mental, successivement, toujours et peu à peu elle commença à se trouver mieux. Quand elle eut atteint sa dernière journée et qu'elle fut parvenue mentalement au tombeau, elle se mit à genoux comme si réellement elle l'eût eu devant elle, récita tout le Psautier avec une très grande dévotion. Sa lecture achevée, elle se sentit tellement délivrée de son infirmité qu'elle n'en ressentait plus presque rien. Elle revint de la même manière qu'elle était allée et avant d'avoir terminé toutes ses journées, elle fut complètement guérie. — Un homme de Canapicio de la villa Mazzati, nommé Rufin, tomba gravement malade: il avait une veine rompue dans les parties basses du devant, d'où il découlait sans cesse du sang; aucun médecin n'y avait pu apporter remède. Or, après six jours et six nuits d'écoulement continu, cet homme invoqua avec dévotion saint Pierre à son secours : sa guérison fut si instantanée qu'entre sa prière et sa délivrance, il n'y eut presque aucun intervalle. Or, comme il s'endormait, il vit un frère en habit de frère Prêcheur, gros et brun de figure, qu'il pensa être le compagnon de saint Pierre martyr, parce qu'il avait réellement cette tournure. Ce frère lui présentait ouvertes ses mains pleines de sang avec un onguent d'agréable odeur, et disait : « Le sang est encore frais : viens donc à ce sang tout frais de saint Pierre. » Le malade à son réveil alla visiter le tombeau du saint. — Certaines comtesses du château

Massin, au diocèse d'Ypozença, avaient une dévotion
spéciale en saint Pierre ; elles jeûnaient la veille de sa
fête. Étant venues pour assister aux vêpres dans une
église qui lui était dédiée, une d'elles mit brûler une
chandelle en l'honneur de saint Pierre martyr devant
un autel du saint apôtre. Quand elles furent rentrées
chez elles, le prêtre par avarice souffla et éteignit le
cierge ; mais tout de suite la lumière reprit et s'alluma
de nouveau. Il voulut l'éteindre une seconde et une
troisième fois, mais elle se ralluma toujours. Agacé
de cela, il entra dans le chœur et trouva devant le
maître-autel un cierge qu'y avait déposé un clerc en
l'honneur de saint Pierre, dont il passait la vigile en
jeûnant. Deux fois le prêtre voulut l'éteindre sans le
pouvoir. Le clerc irrité dit en voyant cela : « Diable !
est-ce que vous ne voyez pas là un miracle évident,
et que saint Pierre ne veut pas que vous éteigniez
son cierge ? » Alors le prêtre et le clerc ébahis montèrent au château et racontèrent à tous ce miracle. —
Un homme du nom de Roba, de Méda, avait tout
perdu au jeu, jusqu'à ses habits : en revenant le soir
chez soi avec une lanterne allumée, il alla à son lit et
se voyant si mal vêtu après de si grandes pertes, il se
mit, de désespoir, à invoquer les démons et à se recommander à eux avec des paroles infâmes. Aussitôt
se présentèrent trois démons qui, jetant la lumière
allumée dans la chambre, le saisirent au cou où ils le
serrèrent si fort qu'il ne pouvait absolument pas parler. Et comme ils le secouaient vivement, ceux qui
étaient à l'étage au-dessous montèrent chez lui et lui
dirent : « Qu'y a-t-il, que fais-tu, Roba ? » Les démons

leur répondirent : « Allez, soyez tranquilles, et cou-
chez-vous. » Ces personnes croyant que c'était la voix
de Roba se retirèrent tout aussitôt. Quand elles furent
parties, les démons recommencèrent à l'agiter plus
violemment encore. Les voisins, qui comprirent ce qui
se passait, allèrent de suite chercher un prêtre : celui-
ci n'eut pas plutôt adjuré les démons, au nom de saint
Pierre, que deux esprits malins sortirent à l'instant.
Le lendemain, on amena Roba au tombeau de saint
Pierre. Frère Guillaume de Verceil s'approcha et se
mit à faire des reproches au démon. Alors Roba, qui
n'avait jamais vu le frère, l'appela par son nom :
« Frère Guillaume, lui dit-il, ce ne sera pas toi qui
me feras jamais sortir, parce que cet homme est le
nôtre et fait nos œuvres. » Le frère lui ayant demandé
son nom : « Je m'appelle Balcéfas, lui répondit-il. »
Cependant, quand il eut été adjuré au nom de saint
Pierre, il jeta Roba par terre et s'en alla de suite. Roba
fut parfaitement délivré, et accepta une salutaire pénitence. — Le jour des Rameaux, saint Pierre prêchait
à Milan devant un auditoire très nombreux composé
d'hommes et de femmes : il dit publiquement et à
haute voix : « Je sais de science certaine que les hérétiques trament ma mort : déjà pour cela l'argent est
donné. Mais qu'ils fassent tout ce qu'ils peuvent, je
les persécuterai plus vivement mort que vif. » Ce
qui se réalisa. — A Florence, au monastère des Rives,
une religieuse était en oraison le jour que saint Pierre
souffrit la mort : elle vit la Sainte Vierge assise dans
la gloire sur un trône élevé, et deux frères de l'ordre
des Prêcheurs montant au ciel, qui furent placés de

chaque côté de la Vierge Marie. Comme elle s'infor-
mait quels ils étaient, elle entendit une voix lui dire :
« C'est le frère Pierre qui monte glorieux comme un
parfum d'aromates en présence du Seigneur. » Et il
fut vérifié que saint Pierre fut tué ce jour-là même
que la religieuse eut cette vision. Or, comme depuis
longtemps elle souffiait d'une maladie grave, elle se
mit en dévotion à prier saint Pierre et reçut bientôt
santé entière. — Un écolier qui revenait de Mague-
lonne à Montpellier, en faisant un saut, se rompit à
l'aine au point de se faire grand mal et de ne pouvoir
avancer un pas. Entendant dire qu'une femme avait
étendu de la terre arrosée du sang de saint Pierre sur
un cancer qui lui rongeait les chairs : « Seigneur
Dieu, dit-il, je n'ai point de cette terre, mais vous
avez donné tant de mérite à cette terre, vous pouvez
bien aussi en donner à celle-ci. » Il prit donc de la
terre, fit le signe de la croix, invoqua le martyr, et
la mit sur l'endroit malade et aussitôt il fut guéri. —
L'an du Seigneur 1259, il y avait à Compostelle un
homme nommé Benoît dont les jambes étaient enflées
comme des outres, le ventre comme celui d'une femme
enceinte, la figure horriblement bouffie, et tout le
corps gonflé de telle sorte qu'on eût cru voir un
monstre. Comme il avait peine à se soutenir sur un
bâton, il demanda l'aumône à une dame qui lui répondit : « Tu aurais plus besoin d'une fosse que de tout autre
bien, mais suis mon conseil ; va au couvent des frères
Prêcheurs, confesse tes péchés, et invoque le patronage de saint Pierre. » Il vint donc le matin à la maison des frères dont il trouva la porte fermée. Il se

mit devant et s'endormit. Et voici qu'un homme vénérable, habillé comme les frères Prêcheurs, lui apparut, le couvrit de son manteau et le fit entrer. Celui-
ci, à son réveil, se trouva être dans l'église et vit qu'il
était guéri parfaitement. L'admiration et la stupeur
furent générales quand on vit un homme près de
mourir, sitôt guéri d'une pareille infirmité.

SAINT PHILIPPE, APOTRE

Philippe signifie bouche de lampe, ou bouche des mains :
ou bien il vient de *philos*, amour, et *uper*, au-dessus, qui aime
les choses supérieures. Par bouche de lampe, on entend sa
prédication brillante ; par bouche des mains, ses bonnes œuvres
continuelles ; par amour des choses supérieures, sa contemplation céleste.

Saint Philippe, apôtre, après avoir prêché vingt ans
en Scythie, fut pris par les païens qui voulurent le forcer à sacrifier devant une statue de Mars. Mais aussitôt,
il s'élança de dessous le piédestal un dragon qui tua
le fils du pontife employé à porter le feu pour le sacrifice, deux tribuns dont les soldats tenaient Philippe
dans les chaînes : et son souffle empoisonna les autres
à tel point qu'ils tombèrent tous malades. Et Philippe
dit : « Croyez-moi, brisez cette statue, et à sa place
adorez la croix du Seigneur, afin que vos malades
soient guéris et que les morts ressuscitent. » Mais
ceux qui étaient souffrants criaient : « Faites-nous
seulement guérir, et de suite nous briserons ce Mars. »

Philippe commanda alors au dragon de descendre au
désert, pour qu'il ne nuisît à qui que ce fût. Le monstre se retira aussitôt, et disparut. Ensuite Philippe les
guérit tous et il obtint la vie pour les trois morts. Ce
fut ainsi que tout le monde crut. Pendant une année
entière il les prêcha, et après leur avoir ordonné des
prêtres et des diacres, il vint en Asie dans la ville de
Hiérapolis, où il éteignit l'hérésie des Ebionites qui
enseignaient que J.-C. avait pris une chair fantastique. Il avait là avec lui deux de ses filles, vierges très
saintes, par le moyen desquelles le Seigneur convertit
beaucoup de monde à la foi. Pour Philippe, sept jours
avant sa mort, il convoqua les évêques et les prêtres,
et leur dit : « Le Seigneur m'a accordé ces sept jours
pour vous donner des avis. » Il avait alors 87 ans.
Après quoi les infidèles se saisirent de lui, et l'attachèrent à la croix, comme le maître qu'il prêchait. Il
trépassa de cette manière heureusement au Seigneur.
A ses côtés furent ensevelies ses deux filles, l'une à sa
droite, et l'autre à sa gauche. Voici ce que dit Isidore
de ce Philippe dans le *Livre de la Vie, de la naissance
et de la mort des saints* * : « Philippe prêche J.-C.
aux Gaulois ; les nations barbares voisines, qui habitaient dans les ténèbres, sur les bords de l'océan furieux, il les conduit à la lumière de la science et au
port de la foi ; enfin, crucifié à Hiérapolis, ville de la
province de Phrygie, et lapidé, il y mourut, et y repose avec ses filles. » Quant à Philippe qui fut un
des sept diacres, saint Jérôme dit, dans son martyro-

* Ch. XLV.

loge, que le 8ᵉ des ides de juillet, il mourut à Césarée, illustre par ses miracles et ses prodiges ; à côté
de lui furent enterrées trois de ses filles, car la quatrième repose à Ephèse. Le premier Philippe est différent de celui-ci, en ce que le premier fut apôtre, le
second diacre ; l'apôtre repose à Hiérapolis, le diacre
à Césarée. Le premier eut deux filles prophétesses, le
second en eut quatre, bien que dans l'*Histoire ecclésiastique* * on paraisse dire que ce fut saint Philippe,
apôtre, qui eut quatre filles prophétesses : mais il vaut
mieux s'en rapporter à saint Jérôme.

SAINTE-APOLLONIE (APOLLINE) **

Au temps de l'empereur Dèce, une affreuse persécution s'éleva à Alexandrie contre les serviteurs de
Dieu. Un homme nommé Devin devança les ordres de
l'empereur, comme ministre des démons, en excitant,
contre les chrétiens, la superstition de la populace
qui dans son ardeur était dévorée de la soif du sang
des justes. Tout d'abord on se saisit de quelques personnes pieuses de l'un et de l'autre sexe. Aux uns, on
déchirait le corps, membre après membre, à coups
de fouets ; à d'autres, on crevait les yeux avec des roseaux pointus, ainsi que le visage, après quoi on les
chassait de la ville. Quelques-uns étaient traînés aux
pieds des idoles afin de les leur faire adorer ; mais

* Eusèbe, *Histoire ecclésiastique*, l. III, c. xxxi.
** Idem, *Ibid.*, liv. VIII, ch. xxxi.

comme ils s'y refusaient avec horreur, on leur liait les
pieds avec des chaînes, on les traînait à travers les
rues de toute la ville, et leurs corps étaient arrachés
par lambeaux dans cet atroce et épouvantable supplice.
Or, il y avait, en ce temps-là, une vierge remarquable,
d'un âge fort avancé, nommée Apollonie, ornée des
fleurs de la chasteté, de la sobriété et de la pureté,
semblable à une colonne des plus solides, appuyée sur
l'esprit même du Seigneur, elle offrait aux anges et
aux hommes le spectacle admirable de bonnes œuvres
inspirées par la foi et par une vertu céleste. La multitude en fureur s'était donc ruée sur les maisons des
serviteurs de Dieu, brisant tout avec un acharnement
étrange; on traîna d'abord au tribunal des méchants
la bienheureuse Apollonie, innocente de simplicité,
forte de sa vertu, et n'ayant pour se défendre que la
constance d'un cœur intrépide, et la pureté d'une conscience sans tache; elle offrait avec grand dévouement
son âme à Dieu et abandonnait à ses persécuteurs son
corps tout chaste pour qu'il fût tourmenté. Lors donc
que cette bienheureuse vierge fut entre leurs mains, ils
eurent la cruauté de lui briser d'abord les dents; ensuite, ils amassèrent du bois pour en dresser un grand
bûcher, et la menacèrent de la brûler vive, si elle ne
disait avec eux certaines paroles impies. Mais la sainte
n'eut pas plutôt vu le bûcher en flammes, que, se re-
cueillant un instant, tout d'un coup, elle s'échappe des
mains des bourreaux, et se jette elle-même dans le
brasier dont on la menaçait. De là l'effroi des païens
cruels qui voyaient une femme plus pressée de recevoir la mort qu'eux de l'infliger. Eprouvée déjà par

différents supplices, cette courageuse martyre ne se
laissa pas vaincre par la douleur des tourments qu'elle
subissait, ni par l'ardeur des flammes, car son cœur
était bien autrement embrasé des rayons de la vérité.
Aussi ce feu matériel, attisé par la main des hommes,
ne put détruire dans son cœur intrépide l'ardeur qu'y
avait déposée l'œuvre de Dieu. Oh! la grande et l'admirable lutte que celle de cette vierge, qui, par l'inspiration de la grâce de Dieu, se livra aux flammes pour
ne pas brûler, et se consuma pour ne pas être consumée; comme si elle n'eût pas été la proie du feu, et
des supplices! Elle était libre de se sauvegarder, mais
sans combat, elle ne pouvait acquérir de gloire. Cette
vierge et martyre intrépide de J.-C. méprise les délices mondaines, foule par ses mépris les joies d'ici-bas,
et sans autre désir que de plaire au Christ, son époux,
elle reste inébranlable dans sa résolution de garder
sa virginité, au milieu des tourments les plus violents.
Ses mérites éminents la font distinguer au milieu des
martyrs pour le glorieux triomphe qu'elle a heureusement remporté. Assurément il y eut dans cette femme
un courage viril, puisque la fragilité de son sexe
ne fléchit point dans une lutte si violente. Elle re-
foule la crainte humaine par l'amour de Dieu, elle
se saisit de la croix du Christ comme d'un trophée;
elle combat et remporte plus promptement la victoire
avec les armes de la foi qu'elle n'aurait fait avec le
fer, aussi bien contre les passions que contre tous les
genres de supplices. Daigne nous accorder aussi cette
grâce celui qui avec le Père et le Saint-Esprit règne
dans les siècles des siècles.

SAINT JACQUES, APOTRE (LE MINEUR).

Jacques veut dire, qui renverse, qui supplante celui qui se
hâte, qui prépare. Ou bien il se tire de *ia*, qui signifie Dieu,
et *robar*, charge, poids Ou bien Jacques vient de *jaculum*, jave-
lot, et *cope*, coupure, coupé par des javelots. Or, on le dit qui
renverse parce qu'il renversa le monde par le mépris qu'il en
fit : il supplanta le démon qui est toujours hâtif : il prépara
son corps à toutes sortes de bonnes œuvres. Les mauvaises
passions résident en nous par trois causes, ainsi que le dit
saint Grégoire de Nisse : par mauvaise éducation, ou conversation, par mauvaise habitude du corps, ou par vice d'ignorance. Elles se guérissent, ajoute le même auteur, par la bonne
habitude, par le bon exercice, et par l'étude de bonne doctrine. Ce fut ainsi que saint Jacques se guérit et qu'il eut son
corps préparé à toutes sortes de bonnes œuvres Il fut un poids
divin par la gravité de ses mœurs , il fut coupé par le fer, en
souffrant le martyre.

Saint Jacques, apôtre, est appelé Jacques d'Alphée,
c'est-à-dire fils d'Alphée, frère du Seigneur, Jacques
le mineur, et Jacques le Juste. On l'appelle Jacques
d'Alphée, non seulement selon la chair, mais encore
selon l'interprétation du nom : car Alphée, veut dire
docte, document, fugitif, ou bien millième. Il est
nommé Jacques d'Alphée, parce qu'il fut docte, par
inspiration de science ; document, par l'instruction des
autres ; fugitif, du monde qu'il méprisa; et millième,
par sa réputation d'humilité. On le nomme frère du
Seigneur, parce qu'il lui ressemblait au point que beaucoup les prenaient l'un pour l'autre en les voyant. Ce
fut pour cela que lorsque les Juifs vinrent se saisir
de J.-C., de peur de prendre Jacques à sa place, Judas,

qui vivant avec eux savait les distinguer, leur donna
pour signal le baiser. C'est encore le témoignage de
saint Ignace en son épître à saint Jean l'évangéliste
où il dit : « Si cela m'est possible, je veux vous aller
joindre à Jérusalem, pour voir ce vénérable Jacques,
surnommé le juste, qu'on dit ressembler à J.-C. de
figure, de vie, et de manière d'être, comme s'ils avaient
été deux jumeaux de la même mère : ce Jacques dont
on dit : si je le vois, je vois en même temps J.-C.
dans chacun de ses membres. » On l'appelle encore
frère du Seigneur, parce que J.-C. et Jacques, qui descendaient de deux sœurs, descendaient aussi, préten-
dait-on, de deux frères, Joseph et Cléophas : car on
ne le nomme pas frère du Seigneur parce qu'il aurait
été le fils de Joseph, l'époux de Marie, mais d'une
autre femme, d'après certains témoignages, mais parce
qu'il était fils de Marie, fille de Cléophé : Et ce Cléophé
fut bien le frère de Joseph, époux de Marie, quoique
maître Jean Beleth (ch. cxxiv) dise que Alphée, père
de Jacques dont nous parlons, fut frère de Joseph,
époux de Marie. Ce que personne ne croit. Or, les Juifs
appelaient frères ceux qui étaient parents des deux
souches : Ou bien encore on l'appelle frère du Seigneur
en raison de la prérogative et de l'excellence de sa
sainteté pour laquelle, de préférence aux autres apôtres,
il fut ordonné évêque de Jérusalem. On l'appelle encore Jacques le mineur, pour le distinguer de Jacques
le majeur, fils de Zébédée ; car quoique Jacques de
Zébédée eût été plus âgé, il fut cependant appelé après
lui. De là vient la coutume qui s'observe dans la
plupart des maisons religieuses que celui qui vient le

premier s'appelle *major*, et celui qui vient le dernier
s'appelle *minor*, quand bien même celui-ci serait plus
ancien d'âge ou plus digne par sa sainteté. On l'appelle aussi Jacques le Juste, à cause du mérite de son
excellentissime sainteté : car, d'après saint Jérôme, il
fut en telle révérence et sainteté au peuple, que c'é-
tait à qui pourrait toucher le bord de son vêtement.
En parlant de sa sainteté, Hégésippe, qui vivait peu de
temps après les apôtres, écrit, selon les *Histoires ecclésiastiques* : « Jacques, le frère du Seigneur, généralement surnommé le Juste, fut chargé du soin de l'Eglise
depuis J.-C. jusqu'à nos jours. Il fut saint dès le sein
de sa mère ; il ne but ni vin, ni bière ; il ne mangea
jamais de viande ; le fer ne toucha pas sa tête ; il n'usa
jamais d'huile, ni de bain ; il était toujours couvert
d'une robe de lin. Il s'agenouillait tant de fois pour
prier que la peau de ses genoux était endurcie comme
la plante des pieds. En raison de cet état de justice
extraordinaire et constante, il fut appelé juste et *abba*,
qui veut dire défense du peuple et justice. Seul de
tous les apôtres, à cause de cette éminente sainteté,
il avait la permission d'entrer dans le saint des saints. »
(Hégésippe.) On dit encore que ce fut le premier des
apôtres qui célébra la messe ; car, pour l'excellence de
sa sainteté, les apôtres lui firent cet honneur de célébrer, le premier d'entre eux, la messe à Jérusalem,
après l'ascension du Seigneur, même avant d'avoir
été élevé à l'épiscopat, puisqu'il est dit, dans les Actes,
qu'avant son ordination, les disciples persévéraient
dans la doctrine enseignée par les apôtres et dans la
communion de la fraction du pain, ce qui s'entend de

la célébration de la messe : ou bien peut-être, dit-on
qu'il a célébré le premier en habits pontificaux, comme
plus tard saint Pierre célébra la messe le premier
à Antioche, et saint Marc à Alexandrie. Sa virginité fut
perpétuelle, au témoignage de saint Jérôme en son livre contre Jovinien. Selon que le rapportent Josèphe et
saint Jérôme, en son livre des *Hommes illustres*, le Seigneur étant mort la veille du sabbat, saint Jacques fit
vœu de ne point manger avant de l'avoir vu ressuscité d'entre les morts; et le jour de la résurrection,
comme il n'avait pris jusque-là aucune nourriture, le
Seigneur lui apparut ainsi qu'à ceux qui étaient avec
lui, et dit : « Mettez la table et du pain. » Puis prenant le pain, il le bénit et le donna à Jacques le Juste
en disant : « Lève-toi, mon frère, mange, car le fils
de l'homme est ressuscité des morts. » La septième
année de son épiscopat, les apôtres s'étant réunis à
Jérusalem, saint Jacques leur demanda quelles merveilles le Seigneur avait opérées par eux devant le
peuple ; ils les lui racontèrent. Saint Jacques et les
autres apôtres prêchèrent, pendant sept jours, dans
le temple, en présence de Caïphe et de quelques autres
Juifs qui étaient sur le point de consentir à recevoir le
baptême, lorsque tout à coup un homme entra dans
le temple et se mit à crier : « O Israélites, que faites-
vous? Pourquoi vous laissez-vous tromper par ces magiciens?» Or, il émut si grandement le peuple, qu'on voulait lapider les apôtres. Alors il monta sur les degrés
d'où prêchait saint Jacques, et le renversa par terre ;
depuis ce temps-là il boita beaucoup. Ceci arriva à saint
Jacques la septième année après l'ascension du Seigneur.

La trentième année de son épiscopat, les Juifs n'ayant
pu tuer saint Paul, parce qu'il en avait appelé à César
et qu'il avait été envoyé à Rome, tournèrent contre
saint Jacques leur tyrannie et leur persécution. Hégésippe, contemporain des apôtres, raconte, et on le
trouve aussi dans l'*Histoire ecclésiastique* *, que les
juifs cherchant l'occasion de le faire mourir, allèrent
le trouver et lui dire : « Nous t'en prions ; détrompe
le peuple de la fausse opinion où il est que Jésus
est le Christ. Nous te conjurons de dissuader, au sujet
de Jésus, tous ceux qui se rassembleront le jour de
Pâques. Tous nous obtempérerons à ce que tu diras, et
nous, comme le peuple, nous rendrons de toi ce témoignage que tu es juste et que tu ne fais acception de
personne. » Ils le firent donc monter sur la plate-forme
du temple et lui dirent en criant à haute voix : « O le
plus juste des hommes, auquel nous devons tous
obéir, puisque le peuple se trompe au sujet de Jésus
qui a été crucifié, expose-nous ce qu'il t'en semble. »
Alors saint Jacques répondit d'une voix forte : « Pourquoi m'interrogez-vous touchant le Fils de l'homme :
voici qu'il est assis dans les cieux, à la droite de la
puissance souveraine, et qu'il doit venir pour juger
les vivants et les morts. » En entendant ces paroles,
les chrétiens furent remplis d'une grande joie et écou-
tèrent l'apôtre volontiers ; mais les Pharisiens et les
Scribes dirent : « Nous avons mal fait en provoquant
ce témoignage de Jésus ; montons donc et nous le
précipiterons du haut en bas, afin que les autres

* Eusèbe, livre II, ch. xxiii.

effrayés n'aient pas la présomption de le croire. »
Et tous à la fois s'écrièrent avec force : « Oh! oh!
le juste est aussi dans l'erreur. » Ils montèrent et le
jetèrent en bas, après quoi, ils l'accablèrent sous une
grêle de pierres en disant : « Lapidons Jacques le
Juste. » Il ne fut cependant pas tué de sa chute, mais
il se releva et se mettant sur ses genoux, il dit : « Je
vous en prie, Seigneur, pardonnez-leur, car ils ne savent ce qu'ils font. » Alors un des prêtres, qui était
des enfants de Rahab, s'écria : « Arrêtez, je vous prie,
que faites-vous? C'est pour vous que prie ce juste,
et vous le lapidez! » Or, l'un d'entre eux prit une perche de foulon, lui en asséna un violent coup sur la
tête et lui fit sauter la cervelle. C'est ce que raconte
Hégésippe. Et saint Jacques trépassa au Seigneur par
ce martyre sous Néron qui régna l'an 57 : il fut enseveli au même lieu auprès du temple. Or, comme le peuple voulait venger sa mort, prendre et punir ses meurtriers, ceux-ci s'enfuirent aussitôt. — Josèphe rapporte
(liv. VII) que ce fut en punition du péché de la mort
de Jacques le Juste qu'arrivèrent la ruine de Jérusalem
et la dispersion des Juifs : mais ce ne fut pas seulement pour la mort de saint Jacques, mais principalement pour la mort du Seigneur qu'advint cette destruction, selon que l'avait dit le Sauveur : « Ils ne te
laisseront pas pierre sur pierre, parce que tu n'as pas
connu le temps auquel Dieu t'a visitée. » Mais parce
que le Seigneur ne veut pas la mort du pécheur, et
afin que les Juifs n'eussent point d'excuses, pendant
40 ans, il attendit qu'ils fissent pénitence, et par les
apôtres, particulièrement par saint Jacques, frère du

Seigneur, qui prêchait continuellement au milieu d'eux,
il les rappelait au repentir. Or, comme il ne pouvait les
rallier par ses avertissements, il voulut du moins les
effrayer par des prodiges : car, dans ces 40 ans qui leur
furent accordés pour faire pénitence, on vit des mons-
truosités et des prodiges. Josèphe les raconte ainsi :
Une étoile extraordinairement brillante, qui avait une
ressemblance frappante avec une épée, paraissait menacer la ville qu'elle éclaira d'une lumière fatale pendant une année entière. A une fête des Azymes, sur
la neuvième heure de la nuit, une lueur si éclatante
entoura l'autel et le temple que l'on pensait qu'il fît
grand jour. A la même fête, une génisse que l'on
menait pour l'immoler mit au monde un agneau, au
moment où elle était entre les mains des ministres.
Quelques jours après, vers le coucher du soleil, on vit
des chars et des quadriges portés dans toute la région
de l'air, et des cohortes de gens armés s'entrechoquant
dans les nuages et cernant la ville de bataillons impro-
visés. En un autre jour de fête, qu'on appelle Pentecôte, les prêtres, étant la nuit dans le temple intérieur
pour remplir le service ordinaire, ressentirent des
mouvements et un certain tumulte ; en même temps,
ils entendirent des voix qui criaient : « Sortons de ces
demeures. » Quatre ans avant la guerre, un homme
nommé Jésus, fils d'Ananias, venu à la fête des tabernacles, se mit tout à coup à crier : « Voix du côté de
l'orient ; voix du côté de l'occident ; voix du côté des
quatre vents ; voix contre Jérusalem et contre le temple ; voix contre les époux et les épouses ; voix contre tout le peuple. » Cet homme est pris, battu, fouetté ;

mais il ne savait dire autre chose, et plus on le frappait, plus haut il criait. On le conduit alors au juge,
qui l'accable de cruels tourments ; il le fait déchirer
au point qu'on voyait ses os : mais il n'eut ni une prière
ni une larme ; à chaque coup qu'on lui assénait, il poussait les mêmes cris avec un certain hurlement ; à la
fin il ajouta : « Malheur ! malheur à Jérusalem ! »
(Récit de Josèphe.)

Or, comme les Juifs n'étaient pas convertis par ces
avertissements, et qu'ils ne s'épouvantaient point de
ces prodiges, quarante ans après, le Seigneur amena à
Jérusalem Vespasien et Tite qui détruisirent la ville de
fond en comble. Et voici ce qui les fit venir à Jérusalem ; on le trouve dans une histoire apocryphe : Pilate, voyant qu'il avait condamné Jésus innocent, redouta la colère de l'empereur Tibère, et lui dépêcha,
pour porter ses excuses, un courrier du nom d'Albin :
or, à la même époque, Vespasien avait le gouvernement de la Galatie au nom de Tibère César. Le courrier fut poussé en Galatie par les vents contraires et
amené à Vespasien. C'était une coutume du pays que
quiconque faisait naufrage appartenait corps et biens
au gouverneur. Vespasien s'informa qui il était, d'où
il venait, et où il allait. « Je suis, lui répondit-il, habitant de Jérusalem : je viens de ce pays et j'allais à
Rome. » Vespasien lui dit : « Tu viens de la terre des
sages, tu connais la science de la médecine, tu es médecin, tu dois me guérir. » En effet Vespasien, dès
son enfance, avait une espèce de vers dans le nez. De
là son nom de Vespasien. Cet homme lui répondit :
« Seigneur, je ne me connais pas en médecine, aussi

ne te puis-je guérir. » Vespasien lui dit : « Si tu ne
me guéris, tu mourras. » Albin répondit : « Celui qui
a rendu la vue aux aveugles, chassé les démons, ressuscité les morts, celui-là sait que j'ignore l'art de guérir. » Et quel est, répliqua Vespasien, cet homme
dont tu racontes ces merveilles ? » Albin lui dit :
« C'est Jésus de Nazareth que les Juifs ont tué par ja-
lousie ; si tu crois en lui, tu obtiendras ta guérison. »
Et Vespasien dit : « Je crois, car puisqu'il a ressuscité
les morts, il pourra aussi me délivrer de cette infirmité. » Et comme il parlait ainsi, des vers lui tombèrent du nez et tout aussitôt il recouvra la santé.
Alors Vespasien, au comble de la joie, dit : « Je suis
certain qu'il fut le fils de Dieu celui qui a pu me
guérir. Eh bien ! J'en demanderai l'autorisation à
César : j'irai à main armée à Jérusalem anéantir tous
les traîtres et les meurtriers de Jésus. » Puis il dit à
Albin, le messager de Pilate : « Avec ma permission,
tu peux retourner chez toi, ta vie et tes biens saufs. »
Vespasien alla donc à Rome et obtint de Tibère-
César la permission de détruire la Judée et Jérusalem.
Alors pendant plusieurs années, il leva plusieurs corps
de troupes ; c'était au temps de l'empereur Néron,
quand les Juifs se furent révoltés contre l'empire. Ce
qui prouve, d'après les chroniques, qu'il ne le fit pas
par zèle pour J.-C., mais parce que les Juifs avaient
secoué la domination des Romains. Vespasien arriva
donc à Jérusalem avec une nombreuse armée, et au
jour de Pâques, il investit la ville de toutes parts, et
y enferma une multitude infinie de Juifs venus pour
célébrer la fête.

Pendant un certain espace de temps, avant l'arrivée de Vespasien à Jérusalem, les fidèles qui s'y trouvaient, avertis par le Saint-Esprit de s'en aller, se
retirèrent dans une ville nommée Pella, au delà du
Jourdain, afin que les hommes saints ayant quitté la
cité, la justice divine pût exercer sa vengeance sur
ce pays sacrilège, et sur ce peuple maudit. La première ville de la Judée attaquée fut celle de Jonapa-
tam, dont Josèphe était le commandant et le chef ; mais
Josèphe opposa avec ses hommes une vigoureuse résistance. Cependant comme il voyait la ruine prochaine
de cette place, il prit onze Juifs avec lesquels il s'enferma dans un souterrain, où, après avoir éprouvé pendant quatre jours les horreurs de la faim, ces Juifs,
malgré Josèphe, aimèrent mieux mourir que de se soumettre au joug de Vespasien : ils préféraient se tuer
les uns les autres et offrir leur sang en sacrifice à
Dieu. Or, parce que Josèphe était le plus élevé en dignité parmi eux, ils voulaient le tuer le premier, afin
que Dieu fût plus vite apaisé par l'effusion de son
sang, ou bien ils voulaient se tuer mutuellement (c'est
ce qu'on voit en une chronique), afin de ne pas se
rendre aux Romains. Mais Josèphe, en homme de prudence qui ne voulait pas mourir, s'établit juge de la
mort et du sacrifice, et ordonna qu'on tirerait au sort
deux par deux, à qui serait tué le premier par l'autre.
On tira donc le sort qui livra à la mort tantôt l'un,
tantôt l'autre, jusqu'au dernier avec lequel Josèphe
avait à tirer lui-même. Alors Josèphe, qui était fort
et adroit, lui enleva son épée et lui demanda de
choisir la vie ou la mort en lui intimant l'ordre de se

prononcer sur-le-champ. Cet homme effrayé répondit : « Je ne refuse pas de vivre, si, grâce à vous, je puis conserver la vie. » Alors Josèphe parla en secret à un des familiers de Vespasien, que lui-même connaissait bien aussi, et demanda qu'on lui laissât la vie. Et ce qu'il demanda, il l'obtint. Or, quand Josèphe eut été amené devant Vespasien, celui-ci lui dit : « Tu aurais mérité la mort, si tu n'avais été délivré par les sollicitations de cet homme. » « S'il y a eu quelque chose de mal fait, répondit Josèphe, on peut le tourner à bien. » Vespasien reprit : « Un vaincu, que peut-il faire ? » Josèphe lui dit : « Je puis faire quelque chose, si je sais me faire écouter favorablement. » Vespasien répondit : « Soit, parle convenablement, et si tu dis quelque chose de bon, on t'écoutera tranquillement. » Josèphe reprit : « L'empereur romain est mort, et le Sénat t'a fait empereur. » « Puisque tu es prophète, dit Vespasien, pourquoi n'as-tu pas prédit à cette ville qu'elle devait tomber en mon pouvoir ? » Je le lui ai prédit pendant quarante jours, répondit Josèphe. » En même temps arrivent les députés romains, proclamant que Vespasien est élevé à l'empire, et ils le conduisent à Rome. Eusèbe en sa chronique * témoigne aussi que Josèphe prédit à Vespasien, et la mort de l'empereur, et son élévation. Alors Vespasien laissa Tite, son fils, au siège de Jérusalem. Or, celui-ci, apprenant que son frère avait été proclamé empereur (c'est ce qu'on lit dans la même histoire apocryphe), fut rempli d'un tel transport de joie

* Lib. II, R. DCCCXX, p. 546. (Migne).

qu'une contraction nerveuse le saisit à la suite d'une
fraîcheur et qu'il fut paralysé d'une jambe. Josèphe
apprenant que Tite était paralysé, rechercha avec un
soin extrême la cause et les circonstances de cette maladie. La cause, il ne la put découvrir, ni on ne put lui
dire de quelle nature était la maladie ; pour le temps
où elle s'est déclarée, il apprend que c'est en entendant annoncer que son frère était élu empereur. En
homme prévoyant et sage Josèphe, avec ce peu de
renseignements, se livra à des conjectures qui lui
firent trouver la nature de la maladie, par la circonstance où elle s'était déclarée, savoir : que sa position
était le résultat d'un excès de joie et d'allégresse. Or,
ayant remarqué que les contraires se guérissent par
les contraires, sachant encore que ce qui est occa-
sionné par l'amour se détruit souvent par la douleur,
il se mit à chercher s'il ne se trouvait personne en
butte à l'inimitié de ce prince. Il y avait un esclave tellement à charge à Tite qu'il lui suffisait de le regarder
pour être tout bouleversé ; son nom, il ne le pouvait
même entendre prononcer. Josèphe dit alors à Tite :
« Si tu souhaites être guéri, accueille bien tous ceux
qui seront de ma compagnie. » Tite répondit : « Quiconque viendra en ta compagnie peut être certain
d'être bien reçu. » Aussitôt Josèphe fit préparer un
festin, plaça sa table vis-à-vis de celle de Tite, et fit
mettre l'esclave à sa droite. En le voyant, Tite contrarié frémit de mécontentement, et comme la joie
l'avait refroidi, la fureur où il se mit le réchauffa. Ses
nerfs se détendirent et il fut guéri. Après quoi Tite
rendit ses bonnes grâces à son esclave, et accorda

son amitié à Josèphe. Peut-on s'en rapporter à cette histoire apocryphe ? Est-elle ou non digne de récit ? J'en laisse l'appréciation au lecteur.

Or, le siège de Jérusalem dura deux ans. Au nombre des maux qui firent le plus souffrir les assiégés, il faut tenir compte d'une famine si affreuse que les parents arrachaient leur nourriture à leurs enfants, les maris à leurs femmes, et les femmes à leurs maris, non seulement d'entre les mains, mais même d'entre les dents : les jeunes gens les plus robustes par l'âge, semblables à des spectres errant par les rues, tombaient d'inanition tant ils étaient pressés par la faim. Ceux qui ensevelissaient les morts tombaient souvent morts sur les morts eux-mêmes. Comme on ne pouvait soutenir la puanteur des cadavres, on les fit ensevelir au dépens du trésor public. Et quand le trésor fut épuisé, on jeta au-dessus des murs les cadavres qui s'amoncelaient. Tite, en faisant le tour de la place, vit les fossés remplis de corps morts dont la puanteur infectait le pays ; alors il leva les mains au ciel en pleurant, et il dit : « O Dieu, tu le vois, ce n'est pas moi qui en suis l'auteur. » Car la famine était si grande dans Jérusalem qu'on y mangeait les chaussures et les courroies. Pour comble d'horreur, une dame de noble race et riche, ainsi qu'on le lit dans l'*Histoire ecclésiastique*, avait été dépouillée de tout par des brigands qui se jetèrent sur sa maison, et ne lui laissèrent absolument rien à manger. Elle prit dans ses bras son fils encore à la mamelle, et lui dit : « O fils, plus malheureux encore que ta malheureuse mère ! à quoi te réserverai-je ? sera-ce à la guerre ou

à la faim, ou encore au carnage ? Viens donc à cette
heure, ô mon enfant ; sois la nourriture de ta mère,
le scandale des brigands, et l'entretien des siècles. »
Après avoir dit ces mots, elle égorgea son fils, le fit
cuire, en mangea une moitié et cacha l'autre. Et voici
que les brigands, qui sentaient l'odeur de la viande
cuite, se ruent incontinent dans la maison, et me-
nacent cette femme de mort, si elle ne leur donne la
viande. Alors elle découvrit les membres de l'enfant :
« Voici, dit-elle, à vous a été réservée la meilleure
part. » Mais ils furent saisis d'une horreur telle qu'ils
ne purent parler. « C'est mon fils, ajouta-t-elle, c'est
moi qui ai commis le crime ; mangez sans crainte ;
j'ai mangé la première de l'enfant que j'ai mis au
monde : n'ayez garde d'être plus religieux qu'une
mère et plus délicats que des femmes : si la pitié vous
domine, et si vous éprouvez de l'horreur, je mange-
rai tout entier ce dont j'ai déjà mangé une moitié. »
Les brigands se retirèrent tout tremblants et effrayés.
Enfin la seconde année de l'empire de Vespasien, Tite
prit Jérusalem, la ruina, détruisit le temple jusque
dans ses fondements, et de même que les Juifs avaient
acheté J.-C. trente deniers, de même Tite fit vendre
trente Juifs pour un denier. D'après le récit de Josèphe, quatre-vingt-dix-sept mille Juifs furent vendus,
et onze cent mille périrent par la faim et par l'épée.

On lit encore que Tite, en entrant dans Jérusalem,
vit un mur d'une grande épaisseur, et le fit creuser.
Quand on y eut percé un trou, on y trouva dans l'intérieur un vieillard vénérable par son aspect et ses
cheveux blancs. Interrogé qui il était, il répondit qu'il

était Joseph, de la ville de Judée nommée Arimathie,
qu'il avait été enfermé et muré là pour avoir enseveli
J.-C. : et il ajouta que depuis ce moment, il avait été
nourri d'un aliment céleste, et fortifié par une lumière
divine. Pourtant l'évangile de Nicodème dit que les
Juifs ayant reclus Joseph, J.-C. en ressuscitant le tira
de là et le conduisit à Arimathie. On peut dire alors
qu'après sa délivrance, Josèphe ne cessa de prêcher
J.-C. et qu'il fut reclus une seconde fois. L'empereur
Vespasien étant mort, Tite, son fils, lui succéda à
l'empire. Ce fut un prince rempli de clémence, d'une
générosité et d'une bonté telles que, selon le dire d'Eusèbe dans sa chronique et le témoignage de saint Jérôme, un jour qu'il n'avait pas fait une bonne action,
ou qu'il n'avait rien donné, il dit : « Mes amis, j'ai
perdu ma journée. » Longtemps après, des Juifs voulurent réédifier Jérusalem ; étant sortis de bon matin
ils trouvèrent plusieurs croix tracées par la rosée, et
ils s'enfuirent effrayés. Le lendemain matin, dit Milet
dans sa chronique, chacun d'eux trouva des croix de
sang empreintes sur ses vêtements. Plus effrayés encore, ils prirent de nouveau la fuite, mais étant revenus le troisième jour, ils furent consumés par une
vapeur enflammée sortie des entrailles de la terre.

L'INVENTION DE LA SAINTE CROIX

Cette fête est appelée l'Invention de la Sainte Croix, parce
qu'on rapporte que la sainte croix fut trouvée à pareil jour.
Mais auparavant, elle avait été trouvée par Seth, fils d'Adam,

dans le paradis terrestre, comme il est raconté plus bas ; par
Salomon, sur le Liban ; par la reine de Saba, dans le temple
de Salomon ; par les Juifs, dans l'eau de la piscine ; et en ce
jour par sainte Hélène, sur le mont du Calvaire.

L'Invention de la Sainte Croix eut lieu plus de deux
cents ans après la résurrection de J.-C. On lit dans
l'évangile de Nicodème (ch. xix) qu'Adam étant devenu
malade, Seth, son fils, alla à la porte du paradis et demanda de l'huile du bois de la miséricorde pour oindre
le corps de son père afin qu'il recouvrât la santé. L'archange Michel lui apparut et lui dit : « Ne pleure pas et
ne te mets point en peine d'obtenir de l'huile du bois
de la miséricorde, car il te sera absolument impossible
d'en obtenir, avant que cinq mille cinq cents ans
soient révolus. Cependant on croit que d'Adam jusqu'à la passion du Seigneur il s'écoula seulement
5099 ans. On lit encore ailleurs que l'ange lui offrit un
petit rameau et lui ordonna de le planter sur le mont
Liban. Mais on lit, dans une histoire apocryphe des
Grecs, que l'ange lui donna du bois de l'arbre par le
fruit duquel Adam avait péché, en l'informant que son
père serait guéri quand ce bois porterait du fruit. A
son retour, Seth trouva son père mort et il planta ce
rameau sur sa tombe. Cette branche plantée devint en
croissant un grand arbre qui subsista jusqu'au temps
de Salomon. (Mais il faut laisser au lecteur à juger
si ces choses sont vraies, puisqu'on n'en fait mention
dans aucune chronique, ni dans aucune histoire authentique.) Or, Salomon considérant la beauté de cet
arbre le fit couper et mettre dans la maison du Bois *.

* Au IIIᵉ livre des Rois, ch. vii, il est question de cette mai-

Cependant, ainsi que le dit Jean Beleth (ch. cli), on ne pouvait le mettre nulle part, et il n'y avait pas moyen de lui trouver un endroit où il pût être employé convenablement : car il était tantôt trop long, tantôt trop court : si on l'avait raccourci dans les proportions qu'exigeait la place où on le voulait employer, il paraissait si court qu'on ne le regardait plus comme bon à rien. En conséquence, les ouvriers, de dépit, le rejetèrent et le mirent sur une pièce d'eau pour qu'il servît de pont aux passants. Or, quand la reine de Saba vint entendre la Sagesse de Salomon, et voulut passer sur cette pièce, elle vit en esprit que le Sauveur du monde devait être suspendu à ce bois, et pour cela elle ne voulut point passer dessus, mais aussitôt elle l'adora. Cependant dans l'*Histoire scholastique* (liv. III Rois, c. xxvi), on lit que la reine de Saba vit cette pièce dans la maison du Bois, et en revenant à son palais elle communiqua à Salomon que sur ce bois devait être suspendu celui dont la mort devrait être la cause de la destruction du royaume des Juifs C'est pourquoi Salomon le fit ôter du lieu où il était, et enterrer dans les entrailles les plus profondes de la terre. Dans la suite on y établit la Piscine Probatique où les Nathinéens * lavaient les victimes, et ce n'est pas seulement à la descente de l'ange, mais

---

son qui fut construite par Salomon. Elle reçut le nom de maison du Bois, *saltùs*, à cause de la quantité de cèdres qui entra dans sa construction.

  * C'étaient des Gabaonites qui étaient attachés au service du temple depuis Josué Cf. Paralipomènes, ix, 2; Sigonius, *De Repub Hebr eor*, liv. IX, ch. vii.

encore à la vertu de ce bois que l'on attribue que l'eau
en était troublée et que les infirmes y étaient guéris.
Or, quand approcha le temps de la passion de J.-C., on
rapporte que cette pièce surnagea, et les Juifs, en la
voyant, la prirent pour en fabriquer la croix du Seigneur. On dit encore que cette croix fut faite de quatre
essences de bois, savoir de palmier, de cyprès, d'olivier et de cèdre. De là ce vers :

Ligna Crucis palma, cedrus, cupressus, oliva.

Car dans la croix, il y avait le bois qui servait de
montant droit, la traverse, la tablette de dessus, et le
tronc où était fixée la croix, ou bien, selon Grégoire
de Tours *, la tablette qui servait de support, sous
les pieds de J.-C. Par là on peut voir que chacune des
pièces pouvait être d'une de ces essences de bois
dont on vient de parler. Or, l'apôtre paraît avoir eu
en vue ces différentes sortes de bois quand il dit :
« Afin que vous puissiez comprendre avec tous les
saints quelle est la largeur, la longueur, la hauteur et
la profondeur » (Ep. aux Ephés., c. II, 18). Ces paroles sont expliquées comme il suit par l'illustre docteur saint Augustin : « La largeur de la croix du Seigneur, dit-il, c'est la traverse, sur laquelle on a étendu
ses mains ; sa longueur allait depuis la terre jusqu'à
cette traverse en largeur sur quoi tout le corps de
J.-C. fut attaché, moins les mains ; sa hauteur, c'est
à partir de cette largeur jusqu'à l'endroit de dessus
où se trouvait la tête ; sa profondeur, c'était la partie

* *Miracul*, liv. I, c. VI.

cachée et enfoncée dans la terre. Dans la croix on
trouve décrites toutes les actions d'un homme chrétien, qui sont de faire de bonnes œuvres en J.-C., de
lui être persévéramment attaché, d'espérer les biens
célestes, et ne pas profaner les sacrements.

Ce bois précieux de la croix resta caché sous terre
deux cents ans et plus : mais il fut découvert ainsi
qu'il suit par Hélène, mère de l'empereur Constantin
En ce temps-là, sur les rives du Danube, se rassembla une multitude innombrable de barbares voulant
passer le fleuve, et soumettre à leur domination tous
les pays jusqu'à l'occident. Dès que l'empereur Constantin le sut, il décampa et vint se placer avec son
armée sur le Danube. Mais la multitude des barbares
s'augmentant, et passant déjà le fleuve, Constantin
fut frappé d'une grande terreur, en considérant qu'il
aurait à livrer bataille le lendemain. Or, la nuit suivante, il est réveillé par un ange qui l'avertit de regarder en l'air. Il tourne les yeux vers le ciel et voit le
signe de la croix formée par une lumière fort resplendissante, et portant écrite en lettres d'or cette inscription : « *In hoc signo vinces*, par ce signe tu vaincras. »
Réconforté par cette vision céleste, il fit faire une croix
semblable qu'il ordonna de porter à la tête de son armée : se précipitant alors sur les ennemis, il les mit en
fuite et en tua une multitude immense. Après quoi
Constantin convoqua tous les pontifes des temples et
s'informa avec beaucoup de soin de quel Dieu c'était
le signe. Sur leur réponse qu'ils l'ignoraient, vinrent
plusieurs chrétiens qui lui firent connaître le mystère
de la sainte croix et la foi de la Trinité. Constantin

crut alors parfaitement èn J.-C. et reçut le saint baptême des mains d'Eusèbe, pape, ou selon quelques
livres, évêque de Césarée. Mais dans ce récit, il y a
beaucoup de points contredits par l'*Histoire triparlite*
et par l'*Ecclésiastique*, par la *Vie de saint Silvestre*
et les *Gestes des pontifes romains*. D'après certains
auteurs, ce ne fut pas ce Constantin que le pape Silvestre baptisa après sa conversion à la foi, comme
paraissent l'insinuer plusieurs histoires, mais ce fut
Constantin, le père de ce Constantin, ainsi qu'on le
voit dans des historiens. En effet ce Constantin reçut la foi d'une autre manière rapportée dans la
légende de saint Silvestre, et ce n'est pas Eusèbe de
Césarée qui le baptisa, mais bien saint Silvestre. Après
la mort de son père, Constantin, qui n'avait pas perdu
le souvenir de la victoire remportée par la vertu de
la sainte croix, fit passer Hélène, sa mère, à Jérusalem pour trouver cette croix, ainsi que nous le dirons
plus bas.

Voici maintenant un récit tout différent de cette
victoire, d'après l'*Histoire Ecclésiastique* (ch. ix). Elle
rapporte donc que Maxence ayant envahi l'empire
romain, l'empereur Constantin vint lui présenter la
bataille vis-à-vis le pont Albin. Comme il était dans
une grande anxiété, et qu'il levait souvent les yeux au
ciel pour implorer son secours, il vit en songe, du
côté de l'orient dans le ciel, briller une croix, couleur
de feu : des anges se présentèrent devant lui et lui
dirent : « Constantin, par cela tu vaincras. » Et, selon
le témoignage de l'*Histoire triparlite* *, tandis que

---

* Liv. IX, c. ix.

Constantin s'étonnait de ce prodige, la nuit suivante,
J.-C. lui apparut avec le signe vu dans le ciel ; il lui
ordonna de faire des images pareilles qui lui porte-
raient bonheur dans les combats. Alors Constantin
fut rendu à la joie et assuré de la victoire ; il se mar-
qua le front du signe qu'il avait vu dans le ciel, fit
transformer les enseignes militaires sur le modèle de
la croix et prit à la main droite une croix d'or. Après
quoi il sollicita du Seigneur que cette droite, qu'il avait
munie du signe salutaire de la croix, ne fût ni ensan-
glantée, ni souillée du sang romain, mais qu'il rem-
portât la victoire sur le tyran sans effusion de sang.
Quant à Maxence, dans l'intention de tendre un piège,
il fit disposer des vaisseaux, fit couvrir le fleuve de
faux ponts. Or, Constantin s'étant approché du fleuve,
Maxence accourut à sa rencontre avec peu de monde,
après avoir donné ordre aux autres corps de le suivre ; mais il oublia lui-même qu'il avait fait construire
un faux pont, et s'y engagea avec une poignée de soldats. Il fut pris au piège qu'il avait tendu lui-même,
car il tomba dans le fleuve qui était profond ; alors
Constantin fut acclamé empereur à l'unanimité. D'après
ce qu'on lit dans une chronique assez authentique,
Constantin ne crut pas parfaitement dès ce moment ;
il n'aurait même pas alors reçu le baptême ; mais peu
de temps après, il eut une vision de saint Pierre et de
saint Paul ; et quand il eut reçu la vie nouvelle du
baptême et obtenu la guérison de sa lèpre, il crut parfaitement dans la suite en J.-C. Ce fut alors qu'il envoya sa mère Hélène à Jérusalem pour chercher la
croix du Seigneur. Cependant saint Ambroise, dans

la lettre où il rapporte la mort de Théodose, et l'*His-*
toire tripartite *, disent que Constantin reçut le baptême seulement dans ses derniers moments ; s'il le
différa jusque-là, ce fut pour pouvoir le recevoir dans
le fleuve du Jourdain. Saint Jérôme en dit autant dans
sa chronique. Or, il est certain qu'il fut fait chrétien
sous le pape saint Silvestre, quant à savoir s'il différa
son baptême, c'est douteux ; ce qui fait qu'en la légende
de saint Silvestre, il y a là-dessus, comme en d'autres
points, bien peu de certitude. Or, l'histoire de l'Invention de la sainte croix, telle qu'on la lit dans les histoires ecclésiastiques conformes en cela aux chroniques,
paraît plus authentique de beaucoup que celle qu'on
récite dans les églises. Il est en effet constant qu'il
s'y trouve des endroits peu conformes à la vérité, si
ce n'est qu'on veuille dire, comme ci-dessus, que ce
ne fut pas Constantin, mais son père qui portait le
même nom : ce qui du reste ne paraît pas très plausible, quoique ce soit le récit de certaines histoires
d'outre-mer.

Hélène arrivée à Jérusalem fit réunir autour d'elle
les savants qu'on trouva dans toute la contrée. Or,
cette Hélène était d'abord restée dans une hôtellerie **,
mais épris de sa beauté, Constantin se l'attacha, selon
que saint Ambroise l'avance en disant : « On assure
qu'elle fut hôtelière, mais elle fut unie à Constantin

---

* Liv. III, ch. xii.
** Le mot latin *stabularia* voudrait dire servante de cour.
Saint Ambroise paraît l'indiquer quelques lignes plus loin.
Nous avons mieux aimé donner un féminin au mot *hôtelier*,
hôtelière est un mot qui a vieilli.

l'ancien qui, dans la suite, posséda l'empire. Bonne
hôtelière, qui chercha avec tant de soin la crèche du
Seigneur! Bonne hôtelière, qui connut cet hôtelier
dont les soins guérirent cet homme blessé par les brigands * ! Bonne hôtelière, qui a regardé toutes choses
comme des ordures afin de gagner J.-C.** ! Et pour
cela Dieu l'a tirée de l'ordure pour l'élever sur un
trône » (saint Ambroise). D'autres affirment, et c'est l'o-
pinion émise dans une chronique assez authentique,
que cette Hélène était fille de Clohel, roi des Bretons ;
Constantin en venant dans la Bretagne la prit pour
femme, parce qu'elle était fille unique. De là vient que
l'île de Bretagne échut à Constantin après la mort
de Clohel. Les Bretons eux-mêmes l'attestent ; on lit
pourtant ailleurs qu'elle était de Trèves. Or, les Juifs,
remplis de crainte, se disaient les uns aux autres :
« Pour quel motif pensez-vous que la Reine nous ait
convoqués auprès d'elle ? » L'un d'eux nommé Judas
dit : « Je sais, moi, qu'elle veut apprendre de nous
l'endroit où se trouve le bois de la croix sur lequel le
Christ a été crucifié. Gardez-vous bien d'être assez
présomptueux pour le lui découvrir. Sinon tenez
pour très certain que notre loi sera détruite et que
toutes les traditions de nos pères seront totalement
abolies : car Zachée mon aïeul l'a prédit à mon père
Siméon et mon père m'a dit avant de mourir : « Fais
« attention, mon fils, à l'époque où l'on cherchera la
« croix du Christ : dis où elle se trouve, avant d'être

---

* Allusion à la parabole du Samaritain de l'Evangile.
** Expression de saint Paul dans l'Epître aux Philippiens,
c. III, 8.

« mis à la torture; car à dater de cet instant le pouvoir
« des Juifs, à jamais aboli, passera entre les mains
« de ceux qui adorent le crucifié, parce que ce Christ
« était le fils de Dieu. » Alors j'ai répondu : « Mon père,
si vraiment nos ancêtres ont su que ce Christ était le
fils de Dieu, pourquoi l'ont-ils attaché au gibet de la
croix? » « Le Seigneur est témoin, répondit-il, que je
n'ai jamais fait partie de leur conseil; mais que souvent je me suis opposé à leurs projets : or, c'est parce
que le Christ reprochait les vices des Pharisiens qu'ils
le firent crucifier : mais il est ressuscité le troisième
jour et il a monté au ciel à la vue de ses disciples. Mon
frère Etienne, que les Juifs en démence ont lapidé,
a cru en lui. Prends garde donc, mon fils, de n'oser
jamais blasphémer le Christ ni ses disciples. » — (Il
ne paraît cependant pas très probable que le père de
ce Judas ait existé au temps de la Passion de J.-C.,
puisque de la passion jusqu'au temps d'Hélène, sous
laquelle vécut Judas, il s'écoula plus de 270 ans; à
moins qu'on ne veuille dire qu'alors les hommes vivaient plus longtemps qu'à présent.) — Cependant les
Juifs dirent à Judas : « Nous n'avons jamais entendu
dire choses semblables. Quoi qu'il en soit, si la Reine
t'interroge, aie soin de ne lui faire aucun aveu. » Lors
donc qu'ils furent en présence de la Reine, et qu'elle
leur eut demandé le lieu où le Seigneur avait été crucifié, pas un d'eux ne consentit à le lui indiquer;
alors elle les condamna tous à être brûlés. Ils furent
saisis d'effroi et signalèrent Judas, en disant : « Princesse, voici le fils d'un juste et d'un prophète qui a
connu parfaitement la loi; demandez-lui tout ce que

vous voulez, il vous l'indiquera. » Alors elle les congédia tous à l'exception de Judas qu'elle retint et auquel elle dit : « Je te propose la vie ou la mort; choisis ce que tu préfères. Montre-moi donc le lieu qui
s'appelle Golgotha, où le Seigneur a été crucifié, afin
que je puisse trouver sa croix. » Judas répondit :
« Comment puis-je le savoir, puisque deux cents ans
et plus se sont écoulés et que je n'étais pas né à cette
époque ? » La Reine lui dit : « Par le crucifié, je te
ferai mourir de faim, si tu ne me dis la vérité. » Elle
ordonna donc qu'il fût jeté dans un puits desséché
pour y endurer les horreurs de la faim. Or, après y
être resté six jours sans nourriture, le septième il demanda à sortir, en promettant de découvrir la croix.
On le retira. Quand il fut arrivé à l'endroit, après avoir
fait une prière, tout à coup la terre tremble, il se répandit une fumée d'aromates d'une admirable odeur ;
Judas lui-même, plein d'admiration, applaudissait des
deux mains et disait : « En vérité, ô Christ, vous êtes
le Sauveur du monde! » Or, d'après l'*Histoire ecclésiastique*, il y avait, en ce lieu, un temple de Vénus
construit autrefois par l'empereur Hadrien, afin que
si quelque chrétien eût voulu y adresser ses adorations, il parût adorer Vénus : et, pour ce motif, ce
lieu avait cessé d'être fréquenté et était presque entièrement délaissé, mais la Reine fit détruire ce temple
jusque dans ses fondements et en fit labourer la place.
Après quoi Judas se ceignit et se mit à creuser avec
courage. Quand il eut atteint à la profondeur de vingt
pas, il trouva trois croix enterrées, qu'il porta incontinent à la reine. Or, comme l'on ne savait pas dis-

tinguer celle de J.-C. d'avec celles des larrons, on les plaça au milieu de la ville pour attendre que la gloire de Dieu se manifestât. Sur la onzième heure, passa le corps d'un jeune homme qu'on portait en terre : Judas arrêta le cercueil, mit une première et une seconde croix sur le cadavre du défunt, qui ne ressuscita pas, alors on approcha la troisième croix du corps et à l'instant il revint à la vie.

On lit cependant, dans les histoires ecclésiastiques [*], qu'une femme des premiers rangs de la ville gisait demi-morte, quand Macaire, évêque de Jérusalem, prit la première et la deuxième croix, ce qui ne produisit aucun résultat : mais quand il posa sur elle la troisième, cette femme rouvrit les yeux et fut guérie à l'instant. Saint Ambroise dit, de son côté, que Macaire distingua la croix du Seigneur, par le titre qu'avait fait mettre Pilate, et dont l'évêque lut l'inscription qu'on trouva aussi. Alors le diable se mit à vociférer en l'air : « O Judas, disait-il, pourquoi as-tu fait cela ? Le Judas qui est le mien a fait tout le contraire : car celui-ci, poussé par moi, fit la trahison, et toi, en me reniant, tu as trouvé la croix de Jésus. Par lui, j'ai gagné les âmes d'un grand nombre ; par toi, je parais perdre celles que j'ai gagnées : par lui, je régnais sur le peuple ; par toi, je suis chassé de mon royaume. Toutefois je te rendrai la pareille, et je susciterai contre toi un autre roi qui, abandonnant la foi du crucifié, te fera renier dans les tourments le crucifié. »

---

[*] Sozomène, — *Hist eccl.*, l. II, c 1; — Nicéph. cal , l. XVII, c. xiv, xv ; — Evagr., iv, 26.

Ceci paraît se rapporter à l'empereur Julien : celui-
ci, lorsque Judas fut devenu évêque de Jérusalem,
l'accabla de nombreux tourments et le fit mourir
martyr de J.-C. En entendant les vociférations du
diable, Judas ne craignit rien, mais il ne cessa de
maudire le diable en disant : « Que le Christ te damne
dans l'abîme du feu éternel ! » Après quoi Judas est
baptisé, reçoit le nom de Cyriaque, puis est ordonné
évêque de Jérusalem, quand le titulaire fut mort.
(Beleth, c. xxv). Mais comme la bienheureuse Hélène
ne possédait pas les clous · du Seigneur, elle pria
l'évêque Cyriaque d'aller au Golgotha et de les chercher. Il y vint et aussitôt après avoir adressé des
prières à Dieu, les clous apparurent brillants dans la
terre, comme de l'or. Il les prit et les porta à la reine.
Or, celle-ci se mit à genoux par terre et, après avoir
incliné la tête, elle les adora avec grande révérence.
Hélène porta une partie de la croix à son fils, et renferma l'autre dans des châsses d'argent qu'elle laissa
à Jérusalem ; quant aux clous avec lesquels le corps
du Seigneur avait été attaché, elle les porta à son
fils. Au rapport d'Eusèbe de Césarée, elle en fit deux
freins dont Constantin se servait dans les batailles, et
elle mit les autres à son casque en guise d'armure. Quelques auteurs, comme Grégoire de Tours*, assurent
que le corps du Seigneur fut attaché avec quatre clous :
Hélène en mit deux au frein du cheval de l'empereur, le
troisième à la statue de Constantin qui domine la ville
de Rome, et elle jeta le quatrième dans la mer Adria-

---

* *Miracul*, lib. I, ch. vi.

tique qui jusque-là avait été un gouffre pour les navi-
gateurs. Elle ordonna que cette fête de l'Invention de la
sainte croix fût célébrée chaque année solennellement.
Voici ce que dit saint Ambroise * : « Hélène chercha
les clous du Seigneur et les trouva. De l'un elle fit faire
des freins ; elle incrusta l'autre dans le diadème : belle
place que la tête pour ce clou ; c'est une couronne sur
le front, c'est une bride à la main : c'est l'emblème
de la prééminence du sentiment, de la lumière de
la foi, et de la puissance impériale. » Quant à l'évêque
saint Cyriaque, Julien l'apostat le fit mourir plus
tard, pour avoir trouvé la sainte croix dont partout
il prenait à tâche de détruire le signe. Avant de partir contre les Perses, il fit inviter Cyriaque à sacrifier aux idoles : sur le refus du saint, Julien lui fit
couper le bras en disant : « Avec cette main il a écrit
beaucoup de lettres qui ont détourné bien du monde
de sacrifier aux dieux. » Cyriaque lui répondit :
« Chien insensé, tu m'as bien rendu service ; car
avant de croire à J.-C., trop souvent j'ai écrit des
lettres que j'adressais aux synagogues des Juifs afin
que personne ne crût en J.-C. et voilà que tu viens
de retrancher de mon corps ce qui en avait été le scandale. » Alors Julien fit fondre du plomb qu'il ordonna
de lui verser dans la bouche ; ensuite il fit apporter
un lit en fer sur lequel Cyriaque fut étendu et au-
dessous on mit des charbons ardents et de la graisse.
Comme Cyriaque restait immobile, Julien lui dit :
« Si tu ne veux pas sacrifier aux idoles, dis au moins

* *De obitu Theod.*, nos 47-48.

que tu n'es pas chrétien. » L'évêque s'y refusa avec
horreur. Julien fit creuser une fosse profonde qu'on
fit remplir de serpents venimeux. Cyriaque y fut jeté,
mais les serpents moururent aussitôt. Julien ordonna
alors que Cyriaque fût jeté dans une chaudière pleine
d'huile bouillante. Or, comme le saint voulait y entrer
spontanément, il se signa, et pria le Seigneur de le
baptiser une seconde fois dans l'eau du martyre, mais
Julien furieux lui fit percer la poitrine avec une épée.
Ce fut ainsi que saint Cyriaque mérita de consommer
son martyre dans le Seigneur.

La grandeur de la vertu de la Croix est manifeste
dans ce notaire fidèle, trompé par un magicien qui
le conduisit en un lieu où il avait fait venir des démons, en lui promettant des richesses immenses. Il
vit un Ethiopien de haute stature, assis sur un trône
élevé, et entouré d'autres Ethiopiens debout, armés
de lances et de bâtons. Alors l'Ethiopien demanda à
ce magicien : « Quel est cet enfant ? » Le magicien
répondit : « Seigneur, c'est votre serviteur. » Le démon dit au notaire : « Si tu veux m'adorer, être mon
serviteur, et renier ton Christ, je te ferai asseoir à
ma droite. » Mais le notaire se hâta de faire le signe
de la croix et s'écria qu'il était de toute son âme le
serviteur du Sauveur J.-C. Il n'eut pas plutôt fait le
signe de la croix que toute cette multitude de démons
disparut. Peu de temps après, ce même notaire entra
un jour avec son maître dans le temple de Sainte-
Sophie ; se trouvant ensemble devant une image du
Sauveur, le maître remarqua que cette image avait
les yeux fixés sur le notaire qu'elle regardait attentive-

ment. Plein de surprise, le maître fit passer le jeune
homme à droite et vit que l'image avait encore tourné
les yeux de ce côté, en les dirigeant sur le notaire.
Il le fit de nouveau revenir à gauche, et voici que l'i-
mage tourna encore les yeux et se mit à regarder le
notaire comme auparavant. Alors le maître le conjura
de lui dire ce qu'il avait fait à Dieu pour mériter que
l'image le regardât ainsi. Il répondit qu'il n'avait la
conscience d'aucune bonne action, si ce n'est qu'il
n'avait pas voulu renier le Sauveur devant le diable.

SAINT JEAN, APOTRE,
DEVANT LA PORTE LATINE

Saint Jean, apôtre et évangéliste, prêchait à Éphèse
quand il fut pris par le proconsul, et invité à immoler aux dieux. Comme il rejetait cette proposition, il
est mis en prison : on envoie alors à l'empereur Domitien une lettre dans laquelle saint Jean est signalé
comme un grand sacrilège, un contempteur des dieux
et un adorateur du crucifié. Par l'ordre de Domitien,
il est conduit à Rome, où, après lui avoir coupé tous
les cheveux par dérision, on le jette dans une chaudière d'huile bouillante sous laquelle on entretenait
un feu ardent : c'était devant la porte de la ville qu'on
appelle Latine. Il n'en ressentit cependant aucune
douleur, et en sortit parfaitement sain. En ce lieu
donc, les chrétiens bâtirent une église, et ce jour est
solennisé comme le jour du martyre de saint Jean.

Or, comme le saint apôtre n'en continuait pas moins
à prêcher J.-C., il fut, par l'ordre de Domitien, relégué
dans l'île de Pathmos. Toutefois les empereurs romains, qui ne rejetaient aucun Dieu, ne persécutaient
pas les apôtres parce que ceux-ci prêchaient J.-C. ;
mais parce que les apôtres proclamaient la divinité de
Jésus-Christ sans l'autorisation du Sénat qui avait
défendu que cela ne se fît de personne. — C'est pourquoi dans l'*Histoire ecclésiastique*, on lit que Pilate
envoya une fois une lettre à Tibère au sujet de Jésus-
Christ *. Tibère alors consentit à ce que la foi fût reçue par les Romains, mais le Sénat s'y opposa for-
mellement, parce que J.-C. n'avait pas été appelé
Dieu d'après son autorisation. Une autre raison rapportée par une chronique, c'est que J.-C. n'avait pas
tout d'abord apparu aux Romains. Un autre motif c'est
que J.-C. rejetait le culte de tous les dieux qu'hono-
raient les Romains. Un nouveau motif encore, c'est
que J.-C. enseignait le mépris du monde et que les
Romains étaient des avares et des ambitieux. Me Jean
Beleth assigne de son côté une autre cause pour laquelle les empereurs et le Sénat repoussaient J.-C. et
les apôtres : c'était que J.-C. leur paraissait un Dieu
trop orgueilleux et trop jaloux, puisqu'il ne daignait
pas avoir d'égal. Voici une autre raison donnée par
Orose (liv. VII, ch. IV) : « le Sénat vit avec peine que
c'était à Tibère et non pas à lui que Pilate avait écrit
au sujet des miracles de J.-C. et c'est sur ce prétexte
qu'il ne voulut pas le mettre au rang des dieux.

---

* Eusèbe, l. II, c. II.

Aussi Tibère irrité fit périr un grand nombre de séna-
teurs, et en condamna d'autres à l'exil. » — La mère
de Jean, apprenant que son fils était détenu à Rome,
et poussée par une compassion de mère, s'y rendit
pour le visiter. Mais quand elle fut arrivée, elle apprit qu'il avait été relégué en exil. Alors elle se retira
dans la ville de Vétulonia en Campanie, où elle rendit son âme à Dieu. Son corps resta longtemps enseveli dans un antre, mais dans la suite, il fut révélé à
saint Jacques, son fils. Il répandit alors une grande
et suave odeur et opéra de nombreux et éclatants miracles ; il fut transféré avec grand honneur dans la
ville qu'on vient de nommer.

LA LITANIE MAJEURE ET LA LITANIE
MINEURE (LES ROGATIONS)

Deux fois par an arrivent les litanies ; à la fête de
saint Marc, c'est la litanie majeure, et aux trois jours
qui précèdent l'ascension du Seigneur, c'est la litanie
mineure. Litanie veut dire supplication, prière ou
rogation. La première a trois noms différents, qui
sont : litanie majeure, procession septiforme, et croix
noires.

I. On l'appelle litanie majeure pour trois motifs,
savoir : à raison de celui qui l'institua, ce fut saint
Grégoire, le grand pape ; à raison du lieu où elle fut
instituée qui est Rome, la maîtresse et la capitale du
monde, parce qu'à Rome se trouvent le corps du prince

des apôtres et le saint siège apostolique ; à raison
de la cause pour laquelle elle fut instituée : ce fut une
grande et très grave épidémie. En effet les Romains,
après avoir passé le carême dans la continence, et
avoir reçu à Pâques le corps du Seigneur, s'adonnaient sans frein à la débauche dans les repas, aux
jeux et à la luxure ; alors Dieu provoqué leur envoya
une épouvantable peste qu'on nomme inguinale, autrement apostume ou enfle de l'aîne. — Or, cette peste
était si violente que les hommes mouraient subitement, dans les chemins, à table, au jeu, dans les réu-
nions, de sorte que, s'il arrivait, comme on dit, que
quelqu'un éternuât, souvent alors il rendait l'âme.
Aussi entendait-on quelqu'un éternuer, aussitôt on
courait et on criait : « Dieu vous bénisse » et c'est là,
dit-on, l'origine de cette coutume de dire : Dieu vous
bénisse, à quelqu'un qui éternue.

Ou bien encore, d'après ce qu'on en rapporte, si
quelqu'un bâillait, il arrivait souvent qu'il mourait
tout de suite subitement. Aussi, dès qu'on se sentait
l'envie de bâiller, tout de suite, on se hâtait de faire
sur soi le signe de la croix ; coutume encore en usage
depuis lors. On peut voir dans la vie de saint Grégoire
l'origine de cette peste.

II. On l'appelle procession septiforme, de la coutume qu'avait établie saint Grégoire de partager en
sept ordres ou rangs les processions qu'il faisait de
son temps Au premier rang était tout le clergé, au
second tous les moines et les religieux, au troisième
les religieuses, au quatrième tous les enfants, au cinquième tous les laïcs, au sixième toutes les veuves et

les continentes, au septième toutes les personnes mariées. Mais comme il n'est plus possible à présent d'obtenir ces sept divisions de personnes, nous y suppléons par le nombre des litanies; car on doit les répéter sept fois avant de déposer les insignes.

III. On l'appelle les croix noires, parce que les hommes se revêtaient d'habits noirs, en signe de deuil, à cause de la mortalité, et comme pénitence, et c'est peut-être aussi pour cela qu'on couvrait de noir les croix et les autels. Les fidèles doivent aussi revêtir alors des habits de pénitence.

On appelle litanie mineure, celle qui précède de trois jours la fête de l'Ascension. Elle doit son institution à saint Mamert, évêque de Vienne, du temps de l'empereur Léon qui commença à régner l'an du Seigneur 458. Elle fut donc établie avant la litanie majeure. Elle a reçu le nom de litanie mineure, de rogations et de procession. On l'appelle litanie mineure pour la distinguer de la première, parce qu'elle fut établie par un moins grand évêque, dans un lieu inférieur et pour une maladie moindre. Voici la cause de son institution : Vienne était affligée de fréquents et affreux tremblements de terre qui renversaient beaucoup de maisons et d'églises. Pendant la nuit, on entendait des bruits et des clameurs répétés. Quelque chose de plus terrible encore arriva ; le feu du ciel tomba le jour de Pâques et consuma le palais royal tout entier. Il y eut un autre fait plus merveilleux. De même que par la permission de Dieu, des démons entrèrent autrefois dans des pourceaux, de même aussi par la permission de Dieu, pour

les péchés des hommes, ils entraient dans des loups
et dans d'autres bêtes féroces et sans craindre personne, ils couraient en plein jour non seulement par
les chemins mais encore par la ville, dévorant çà et
là des enfants, des vieillards et des femmes. Or,
comme ces malheurs arrivaient journellement, le saint
évêque Mamert ordonna un jeûne de trois jours et
institua des litanies ; alors cette tribulation s'apaisa.
Dans la suite, cette pratique s'établit et fut approuvée
par l'Eglise ; de sorte qu'elle s'observe universellement.
— On l'appelle encore rogations, parce qu'alors nous
implorons les suffrages de tous les saints : et nous
avons raison d'observer cette pratique en ces temps-
ci, de prier les saints et de jeûner pour différents motifs : 1° pour que Dieu apaise le fléau de la guerre,
parce que c'est particulièrement au printemps qu'il
éclate ; 2° pour qu'il daigne multiplier par leur conservation les fruits tendres encore ; 3° pour mortifier
chacun en soi les mouvements déréglés de la chair qui
sont plus excités à cette époque. Au printemps en
effet le sang a plus de chaleur et les mouvements déréglés sont plus fréquents ; 4° afin que chacun se
dispose à la réception du Saint-Esprit ; car par le
jeûne, l'homme se rend plus habile, et par les prières
il devient plus digne. Maître Guillaume d'Auxerre
assigne deux autres raisons : 1° comme Jésus-Christ
a dit en montant au ciel : « Demandez et vous recevrez », l'Eglise doit adresser ses demandes avec plus
de confiance ; 2° l'Eglise jeûne et prie afin de se dépouiller de la chair par la mortification des sens, et
de s'acquérir des ailes à l'aide de l'oraison ; car l'orai-

son, ce sont les ailes au moyen desquelles l'âme s'envole vers le ciel, pour ainsi suivre les traces de J.-C. qui y est monté afin de nous ouvrir le chemin et qui a volé sur les ailes des vents. En effet l'oiseau, dont le corps est épais et les ailes petites, ne saurait bien voler, comme cela est évident par l'autruche.

On l'appelle encore procession, parce qu'alors l'Eglise fait généralement la procession. Or, on y porte la croix, on sonne les cloches, on porte la bannière ; en quelques églises on porte un dragon avec une queue énorme, et on implore spécialement le patronage de tous les saints. Si l'on y porte la croix et si l'on sonne les cloches, c'est pour que les démons effrayés prennent la fuite. Car de même qu'à l'armée le roi a les insignes royaux, qui sont les trompettes et les étendards, de même J.-C , le roi éternel dans son Eglise militante, a les cloches pour trompettes et les croix pour étendards ; et de même encore qu'un tyran serait en grand émoi, s'il entendait sur son domaine les trompettes d'un puissant roi son ennemi, et s'il en voyait les étendards, de même les démons, qui sont dans l'air ténébreux, sont saisis de crainte quand ils sentent sonner les trompettes de J.-C., qui sont les cloches, et qu'ils regardent les étendards qui sont les croix. — Et c'est la raison qu'on donne de la coutume de l'Église de sonner les cloches, quand on voit se former les tempêtes ; les démons, qui en sont les auteurs, entendant les trompettes du roi éternel, prennent alors l'épouvante et la fuite, et cessent d'amonceler les tempêtes : il y en a bien encore une autre raison, c'est que les cloches, en cette occasion, avertissent les

fidèles et les provoquent à se livrer à la prière dans
le péril qui les menace. La croix est réellement encore
l'étendard du roi éternel, selon ces paroles de l'Hymne :

> Vexilla regis prodeunt ;
> Fulget Crucis mysterium
> Quo carne carnis conditor
> Suspensus est patibulo *.

Or, les démons ont une terrible peur de cet étendard,
selon le témoignage de saint Chrysostome : « Partout
où les démons aperçoivent le signe du Seigneur, ils
fuient effrayés le bâton qui leur a fait leurs blessures. »
C'est aussi la raison pour laquelle, en certaines églises, lors des tempêtes, on sort la croix de l'église et
on l'expose contre la tempête, afin que les démons,
voyant l'étendard du souverain roi, soient effrayés et
prennent la fuite. C'est donc pour cela que la croix
est portée à la procession, et que l'on sonne les cloches, alors les démons qui habitent les airs prennent l'épouvante et la fuite, et s'abstiennent de nous
incommoder **. Or, on y porte cet étendard pour représenter la victoire de la Résurrection et celle de

---

* L'étendard du Roi apparaît; le mystère de la Croix éclate :
le créateur de l'homme, homme lui-même, est suspendu à un
gibet.
Ce sont les paroles de la 1re strophe de l'hymne du temps
de la Passion, telle qu'elle se récitait avant la correction
exécutée avec plus ou moins de piété et de bonheur au
xviie siècle.
** Saint Paul, au iie chapitre de la *Lettre aux Ephésiens*,
appelle le démon, le Prince de la puissance de l'air, *Princi-
pem potestatis aëris hujus.*

l'Ascension de J.-C. qui est monté aux cieux avec
un grand butin. Cet étendard qui s'avance dans les
airs, c'est J.-C. montant au ciel. Or, ainsi que l'étendard porté à la procession est suivi de la multitude
des fidèles, ainsi J.-C. montant au ciel est accompagné
d'un cortège immense de saints. Le chant des processions représente les cantiques et les louanges des anges accourant au-devant de J.-C. qui monte au ciel,
et l'accompagnant de leurs acclamations puissantes et
unanimes jusque dans le ciel.

Dans quelques églises encore, et principalement
dans les églises gallicanes, c'est la coutume de porter, derrière la croix, un dragon avec une longue queue
remplie de paille ou de quelque autre matière semblable, les deux premiers jours ; mais le troisième
jour cette queue est vide : ce qui signifie que le diable
a régné en ce monde au premier jour qui représente
le temps avant la loi et le second jour qui marque le
temps de la loi, mais au troisième jour c'est-à-dire,
au temps de la grâce, après la Passion de J.-C., il a
été expulsé de son royaume. En cette procession nous
réclamons encore le patronage de tous les saints.

Nous avons donné plus haut quelques-unes des
raisons pour lesquelles nous prions alors les saints.
Il y en a encore d'autres générales pour lesquelles
Dieu nous a ordonné de le prier ; ce sont : notre indigence, la gloire des saints et l'honneur de Dieu. En
effet les saints peuvent connaître les vœux de ceux qui
leur adressent des supplications ; car dans ce miroir
éternel, il aperçoivent quelle joie c'est pour eux, et
quel secours c'est pour nous. La première raison donc

c'est notre indigence : elle provient ou bien de ce que nous méritons peu ; quand donc ces mérites de notre part sont insuffisants, nous nous aidons de ceux d'autrui : ou bien cette indigence se manifeste dans la contemplation : Or, puisque nous ne pouvons contempler la souveraine lumière en soi, nous prions de pouvoir la regarder dans les saints : ou bien cette indigence réside dans l'amour : parce que le plus souvent l'homme étant imparfait ressent en soi-même plus d'affection pour un saint en particulier que pour Dieu même. La seconde raison, c'est la gloire des saints : car Dieu veut que nous les invoquions pour obtenir par leurs suffrages ce que nous demandons, afin de les glorifier eux-mêmes et en les glorifiant de les louer. La troisième raison, c'est l'honneur de Dieu ; en sorte que le pécheur qui a offensé Dieu, honteux, pour ainsi dire, de s'adresser à Dieu personnellement, peut implorer ainsi le patronage de ceux qui sont les amis de Dieu. Dans ces sortes de processions on devrait répéter souvent ce cantique angélique : *Sancte Deus, sancte fortis, sancte et immortalis, miserere nobis*. En effet saint Jean Damascène, au livre III, rapporte que l'on célébrait des litanies à Constantinople, à l'occasion de certaines calamités, quand un enfant fut enlevé au ciel du milieu du peuple ; revenu au milieu de la foule, il chanta devant tout le monde ce cantique qu'il avait appris des anges et bientôt après cessa la calamité. Au concile de Chalcédoine, ce cantique fut approuvé. Saint Damascène conclut ainsi : « Pour nous, nous disons que par ce cantique les démons sont éloignés. » Or, il y a quatre motifs de louer et d'autoriser ce chant : 1°

parce que ce fut un ange qui l'enseigna ; 2° parce
qu'en le récitant cette calamité s'apaisa ; 3° parce que
le concile de Chalcédoine l'approuva ; 4° parce que les
démons le redoutent *. »

SAINT BONIFACE, MARTYR **

Saint Boniface souffrit le martyre, sous Dioclétien
et Maximien, dans la ville de Tarse ; mais il fut enseveli à Rome sur la voie latine. C'était l'intendant d'une
noble matrone appelée Aglaë. Ils vivaient criminelle-
ment ensemble ; mais touchés l'un et l'autre par la
grâce de Dieu, ils décidèrent que Boniface irait chercher des reliques des martyrs dans l'espoir de mériter, au moyen de leur intercession, le bonheur du salut, par les hommages et l'honneur qu'ils rendraient
à ces saints corps. — Après quelques jours de marche,
Boniface arriva dans la ville de Tarse et s'adressant
à ceux qui l'accompagnaient : « Allez, leur dit-il, chercher où nous loger : pendant ce temps j'irai voir les
martyrs au combat ; c'est ce que je désire faire tout
d'abord. » Il alla en toute hâte au lieu des exécu-
tions : et il vit les bienheureux martyrs, l'un suspendu
par les pieds sur un foyer ardent, un autre étendu sur

* Une lettre du pape Félix III ; Marcel dans sa *Chronique* ; Nicéphore, liv. IV, ch. xlvi ; le concile de C. P. racontent le même fait.

** *Breviaire*, — *Martyrologe* d'Adon, au 5 juin. Ruinart a
donné ces actes dans son recueil.

quatre pièces de bois et soumis à un supplice lent,
un troisième labouré avec des ongles de fer, un quatrième auquel on avait coupé les mains, et le dernier
élevé en l'air et étranglé par des bûches attachées à
son cou. En considérant ces différents supplices dont
se rendait l'exécuteur un bourreau sans pitié, Boniface
sentit grandir son courage, et son amour pour J.-C.
et s'écria : « Qu'il est grand le Dieu des saints martyrs ! » Puis il courut se jeter à leurs pieds et embrasser leurs chaînes : « Courage, leur dit-il, martyrs
de J.-C. ; terrassez le démon, un peu de persévérance !
Le labeur est court, mais le repos sera long ensuite,
viendra le temps où vous serez rassasiés d'un bonheur
ineffable. Ces tourments que vous endurez pour l'a-
mour de Dieu n'ont qu'un temps ; ils vont cesser et
tout à l'heure, vous passerez à la joie d'une félicité
qui n'aura point de fin ; la vue de votre roi fera votre
bonheur ; vous unirez vos voix au concert des chœurs
angéliques, et revêtus de la robe brillante de l'immor-
talité vous verrez du haut du ciel vos bourreaux impies tourmentés tout vivants dans l'abîme d'une éternelle misère. » — Le juge Simplicien, qui aperçut
Boniface, le fit approcher de son tribunal et lui demanda : « Qui es-tu? » « Je suis chrétien, répondit-il,
et Boniface est mon nom. » Alors le juge en colère
le fit suspendre et ordonna de lui écorcher le corps avec
des ongles de fer, jusqu'à ce qu'on vît ses os à nu :
ensuite il fit enfoncer des roseaux aiguisés sous les
ongles de ses mains. Le saint martyr, les yeux levés
au ciel, supportait ses douleurs avec joie. A cette vue,
le juge farouche ordonna de lui verser du plomb fondu

dans la bouche. Mais le saint martyr disait : « Grâces
vous soient rendues, Seigneur J.-C., Fils du Dieu vivant. » Après quoi, Simplicien fit apporter une chaudière qu'on emplit de poix. On la fit bouillir et Boniface y fut jeté la tête la première. Le saint ne souffrit
rien ; alors le juge commanda de lui trancher la tête.
Aussitôt un affreux tremblement de terre se fit ressentir et beaucoup d'infidèles, qui avaient pu apprécier le courage de cet athlète, se convertirent. — Cependant les compagnons de Boniface le cherchant partout et ne l'ayant point trouvé, se disaient entre eux :
« Il est quelque part dans un lieu de débauche, ou
occupé à faire bonne chère dans une taverne. » Or,
pendant qu'ils devisaient ainsi, ils rencontrèrent un
des geôliers. « N'as-tu pas vu, lui demandent-ils, un
étranger, un Romain ? » « Hier, leur répondit-il, un
étranger a été décapité dans le cirque. » « Comment
était-il ? » « C'était, ajoutèrent-ils, un homme carré de
taille, épais, à la chevelure abondante, et revêtu d'un
manteau écarlate. » « Eh bien ! répondit le geôlier,
celui que vous cherchez a terminé hier sa vie par le
martyre. » « Mais, reprirent-ils, l'homme que nous
cherchons est un débauché, un ivrogne. » « Venez le
voir, dit le geôlier. » Quand il leur eut montré le
tronc du bienheureux martyr et sa tête précieuse, ils
s'écrièrent : « C'est bien celui que nous cherchons :
veuillez nous le donner. » Le geôlier répondit : « Je ne
puis pas vous délivrer son corps gratuitement. » Ils
donnèrent alors cinq cents pièces d'or, et reçurent le
corps du saint martyr qu'ils embaumèrent et renfermèrent dans des linges de prix ; puis l'ayant mis dans

une litière, ils revinrent pleins de joie et rendant gloire
à Dieu. Or, un ange du Seigneur apparut à Aglaé et
lui révéla ce qui était arrivé à Boniface. A l'instant elle
alla au-devant du saint corps et fit construire, en son
honneur, un tombeau digne de lui, à une distance de
Rome de cinq stades. Boniface fut donc martyrisé,
le 14 mai, à Tharse, métropole de la Cilicie, et enseveli à Rome le 9 juillet. — Quant à Aglaé, elle renonça
au monde et à ses pompes : après avoir distribué tous
ses biens aux pauvres et aux monastères, elle affran-
chit ses esclaves, et passa le reste de sa vie dans le
jeûne et la prière. Elle vécut encore douze ans sous
l'habit de religieuse, dans la pratique continuelle des
bonnes œuvres et fut enterrée auprès de saint Boniface.

L'ASCENSION DE NOTRE-SEIGNEUR

Notre Seigneur monta au ciel quarante jours après
sa résurrection. Il y a sept considérations à établir
par rapport à l'Ascension : 1° le lieu où elle se fit ;
2° pourquoi J.-C. n'a pas monté au ciel de suite après
sa résurrection, mais pourquoi il a attendu quarante
jours ; 3° de quelle manière il monta ; 4° avec qui il
monta ; 5° à quel titre il monta ; 6° où il monta ; 7°
pourquoi il monta.

I. Ce fut du mont des Olives que J.-C. s'éleva aux
cieux. D'après une autre version, cette montagne a
reçu le nom de montagne des trois lumières ; en effet,
du côté de l'occident, elle était éclairée, la nuit, par

le feu du temple, car un feu brûlait sans cesse sur
l'autel, le matin, du côté de l'orient, elle recevait les
premiers rayons du soleil, même avant la ville ; il
y avait en outre sur cette montagne une quantité
d'oliviers dont l'huile sert d'aliment à la lumière, et
voilà pourquoi on l'appelle la montagne des trois lumières. J.-C. commanda à ses disciples de se rendre à
cette montagne ; car le jour de l'ascension même, il
apparut deux fois : la première, aux onze apôtres qui
étaient à table dans le cénacle. Aussi bien les apôtres
que les autres disciples, ainsi que les femmes, tous
habitaient dans cette partie de Jérusalem appelée
Mello, ou montagne de Sion. David y avait construit
un palais ; et c'était là que se trouvait ce grand cénacle
tout meublé où J.-C. avait commandé qu'on lui pré-
parât la Pâques, et dans ce cénacle habitaient alors
les onze apôtres ; quant aux autres disciples avec les
saintes femmes, ils occupaient tout autour différents
logements.

Comme ils étaient à table dans le cénacle, le Seigneur leur apparut et leur reprocha leur incrédulité :
et après qu'il eut mangé avec eux, et qu'il leur eut
ordonné d'aller à la montagne des Oliviers, du côté
de Béthanie, il leur apparut en cet endroit une seconde
fois, répondit à quelques questions indiscrètes ; après
quoi il leva les mains pour les bénir et de là, en leur
présence, il monta au ciel. Voici, sur ce lieu de l'ascension, ce que dit Sulpice, évêque de Jérusalem, et
après lui la Glose * : « Après qu'on eut bâti là une

---

* Extrait de l'*Histoire scholastique* de Pierre Comestor

église, le lieu où J.-C. montant au ciel posa les pieds,
ne put jamais être recouvert par un pavé; il y a
plus, le marbre sautait à la figure de ceux qui le po-
saient. Une preuve que cet endroit avait été foulé par
les pieds de J.-C., c'est qu'on voit imprimés des vestiges de pieds, et que la terre conserve encore une
figure qui ressemble à des pas qui y ont été gravés. »

II. Pourquoi J.-C. n'est-il pas monté de suite après
sa résurrection, mais a-t-il voulu attendre pendant
quarante jours? Il y en a trois raisons : 1° pour qu'on
ait la certitude de la résurrection. Il était en effet plus
difficile de prouver la vérité de la résurrection que
celle de la Passion : car, du premier au troisième
jour, on pouvait prouver la vérité de la passion : mais
pour avoir la preuve certaine de la résurrection, il
fallait un plus grand nombre de témoignages; et c'est
pour cela, qu'il était nécessaire qu'il y eût plus de
temps entre la résurrection et l'ascension, qu'entre la
passion et la résurrection. A ce sujet, saint Léon,
pape, s'explique comme il suit dans un sermon sur
l'ascension : « Aujourd'hui est accompli le nombre
de quarante jours qui avait été disposé par un arran-
gement très saint, et qui avait été dépensé au profit
de notre instruction. Le Seigneur, en prolongeant,
jusqu'à ce moment, le délai de sa présence corporelle,
voulait affermir la foi en la résurrection par des témoignages authentiques. Rendons grâces à cette divine
économie et au retard nécessaire que subirent les saints
pères. Ils doutèrent, eux, afin que nous, nous ne dou-
tassions pas. » 2° Pour consoler les apôtres. Or, puisque
les consolations divines surpassent les tribulations et

que le temps de la passion fut celui de la tribulation des
apôtres, il devait donc y avoir plus de jours de consolation que de jours de tribulation. 3° Pour une signification mystique : c'est pour donner à comprendre que les
consolations divines sont aux tribulations comme un
an est à un jour, comme un jour est à une heure,
comme une heure est à un moment. Il est clair que les
consolations divines sont aux tribulations comme un
an est à un jour par ce passage d'Isaïe (c. LXI) :
« Je dois prêcher l'année de la réconciliation du Seigneur et le jour de la vengeance de notre Dieu. »
Voilà donc que pour un jour de tribulation, il rend
une année de consolation. Il est clair que les consolations divines sont aux tribulations comme un jour est
à une heure, par ce fait que le Seigneur resta mort
pendant quarante heures ; c'est le temps de la tribulation : et qu'après être ressuscité, il apparut pendant
quarante jours à ses disciples, et c'était le temps de
la consolation. Ce qui fait dire à la Glose : « Il était
resté mort pendant quarante heures, c'est pour cela
qu'il confirmait, pendant quarante jours, la certitude
qu'il avait repris la vie. » Isaïe laisse à entendre que
les consolations sont aux tribulations comme une
heure est à un moment ; quand il dit (c. LIV) : « J'ai
détourné mon visage de vous pour un moment, dans
le temps de ma colère ; mais je vous ai regardés ensuite avec une compassion qui ne finira jamais. »

III. La manière dont il monta au ciel fut 1° accompagnée d'une grande puissance, selon ce que dit Isaïe
(LXIII) : « Quel est celui qui vient d'Edom, marchant
avec une force toute puissante ? » Saint Jean dit aussi

(III) : « Personne n'est monté au ciel, par sa propre force, que celui qui est descendu du ciel, c'est-à-dire, le Fils de l'homme qui est dans le ciel. » Car quoiqu'il fût monté sur un groupe de nuages, cependant il ne l'a point fait parce que ce groupe lui fût devenu nécessaire, mais c'était pour montrer que toute créature est prête à obéir à son créateur. En effet il est monté par la puissance de sa divinité, et c'est en cela qu'est caractérisée la puissance ou le souverain domaine, d'après ce qui est rapporté dans les histoires ecclésiastiques au sujet d'Enoch et d'Elie : car Enoch fut transporté, Elie fut soulevé, tandis que J.-C. a monté par sa puissance propre. « Le premier, dit saint Grégoire, fut engendré et engendra, le second fut engendré mais n'engendra pas, le troisième ne fut pas engendré et n'engendra pas. » Il monta au ciel 2° publiquement, à la vue de ses disciples : aussi est-il dit (Actes, 1) : « Ils le virent s'élever. » (Saint Jean) « Je vais à celui qui m'a envoyé et personne de vous ne me demande : où allez-vous ? » la glose dit ici : « C'est donc publiquement, afin qu'il ne vienne à la pensée de personne de soulever des questions sur ce qui se voit à l'œil nu. » Il voulut monter, à la vue de ses disciples, pour qu'ils fussent eux-mêmes des témoins de l'ascension, qu'ils conçussent de la joie en voyant la nature humaine portée au ciel, et qu'ils désirassent y suivre J.-C. Il monta au ciel 3° avec joie, au milieu des concerts des anges. Le Psaume dit (XLVI) : « Dieu est monté au milieu des cris de joie. » « Au moment de l'Ascension de J.-C., dit saint Augustin, le ciel est tout stupéfait, les astres sont dans l'admi-

ration, les bataillons sacrés applaudissent, les trompettes sonnent, et mêlent leur harmonie à celle des
chœurs joyeux. » — Il monta 4° avec rapidité. « Il
part avec ardeur, dit le Psalmiste, pour courir comme
un géant dans sa carrière ; » car en effet il monta avec
une extraordinaire vitesse puisqu'il parcourut un si
grand espace comme en un moment. — Le rabbin
Moïse, très grand philosophe, avance que chaque
cercle, ou chaque ciel de quelque planète que ce soit,
a de profondeur un chemin de 500 ans, c'est-à-dire,
que l'espace en est si étendu qu'un homme mettrait
cinq cents ans à le parcourir sur un chemin uni : la
distance d'un ciel à un autre est de même, dit-il,
un chemin de 500 ans ; et comme il y a sept cieux, il
y aura, d'après lui, à partir du centre de la terre jusqu'aux profondeurs du ciel de Saturne, qui est le septième un chemin de sept mille ans ; et jusqu'au point
le plus éloigné du ciel, sept mille cinq cents ans, c'est-
à-dire, un espace si grand que quelqu'un qui marcherait sur une plaine mettrait 7500 ans à le parcourir, s'il pouvait vivre assez. Or, l'année se trouve
composée de 365 jours, et le chemin qu'on fait en un
jour est de quarante milles, chaque mille a deux mille
pas ou coudées. » Voilà donc ce que dit le rabbin
Moyse. Or, s'il dit la vérité, Dieu le sait, car lui seul
connaît cette mesure puisqu'il a tout fait en nombre,
en poids et en mesure. C'est donc là le grand élan que
prit J.-C. de la terre au ciel. Et au sujet de cet élan
et de quelques autres que fit J.-C. citons les paroles
de saint Ambroise : « J.-C. prit son essor et vint
dans ce monde ; il était avec son père et il vint dans

une Vierge, de la Vierge il passa dans le berceau ; il
descendit dans le Jourdain ; il monta sur la croix ;
il descendit dans le tombeau ; il ressuscita du tombeau et il est assis à la droite de son père. »

IV. Avec qui a-t-il monté ? Il faut savoir qu'il
monta avec un grand butin d'hommes et une grande
multitude d'anges. Qu'il soit monté avec un nombreux butin d'hommes, cela est évident par ces paroles du Psaume LXVII : « Vous êtes monté en haut ;
vous avez pris un grand nombre de captifs ; vous avez
fait des présents aux hommes. » Qu'il soit monté
avec une multitude d'anges, cela est évident, encore
par ces questions qu'adressèrent, lors de l'ascension
de Jésus-Christ, les anges d'un ordre inférieur à ceux
d'un ordre supérieur, ainsi qu'il se trouve dans Isaïe :
« Quel est celui qui vient d'Edom, de Bosra avec sa
robe teinte de rouge ? » La Glose dit ici que plusieurs des anges qui n'avaient pas une pleine connaissance des mystères de l'incarnation, de la passion et
de la résurrection, en voyant monter au ciel le Seigneur avec une multitude d'anges et de saints personnages, et cela par sa propre puissance, se mettent
à admirer ce mystère de l'incarnation et de la passion ;
alors ils disent aux anges qui accompagnent le Seigneur : « Quel est celui-ci qui vient... etc. » et encore
avec le Psaume : « Quel est ce roi de gloire ? » Saint
Denis, au livre de la *Hiérarchie angélique* (ch. VII),
semble insinuer que pendant que J.-C. montait, trois
questions furent adressées par les anges. La première
fut celle des anges majeurs les uns aux autres : la seconde fut celle des anges majeurs à J.-C. ; la troi-

sième fut adressée par les anges inférieurs à ceux d'un ordre plus élevé. Les plus grands se demandent donc les uns aux autres : « Quel est celui-ci qui vient d'Edom, de Bosra, avec sa robe teinte de rouge? » *Edom* veut dire sanglant meurtrier, *Bosra* signifie fortifié, c'est comme s'ils se disaient : « Quel est celui-ci qui vient de ce monde ensanglanté par le péché et fortifié contre Dieu par la malice ? » Ou bien encore : « Quel est celui-ci qui vient d'un monde meurtrier et d'un enfer fortifié ? » Et le Seigneur répondit : « C'est moi dont la parole est la parole de justice, et je suis combattant pour sauver (Is., LXIII). » Saint Denis dit ainsi : « C'est moi, dit-il, qui parle justice et jugement pour le salut. » Dans la rédemption du genre humain, il y eut justice, en tant que le créateur ramena la créature qui s'était éloignée, de son maître, et il y eut jugement, en ce que J.-C., par sa puissance, chassa le diable, usurpateur, de l'homme qu'il possédait. Mais ici saint Denis pose cette question : « Puisque les anges supérieurs sont le plus près de Dieu, et qu'ils sont immédiatement illuminés par lui, pourquoi s'adressent-ils des questions, comme s'ils avaient le désir de s'instruire mutuellement? » Saint Denis répond lui-même et son commentateur expose que : en s'interrogeant, ils montrent que la science a pour eux de l'attrait; en se questionnant d'abord les uns les autres, ils manifestent qu'ils n'osent pas d'eux-mêmes devancer la procession divine. Ils commencent donc par s'interroger tout d'abord pour ne prévenir, par aucune interrogation prématurée, l'illumination que Dieu opère en eux. Donc cette question

n'est pas un examen de la doctrine, mais un aveu
d'ignorance. — La seconde question est celle qu'a-
dressèrent à J.-C. ces anges de premier degré :
« Pourquoi donc, disent-ils, votre robe est-elle rou-
gie, et pourquoi vos vêtements sont-ils comme les
vêtements de ceux qui foulent dans le pressoir? » On
dit que le Seigneur avait un vêtement, c'est-à-dire, son
corps, rouge ou plein de sang, par la raison qu'en montant au ciel, il portait encore sur lui les cicatrices de
ses plaies : car il voulut conserver ces cicatrices en son
corps, pour cinq motifs ainsi énumérés par Bède dont
voici les paroles : « Le Seigneur conserva ses cicatrices
et il les doit conserver jusqu'au jugement, pour affermir la foi en sa résurrection, pour les montrer à son père
alors qu'il le supplie en faveur des hommes, pour que
les bons voient avec quelle miséricorde ils ont été
rachetés, et les méchants reconnaissent avoir été jus-
tement damnés ; enfin pour porter les trophées authentiques de la victoire éternelle qu'il a remportée. »
Donc à cette question le Seigneur répondit ainsi :
« J'ai été seul à fouler le vin, sans qu'aucun homme
de tous les peuples fût avec moi. » La croix peut être
appelée un pressoir, sous la pression duquel il a tellement été écrasé qu'il a répandu tout son sang. Ou
bien ce qu'il appelle pressoir, c'est le diable qui a
tellement enveloppé et étreint le genre humain dans
les liens du péché qu'il a exprimé tout ce qu'il y avait
en lui de spirituel, en sorte qu'il n'en reste que la
cape. Mais notre guerrier a foulé le pressoir, il a
rompu les liens des pécheurs, et après avoir monté
au ciel, il a ouvert la demeure du ciel et a répandu le

vin du Saint-Esprit. La troisième question est celle
qu'adressèrent les anges inférieurs aux supérieurs :
« Quel est, dirent-ils, ce roi de gloire ? » Voici ce que
dit saint Augustin par rapport à cette question et à la
réponse qu'il était convenable d'y donner : « L'immen-
sité des airs est sanctifiée par le cortège divin, et
toute la troupe des démons qui vole dans l'air se hâte
de fuir à la vue de J.-C. qui s'élève. » Les anges accoururent à sa rencontre et demandent : « Qui est ce roi de
gloire ? » D'autres anges leur répondent : « C'est celui qui est éclatant par sa blancheur et par sa couleur
de rose ; c'est celui qui n'a ni apparence, ni beauté :
il fut faible sur le bois, fort quand il partage le butin ;
il fut vil dans un corps chétif, et équipé au moment
du combat ; il fut hideux en sa mort, et beau dans sa
résurrection ; il reçut une blancheur éclatante de la
Vierge sa mère, et il était rouge de sang sur la croix :
sans éclat au milieu des opprobres, il brille dans le
ciel. »

V. A quel titre il monta. Il en eut trois, répond
saint Jérôme, avec le Psaume (XLIV). La vérité, la
douceur et la justice. « La vérité, car vous avez
accompli ce que vous aviez promis par la bouche des
prophètes ; la douceur, car vous vous êtes laissé immoler comme une brebis pour la vie de votre peuple ;
la justice, parce que vous avez employé non pas la
puissance, mais la justice pour délivrer l'homme, et
la force de votre droite vous dirigera merveilleusement : la puissance, ou la force vous dirigera, vers
le ciel. »

VI. Où il monta : Il faut savoir que J.-C. monta

au-dessus de tous les cieux, selon l'expression de
saint Paul dans son épître aux Ephésiens (IV) : « Celui
qui est descendu, c'est le même qui est monté au-dessus de tous les cieux, afin de remplir toutes choses. »
L'apôtre dit : « Au-dessus de tous les cieux », car il y
en a plusieurs au-dessus desquels il monta. Il y a le
ciel matériel, le rationnel, l'intellectuel et le supersubstantiel. Le ciel matériel est multiple, savoir : l'aérien,
l'éthéré, l'olympien, l'igné, le sidéral, le cristallin,
et l'empyrée. Le ciel rationnel, c'est l'homme juste
appelé ciel puisqu'il est l'habitation de Dieu ; car de
même que le ciel est le trône et l'habitation de Dieu,
selon cette expression d'Isaïe (LXVI) : « Le ciel est
mon trône » ; de même l'âme juste, d'après le livre
de la Sagesse, est le trône de la sagesse. L'homme
juste est encore appelé ciel, en raison des saintes habitudes, parce que les saints par leur manière de vivre
et leurs désirs habitent dans le ciel, comme le disait l'apôtre : « Notre conservation est dans les cieux. »
En raison encore des bonnes œuvres continuelles ;
parce que de même que le ciel roule par un mouvement continu, de même aussi les saints se meuvent
continuellement dans les bonnes œuvres. Le ciel intellectuel, c'est l'ange. En effet l'ange est appelé ciel
parce que, ainsi que les cieux, il est élevé à une très
haute dignité et excellence. Quant à cette dignité et
excellence, 1° Denys parle de cette manière dans son
livre des *Noms divins* (chap. IV) : « Les esprits divins
sont au-dessus des autres êtres ; leur vie l'emporte
sur celle des autres créatures vivantes ; leur intelligence et leur connaissance dépassent le sens et la rai-

son : mieux que tous les êtres, ils tendent au beau
et au bien et y participent. » 2° Ils sont extrêmement
beaux en raison de la nature et de la gloire. Saint Denys encore en parlant de leur beauté dit au même
livre : « L'ange est la manifestation de la lumière cachée ; c'est un miroir pur, d'un éclat brillant, sans
tache aucune ni souillure, immaculé, recevant, s'il
est permis de le dire, la beauté, la forme excellente
de la divinité. » 3° Ils sont pleins de force en raison
de leur vertu et de leur puissance. Le Damascène
parle ainsi de leur force au livre II, chap. III : « Ils
sont forts et disposés à l'accomplissement de la volonté de Dieu ; et partout on les trouve réunis, tout
aussitôt que, par un simple signe de Dieu, ils en per-
çoivent les ordres. » Le ciel possède hauteur, beauté
et force. L'Ecclésiastique dit au sujet des deux premières qualités (XLIII) : « Le firmament est le lieu où
la beauté des corps les plus hauts paraît avec éclat :
c'est l'ornement du ciel, c'est lui qui en fait luire la
gloire. » Au livre de Job il est dit (XXXVII) par rapport à la force : « Vous avez peut-être formé avec lui
les cieux qui sont aussi solides que s'ils étaient d'airain fondu. » — Le ciel supersubstantiel, c'est le siège
de l'excellence divine, d'où J.-C. est venu et jusqu'où
il remonta plus tard. Le Psaume l'indique par ces
paroles (VII) : « Il part de l'extrémité du ciel, et il va
jusqu'à l'autre extrémité. » Donc J.-C. monta au-
dessus de ces cieux jusqu'au ciel supersubstantiel. Le
Psaume porte qu'il monta au-dessus de tous les cieux
matériels quand il dit (VIII) : « Seigneur, votre magnificence a été élevée au-dessus des cieux. » Il monta

au-dessus de tous les cieux matériels jusqu'au ciel
empyrée lui-même, non pas comme Elie qui monta
dans un char de feu, jusqu'à la région sublunaire sans
la traverser, mais qui fut transporté dans le paradis
terrestre dont l'élévation est telle qu'il touche à la région sublunaire (Rois, IV, II ; Ecclé., VIII), sans aller au
delà. C'est donc dans le ciel empyrée que réside J.-C. ;
c'est là sa propre et spéciale demeure avec les anges
et les autres saints. Et cette habitation convient à
ceux qui l'occupent. Ce ciel en effet l'emporte sur les
autres en dignité, en priorité, en situation et en proportions : c'est aussi pour cela que c'est une habitation digne de J.-C., qui surpasse tous les cieux rationnels et intellectuels en dignité, en éternité, par son
état d'immutabilité et par les proportions de sa puissance. De même aussi, c'est une habitation convenable pour les Saints : car ce ciel est uniforme, immobile, d'une splendeur parfaite et d'une capacité
immense : et cela convient bien aux anges et aux saints
qui ont été uniformes dans leurs œuvres, immobiles
dans leur amour, éclairés dans la foi ou la science,
et remplis du Saint-Esprit. Il est évident que J.-C.
monta au-dessus de tous les cieux rationnels, qui sont
tous les saints, par ces paroles du Cantique des cantiques (II) : « Le voici qui vient sautant sur les montagnes, passant par-dessus les collines. » Par les montagnes on entend les anges, et par les collines les
hommes saints. Il est évident qu'il monta au-dessus
de tous les cieux intellectuels, qui sont les anges, par
ces mots du Psaume (CIII) : « Seigneur, vous montez
sur les nuées et vous marchez sur les ailes des vents. »

« Il a monté au-dessus des chérubins, il a volé sur les
ailes des vents (xcviii). » Il est encore évident que Jésus-Christ monta jusqu'au ciel supersubstantiel, c'est-
à-dire, jusqu'au siège de Dieu, par ces paroles de
saint Marc (xvi) : « Et le Seigneur Jésus, après leur
avoir ainsi parlé, fut élevé dans le ciel ; et il y est
assis à la droite de Dieu. » La droite de Dieu, c'est
l'égalité en Dieu. Il a été singulièrement dit et donné
à mon Seigneur, par le Seigneur de siéger à la droite
de sa gloire, comme dans une gloire égale, dans une
essence consubstantielle, pour une génération semblable
en tout point, pour une majesté qui n'est pas infé-
rieure, et pour une éternité qui n'est pas postérieure.
On peut dire encore que J.-C. dans son ascension
atteignit quatre sortes de sublimités : celle du lieu, celle
de la récompense acquise, celle de la science, celle de
la vertu. De la sublimité du lieu qui est la première, il
est dit aux Ephésiens (iv) : « Celui qui est descendu,
c'est le même qui a monté au-dessus de tous les cieux. »
De la sublimité de la récompense acquise qui est la seconde, on lit aux Philippiens (ii) : « Il s'est rendu obéissant jusqu'à la mort et la mort de la croix : c'est pourquoi Dieu l'a élevé. » Saint Augustin dit sur ces paroles : « L'humilité est le mérite de la distinction et
la distinction est la récompense de l'humilité. » De la
sublimité de la science, le Psaume (xcviii) dit : « Il monta
au-dessus des chérubins » ; c'est autant dire, au-dessus
de toute plénitude de science. De la sublimité de la vertu qui est la quatrième, il est dit aux Ephésiens : « Parce
qu'il a monté au-dessus des Séraphins. » (iii) « L'amour
de J.-C. envers nous surpasse toute connaissance. »

VII. Pourquoi J.-C., est-il monté au ciel. Il y a neuf
fruits ou avantages à retirer de l'Ascension. Le 1er
avantage, c'est l'acquisition de l'amour de Dieu
(Saint Jean, XVI) :« Si je ne m'en vais pas, le Paraclet
ne viendra pas. » Ce qui fait dire à Saint Augustin :
« Si vous m'êtes attachés comme des hommes de chair,
vous ne serez pas capables de posséder le Saint-Esprit. » Le 2e avantage, c'est une plus grande connaissance de Dieu (Saint Jean, XIV): « Si vous m'aimiez,
vous vous réjouiriez certainement pàrce que je m'en
vais à mon Père ; car mon Père est plus grand que
moi. » Saint Augustin dit à ce propos : « Si je fais
disparaître cette forme et cette nature d'esclave, par
laquelle je suis inférieur à mon Père, c'est afin que
vous puissiez voir Dieu avec les yeux de l'esprit. » Le
3e avantage, c'est le mérite de la foi. A ce sujet saint
Léon s'exprime de la sorte dans son sermon 12e sur
l'Ascension : « C'est alors que la foi plus éclairée commence à comprendre à l'aide de la raison que le Fils
est égal au Père ; il ne lui est plus nécessaire de toucher la substance corporelle de J.-C., par laquelle il
est inférieur à son Père. C'est là le privilège des grands
esprits de croire, sans appréhension, ce que l'œil du
corps ne saurait apercevoir, et de s'attacher, par le
désir, à ce à quoi l'on ne peut atteindre par la vue. »
Saint Augustin dit au livre de ses *Confessions :* « Il a
bondi comme un géant pour fournir sa carrière. Il n'a
pas apporté de lenteur, mais il a couru en proclamant par ses paroles, par ses actions, par sa mort,
par sa vie ; en descendant sur la terre, en montant au
ciel, il crie pour que nous revenions à lui, et il a dis-

paru aux yeux de ses apôtres, afin que nous rentrions
dans notre cœur pour l'y trouver. » Le 4e avantage,
c'est la sécurité, s'il est monté au ciel, c'est pour être
notre avocat auprès de son Père. Nous pouvons bien
être en sûreté, quand nous pensons avoir un pareil
avocat devant le Père. (Saint Jean, I, ii) : « Nous avons
pour avocat auprès du Père J.-C., qui est juste ; car
c'est lui qui est la victime de propitiation pour nos
péchés. » Saint Bernard dit en parlant de cette sécurité : « Tu as, ô homme, un accès assuré auprès de
Dieu : Tu y vois la mère devant le Fils, et le Fils devant le Père : cette mère montre à son fils sa poitrine
et ses mamelles ; le Fils montre à son Père son côté
et ses blessures. Il ne pourra donc y avoir de refus, là
où il y a tant de preuves de charité. » Le 5e avantage,
c'est notre dignité. Oui, notre dignité est extraordinairement grande, puisque notre nature a été élevée
jusqu'à la droite de Dieu. C'est pour cela que les anges,
en considération de cette dignité dans les hommes, se
sont désormais refusés à recevoir leurs adorations,
comme il est dit dans l'Apocalypse (xix) : « Et je me
prosternai (c'est saint Jean qui parle) aux pieds de
l'ange pour l'adorer. Mais il me dit : gardez-vous bien
de le faire ; je suis serviteur de Dieu comme vous, et
comme vos frères. » La Glose fait ici cette remarque :
« Dans l'ancienne loi, l'ange ne refusa pas l'adoration
de l'homme, mais après l'ascension du Seigneur, quand
il eut vu que l'homme était élevé au-dessus de lui, il
appréhenda d'être adoré. » Saint Léon parle ainsi
dans son 2e sermon sur l'Ascension : « Aujourd'hui
la faiblesse de notre nature a été élevée en J.-C., au-

dessus de toutes les plus grandes puissances jusqu'au trône où Dieu est assis. Ce qui rend plus admirable la grâce de Dieu, c'est qu'en enlevant ainsi au regard des hommes ce qui leur imprimait à juste titre un respect sensible, elle empêche la foi de faillir, l'espérance de chanceler et la charité de se refroidir. » — Le 6ᵉ avantage, c'est la solidité de notre espérance. Saint Paul dit aux Hébreux (IV) : « Ayant donc pour grand pontife Jésus, Fils de Dieu, qui est monté au plus haut des cieux, demeurons fermes dans la profession que nous avons faite d'espérer. » Et plus loin (VI) : « Nous avons mis notre refuge dans la recherche et l'acquisition des biens à nous proposés par l'espérance, qui sert à notre âme comme une ancre ferme et assurée laquelle pénètre jusqu'au dedans du voile où Jésus, notre précurseur, est entré pour nous. » Saint Léon dit encore à ce sujet : « L'Ascension de J.-C. est le gage de notre élévation, d'autant que là où la gloire du chef a précédé, le corps espère y parvenir. » Le 7ᵉ avantage est de nous montrer le chemin. Le prophète Michée dit (III) : « Il a monté pour nous ouvrir le chemin. » Saint Augustin ajoute : « Le Sauveur s'est fait lui-même notre voie. Levez-vous et marchez, vous avez un chemin tout tracé ; gardez-vous d'être lents. » Le huitième avantage, c'est de nous ouvrir la porte du ciel : car de même que le premier Adam a ouvert les portes de l'enfer, de même le second a ouvert les portes du paradis. Aussi l'Eglise chante-t-elle : *Tu devicto mortis aculeo*, etc. * : « Après

* Paroles du *Te Deum*

avoir vaincu l'aiguillon de la mort, vous avez ouvert aux croyants le royaume des cieux. » Le 8ᵉ avantage, c'est de nous préparer une place. « Je vais, dit J.-C. dans saint Jean, je vais vous préparer une place. » Saint Augustin commente ainsi ces paroles : « Seigneur, préparez ce que vous préparez : car vous nous préparez pour vous, et c'est vous-même que vous nous préparez, quand vous préparez une place où nous habiterons en vous et où vous habiterez en nous. »

LE SAINT-ESPRIT

Ainsi que l'atteste l'histoire sacrée des Actes, aujourd'hui le Saint-Esprit fut envoyé sur les Apôtres sous la forme de langues de feu. Au sujet de cette mission ou venue, il y a huit considérations à faire : 1º par qui il fut envoyé ; 2º de combien de manières il est ou il fut envoyé ; 3º en quel temps ; 4º combien de fois ; 5º de quelle manière ; 6º sur qui ; 7º pourquoi ; 8º par quel moyen il fut envoyé.

. I. Par qui le Saint Esprit fut-il envoyé ? C'est le Père qui envoya ce Saint-Esprit, c'est le fils aussi, et le Saint-Esprit se donna lui-même et s'envoya. Ce fut le Père, d'après ces paroles de J.-C. en saint Jean (xiv) : « Le Paraclet qui est le Saint-Esprit, que le Père enverra en mon nom, vous enseignera toutes choses. » Ce fut le fils : on lit au xviᵉ chap. de saint Jean : « Mais si je m'en vais, je vous l'enverrai. » En prenant un point de comparaison avec les choses

d'ici-bas, l'envoyé a trois sortes de rapports avec
celui qui l'envoie ; il lui donne l'être, comme le rayon
est envoyé par le soleil : il lui donne sa force, comme
la flèche envoyée par l'archer ; il lui donne juridiction
ou autorité, comme un messager envoyé par son supérieur. Sous ce triple point de vue, la mission peut
convenir au Saint-Esprit : car il est envoyé par le
Père et le Fils en qui résident l'être, la force et l'autorité dans leurs opérations. Néanmoins, l'Esprit-Saint
lui-même s'est aussi donné et envoyé : ce qui est in-
sinué dans ces paroles de saint Jean (XVI) : « Quand
l'Esprit de vérité sera venu. » En effet selon que le dit
saint Léon, pape, en son sermon de la Pentecôte :
« La bienheureuse Trinité, l'incommutable divinité est
une en substance, ses opérations sont indivises, elle
est unie dans sa volonté, pareille en toute puissance,
égale en gloire : mais elle s'est partagée l'œuvre de
notre rédemption, cette miséricordieuse Trinité, de
sorte que le Père se laissa fléchir, le Fils se fit propitiation et le Saint-Esprit nous embrasa de son amour. »
Or, puisque le Saint-Esprit est Dieu, on peut donc
dire avec vérité qu'il se donne lui-même. Saint Ambroise prouve ainsi la divinité du Saint-Esprit dans
son livre *Du Saint-Esprit* : « La gloire de sa divinité
est manifestement prouvée par ces quatre moyens.
On connaît qu'il est Dieu, ou bien parce qu'il est sans
péché, ou bien parce qu'il pardonne le péché, ou bien
parce que ce n'est pas une créature, mais qu'il est
créateur, ou bien enfin parce qu'il n'adore pas, mais
qu'il est adoré » Il est évident par là que la Trinité
se donna toute à nous : « parce que, dit saint Augus-

tin, le Père nous a donné tout ce qu'il a ; il nous a donné son Fils pour prix de notre rédemption, le Saint-Esprit comme privilège de notre adoption, et il se réserve lui-même tout entier comme l'héritage de notre adoption. » De même aussi, le Fils s'est donné entièrement à nous, selon ce mot de saint Bernard : « Il est pasteur, il est pâture, il est rédemption. Il nous a donné son âme pour rançon, son sang pour breuvage, sa chair pour aliment et sa divinité pour récompense. » De même encore le Saint-Esprit nous a gratifiés et nous gratifie de tous ses dons, parce qu'il est dit dans la Ire épître aux Corinthiens (xii) : « L'un reçoit du Saint-Esprit le don de parler avec sagesse, un autre reçoit du même Esprit le don de parler avec science ; un autre reçoit le don de la foi par le même Esprit. » Saint Léon, pape, ajoute : « C'est le Saint-Esprit qui inspire la foi, qui enseigne la science : il est la source de l'amour, le cachet de la chasteté et le principe de tout salut. »

II. De combien de manières le Saint-Esprit est ou fut envoyé. Il faut savoir que le Saint-Esprit est envoyé d'une manière visible et d'une manière invisible. Elle est invisible quand il pénètre dans les cœurs saints : elle est visible quand il se montre sous un signe visible. Saint Jean parle de sa mission invisible quand il dit (iii) : « L'Esprit souffle où il veut et vous entendez sa voix, mais vous ne savez ni d'où il vient, ni où il va. » Cela n'a rien d'étonnant, parce que, selon le mot de saint Bernard en parlant du Verbe invisible : « Il n'est pas entré par les yeux, puisqu'il n'a pas de couleur ; ni par les oreilles, parce qu'il n'a

pas rendu de son ; ni par les narines, parce qu'il n'est
pas mêlé avec l'air, mais avec l'esprit, qu'il n'infecte
pas l'air mais qu'il le fait : il n'est pas entré par la
bouche, puisqu'il n'est ni mangé ni bu ; ni par le toucher du corps, puisqu'il n'est pas palpable. Vous demandez donc, puisque ses voies sont si impénétrables,
comment je connais sa présence : je l'ai reconnue par
la crainte que j'éprouve en mon cœur : c'est par la
fuite du vice que j'ai remarqué la puissance de sa
force : je n'ai qu'à ouvrir les yeux et à examiner ;
alors j'admire la profondeur de sa sagesse : c'est par
le plus petit amendement dans mes mœurs que j'ai
ressenti la bonté de sa douceur ; c'est par la réforma-
tion et le renouvellement intérieur de mon âme que
j'ai aperçu, autant qu'il m'a été possible, l'éclat de sa
beauté ; c'est en voyant toutes ces merveilles à la
fois que j'ai été saisi devant son infinie grandeur. »
Une mission est visible quand elle est indiquée par
un signe visible. Or, le Saint-Esprit s'est montré sous
cinq formes visibles : 1º sous la forme d'une colombe
au-dessus de J.-C. qui venait d'être baptisé. Saint
Luc dit (III) que le Saint-Esprit descendit sur lui
sous une forme corporelle semblable à une colombe ;
2º sous la forme d'une nuée lumineuse au moment
de la transfiguration. Saint Mathieu dit (XVI) : « Lorsqu'il parlait encore, une nuée lumineuse vint le couvrir. » La glose ajoute : « Dans le baptême de N.-S.,
comme dans sa transfiguration glorieuse, le Saint-
Esprit a manifesté le mystère de la sainte Trinité, là
dans une colombe, ici dans une nuée lumineuse » ;
3º sous la forme d'un souffle. On lit dans saint Jean

(xx) : « Il souffla et leur dit : « Recevez le Saint-
« Esprit » ; 4° sous la forme de feu ; 5° sous la forme de
langue : et c'est sous cette double forme qu'il a apparu
en ce jour. Or, s'il s'est montré sous ces cinq formes,
c'est pour donner à comprendre qu'il en opère les
propriétés dans les cœurs où il vient. 1° Il s'est montré sous la forme d'une colombe. La colombe gémit
au lieu de chanter, elle n'a pas de fiel, elle se cache
dans les fentes des rochers. De même le Saint-Esprit
fait gémir sur leurs péchés ceux qu'il remplit. « Nous
rugissons tous comme des ours, dit Isaïe (LIX), nous
gémissons et nous soupirons comme des colombes. »
« Le Saint-Esprit lui-même, dit saint Paul (Rom., VIII),
prie pour nous, par des gémissements ineffables, »
c'est-à-dire qu'il nous fait prier et gémir. 2° Il n'y a
en lui ni fiel ni amertume. Et la Sagesse dit (XII) :
« Seigneur, oh ! que votre Esprit est bon, et qu'il est
doux en toute sa conduite ! » (VII) « Il est humain, doux,
bon ; parce qu'il rend doux, bon et humain ; doux
dans les discours, bon de cœur et humain en action. »
3° Il habite dans les fentes du rocher, c'est-à-dire dans
les plaies de J.-C. « Levez-vous, est-il dit dans le Cantique (II), ma bien-aimée, mon épouse, et venez, vous
qui êtes ma colombe (la glose ajoute : vous qui ré-
chauffez mes poussins, par l'infusion du Saint-Esprit),
qui habitez les creux de la pierre (la glose : dans les
blessures de J.-C.). » Jérémie parle ainsi au chap. IV
des *Lamentations :* « Le Christ, le Seigneur, l'esprit
de notre bouche a été pris à cause de nos péchés. »
Nous lui avons dit : « Nous vivrons sous votre ombre
parmi les nations. » C'est comme s'il disait : « L'Es-

prit-Saint, qui est de notre bouche, et cette bouche, c'est celle de N.-S. J.-C., parce qu'il est notre bouche et notre chair, nous fait dire à J.-C. : « Nous vivrons en ayant toujours à la mémoire votre ombre, c'est-à-dire votre passion, dans laquelle le Christ fut environné de ténèbres et méprisé. » La nuée est élevée au-dessus de la terre, elle procure le rafraîchissement et engendre la pluie : ainsi fait le Saint-Esprit de ceux qu'il remplit, il les élève au-dessus de la terre et leur inspire le mépris des choses terrestres. Selon ces paroles d'Ezéchiel : (VIII) « L'Esprit m'a élevé entre le ciel et la terre. » (I) « Partout où allait l'Esprit, et où l'Esprit s'élevait, les roues s'élevaient aussi, et le suivaient, parce que l'Esprit de vie était dans les roues. » Saint Grégoire dit de son côté : « Quand on a goûté de l'Esprit, à l'instant toute chair devient insipide. » L'Esprit-Saint refroidit contre les ardeurs du vice. Aussi a-t-il été dit à Marie (saint Luc, I) : « Le Saint-Esprit surviendra en vous, et la vertu du Très-Haut vous couvrira de son ombre, » c'est-à-dire, elle vous refroidira contre toutes les ardeurs du vice. C'est pour cela que l'Esprit-Saint est appelé eau, parce qu'il a une vertu régénérative. « Si quelqu'un croit en moi, dit J.-C. (saint Jean, VII), il sortira de son cœur des fleuves d'eau vive » — ce qu'il entendait de l'Esprit-Saint que devaient recevoir ceux qui croiraient en lui. Enfin l'Esprit-Saint engendre une pluie de larmes. Le psaume (CXLVII) dit : « Son Esprit soufflera et les eaux couleront », c'est-à-dire les larmes. 3° Il s'est montré sous la forme d'un souffle. Le souffle est agile, chaud, doux et nécessaire pour la respi-

ration : de même aussi l'Esprit-Saint est agile, c'est-
à-dire prompt à se répandre ; il est plus actif que
toutes les substances agissantes. La glose explique
ainsi ces paroles des Actes : « On entendit tout d'un
coup un grand bruit, comme d'un vent impétueux, qui
venait du ciel », la grâce du Saint-Esprit, dit-elle, ne
connaît pas les obstacles d'un retard. En second
lieu, il est chaud pour embraser : « Je suis venu, est-
il dit en saint Luc (XII), apporter le feu sur la terre,
et que veux-je, sinon qu'il brûle. » Ce qui l'a fait
comparer dans le Cantique (XV) à l'auster qui est un
vent chaud : « Retirez-vous, aquilon, venez, vent du
midi, soufflez de toutes parts dans mon jardin et que
les parfums en découlent. » En troisième lieu, il est
doux pour adoucir. Aussi pour indiquer sa douceur,
on donne le nom d'onction ; comme dans la Ire épître
canonique de saint Jean (II) : « Son onction vous enseigne toutes choses » ; 2º le nom de rosée. L'Eglise
chante en effet (1) : « Que l'Esprit-Saint répande sa
rosée céleste pour rendre nos cœurs féconds en bonnes œuvres. *Et sui roris intima aspersione fecundet.* »
3º Le nom de souffle léger. On lit au IIIe livre des
Rois (XIX) : « Après le feu, on entendit le souffle d'un
petit vent doux » et le Seigneur y était. En quatrième
lieu, il est nécessaire pour la respiration. Le souffle
est tellement nécessaire pour respirer, que s'il cessait
pendant une heure, l'homme mourrait aussitôt. Il
faut l'entendre aussi en ce sens du Saint-Esprit. D'où
vient que le psaume dit : « Vous leur ôterez l'esprit,
et ils tomberont dans la défaillance et retourneront
dans leur poussière. Envoyez votre Esprit et ils se-

ront créés de nouveau, et vous renouvellerez la face
de la terre. » Saint Jean dit aussi (vi) : « C'est l'Esprit
qui vivifie, la chair ne sert de rien. Les paroles que
je vous ai dites sont elles-mêmes esprit et vie. » 4°
Il s'est montré sous la forme de feu. 5° Sous la forme
de langue, d'après ces paroles des Actes.(ii) : « En
même temps ils (les disciples) virent paraître comme
des langues de feu qui se partagèrent et qui s'arrêtèrent
sur chacun d'eux. » Plus bas se trouvera l'explication
de ces deux formes.

III. En quel temps fut-il envoyé? Ce fut le cinquantième jour après Pâques, pour faire comprendre que
la perfection de la loi vient du Saint-Esprit, ainsi que
la récompense éternelle et la rémission des péchés. 1°
Il est la perfection de la loi, en ce que, d'après la glose,
à dater du cinquantième jour où l'agneau avait été
immolé d'avance, la loi fut donnée au milieu du feu;
dans le Nouveau-Testament aussi, cinquante jours après
la Pâque de J.-C , le Saint-Esprit descendit au milieu du
feu. La loi, c'était sur le mont Sinaï, le Saint-Esprit, sur
le mont Sion. La loi fut donnée au sommet d'une montagne, le Saint-Esprit dans le cénacle; d'où il paraît
clairement que l'Esprit-Saint lui-même est la perfection de la loi, parce que l'accomplissement de la loi,
c'est l'amour. 2° C'est la récompense éternelle. La
glose dit en effet : « De même que les quarante jours
pendant lesquels J.-C. conversa avec ses disciples,
désignent l'Eglise actuelle, de même le cinquantième
jour auquel est donné le Saint-Esprit veut dire le denier de la récompense éternelle. » 3° C'est la rémission
des péchés. La glose ajoute au même endroit : « De

même que dans la cinquantième année arrivait l'indulgence du Jubilé, de même par le Saint-Esprit, les péchés sont remis. » Ce qui suit se trouve encore dans la Glose : « Dans ce jubilé spirituel, les accusés sont relâchés, les dettes remises, les exilés rappelés dans leur patrie, l'héritage perdu est restitué, c'est-à-dire que les hommes vendus au péché sont délivrés du joug de la servitude. » Les condamnés à mort sont relâchés et délivrés : c'est pour cela qu'il est dit dans l'épître aux Romains (VIII) : « La loi de l'esprit de vie qui est en J.-C. m'a délivré de la loi du péché et de la mort. » Les dettes des péchés sont remises ; parce que (saint Pierre, I, 4) « la charité couvre la multitude des péchés. » Les exilés sont rappelés dans la patrie : Il est dit dans le Psaume (CXLII) : « Votre esprit, qui est bon, me conduira dans une terre unie. » L'héritage perdu est restitué : « L'Esprit, est-il dit dans l'épître aux Romains (VIII), rend témoignage à notre esprit que nous sommes enfants de Dieu. Si nous sommes enfants, nous sommes aussi héritiers. » Les esclaves sont délivrés du péché. Aux Corinthiens on trouve (II, 4) : « Où est l'Esprit du Seigneur, là est la liberté. »

IV. Combien de fois fut-il envoyé aux apôtres : Il faut savoir, que, d'après la glose, il leur a été donné trois fois : 1° avant la Passion, 2° après la Résurrection, 3° et après l'Ascension : la première fois pour faire des miracles, la seconde pour remettre les péchés, la troisième pour affermir leurs cœurs. La première fois, ce fut quand J.-C. les envoya prêcher, et leur donna la puissance de chasser tous les démons et de guérir les infirmités. Tous ces miracles sont l'œuvre

du saint-Esprit selon ces paroles de saint Mathieu
(XII) : « Si c'est par l'Esprit de Dieu que je chasse
les démons, le royaume de Dieu est donc venu jusqu'à vous. » Cependant, opérer des miracles n'est
pas une conséquence de la possession du Saint-Esprit, parce que selon la parole de saint Grégoire :
« Les miracles ne font pas l'homme saint, mais ils le
montrent. » Et parce que l'on fait des miracles ce n'est
pas une raison, pour avoir l'Esprit-Saint, puisque les
méchants eux-mêmes allèguent qu'ils ont fait des miracles. (Saint Mathieu, VII) : « Seigneur, n'avons-nous
pas prophétisé en votre nom ? N'avons-nous pas
chassé les démons en votre nom ? et n'avons-nous pas
fait plusieurs miracles en votre nom ? » Car Dieu fait
des miracles par son autorité, les anges par l'infé-
riorité de la matière, les démons, par des vertus natu-
relles qui résident dans les choses, les magiciens par
des contrats secrets avec les démons, les bons chrétiens par une justice manifeste, les mauvais chrétiens
par les apparences d'une justice reconnue. La seconde
fois que J.-C. donna le Saint-Esprit aux apôtres, ce fut
quand il souffla sur eux en disant : « Recevez le Saint-
Esprit, les péchés seront remis à ceux auxquels vous
les remettrez, et ils seront retenus à ceux auxquels vous
les retiendrez. » Cependant nul ne saurait remettre le
péché quant à la souillure qu'il produit et qui réside
dans l'âme, ni quant à la culpabilité qui engage à la
peine éternelle; ni quant à l'offense faite à Dieu, toutes
misères qui sont remises seulement par l'infusion de
la grâce et en vertu de la contrition. On dit cependant
que le prêtre absout, tant parce qu'il déclare le péni-

tent absous de la faute que parce qu'il change la peine
du purgatoire en une peine temporelle et qu'il remet
une partie elle-même de la peine temporelle. La troisième fois qu'il donna le Saint-Esprit à ses apôtres,
ce fut aujourd'hui, alors que leurs cœurs étaient tellement fortifiés qu'ils ne craignaient en rien les tourments : selon le mot du Psalmiste (xxxii) : « C'est l'esprit (le souffle) de sa bouche qui a produit toute leur
force. » Et selon ces paroles de saint Augustin : « Telle
est la grâce du Saint-Esprit que s'il trouve la tristesse,
il la dissipe, s'il trouve des désirs mauvais, il les consume; s'il trouve la crainte, il la chasse. » Saint Léon,
pape, dit de son côté : « Si l'Esprit-Saint était l'objet
de l'espoir des apôtres, ce n'était pas tout d'abord
pour habiter dans des cœurs sanctifiés, mais pour les
enflammer davantage après leur sanctification, pour
verser en eux une plus grande abondance de grâces.
Il les comblait de ses dons, il ne commençait pas leur
conversion. Et cependant son œuvre n'était pas nouvelle, parce qu'il était plus riche en largesses. »

V. De quelle manière fut-il envoyé? Il fut envoyé
avec bruit, en forme de langues de feu, et ces langues
apparurent en se posant. Le bruit fut subit, venant
du ciel, véhément et remplissant. Il fut subit parce que
le Saint-Esprit ne connaît pas les obstacles d'un retard :
il venait du ciel, parce qu'il rendit les apôtres célestes,
il fut véhément, mot qui signifie : détruisant le malheur (*vœ adimens*), soit parce qu'il détruit tout l'amour
charnel dans l'esprit, d'où vient véhément (*vehens
mentem*) : Il fut remplissant, parce que l'Esprit-Saint
remplit tous les apôtres d'après ce texte des Actes :

« Ils furent tous remplis du Saint-Esprit. » Il y a
trois signes auxquels on reconnaît la plénitude, et
ces trois signes se trouvent dans les apôtres. Le
premier c'est de ne pas rendre de son; par exemple
le tonneau plein ne rend aucun son. Quand Job
dit (vi) : « Le bœuf fait-il entendre ses mugissements
lorsqu'il est devant une crèche pleine? c'est comme
s'il disait : « Lorsque la crèche du cœur contient la
plénitude de la grâce, il ne saurait jeter des murmures
d'impatience. Les apôtres possédèrent ce signe, parce
qu'au milieu de leurs tribulations, ils ne rendirent aucun son d'impatience ; il y a mieux : « Ils sortaient
du conseil tout remplis de joie, de ce qu'ils avaient
été jugés dignes de souffrir des opprobres pour le
nom de Jésus (Act., v). » Le second signe, c'est de ne
pas pouvoir en contenir plus, et d'en posséder assez.
En effet quand un vase est plein, il ne peut contenir
autre chose ; comme aussi quand un homme est rassasié, il n'a plus d'appétit : de même les saints qui ont
la plénitude de la grâce, ne peuvent recevoir aucun
goût pour les amours terrestres. « Tout cela m'est à
dégoût, est-il dit dans Isaïe (I). Je n'aime point les
holocaustes de vos béliers. » De même ceux qui ont goûté
des douceurs divines n'ont pas soif des vanités terrestres. « Celui, dit saint Augustin, qui aura bu du
fleuve du paradis dont une goutte est plus grande que
l'océan, peut être assuré que la soif de ce monde sera
étanchée en lui. » Les apôtres possédèrent ce signe,
car ils ne voulurent avoir rien en propre, mais ils
partagèrent tout en commun. Le troisième signe c'est
de déborder, comme ce fleuve dont il est parlé dans

l'Ecclésiastique (xxiv) : « Il répand la sagesse comme
le Phison répand ses eaux. » Ce qui signifie à la lettre :
Le propre de ce fleuve, c'est de déborder et d'arroser
tout ce qui l'entoure. Ainsi les apôtres commencèrent
à déborder, parce qu'ils se mirent à parler différentes
langues. C'est ici que la glose dit : « Voici le signe
de la plénitude : le vase plein se répand : le feu ne
peut rester caché en lui-même. » Ils commencèrent
donc à arroser ce qui les entourait : de là vient que
saint Pierre se mit à prêcher et convertit trois mille
personnes. » Secondement, il fut envoyé en forme de
langues de feu. Il y a là-dessus trois points à examiner : 1° pourquoi en langues et en langues de feu tout
à la fois, 2° pourquoi en forme de feu plutôt qu'en
un autre élément ; 3° pourquoi en forme de langue
plutôt que d'un autre membre. En premier lieu, il
faut savoir que c'est pour trois raisons qu'il apparut
en langues de feu : a) afin que les apôtres proférassent
des paroles de feu ; b) afin qu'ils prêchassent une loi de
feu, c'est-à-dire une loi d'amour. Voici les paroles de
saint Bernard sur ces deux premières raisons : « Le
Saint-Esprit est venu en langues de feu afin de dire
des paroles de feu dans les langues de toutes les nations ; en sorte que ce furent des langues de feu qui
prêchaient une loi de feu ; » c) afin que les apôtres
connussent que c'était par eux que parlait l'Esprit-
Saint qui est feu ; afin qu'ils n'eussent aucune défiance
là-dessus ; afin qu'ils ne s'attribuassent pas les conversions des autres, et que tous écoutassent leurs paroles comme celles de Dieu.

En second lieu, il fut envoyé sous la forme du feu

pour beaucoup de raisons. La 1re se tire des sept espèces de grâce qu'il donne : car l'Esprit, comme le
feu, abaisse les hauteurs par le don de crainte ; il
amollit les duretés par le don de piété ; il illumine les
lieux obscurs par la science ; il resserre les fluides par
le conseil ; il consolide les choses sans consistance par
la force ; il clarifie les métaux dont il ôte la rouille
par le don d'intelligence ; il se dirige en haut par le
don de sagesse. La 2e se tire de sa dignité et de son
excellence : en effet le feu l'emporte sur tous les éléments, par son apparence, par son rang et par sa
force : par son apparence, en raison de la beauté qu'il
présente dans sa lumière ; par son rang, en raison de
la sublimité de sa position. L'Esprit-Saint aussi l'emporte sur tout en ces différents cas. Quant à l'apparence
l'Esprit-Saint est appelé sans tache. Quant à son rang,
il renferme toutes les intelligences ; quant à sa force, il
la possède en toute manière. La 3e se tire de ses différentes propriétés. Raban expose ainsi cette raison : « Le
feu, de sa nature, contient quatre propriétés : il brûle,
il purge, il échauffe et il éclaire. Pareillement le Saint-
Esprit brûle les péchés, purge les cœurs, chasse la
tiédeur et éclaire l'ignorance. Il brûle les péchés, selon
cette parole du prophète Zacharie (xiii) : « Je les ferai
passer par le feu où je les épurerai comme on épure
l'argent. » C'était encore par ce feu que le prophète demandait à être brûlé quand il disait (Ps. xxv) : « Brûlez mes reins et mon cœur. » Il purge les cœurs, selon
ce mot d'Isaïe (iv) : « Ils seront appelés saints quand
le Seigneur aura lavé Jérusalem du sang qui est au
milieu d'elle, par un esprit de justice et un esprit d'ar-

deut. » Il chasse la tiédeur : c'est pour cela qu'il est dit (Rom., xii) de ceux qui sont remplis du Saint-Esprit : « Conservez-vous dans la ferveur de l'esprit. » Saint Grégoire dit aussi : « Le Saint-Esprit est apparu en forme de feu parce qu'il dissipe l'engourdissement de la froideur de tout cœur qu'il remplit, et qu'il l'enflamme du désir de son éternité. » Il éclaire l'ignorance, d'après ces paroles du livre de la Sagesse (ix) : « Et qui pourra connaître votre pensée, si vous ne donnez vous-même la sagesse, et si vous n'envoyez votre Esprit-Saint du plus haut des cieux ? » Comme aussi dans la Ire épître aux Corinthiens (ii), on lit : « Or, Dieu nous a révélé par l'Esprit-Saint. » La 4e se prend de la nature de son amour : car l'amour a trois points de ressemblance avec le feu. 1° Le feu est toujours en mouvement, de même aussi l'amour du Saint-Esprit fait que ceux qui en sont remplis sont toujours occupés à faire de bonnes œuvres ; et c'est la raison pour laquelle saint Grégoire dit : « Jamais l'amour de Dieu n'est oisif. S'il existe, il opère des merveilles ; mais s'il néglige les bonnes œuvres, l'amour n'existe pas. » 2° De tous les éléments le feu est celui qui consiste le plus dans la forme et qui tient le moins de la matière. Il en est ainsi de l'amour du Saint-Esprit : celui qui en est rempli est peu épris de l'amour des choses terrestres et a beaucoup d'attachement pour les choses célestes et spirituelles, de sorte qu'il n'aime plus les choses charnelles d'une manière charnelle, mais qu'il aime de préférence les choses spirituelles d'une façon spirituelle. Saint Bernard distingue quatre sortes d'amours : l'amour de la chair pour la chair,

l'amour de l'esprit pour la chair, l'amour de la chair
pour l'esprit, et l'amour de l'esprit pour l'esprit lui-
même. 3° Le feu abaisse ce qui s'élève, il tend à s'élever, il resserre et unit les fluides. Ces trois propriétés
font connaître les trois sortes de forces qui sont dans
l'amour, comme le dit saint Denys dans son livre des
Noms divins : « Il a une force inclinative, une force
élévative et une force coordinative. Il abaisse les choses
supérieures au-dessous des inférieures, il élève les inférieures au-dessus des supérieures, il coordonne ensemble les choses semblables. » On trouve ces trois
effets dans ceux que l'Esprit-Saint remplit : il les
abaisse par l'humilité et le mépris d'eux-mêmes ; il
les élève par le désir des choses supérieures, et il établit entre eux l'uniformité de mœurs. 3° Pourquoi le
Saint-Esprit apparaît-il sous la forme de langues,
plutôt que sous la forme d'un autre membre ? On en
donne trois raisons. En effet la langue est un membre
enflammé du feu de l'enfer, difficile à gouverner, et
utile quand on en fait un bon usage. Or, si la langue
était enflammée du feu de l'enfer, elle avait donc besoin du feu du Saint-Esprit (saint Jacques, III) : « La
langue est un feu », car elle se gouverne avec difficulté : c'est pour cela qu'elle a, plus que les autres
membres, besoin de la grâce du Saint-Esprit. Saint
Jacques ajoute que la nature de l'homme est capable
de dompter et a dompté en effet toutes sortes d'animaux. Si donc la langue est d'une telle utilité quand
elle est bien dirigée, il fut donc nécessaire qu'elle eût
le Saint-Esprit pour guide. Il apparut encore en forme
de langue, pour signifier qu'il est d'une grande néces-

sité à ceux qui prêchent. Il les fait parler avec chaleur
et intrépidité ; c'est pour cela qu'il fut envoyé en forme
de feu. « Le Saint-Esprit, dit saint Bernard, est venu
sur les apôtres en forme de langues de feu, afin qu'ils
parlassent avec feu, et que les langues de feu prêchassent une loi de feu. » Ils parlèrent avec confiance et
intrépidité : « Ils furent tous, disent les Actes (iv),
remplis du Saint-Esprit et se mirent à annoncer avec
confiance la parole de Dieu. » Ils parlèrent plusieurs
langues, selon que l'exigeait l'intelligence de leurs
auditeurs. Aussi lisons-nous dans les Actes (ii) qu'ils
se mirent à parler différentes langues. Leur prédication fut utile selon le besoin et pour l'édification de
tous. « L'Esprit du Seigneur est sur moi, dit Isaïe
(lxi) : car le Seigneur m'a rempli de son onction, il
m'a envoyé pour annoncer sa parole à ceux qui sont
doux, pour guérir ceux qui ont le cœur brisé. » Troisièmement, ces langues apparurent en se posant pour
donner à entendre que le Saint-Esprit était nécessaire
et à ceux qui président et à ceux qui jugent, parce
qu'il confère l'autorité de remettre les péchés. « Recevez le Saint-Esprit, est-il dit dans l'évangile de saint
Jean (xx) : les péchés seront remis à ceux auxquels
vous les remettrez. » Il confère la science pour juger,
selon ces paroles d'Isaïe : « Je répandrai mon esprit
sur lui et il rendra la justice aux nations » (xlii). Il
confère la douceur pour supporter : « Je prendrai, dit
le Seigneur à Moïse (Nombres, xi, 17), de l'Esprit
qui est en vous et je leur en donnerai (aux anciens
d'Israël) afin qu'ils soutiennent avec vous le fardeau
de ce peuple. » L'Esprit de Moïse était un esprit de

douceur, selon que le témoigne le livre des Nombres
(xii) : « Moïse était de tous les hommes le plus doux
qui fût sur la terre. » — Il confère l'ornement de la
sainteté pour embellir. Job dit (xxvi) : « L'Esprit du
Seigneur a orné les cieux. »

VI. Sur qui fut-il envoyé? Sur les disciples qui
étaient des réceptacles purs et préparés à recevoir le
Saint-Esprit, pour sept qualités qui se trouvèrent en
eux. 1º Ils furent calmes d'esprit; on le voit par ces
mots : « Quand les jours de la Pentecôte furent accomplis », c'est-à-dire les jours de repos. En effet
cette fête était consacrée au repos. « Sur qui reposera
mon esprit, dit Isaïe (lxvi), si ce n'est sur celui qui
est humble? » 2º Ils étaient unis par les liens de l'a-
mour, ce qui est indiqué par ces paroles : « Ils étaient
tous ensemble. » Il n'y avait en effet parmi eux qu'un
seul cœur et une seule âme : car de même que l'esprit
de l'homme ne vivifie les membres du corps qu'autant qu'ils sont unis dans la vie, de même le Saint-
Esprit ne vivifie que les membres spirituels. Et comme
le feu s'éteint dès lors qu'on éloigne les morceaux de
bois, de même aussi l'Esprit-Saint disparaît où n'habite
pas la concorde. C'est pour cela que l'on chante dans
l'office des Apôtres * : « La divinité les a trouvés unis
par la charité, elle les a inondés de lumière. » 3º Ils
étaient renfermés dans un lieu. C'est pour cela qu'il
est dit aux Actes : « Ils étaient dans un même local »,
c'est-à-dire, dans le cénacle. « Je la conduirai, est-il
dit dans Osée (ii), dans la solitude et je lui parlerai

---

* Nous n'avons pas trouvé ce texte dans la liturgie romaine.

au cœur. » 4° Ils étaient assidus dans la prière, d'après ces paroles des Actes (1) : « Ils persévéraient tous unanimement en prière. Et nous chantons * : « Les apôtres étaient en prière, alors qu'un bruit subit annonce la venue de Dieu. » Or, pour recevoir le Saint-Esprit, l'oraison est nécessaire, comme le dit le livre de la Sagesse (vii) : « J'ai prié et l'esprit de sagesse est venu en moi » ; et dans saint Jean (xiv) : « Je prierai mon Père, et il vous donnera un autre Paraclet. » 5° Ils étaient doués d'humilité, ce que veut dire ce mot, ils étaient assis. Le Psaume dit : « Vous envoyez les fontaines dans les vallées », c'est-à-dire, vous donnez aux humbles la grâce du Saint Esprit : ce qui est encore confirmé par ce texte : « Sur qui reposera mon esprit, si ce n'est sur celui qui est humble ? » 6° Ils étaient en paix comme l'indiquent ces mots : « Ils étaient dans Jérusalem », qui signifie Vision de Paix. Saint Jean montre que la paix est nécessaire pour recevoir le Saint-Esprit (saint Jean, xx). Aussitôt qu'il leur eut souhaité la paix en disant : « La paix soit avec vous », il souffla aussitôt sur eux et dit : « Recevez le Saint-Esprit. » 7° Ils étaient élevés en contemplation : ceci est marqué en ce qu'ils reçurent le Saint-Esprit alors qu'ils se trouvaient dans la partie supérieure du cénacle. La glose dit en cet

---

* Hymne des Matines de la Pentecôte.

> Hora diei tertia, .
> Apostolisorantibus,
> Repente de cœlo sonus
> Deum venire nuntiat.

Version antérieure à la correction des hymnes romaines.

endroit : « Celui qui désire le Saint-Esprit s'élève au-dessus de la demeure de sa chair, qu'il foule par la contemplation de son esprit. »

VII. Pourquoi fut-il envoyé ? Le Saint-Esprit fut envoyé pour six causes. Le texte suivant est l'autorité sur laquelle on s'appuie : « Mais le consolateur qui est l'Esprit-Saint que mon Père enverra en mon nom, vous enseignera toutes choses. » 1° Il fut envoyé pour consoler les affligés. Paraclet veut dire consolateur. Isaïe dit : « L'Esprit du Seigneur est sur moi, et il ajoute, pour apporter de la consolation à ceux qui pleurent dans Sion » (Isaïe, LXI). « L'Esprit-Saint, dit saint Grégoire, est appelé consolateur, parce que ceux qui gémissent d'avoir commis le péché sont préparés par lui à l'espoir du pardon. La tristesse qui s'était emparée de leur esprit affligé disparaît ». 2° Pour ressusciter les morts. Selon cette parole d'Ezéchiel (XXXVII) : « C'est l'Esprit qui vivifie : os arides, écoutez la parole du Seigneur. Je ferai entrer en vous l'Esprit et vous vivrez. » 3° Pour sanctifier ceux qui sont immondes. Aussi on dit l'Esprit, parce qu'il vivifie, et saint parce qu'il sanctifie et rend pur. Saint et pur, c'est une même chose. Le Psaume (XLV) porte : « Un fleuve tranquille réjouit la cité de Dieu » ; ce fleuve c'est la grâce du Saint-Esprit qui purifie et qui ne tarit pas : la cité de Dieu, c'est l'Eglise de Dieu, et par ce fleuve, le Très-Haut a sanctifié son tabernacle. 4° Pour affermir l'amour au milieu de ceux qui sont désunis par la haine. « Mon Père lui-même vous aime » (saint Jean, XIII). Le Père, c'est celui qui nous aime tout naturellement. S'il est notre Père, et que

nous sommes ses enfants, et si nous sommes tous
frères à l'égard les uns des autres, qu'une amitié parfaite règne entre les frères. 5° Pour sauver les justes
Quand J.-C. dit : « Mon Père vous l'enverra en mon
nom », il rappelle l'idée de Sauveur renfermée dans
ce nom de Jésus. Donc c'est au nom de Jésus, c'est-
à-dire de Sauveur que le Père a envoyé le Saint-
Esprit afin de montrer qu'il est venu pour sauver les
nations. 6° Pour instruire les ignorants : « Il vous enseignera toutes choses, dit J.-C. »

VIII. Par quel moyen a-t-il été donné ? Ce fut 1° par
l'oraison. Ainsi nous avons vu plus haut que c'était
alors que les apôtres priaient, et en saint Luc : « Alors
que Jésus priait, le Saint-Esprit descendit. » 2° En
écoutant avec dévotion et attention la parole de Dieu.
« Pierre parlait encore que l'Esprit-Saint tomba sur
eux » (Actes, x). 3° Par l'assiduité aux bonnes œuvres,
signifiée dans l'imposition des mains. « Alors ils
imposaient les mains sur eux... » (Actes, viii). L'imposition des mains signifie encore l'absolution que l'on
donne à confesse.

SAINTS GORDIEN ET ÉPIMAQUE *

Gordien vient de *geos*, dogme ou maison, et *dyan*, brillant,
comme maison brillante dans laquelle habitait Dieu : ainsi
que saint Augustin le dit dans le livre de la *Cité de Dieu*.
« Une bonne maison est celle dont les parties sont relativement

* Tiré du *Martyrologe* d'Adon

II. 8*

bien disposées, amples et éclairées. » Il en fut ainsi de ce
saint qui fut disposé par l'imitation de la concorde, qui fut
ample en charité et brillant de vérité Epimaque vient de *epi*,
sur et *machin*, roi, comme roi suprême ; il peut aussi venir
d'*epi*, sur et *machos*, combat, qui combat pour les choses d'en
haut.

Gordien, vicaire de l'empereur Julien, voulait forcer à sacrifier un chrétien nommé Janvier qui, par
ses prédications, le convertit à la foi avec son épouse
nommée Mariria et cinquante-trois autres hommes.
Julien, à cette nouvelle, envoya Janvier en exil, et
condamna Gordien à perdre la tête, s'il ne voulait
pas sacrifier. Le bienheureux Gordien fut donc décapité et son corps fut jeté aux chiens. Mais comme il
était resté l'espace de huit jours, tout à fait intact, sa
famille le prit et l'ensevelit à un mille de la ville avec
saint Epimaque que Julien avait fait tuer depuis quelque temps. Ce fut vers l'an du Seigneur 360.

SAINTS NÉRÉE ET ACHILLÉE *

Nérée veut dire conseil de lumière : ou bien s'il vient de
Nereth, qui veut dire lumière, et *us*, qui se hâte ; ou bien encore
de *Ne* et *reus*, non coupable. Il fut donc un conseil de lumière
par la prédication de la virginité, une lumière par sa manière
de vivre honorable ; il se hâta d'aimer le ciel, il ne fut point
coupable en raison de sa pureté de conscience. Achilleus vient
de *achi*, qui veut dire mon frère, et *cesa*, salut : salut de ses
frères. Leur martyre fut écrit par Euthicès, Victorinus et
Macre ou Marce, serviteurs de J.-C.

* *Breviaire;* — *Martyrologes;* — Eusèbe, *Hist. Eccl.*

Nérée et Achillée, eunuques chambellans de Domitille, nièce de l'empereur Domitien, furent baptisés
par l'apôtre saint Pierre. Or, comme cette Domitille
était fiancée à Aurélien, fils d'un consul, et qu'elle
était couverte de pierreries et de vêtements de pourpre,
Nérée et Achillée lui prêchèrent la foi, et lui suggé-
rèrent une grande estime pour la virginité qu'ils lui
montrèrent comme approchant de Dieu, rendant semblable aux anges, née avec l'homme, tandis qu'une
femme mariée était sous la sujétion de son mari,
qu'elle était frappée de coups de poing et de pied,
qu'elle mettait trop souvent au monde des enfants
difformes, supportant de plus avec peine les pieux
avis de leur mère, qu'enfin elle était forcée d'endurer
de grandes contrariétés de la part d'un époux. Domitille leur répondit entre autres choses : « Je sais
que mon père fut jaloux et que ma mère eut à souffrir de sa part une foule de mauvais traitements :
mais celui que je dois avoir pour mari lui ressemble-
ra-t-il ? » Ils lui dirent : « Tant que les hommes sont
seulement fiancés, ils paraissent doux ; mais dès qu'ils
sont mariés, ils deviennent cruels et impérieux : quelquefois ils préfèrent des suivantes à leurs dames. —
Toute sainteté perdue peut se recouvrer par la pénitence, il n'y a que la virginité qui ne se puisse recouvrer : car la culpabilité peut être effacée par la pénitence,
mais la virginité ne se peut réparer : elle ne saurait
prétendre à regagner l'état de sainteté qu'elle a perdu. » Alors Flavie Domitille crut, fit vœu de virginité,
reçut le voile des mains de saint Clément. — A cette
nouvelle son fiancé se fit autoriser par Domitien à la

reléguer dans l'île Pontia, avec les saints Nérée et
Achillée, dans la pensée qu'il pourrait ainsi la faire
revenir sur la résolution prise par elle de garder la
virginité. Quelque temps après, dans un voyage en
cette île, il fit de riches présents à ces deux saints pour
les engager à influencer cette vierge : mais ils s'y refusèrent absolument ; et s'attachèrent à la fortifier dans
ses bonnes dispositions. Comme on les poussait à sacrifier, ils dirent qu'ayant été baptisés par l'apôtre
saint Pierre, rien ne pouvait les faire immoler aux
idoles. Ils furent décapités vers l'an du Seigneur 80,
et leurs corps furent ensevelis auprès du tombeau de
sainte Pétronille. Il y en eut d'autres, comme Victorin, Euthicès et Maron qui étaient attachés à Domitille, qu'Aurélien faisait travailler tout le jour comme
des esclaves dans ses domaines, et le soir il leur faisait manger le pain des chiens. Enfin il ordonna de
fouetter Euthicès jusqu'à ce qu'il eût rendu l'âme ; il
fit étouffer Victorin dans des eaux fétides et écraser
Maron sous un énorme quartier de roche. Or, quand
on eut jeté sur lui cette pierre que soixante-dix
hommes pouvaient remuer à peine, il la prit sur les
épaules et la porta comme paille légère l'espace de
deux milles ; et comme un grand nombre de personnes
avaient alors embrassé la foi, le fils du consul le fit tuer.
Après quoi, il ramena Domitille de l'exil, et lui envoya deux vierges, Euphrosine et Théodora, ses sœurs
de lait, pour la faire changer de résolution : mais
Domitille les convertit à la foi. Alors Aurélien vint
avec les deux fiancés de ces jeunes personnes et trois
jongleurs pour célébrer ses noces, ou du moins, pour

la posséder par la violence. Mais comme Domitille avait converti ces deux jeunes gens, Aurélien fit entrer Domitille dans une chambre nuptiale, ordonna à ses jongleurs de chanter et aux autres de se livrer à la danse avec lui, dans la volonté de faire violence ensuite à la sainte. Alors les baladins s'épuisèrent à chanter et les autres à danser ; Aurélien lui-même ne cessa de danser pendant deux jours, jusqu'à ce qu'exténué de fatigue, il expira. Son frère Luxurius sollicita la permission de tuer tous ceux qui avaient reçu la foi, il mit le feu à l'appartement desdites vierges, qui rendirent l'esprit en faisant leurs prières. Le lendemain matin, saint Césaire ensevelit leurs corps qu'il avait retrouvés intacts.

SAINT PANCRACE *

Pancrace vient de *pan*, qui signifie tout, et *gratus*, agréable, et *citus*, vite, tout prompt à être agréable, car dès sa jeunesse il le fut. Le Glossaire dit encore que *Pancras* veut dire rapine, *pancratiarius,* soumis aux fouets, *Pancrus*, pierre de différentes couleurs : en effet, il ravit des captifs pour butin, il fut soumis au tourment du fouet, et il fut décoré de toutes sortes de vertus.

Pancrace, issu d'illustres parents, ayant perdu en Phrygie son père et sa mère, resta confié aux soins de Denys, son oncle paternel. Ils se rendirent tous les deux à Rome où ils jouissaient d'un riche patri-

* *Breviaire*, — *Martyrologes*

moine : dans leur quartier était caché, avec les fidèles, le pape Corneille, qui convertit à la foi de J.-C. Denys et Pancrace. Denys mourut en paix, mais Pancrace fut pris et conduit par devant César. Il avait alors environ quatorze ans. L'empereur Dioclétien lui dit : « Jeune enfant, je te conseille de ne pas te laisser mourir de male mort; car, jeune comme tu es, tu peux facilement te laisser induire en erreur, et puisque ta noblesse est constatée et que tu es le fils d'un de mes plus chers amis, je t'en prie, renonce à cette folie, afin que je te puisse traiter comme mon enfant. » Pancrace lui répondit : « Bien que je sois enfant par le corps, je porte cependant en moi le cœur d'un vieillard, et grâce à la puissance de mon Seigneur J.-C. la terreur que tu nous inspires ne nous épouvante pas plus que ce tableau placé devant nous. Quant à tes Dieux que tu m'exhortes à honorer, ce furent des trompeurs, des corrupteurs de leurs belles-sœurs; ils n'ont pas eu même de respect pour leurs père et mère : que si aujourd'hui tu avais des esclaves qui leur ressemblassent tu les ferais tuer incontinent. Je m'étonne que tu ne rougisses pas d'honorer de tels dieux. » L'empereur donc, se réputant vaincu par un enfant, le fit décapiter sur la voie Aurélienne, vers l'an du Seigneur 287. Son corps fut enseveli avec soin par Cocavilla, femme d'un sénateur. Au rapport de Grégoire de Tours *, si quelqu'un ose prêter un faux serment sur le tombeau du martyr, avant qu'il soit arrivé au chancel du chœur, il est aussitôt possédé du démon

---

* *Miraculorum*, lib. I, c. xxxix.

et devient hors de lui, ou bien il tombe sur le pavé et meurt. Il s'était élevé un procès assez important entre deux particuliers. Or, le juge connaissait parfaitement le coupable. Le zèle de la justice le porta à les mener tous les deux à l'autel de saint Pierre ; et là il força celui qu'il savait avoir tort à confirmer par serment sa prétendue innocence, en priant l'apôtre de venger la vérité par une manifestation quelconque. Or, le coupable ayant fait serment et n'ayant éprouvé aucun accident, le juge, convaincu de la malice de cet homme, et enflammé du zèle de la justice s'écria : « Ce vieux Pierre est ou trop bas, ou bien il cède à moindre que lui. Allons vers Pancrace ; il est jeune, requérons de lui ce qui en est. » On y alla ; le coupable eut l'audace de faire un faux serment sur le tombeau du martyr ; mais il ne put en retirer sa main et expira bientôt sur place. C'est de là que vient la pratique encore observée aujourd'hui de faire jurer, dans les cas difficiles, sur les reliques de saint Pancrace.

Des fêtes qui tombent pendant le temps du pèlerinage.

Après avoir parlé des fêtes qui arrivent pendant le temps de la Réconciliation, temps reproduit par l'Église de Pâques à l'octave de la Pentecôte, il reste à s'occuper des fêtes qui arrivent dans le temps du pèlerinage; l'Église le reproduit depuis l'octave de la Pentecôte jusqu'à l'Avent. Ce temps ne commence pas toujours ici, car il varie d'après la fête de Pâques.

SAINT URBAIN *

Urbain vient d'urbanité, ou bien de *ur*, flambeau ou feu, et de *banal*, réponse. Ce fut un flambeau par l'honnêteté de sa conduite, un feu par son ardente charité, une réponse par sa doctrine Il fut un flambeau ou une lumière, parce que la lumière est agréable à la vue, immatérielle en essence, céleste en situation, très utile pour agir. De même ce saint fut aimable dans sa conversation, immatériel dans son mépris du monde, céleste en contemplation, utile dans sa prédication.

Urbain succéda au pape Calixte. De son temps, il s'éleva une très grande persécution contre les chrétiens. Enfin Alexandre devint empereur et sa mère - Mammée avait été convertie au christianisme par Origène. Ses prières vraiment maternelles obtinrent de son fils qu'il cesserait de persécuter les fidèles. — Cependant Almachius, préfet de la ville, qui avait fait trancher la tête à sainte Cécile, sévissait avec fureur contre les chrétiens; il fit donc rechercher avec soin

* Tiré des *Actes de sainte Cécile.*

saint Urbain, par le moyen d'un de ses officiers nommé
Carpasius ; on le trouva dans un antre avec trois prêtres et trois diacres. Tous furent jetés en prison.
Almachius fit comparaître Urbain devant son tribunal, et lui reprocha d'avoir séduit cinq mille hommes
avec la sacrilège Cécile et les illustres personnages
Tiburce et Valérien : il lui réclama aussi les trésors
de Cécile.

Urbain lui répondit : « Ainsi que je le vois, c'est
plutôt la cupidité qui te porte à sévir contre les saints
que l'honneur des dieux. Le trésor de Cécile est
monté au ciel par les mains des pauvres. » Comme
saint Urbain et ses compagnons étaient fouettés avec
des lanières garnies de plomb, Urbain se mit à invoquer le nom du Seigneur en disant Elijon*. Le préfet souriant : « Ce vieillard, dit-il, veut passer pour
savant, voilà pourquoi il parle de manière à ne pouvoir être compris. » Or, comme on ne pouvait pas
les vaincre, ils furent reconduits en prison, où saint
Urbain donna le baptême à trois tribuns qui vinrent
le trouver, et au geôlier Anolin. Le préfet ayant appris
que ce dernier était devenu chrétien, le fit amener à
son tribunal et comme il refusa de sacrifier, il fut décapité.

Quant à saint Urbain il fut traîné devant une idole
avec ses compagnons et forcé de lui offrir de l'encens : alors le saint se mit en prières et l'idole tomba

---

* D'après saint Isidore de Séville (liv. VII, ch. 1, des *Etymo-
logies*), ce mot hébreu est un des noms de Dieu et signifie
élevé, grand, le Très-Haut.

en tuant vingt-deux prêtres chargés d'entretenir le
feu. On déchira cruellement les chrétiens, et on les
conduisit ensuite pour sacrifier : mais ils crachèrent
sur l'idole, firent sur leur front le signe de la croix
et après s'être donné l'un à l'autre le baiser de paix,
ils reçurent la couronne du martyre en ayant la
tête coupée, sous l'empire d'Alexandre, vers l'an du
Seigneur 220. Carpasius fut saisi aussitôt par le malin
esprit, blasphéma ses dieux, et malgré lui, il fit un
grand éloge des chrétiens; enfin il fut suffoqué par le
démon. A cette vue, sa femme Arménie reçut le
baptême, avec sa fille Lucine et toute sa famille, des
mains du saint prêtre Fortunat. Après quoi elle ensevelit les corps des martyrs avec honneur.

SAINTE PÉTRONILLE *

Pétronille, dont saint Marcel a écrit la vie, était la
fille de l'apôtre saint Pierre. Elle était d'une beauté
extraordinaire et elle souffrait de la fièvre par la volonté de son père ; or, un jour que les disciples logeaient
chez saint Pierre, Tite lui dit : « Puisque vous guérissez tous les infirmes, pourquoi laissez-vous Pétronille souffrante ? » « C'est, répondit saint Pierre, que
cela lui vaut mieux : néanmoins, pour que l'on ne
puisse pas conclure de mes paroles qu'il est impossible
de la guérir, il lui dit : « Lève-toi promptement, Pé-

* *Martyrologe* d'Adon.

tronille, et sers-nous. » Elle fut guérie aussitôt, se leva
et les servit. Quand elle eut fini de les servir saint
Pierre lui dit : « Pétronille, retourne à ton lit. » Elle
y revint aussitôt et la fièvre la reprit comme auparavant : mais dès qu'elle eut eu acquis la perfection
dans l'amour de Dieu, il la guérit complètement. Le
comte Flaccus vint la trouver afin de la prendre pour
femme à cause de sa beauté. Pétronille lui dit donc :
« Si tu désires m'avoir pour épouse, fais-moi venir
des vierges qui me conduisent jusqu'à ta maison. »
Comme il s'en occupait, Pétronille se livra au jeûne et
à la prière, reçut le corps du Seigneur, se coucha et
trois jours après elle rendit son âme à Dieu. Flaccus,
se voyant déçu, s'adressa à Félicula, compagne de
Pétronille, et lui intima ou de l'épouser ou de sacrifier
aux idoles.

Comme elle refusait de consentir à aucune de ces
deux propositions, le préfet la fit mettre en prison
où elle n'eut ni à manger ni à boire pendant sept
jours ; après quoi il la fit tourmenter sur le chevalet,
la tua et jeta son corps dans un cloaque. Cependant
saint Nicodème l'en retira et lui donna la sépulture.

En conséquence, le comte Flaccus fit appeler Nicodème et comme celui-ci refusait de sacrifier, il le battit
avec des cordes chargées de plomb. Son corps fut jeté
dans le Tibre ; mais son clerc Juste l'en ôta et l'ensevelit avec honneur.

SAINT PIERRE, EXORCISTE,
ET SAINT MARCELLIN *

Pendant que saint Pierre, exorciste, était détenu en
prison par Archémius, la fille de ce dernier était tourmentée par le démon et comme c'était, pour ce père,
un sujet toujours nouveau de désolation, saint Pierre
lui dit que s'il croyait en J.-C., à l'instant la santé
serait rendue à sa fille. Archémius lui dit: « Je m'é-
tonne que ton Seigneur puisse délivrer ma fille, quand
il ne peut te délivrer, toi qu'il laisse souffrir pour lui
de si grands tourments. » Pierre lui répondit : « Mon
Dieu a le pouvoir de m'arracher à votre joug, mais il
veut, par une souffrance passagère, nous faire parvenir
à une gloire éternelle. » « Si, reprit Archémius, après
que j'aurai doublé tes chaînes, ton Dieu te délivre et
guérit ma fille, dès lors je croirai en J.-C. » Les
chaînes furent doublées : saint Pierre apparut à Archémius, revêtu d'habits blancs et tenant à la main
une croix. Alors Archémius se jeta à ses pieds et sa
fille fut guérie. Il reçut le baptême lui et tous les gens
de sa maison ; il permit aux prisonniers de se retirer
libres, s'ils voulaient se faire chrétiens. Beaucoup
d'entre eux, ayant accepté la foi, furent baptisés par le
bienheureux prêtre Marcellin. A cette nouvelle, le préfet donna ordre de lui amener tous les prisonniers ;
Archémius les réunit donc, leur baisa les mains et leur

* Le récit est tiré presque textuellement du *Martyrologe*
d'Adon, 2 juin.

dit que si quelqu'un d'eux voulait aller au martyre, il vînt avec intrépidité ; que s'il y en avait un qui ne le voulût pas, il se retirât sain et sauf. Or, le juge ayant découvert que Marcellin et Pierre les avaient baptisés, il les manda tous les deux à son tribunal, et les fit enfermer chacun dans une prison séparée. Pour Marcellin, il fut étendu tout nu sur du verre cassé ; on lui refusa l'eau et le feu ; quant à Pierre, il fut enfermé dans un autre cachot fort profond où on le mit dans des entraves très serrées. Mais un ange du Seigneur vint voir Marcellin, le délia, puis il le ramena avec Pierre dans la maison d'Archémius, en donnant l'ordre à tous les deux d'encourager le peuple pendant sept jours, et de se présenter ensuite devant le juge. Celui-ci ne les ayant donc pas trouvés dans la prison, manda Archémius et sur le refus de celui-ci de sacrifier, il le fit étouffer sous terre avec sa femme. Marcellin et saint Pierre en ayant eu connaissance, vinrent en cet endroit, et sous la protection des chrétiens, saint Marcellin célébra la messe sept jours de. suite dans cette même crypte. Alors les saints dirent aux incrédules : « Vous voyez que nous aurions pu délivrer Archémius et nous cacher ; mais nous n'avons voulu faire ni l'un ni l'autre. » Les gentils irrités tuèrent Archémius par le glaive ; quant à sa femme et à sa fille ils les écrasèrent à coups de pierres. Ils menèrent Marcellin et Pierre à la forêt noire (qu'on a depuis appelée blanche à raison de leur martyre) où ils les décapitèrent du temps de Dioclétien, l'an du Seigneur 287. Le bourreau appelé Dorothéus vit des anges qui portaient au ciel leurs âmes revêtues de vêtements splendides et ornées de pierres précieuses. En conséquence, Dorothée se fit chrétien et mourut en paix quelque temps après.

SAINT PRIME ET SAINT FÉLICIEN *

Prime veut dire souverain et grand, Félicien, vieillard comblé de félicité. Le premier est souverain et grand en *dignité* pour les souffrances de son martyre, en *puissance* pour ses miracles, en *sainteté* pour la perfection de sa vie, en *félicité* pour la gloire dont il jouit. Le second est appelé vieillard, non à cause du long temps qu'il a vécu, mais pour le respect qu'inspire sa dignité, pour la maturité de sa sagesse et pour la gravité de ses mœurs.

Prime et Félicien furent accusés auprès de Dioclétien et de Maximien par les prêtres des idoles qui prétendirent ne pouvoir obtenir aucun bienfait des dieux, si on ne forçait ces deux saints à sacrifier. Par l'ordre donc des empereurs, ils furent emprisonnés. Mais un ange les vint visiter, délia leurs chaînes; alors ils se promenèrent librement dans leur prison où ils louaient le Seigneur à haute voix. Peu de temps après on les amena de nouveau devant les empereurs; et là ayant persisté avec fermeté dans la foi, ils furent déchirés à coups de fouets, puis séparés l'un de l'autre. Le président dit à Félicien de tenir compte de sa vieillesse et d'immoler aux dieux. Félicien lui répondit : « Me voici parvenu à l'âge de 80 ans, et il y en a 30 que je con-

* *Bréviaire;* — *Martyrologe* d'Adon.

nais la vérité et que j'ai choisi de vivre pour Dieu : il peut me délivrer de tes mains. » Alors le président commanda de le lier et de l'attacher avec des clous par les mains et par les pieds : « Tu resteras ainsi, lui dit-il, jusqu'à ce que tu consentes à nous obéir. » Comme le visage du martyr était toujours joyeux, le président ordonna qu'on le torturât sur place et qu'on ne lui servît aucun aliment. Après cela, il se fit amener saint Prime, et lui dit : « Eh bien ! ton frère a consenti à obéir aux décrets des empereurs, en conséquence, il est vénéré comme un grand personnage dans un palais : fais donc comme lui. » « Quoique tu sois le fils du Diable, répondit Prime, tu as dit la vérité en un point, quand tu avançais que mon frère avait consenti à exécuter les ordres de l'empereur du ciel. » Aussitôt le président en colère lui fit brûler les côtés et verser du plomb fondu dans la bouche, sous les yeux de Félicien, afin que la terreur s'emparât de ce dernier : mais Prime but le plomb avec autant de plaisir que de l'eau fraîche. Le président irrité fit alors lâcher deux lions contre eux, mais ces animaux vinrent se jeter aussitôt à leurs pieds, et restèrent à côté d'eux comme des agneaux pleins de douceur. Il lâche encore deux ours cruels qui deviennent doux comme les lions. Il y avait plus de douze mille hommes qui assistaient à ce spectacle. Cinq cents d'entre eux crurent au Seigneur. Le président fit alors décapiter les deux martyrs et jeter leurs corps aux chiens et aux oiseaux de proie qui les laissèrent intacts. Les chrétiens leur donnèrent alors une honorable sépulture. Ils souffrirent vers l'an du Seigneur 287.

SAINT BARNABÉ, APOTRE

Barnabé veut dire fils de celui qui vient, ou bien fils de consolation, ou fils de prophète, ou fils qui enserre. Quatre fois il a le titre de fils pour quatre sortes de filiation. L'écriture donne ce nom de fils, en raison de la génération, de l'instruction, de l'imitation, et de l'adoption. Or, il fut régénéré par J.-C. dans le baptême, il fut instruit dans l'évangile, il imita le Seigneur par son martyre, et il en fut adopté par la récompense céleste. Voilà pour ce qui le regarde lui-même. Voici maintenant ce qui le concerne quant aux autres : il fut arrivant, consolant, prophétisant et enserrant. Il fut arrivant, parce qu'il alla prêcher partout : ceci est clair, puisqu'il fut le compagnon de saint Paul. Il consola les pauvres et les affligés, les premiers en leur portant des aumônes, les seconds en leur adressant des lettres de la part des apôtres : Il prophétisa puisqu'il fut illustre en annonçant les choses à venir ; il fut enserrant, c'est-à-dire qu'il réunit et rassembla dans la foi une multitude de personnes ; la preuve en est dans sa mission à Antioche. Ces quatre qualités sont indiquées dans le livre des Actes (11). *C'était un homme,* mais un homme de courage, ce qui a trait à la première qualité, *bon,* c'est pour la seconde, *plein du Saint-Esprit,* voilà pour la troisième, et *fidèle* ou *plein de foi,* ceci regarde la quatrième qualité. Jean le même que Marc son cousin compila son martyre. Il en est question principalement à partir de la vision de ce Jean, jusque vers la fin. On pense que Bède le traduisit du grec en latin *.

Saint Barnabé, lévite originaire de Chypre, l'un des 72 disciples du Seigneur, est souvent mentionné avec de grands éloges dans l'histoire des Actes. Il fut admirablement formé et disposé en ce qui le regardait per-

---

* Bède est ici cité à tort, on ne trouve dans le Vénérable rien de cette traduction.

sonnellement, par rapport à Dieu et par rapport au prochain.

I. Pour ce qui était de lui, il était bien organisé dans ses trois puissances, la rationnelle, la concupiscible et l'irascible; 1° sa puissance rationnelle était éclairée par la lumière de la connaissance : c'est pour cela qu'il est dit dans les Actes : « Il y avait, dans l'église qui était à Antioche, des prophètes et des docteurs, entre lesquels étaient Barnabé, Simon, etc. » (XIII); 2° sa puissance concupiscible était dégagée de la poussière des affections mondaines : car il est dit aux Actes (IV) que Joseph surnommé Barnabé vendit un fonds de terre qu'il possédait : il en apporta le prix et le mit aux pieds des apôtres : c'est ici que la glose ajoute : il donne une preuve qu'il faut se dépouiller de ce à quoi il évite de toucher, et il enseigne à fouler un or qu'il met aux pieds des apôtres ; 3° sa puissance irascible était appuyée sur une grande probité, soit qu'il entreprît avec ardeur des choses difficiles, soit qu'il mît de la persévérance dans des actes de courage, soit qu'il fût constant à soutenir l'adversité. Il entreprit avec ardeur des choses difficiles, cela est évident par ses travaux pour convertir cette immense cité d'Antioche, comme il est écrit au IXᵉ chapitre des Actes : en effet saint Paul, après sa conversion, voulut venir à Jérusalem et se joindre aux disciples ; et quand tout le monde le fuyait comme les agneaux font du loup, Barnabé fut assez audacieux pour le prendre et le mener aux apôtres. Il mit de la persévérance dans ses actes de courage, en macérant son corps et en le réduisant par les jeûnes : aussi est-il dit aux Actes (XIII)

de Barnabé et de quelques autres : « Pendant qu'ils
rendaient leur culte au Seigneur et qu'ils jeûnaient,
le Saint-Esprit leur dit : Séparez-moi Paul et Barnabé
pour l'œuvre à laquelle je les ai destinés. » Il fut constant à soutenir l'adversité d'après le témoignage que
lui en rendent les apôtres en disant (Actes, xv) : « Nous
avons jugé à propos de vous envoyer des personnes
choisies, avec nos très chers Barnabé et Paul, hommes
qui ont exposé leur vie pour le nom de N.-S. J.-C. »

II. Il fut bien formé par rapport à Dieu. Il déférait
à son autorité, comme aussi à sa majesté et à sa bonté.
1º Il déférait à l'autorité de Dieu, puisqu'il ne prit pas
de son chef la charge de la prédication, mais qu'il voulut la recevoir de l'autorité divine, comme il est rapporté aux Actes (xiii). Le Saint-Esprit dit : « Séparez-
moi Paul et Barnabé pour l'œuvre à laquelle je les ai
destinés. » 2º Il déférait à sa majesté. On lit en effet
au xive ch. des Actes que certaines personnes voulaient le traiter comme une majesté divine et lui immoler des victimes comme on fait à Dieu, en l'appelant
Jupiter, parce qu'il paraissait le plus recommandable,
et en donnant à Paul le nom de Mercure, en raison
de sa prudence et de son éloquence ; aussitôt Barnabé et Paul déchirèrent leurs vêtements et s'écrièrent :
« Mes amis, que voulez-vous faire ? Nous sommes des
hommes mortels comme vous, qui vous annonçons de
quitter ces vaines idoles, pour vous convertir au Dieu
vivant. » 3º Il déférait à la bonté de Dieu. En effet on
trouve dans les Actes (xv) que quelques-uns des Juifs
convertis voulaient rétrécir et diminuer la bonté de
la grâce de Dieu, bonté qui nous sauve gratuitement

indépendamment de la loi, avançant que la grâce sans la circoncision était tout à fait insuffisante ; Paul et Barnabé leur résistèrent avec force, en montrant que la bonté seule de Dieu suffisait sans les pratiques commandées par la loi : en outre ils portèrent la question au tribunal des apôtres dont ils obtinrent des lettres qui proscrivaient ces erreurs.

III. Il fut admirablement disposé par rapport au prochain, puisqu'il nourrit son troupeau par sa parole, par son exemple et par ses bienfaits. 1° Par sa parole, en évangélisant avec grand soin la parole de Dieu. En effet les Actes disent (xv) : « Paul et Barnabé demeurèrent à Antioche, où ils enseignaient et annonçaient avec plusieurs autres la parole du Seigneur. » Ce qui est évident encore par cette foule immense qu'il convertit à Antioche ; de sorte que ce fut là que les disciples commencèrent à être appelés chrétiens. 2° Par son exemple, puisque sa vie fut pour tous un miroir de sainteté et un modèle de religion. Dans toutes ses actions, en effet, il fut homme de cœur et religieux, intrépide, distingué par la douceur de ses mœurs, tout rempli de la grâce du Saint-Esprit et illustre en toutes sortes de vertus et en foi. Ces quatre qualités sont énumérées dans ces paroles des Actes (xv) : « Ils envoyèrent Barnabé à Antioche » ; et ailleurs (xi) : « Il les exhortait tous à demeurer dans le service du Seigneur avec un cœur ferme ; parce que c'était un homme bon, rempli de l'Esprit-Saint et de foi. » 3° Par ses bienfaits. Or, il y a deux sortes de bienfaits, deux aumônes, d'abord, la temporelle qui consiste à donner le nécessaire, ensuite la spirituelle qui consiste à par-

donner les injures. Barnabé pratiquait la première
quand il porta l'aumône aux frères qui étaient à Jérusalem, d'après le xı[e] ch. des Actes : « Une grande
famine, selon que l'avait prédit Agabus, étant survenue
sous le règne de Claude, les disciples résolurent d'envoyer, chacun selon son pouvoir, quelques aumônes
aux frères qui demeuraient en Judée. Ils le firent en
effet, les adressant aux anciens, par les mains de Barnabé et de Paul. » Il pratiquait la seconde, puisqu'il
pardonna l'injure que lui avait faite Jean surnommé
Marc. Comme ce disciple avait quitté Barnabé et Paul,
Barnabé ne laissa pas cependant que d'être indulgent
pour lui, quand il revint avec repentir, et de le reprendre pour disciple. Paul ne le voulut pas recevoir, de
là le sujet de leur séparation. En cela l'un et l'autre
agissaient par des motifs et des intentions louables.
Barnabé, en le reprenant, par douceur et miséricorde ;
Paul ne le reçut pas par amour de la droiture. C'est
pour cela que la glose dit à ce propos (Actes, xv) : « Jean
avait résisté en face, tout en se montrant trop timide,
alors Paul eut raison de l'éloigner de peur que la contagion du mauvais exemple de Jean ne corrompît la
vertu des autres. » Cette séparation ne se fit pas par
un emportement coupable, mais par l'inspiration du
Saint-Esprit qui les faisait s'éloigner afin qu'ils prêchassent à plus de monde ; et c'est ce qui arriva.

Car comme Barnabé était dans la ville d'Icone,
Jean, son cousin, dont on vient de parler, eut une
vision dans laquelle apparut un homme éclatant qui
lui dit : « Jean, aie de la constance, car bientôt ce
ne sera plus Jean, mais Elevé (excelsus) que tu seras

appelé. » Barnabé, informé de ce prodige par son cousin, lui dit : « Garde-toi bien de révéler à personne
ce que tu as vu ; car le Seigneur m'a apparu aussi
cette nuit en me disant : « Barnabé, aie de la cons-
« tance, car tu recevras les récompenses éternelles,
« pour avoir quitté ton pays, et avoir livré ta vie pour
« mon nom. » Lors donc que Paul et Barnabé eurent
prêché pendant longtemps à Antioche, un ange du
Seigneur apparut aussi à Paul et lui dit : « Hâte-toi
d'aller à Jérusalem, car quelqu'un des frères y attend
ton arrivée. » Or, Barnabé voulant aller en Chypre
pour y visiter ses parents, et Paul se hâtant d'aller à
Jérusalem, ils se séparèrent par l'inspiration du Saint-
Esprit. Alors Paul communiqua à Barnabé ce que
l'ange lui avait dit. Barnabé lui répondit : « Que la
volonté du Seigneur soit faite ; je vais aller en Chypre,
j'y finirai ma vie et je ne te verrai plus désormais. »
Et comme il se jetait humblement aux pieds de Paul
en pleurant, celui-ci, touché de compassion, lui dit :
« Ne pleurez pas ; puisque c'est la volonté du Seigneur ; il m'est aussi apparu cette nuit et m'a dit :
« N'empêche pas Barnabé d'aller en Chypre ; car il y
éclairera beaucoup de monde et il y consommera son
« martyre. » En allant donc en Chypre avec Jean, Bar-
« nabé porta avec lui l'Evangile de saint Mathieu ; il le
posait sur les malades, et il en guérit beaucoup par
la puissance de Dieu. Sortis de Chypre, ils trouvèrent Elymas, le magicien que saint Paul avait privé
de la vue pour un certain temps : il leur fit de l'op-
position et les empêcha d'entrer à Paphos. Un jour
Barnabé vit des hommes et des femmes nus qui cou-

raient ainsi pour célébrer leurs fêtes. Il en fut rempli
d'indignation ; il maudit le temple, et à l'instant il
s'en écroula une partie qui écrasa beaucoup d'infidèles.

Enfin il vint à Salamine : ce fut là que le magicien
Elymas, dont on vient de parler, excita contre lui
une grande sédition. Les Juifs se saisirent donc de
Barnabé qu'ils accablèrent de nombreuses injures ;
ils le traînèrent en toute hâte au juge de la ville pour
le faire punir.

Mais quand les Juifs apprirent qu'Eusèbe, personnage important et fort puissant, de la famille
de Néron, était arrivé à Salamine, ils craignirent
qu'il ne leur arrachât des mains le saint apôtre,
et ne le laissât aller en liberté : alors ils lui lièrent
une corde au cou, le traînèrent hors de la porte
de la ville où ils se hâtèrent de le brûler. Enfin ces
Juifs impies, n'étant pas encore rassasiés de cette
cruauté, renfermèrent ses os dans un vase de plomb,
pour les jeter dans la mer : mais Jean, son disciple,
avec deux autres chrétiens, se leva durant la nuit, les
prit et les ensevelit en secret dans une crypte où ils
restèrent cachés, au rapport de Sigebert, jusqu'au
temps de l'empereur Zénon et du pape Gélase, en
l'année 500, qu'ils furent découverts par une révélation du saint lui-même. Le bienheureux Dorothée dit
que Barnabé prêcha d'abord J.-C. à Rome, et fut
évêque de Milan.

SAINT VITUS ET SAINT MODESTE *

Vitus est ainsi nommé de *vie* : or, saint Augustin dans son livre de la *Cité de Dieu* ** distingue trois genres de vie, savoir une vie d'action, ce qui se rapporte à la vie active ; une vie de loisir, ce qui se rapporte au loisir spirituel de la vie contemplative, et une troisième, composée des deux autres. Et ces trois genres de vie résidèrent en saint Vitus. Ou bien Vitus vient de *vertu*, vertueux.

Modeste, qui se tient dans un milieu, savoir, le milieu de la vertu. Chaque vertu tient le milieu entre deux vices qui l'entourent comme deux extrêmes. Car la prudence a pour extrêmes la ruse et la sottise ; les extrêmes de la tempérance sont l'accomplissement des désirs de la chair et toute espèce d'affliction qu'on s'impose ; les extrêmes de la grandeur d'âme sont la pusillanimité et la témérité ; la justice a pour extrêmes la cruauté et l'indulgence.

Vitus, enfant distingué et fidèle, souffrit le martyre en Sicile, à l'âge de douze ans. Il était souvent frappé par son père pour mépriser les idoles et pour ne vouloir pas les adorer. Le président Valérien, informé de cela, fit venir l'enfant qu'il fit battre de verges, parce qu'il refusait de sacrifier aux idoles. Mais aussitôt les bras des bourreaux et la main du préfet se séchèrent. Et ce dernier s'écria : « Malheur à moi ! car j'ai perdu l'usage de ma main. » Vitus lui dit : « Que tes dieux viennent te guérir, s'ils le peuvent. » Valérien lui répondit : « Est-ce que tu ne le pourrais pas ? » « Je le puis, reprit Vitus, au nom de mon Seigneur. » Alors

* *Martyrologe* d'Adon.
** Lib. XIX, II, 19.

l'enfant se mit en prières et aussitôt le préfet fut
guéri. Et celui-ci dit au père : « Corrige ton enfant, de
peur qu'il ne périsse misérablement. » Alors le père
ramena son enfant chez soi, et s'efforça de changer
son cœur par la musique, par les jeux avec des jeunes
filles et par toutes sortes de plaisirs. Or, comme il
l'avait enfermé dans une chambre, il en sortit un parfum d'une odeur admirable qui embauma son père et
toute sa famille. Alors le père, regardant par la porte,
vit sept anges debout autour de l'enfant : « Les dieux,
dit-il, sont venus dans ma maison », aussitôt il fut
frappé de cécité Aux cris qu'il poussa, toute la ville
de Lucana fut en émoi, au point que Valérien accourut et demanda au père de Vitus quel malheur lui
était survenu. « J'ai vu, lui répondit-il, des dieux de
feu, et je n'ai pu supporter l'éclat de leur visage. »
Alors on le conduit au temple de Jupiter, et pour recouvrer la vue il promet un taureau avec des cornes
dorées : mais comme il n'obtenait rien, il pria son fils
de le guérir ; et par ses prières, il recouvra la vue. Or,
cette merveille elle-même ne lui ouvrait pas les yeux
à la foi, mais au contraire il pensait à tuer son fils ; un
ange du Seigneur apparut alors à Modeste, son précepteur, et lui ordonna de monter à bord d'un navire
pour conduire l'enfant dans un pays étranger. Il le fit ;
un aigle leur apportait là leur nourriture, et ils opéraient beaucoup de miracles. Sur ces entrefaites, le fils
de l'empereur Dioclétien est saisi par le démon qui
déclare ne point sortir si Vitus de Lucana ne vient. On
cherche Vitus, et quand on l'eut trouvé, on le mène à
l'empereur. Dioclétien lui dit : « Enfant, peux-tu gué-

ir mon fils ? » « Ce n'est pas moi, dit Vitus, mais le
Seigneur. » Alors il impose les mains sur le possédé
et à l'instant le démon s'enfuit. Et Dioclétien lui dit :
« Enfant, veille à tes intérêts et sacrifie aux dieux,
pour ne pas mourir de malemort. » Comme Vitus
refusait de le faire, il fut jeté en prison avec Modeste.
Les fers dont on les avait garrottés tombèrent et le
cachot fut éclairé par une immense lumière : cela fut
rapporté à l'empereur, qui fit sortir et jeter le saint
dans une fournaise ardente, mais il s'en retira intact.
Alors on lâche, pour le dévorer, un lion furieux, qui fut
adouci par la foi de l'enfant. Enfin on l'attacha sur le
chevalet avec Modeste et Crescence, sa nourrice, qui
l'avait constamment suivi. Mais soudain l'air se trouble, la terre tremble, les tonnerres grondent, les temples des idoles s'écroulent et écrasent beaucoup de
personnes ; l'empereur lui-même est effrayé ; il fuit en
se frappant avec les poings et dit : « Malheur à moi !
puisque je suis vaincu par un seul enfant. » Quant aux
martyrs, un ange les délia aussitôt, et ils se trouvèrent
sur les bords d'un fleuve, où après s'être arrêtés quelque temps et avoir prié, ils rendirent leur âme au Seigneur.

Leurs corps gardés par des aigles furent trouvés
par une illustre matrone nommée Florence à laquelle
saint Vitus en fit la révélation. Elle les prit et les ensevelit avec honneur. Ils souffrirent sous Dioclétien
qui commença à régner vers l'an du Seigneur 287.

SAINT CYR ET SAINTE JULITTE, SA MÈRE *

Cyr, ou Quirice, *querant* un arc ; il vient aussi de *chisil*, courage, et *cus*, noir, ce qui équivaut à courageux par vertu et noir
par humiliation. *Quiris* veut aussi dire hache ; *quirites*, siège ;
en effet Quirice fut un arc, c'est-à-dire courbé par humiliation,
il fut fort dans les tourments qu'il endura ; il fut noir par le
mépris de lui-même ; ce fut une hache dans son combat avec
l'ennemi : il fut le siège de Dieu parce que Dieu habitait en
lui car la grâce suppléa en lui à ce que l'âge lui déniait. Julitte vient de *juvans vita*, parce qu'elle vécut d'une vie spirituelle, et qu'ainsi elle fut utile à beaucoup de monde.

Quirice était fils de Julitte, très illustre matrone
d'Icone. La persécution qu'elle voulut éviter la força
à venir à Tarse en Cilicie, avec son fils, Quirice, âgé de
trois ans. Cependant on la fit comparaître portant son
enfant dans ses bras, devant le président Alexandre.
Deux de ses femmes qui virent cela s'enfuirent aussitôt
et l'abandonnèrent. Le président prit donc l'enfant
dans ses bras, et fit cruellement frapper à coups de
nerfs la mère qui ne voulut pas sacrifier aux idoles.
Or, l'enfant, en voyant frapper sa mère, pleurait amèrement et poussait des cris lamentables. Mais le président prenait le jeune Quirice tantôt entre ses bras,
tantôt sur ses genoux, le calmait par ses baisers et par
ses caresses, et l'enfant, les yeux tournés sur sa mère,
repoussait avec horreur les embrassements du juge,
détournait la tête avec indignation et lui déchirait le

* Philippe de Harvenq, abbé de Bonne-Espérance, a écrit la
passion de ces deux saints martyrs.

visage avec ses petits ongles; il semblait parler et dire comme sa mère : « Et moi aussi, je suis chrétien. » Enfin après s'être débattu longtemps, il mordit le président à l'épaule. Celui-ci indigné et tourmenté par la douleur jeta du haut en bas l'enfant sur les degrés du tribunal qui fut couvert de sa petite cervelle; alors Julitte, joyeuse de voir son fils la précéder au royaume du ciel, rendit des actions de grâces à Dieu. Elle fut ensuite condamnée à être écorchée, puis arrosée de poix bouillante et enfin à avoir la tête tranchée. On trouve cependant dans une légende que Quirice, ne se souciant pas des caresses ou des menaces du tyran, confessait qu'il était chrétien. A l'âge qu'il avait, ce petit enfant ne pouvait pas encore parler, mais c'était l'Esprit-Saint qui parlait en lui. Comme le président lui demandait qui l'avait instruit, il dit : « Président, j'admire ta sottise; tu vois combien je suis jeune, et tu demandes à un enfant de trois ans quel est celui qui lui a enseigné la sagesse divine ? » Pendant qu'on le frappait, il criait : « Je suis chrétien »; et à chaque cri, il recevait des forces pour supporter les tourments. Alors le président fit couper par morceaux la mère et l'enfant, et de peur que les chrétiens ne donnassent la sépulture à ces tronçons, il ordonna qu'on les jetât çà et là. Cependant un ange les recueillit et les chrétiens les ensevelirent pendant la nuit. Les corps de ces martyrs furent découverts, du temps de Constantin le Grand, par une des femmes de Julitte qui avait survécu à sa maîtresse; et tout le peuple les a en grande vénération. Ils souffrirent vers l'an du Seigneur 230, sous l'empereur Alexandre.

SAINTE MARINE, VIERGE

OU PLUTOT SAINTE MARIE, VIERGE[*]

Marie était fille unique. Son père, étant entré dans un monastère, changea sa fille d'habits afin qu'elle passât pour un homme et qu'on ne s'aperçût pas qu'elle fût une femme, ensuite il pria l'abbé et les frères de vouloir bien recevoir son fils unique. On se rendit à ses prières. Il fut reçu moine et appelé par tous frère Marin. Elle pratiqua la vie religieuse avec beaucoup de piété, et son obéissance était fort grande. Comme son père se sentait près de mourir, il appela sa fille (elle avait vingt-sept ans), et après l'avoir affermie dans sa résolution, il lui défendit de révéler jamais son sexe à personne. Marin allait donc souvent avec le chariot et les bœufs pour amener du bois au monastère. Il avait coutume de loger chez un homme dont la fille était enceinte du fait d'un soldat. Aux interrogations qu'on lui adressa, celle-ci répondit que c'était le moine Marin qui lui avait fait violence. Marin, interrogé comment il avait commis un si grand crime, avoua qu'il était coupable et demanda grâce. On le chassa aussitôt du monastère, où il resta trois ans à la porte en se sustentant d'une bouchée de pain. Peu de temps après, l'enfant sevré fut amené à l'abbé. On

---

[*] L'édition princeps met, et avec raison, sainte Marie, parce que c'était le nom qu'elle portait avant d'entrer dans le monastère ou son père la fit recevoir sous le nom de Marin. Cf. *Vies des pères du desert*, traduites par Arnaud d'Andilly.

le donna à élever à Marin, et il resta deux ans avec lui dans le même lieu. Marin acceptait ces épreuves avec la plus grande patience et en toutes choses il rendait grâces à Dieu. Enfin les frères, pleins de compassion pour son humilité et sa patience, le reçoivent dans le monastère, et le chargent des fonctions les plus viles : mais il s'acquittait de tout avec joie, et chaque chose était faite par lui avec patience et dévouement. Enfin après avoir passé sa vie dans les bonnes œuvres, il trépassa dans le Seigneur. Comme on lavait son corps et qu'on se disposait à l'ensevelir dans un endroit peu honorable, on remarqua que c'était réellement une femme. Tous furent stupéfaits et effrayés, et on avoua avoir manqué étrangement à l'égard de la servante de Dieu. Tout le monde accourt à un spectacle si extraordinaire, et on demande pardon de l'ignorance et du péché qu'on a commis. Son corps fut donc déposé dans l'église avec honneur. Quant à celle qui avait déshonoré la servante de Dieu, elle est saisie par le démon : alors elle confesse son crime et elle est délivrée au tombeau de la vierge. On vient de toutes parts à cette tombe et il s'y opère un grand nombre de miracles. Elle mourut le 14 des calendes de juillet (18 juin).

SAINT GERVAIS ET SAINT PROTAIS

Gervais (Gervasius) vient de *gèrar*, qui veut dire sacré et de *vas*, vase, ou bien de *gena*, étranger et *syor*, petit. Comme si l'on voulait dire qu'il fut sacré par le mérite de sa vie, vase parce qu'il contint toutes les vertus, étranger parce qu'il méprisa le monde et petit parce qu'il se méprisa lui-même.

Protais (Protasius) vient de *prothos*, premier et *syos*, Dieu ou divin ; ou bien de *pocul* et *stasis*, qui se tient loin. Comme si l'on voulait dire qu'il fut le premier par sa dignité, divin par son amour, et éloigné des affections du monde. Saint Ambroise trouva l'histoire de leur martyre dans un écrit placé auprès de leur tête.

Gervais et Protais, frères jumeaux, étaient les enfants de saint Vital et de la bienheureuse Valérie. Après avoir donné tous leurs biens aux pauvres, ils demeurèrent avec saint Nazaire, qui construisait un oratoire à Embrun, et un enfant appelé Celse lui apportait les pierres (c'est anticiper sur les faits de dire que saint Nazaire avait Celse à son service, car d'après l'histoire du premier, ce fut longtemps après que Celse lui fut offert). Or, comme on les conduisait tous ensemble à l'empereur Néron, le jeune Celse les suivait en poussant des cris lamentables : un des soldats ayant donné des soufflets à l'enfant, Nazaire lui en fit des reproches, mais les soldats irrités frappèrent Nazaire à coups de pied, l'enfermèrent en prison avec les autres et ensuite le précipitèrent dans la mer : ils menèrent à Milan Gervais et Protais. Quant à Nazaire, qui avait été sauvé miraculeusement, il vint aussi dans cette ville. Au même temps, survint Astase, général d'armée qui partait pour faire la guerre aux Marcomans. Les idolâtres allèrent à sa rencontre et lui assurèrent que les dieux se garderaient de rendre leurs oracles si Gervais et Protais ne leur offraient d'abord des sacrifices. On s'empare alors des deux frères et on les invite à sacrifier. Comme Gervais disait à Astase

que toutes les idoles étaient sourdes et muettes, et que
le Dieu tout-puissant était seul capable de lui faire
remporter la victoire, le comte le fit frapper avec des
fouets garnis de plomb jusqu'à ce qu'il eût rendu l'esprit. Ensuite il fit comparaître Protais et lui dit : « Misérable, songe à vivre et ne cours pas, comme ton frère,
à une mort violente. » Protais reprit : « Quel est ici
le misérable ? Est-ce moi qui ne te crains point, ou bien
toi qui donnes des preuves que tu me crains ? » Astase
lui dit : « Comment, misérable, ce serait moi qui te
craindrais, et comment ? » « Tu prouves que tu crains
quelque dommage de ma part, reprit Protais, si je ne
sacrifie pas à tes dieux, car si tu ne craignais aucun
préjudice, jamais tu ne me forcerais à sacrifier aux
idoles. » Alors le général le fit suspendre au chevalet.
« Je ne m'irrite pas contre toi, général, lui dit Protais ;
je sais que les yeux de ton cœur sont aveuglés ; bien
au contraire, j'ai pitié de toi, car tu ne sais ce que tu
fais. » Achève ce que tu as commencé, afin que la bé-
nignité du Sauveur daigne m'accueillir avec mon frère.
Astase ordonna alors de lui trancher la tête. Un serviteur de J.-C. nommé Philippe, avec son fils, s'empara
de leurs corps qu'il ensevelit en secret en sa maison,
sous une voûte de pierre ; et il plaça à leur tête un
écrit contenant le récit de leur naissance, de leur vie
et de leur martyre. Ce fut sous Néron qu'ils souffrirent,
vers l'an du Seigneur 57. Longtemps leurs corps restèrent cachés, mais ils furent découverts au temps de
saint Ambroise de la manière suivante : Saint Ambroise
était en oraison dans l'église des saints Nabor et Félix ;
il n'était ni tout à fait éveillé, ni entièrement endormi,

lorsque lui apparurent deux jeunes gens de la plus
grande beauté, couverts de vêtements blancs composés
d'une tunique et d'un manteau, chaussés de petites
bottines, et priant avec lui les mains étendues. Saint
Ambroise pria, afin que si c'était une illusion, elle ne
se reproduisît plus, mais que si c'était une réalité, il
eût une seconde révélation. Les jeunes gens lui apparurent de la même manière à l'heure du chant du coq,
et prièrent encore avec lui ; mais la troisième nuit, saint
Ambroise, étant tout éveillé (son corps était fatigué
par les jeûnes) fut saisi de voir apparaître une troisième personne qui lui semblait être saint Paul, d'a-
près les portraits qu'il en avait vus. Les deux jeunes
gens se turent et l'apôtre dit à saint Ambroise : « Voici
ceux qui, suivant mes avis, n'ont désiré rien des choses terrestres ; tu trouveras leurs corps dans le lieu où
tu es en ce moment ; à douze pieds de profondeur,
tu rencontreras une voûte recouverte de terre, et auprès de leur tête un petit volume contenant le récit de
leur naissance et de leur mort. » Saint Ambroise convoqua donc ses frères, les évêques voisins ; il se mit le
premier à creuser la terre, et trouva le tout comme
lui avait dit saint Paul ; et bien que plus de trois cents
ans se fussent écoulés, les corps des saints furent découverts dans le même état que s'ils venaient d'être
ensevelis à l'heure même. Une odeur merveilleuse et
extraordinairement suave émanait du tombeau.

Or, un aveugle, en touchant le cercueil des saints
martyrs, recouvra la vue, et beaucoup d'autres furent
guéris par leurs mérites. On célébrait cette solénnité
en l'honneur des saints Martyrs quand fut rétablie la

paix entre les Lombards et l'empire romain. Et c'est
pour cela que le pape saint Grégoire institua de chanter pour introït de la messe ces paroles : *Loquetur Dominus pacem in plebem suam* *. En outre les différentes parties de l'office en l'honneur de ces saints se
rapportent tantôt à eux, tantôt aux événements qui
survinrent à cette époque. Saint Augustin raconte, au
XX° livre de la *Cité de Dieu*, qu'un aveugle recouvra
à Milan l'usage de la vue auprès des corps des saints
martyrs Gervais et Protais, et cela en sa présence,
devant l'empereur et une grande foule de peuple.
Est-ce l'aveugle dont il a été question plus haut, est-ce
un autre, on l'ignore. Le même saint raconte encore,
dans le même ouvrage, qu'un jeune homme lavant un
cheval dans une rivière près de la villa Victorienne,
distante de trente milles d'Hippone, aussitôt le diable
le tourmenta et le renversa comme mort dans le
fleuve. Or, pendant qu'on chantait les vêpres dans l'é-
glise dédiée sous l'invocation des saints Gervais et
Protais, église qui était près du fleuve, ce jeune homme,
comme frappé par l'éclat des voix qui chantaient, entra dans un grand état d'agitation en l'église où il
saisit l'autel, sans pouvoir s'en éloigner ; en sorte qu'il
paraissait y avoir été lié. Quand on fit des exorcismes
pour faire sortir le démon, celui-ci menaça de lui couper les membres, en s'en allant. Après l'exorcisme le
démon sortit, mais l'œil du jeune homme restait suspendu par un petit vaisseau sur la joue. On le remit

---

* Ce sont encore les paroles du Missel Romain à l'introït de
la messe de ces saints.

comme on put en sa place, et peu de jours après l'œil fut guéri par les mérites de saint Gervais et de saint Protais. Saint Ambroise s'exprime ainsi dans la Préface de ces saints : « Voici ceux qui, envolés sous le drapeau du ciel, ont pris les armes victorieuses dont parle l'apôtre : dégagés des liens qui les attachaient au monde, ils vainquirent l'infernal ennemi avec ses vices, pour suivre libres et tranquilles le Seigneur J.-C. Oh ! les heureux frères, qui en s'attachant à la pratique des paroles sacrées, ne purent être souillés par aucune contagion ! Oh! le glorieux motif pour lequel ils combattirent, ceux que le même sein maternel a mis au monde, reçoivent tous les deux une couronne semblable. »

LA NATIVITÉ DE SAINT JEAN-BAPTISTE

Saint Jean-Baptiste a beaucoup de noms : en effet il est appelé prophète, ami de l'époux, lumière, ange, voix, Hélie, Baptiste du Sauveur, héraut du juge et précurseur du roi. Le nom de prophète indique le privilège des connaissances; celui d'ami de l'époux, le privilège de l'amour; celui de lumière ardente, le privilège de la sainteté; celui d'ange, le privilège de la virginité ; celui de voix, le privilège de l'humilité; celui d'Elie, le privilège de la ferveur; celui de Baptiste, le privilège d'un honneur merveilleux; celui de héraut, le privilège de la prédication ; celui de précurseur, le privilège de la préparation.

La naissance de saint Jean-Baptiste fut ainsi annon-

cée par l'archange. « Le roi David, d'après l'*Histoire
scholastique* *, voulant donner plus d'extension au
culte de Dieu, institua vingt-quatre grands prêtres,
dont un seul supérieur aux autres était appelé le Prince
des Prêtres. Il en établit seize de la lignée d'Eléazar et
huit de celle d'Ithamar, et il donna par le sort à chacun une semaine à son tour ; or, à Abias échut la huitième semaine, et Zacharie fut de sa race. » Zacharie
et sa femme étaient vieux et sans enfants. Zacharie
étant donc entré dans le temple pour offrir de l'encens, et une multitude de peuple l'attendant à la porte,
l'archange Gabriel lui apparut. Zacharie éprouva un
mouvement de crainte à sa vue ; mais l'ange lui dit :
« Ne crains pas, Zacharie, parce que ta prière a été
exaucée. » C'est le propre des bons anges, selon ce
que dit la glose, de consoler à l'instant par une béni-
gne exhortation ceux qui s'effraient en les voyant ; au
contraire, les mauvais anges, qui se transforment en
anges de lumière, dès lors qu'ils s'aperçoivent que
ceux auxquels ils s'adressent sont effrayés de leur
présence, augmentent encore l'horreur dont ils les ont
saisis. Gabriel annonce donc à Zacharie qu'il aura un
fils dont le nom serait Jean, qui ne boirait ni vin, ni
rien de ce qui peut enivrer, et qu'il marcherait devant
le Seigneur dans l'esprit et la vertu d'Elie. Jean est
appelé Elie en raison du lieu que tous les deux habi-
tèrent, savoir, le désert, en raison de leur habillement
extérieur, qui était grossier chez l'un comme chez l'autre, en raison de leur nourriture qui était modique ;

* *Hist. Evang*, c 1.

en raison de leur ministère, parce que tous deux sont précurseurs ; Elie du juge, Jean du Sauveur, en raison de leur zèle, car les paroles de l'un et de l'autre brûlaient comme un flambeau ardent. Or, Zacharie, en considération de sa vieillesse et de la stérilité de sa femme, se prit à douter et d'après la coutume des Juifs, il demanda un signe à l'ange : alors l'ange, frappa de mutisme Zacharie qui n'avait pas voulu ajouter foi à ses paroles.

Souvent le doute existe et s'excuse par la grandeur des choses promises, comme on le voit dans Abraham. En effet quand Dieu lui eut promis que sa race posséderait la terre de Chanaan, Abraham lui dit : « Seigneur mon Dieu comment puis-je savoir que je la posséderai ? » Dieu lui répondit (Gen., xv) : « Prenez une vache de trois ans, etc. » Quelquefois on conçoit un doute en considération de sa propre fragilité, comme cela eut lieu dans Gédéon qui dit : « Comment, je vous en prie, mon Seigneur, délivrerai-je Israël ? Vous savez que ma famille est la dernière de Manassé et que je suis le dernier dans la maison de mon père. » A la suite de cela, il demanda un signe et il le reçut. Quelquefois le doute est excusé par l'impossibilité naturelle de l'événement ; cela s'est vu dans Sara. En effet quand le Seigneur eut dit : « Je vous reviendrai voir, et Sara aura un fils », Sara se mit à rire derrière la porte, en disant : « Après que je suis devenue vieille et que mon seigneur est vieux aussi, serait-il bien vrai que je pusse avoir un enfant ? » Zacharie aurait donc été frappé seul d'un châtiment pour avoir douté, quand se trou-

vaient rencontrées et la grandeur de la chose promise,
et la considération de sa fragilité propre par laquelle
il se réputait indigne d'avoir un fils, et de plus l'impossibilité naturelle. Ce fut pour plus d'un motif
qu'il en arriva ainsi. 1°. D'après Bède il parla comme
un incrédule ; c'est pour cela qu'il est condamné
à être muet, afin qu'en se taisant il apprît à croire.
2° Il devint muet, afin que, dans la naissance de
son fils, apparût un grand miracle : car quand, à
la naissance de saint Jean, son père recouvra la parole, ce fut miracle sur miracle. 3° Il était convenable
qu'il perdît la voix, quand la voix naissait et venait
faire taire la loi. 4° Parce qu'il avait demandé un
signe au Seigneur et qu'il reçut comme signe d'être
privé de la parole. Car, quand Zacharie sortit du
temple et que le peuple se fut aperçu de son état de
mutisme, on découvrit par ses gestes qu'il avait eu
une vision dans le temple. Or, sa semaine étant achevée, il alla à sa maison et Elisabeth conçut ; et elle se
cacha pendant cinq mois, parce que, selon ce que dit
saint Ambroise, elle rougissait de mettre un enfant
au monde à son âge ; c'était en effet passer pour avoir
usé du mariage dans sa vieillesse ; et cependant elle
était heureuse d'être délivrée de l'opprobre de la stérilité, puisque c'était pour les femmes un opprobre de
ne pas avoir de fruit de leur union : Voilà pourquoi les
noces sont des jours de fêtes et l'acte du mariage excusé. Or, six mois après, la Sainte Vierge, qui déjà
avait conçu le Seigneur, vint, en qualité de vierge
féconde, féliciter sa cousine de ce que sa stérilité
avait été levée, et aider à sa vieillesse. Après qu'elle

eut salué Elisabeth, le bienheureux Jean, rempli dès
lors du Saint-Esprit, sentit le Fils de Dieu venir à lui
et de joie il tressaillit dans le sein de sa mère, trépi-
gna et salua par ce mouvement celui qu'il ne pouvait
saluer de sa parole : car il tressaillit, comme transporté, devant l'auteur du salut, et comme pour se
lever devant son Seigneur. La Sainte Vierge demeura
donc avec sa cousine pendant trois mois, elle la servait : ce fut elle qui de ses saintes mains reçut l'enfant
venant au monde, d'après le témoignage de l'*Histoire
scholastique* *, et qui remplit avec les plus grands
soins l'office de garder l'enfant.

Ce Précurseur du Seigneur fut ennobli spécialement et singulièrement par neuf privilèges : Il est annoncé par le même ange qui annonça le Sauveur; il
tressaillit dans le sein de sa mère; c'est la mère du
Seigneur qui le reçoit en venant au monde ; il délie
la langue de son père; c'est le premier qui confère un
baptême; il montre le Christ du doigt; il baptise le
même J.-C. ; c'est lui que le Christ loue plus que
tous les autres; il annonce la venue prochaine de J.-C.
à ceux qui sont dans les limbes. C'est pour ces neuf
privilèges qu'il est appelé par le Seigneur prophète et
plus que prophète. Sur ce qu'il est appelé plus que
prophète, saint Jean Chrysostome s'exprime ainsi :
« Un Prophète est celui qui reçoit de Dieu l'avantage
de prophétiser, mais est-ce que le prophète donne à
Dieu le bienfait du baptême ? Un prophète a pour
mission de prédire les choses de Dieu, mais où trou-

---

* *Hist. Evang.*, c II.

ver un prophète dont Dieu lui-même prophétise ?
Tous les prophètes avaient prophétisé de J.-C. au lieu
que Jean ne prophétisa pas seulement de J.-C., mais
les autres prophètes prophétisèrent de lui : tous ont
été les porteurs de la parole, mais lui, c'est la voix
elle-même. Autant la voix approche de la parole, sans
cependant être la parole, autant Jean approche de
J.-C. sans cependant être J.-C. » D'après saint Ambroise, la gloire de saint Jean se tire de cinq causes,
savoir de ses parents, de ses mœurs, de ses miracles,
des dons qu'il a reçus et de sa prédication. D'après
le même Père, la gloire qu'il reçoit de ses parents est
manifeste par cinq caractères : Voici ce que dit saint
Ambroise : « L'éloge est parfait, quand il comprend,
comme dans saint Jean, une naissance distinguée,
une conduite intègre, un ministère sacerdotal, l'obéissance à la loi, et la preuve d'œuvres pleines de justice. » 2° Les miracles : Il y en eut avant sa conception, comme l'annonciation de l'ange, la désignation
de son nom, et la perte de la parole dans son père :
il y en eut dans sa conception, celle-ci fut surnaturelle ; sa sanctification dès le sein de sa mère, et le
don de prophétie dont il fut rempli. Il y en eut dès
sa naissance, savoir : le don de prophétie accordé à
son père, et à sa mère, puisque sa mère sut son nom,
et que le père prononça un cantique : la langue du
père déliée ; le Saint-Esprit qui le remplit. Sur ces
paroles de l'Evangile : « Zacharie son père fut rempli
du Saint-Esprit », saint Ambroise s'exprime ainsi :
« Regardez Jean : Quelle puissance dans son nom ! Ce
nom rend la parole à un muet, le dévouement à un

père ; au peuple un prêtre. Tout à l'heure, cette langue
était muette, ce père était stérile, ce prêtre était sans
fonctions ; mais aussitôt que Jean est né, à l'instant
le père est prophète, ce pontife recouvre l'usage de la
parole, son affection peut s'épancher sur son fils, le
prêtre est reconnu par les fonctions qu'il remplit. »
3° Les mœurs. Sa vie fut d'une sainteté éminente.
Voici comme en parle saint Chrysostome : « A côté
de la vie de saint Jean, toutes les autres paraissent
coupables : car de même que quand vous voyez un
vêtement blanc, vous dites : ce vêtement est assez
blanc, mais si vous le mettez à côté de la neige, il
commence à vous paraître pâle, quoique vraiment il
n'en soit pas ainsi, de même à comparaison de saint
Jean, quelque homme que ce fût paraissait immonde. »
    Il reçut trois témoignages de sa sainteté. Le pre-
mier fut rendu par ceux qui sont au-dessus du ciel,
c'est-à-dire par la Trinité elle-même. 1° Par le Père
qui l'appelle Ange. Malachie dit (iii) : « Voilà que j'envoie mon ange qui préparera ma voie devant ma
face. » Ange est un nom qui désigne le ministère, mais
qui n'explique pas la nature de l'ange. Or, si saint Jean
est appelé ange, c'est pour marquer le ministère qu'il
a rempli, parce qu'il paraît avoir exercé le ministère
de tous les anges. Il remplit celui des Séraphins : car
séraphin veut dire ardent, parce qu'ils nous rendent
ardents et qu'ils brûlent plus que d'autres d'amour
pour Dieu ; c'est pourquoi il est dit de Jean : « Elie
s'est élevé comme un feu, et ses paroles brûlaient
comme un flambeau ardent » (Ecclés., xlviii), « car il
est venu avec l'esprit et la vertu d'Elie. » 2° Il remplit le

ministère des Chérubins, car chérubins veut dire plénitude de science : or, Jean est appelé Lucifer ou étoile
du matin, parce qu'il fut le terme de la nuit de l'ignorance, et le commencement de la lumière de la grâce.
3° Il remplit le ministère des Thrônes qui ont pour
mission de juger, et il est dit de Jean qu'il reprenait
Hérode en disant : « Il ne vous est pas permis d'avoir
pour femme celle de votre frère. » 4° Il remplit le
ministère des Dominations qui nous enseignent à gouverner ceux qui nous sont sujets ; or, Jean était aimé
de ses inférieurs, et les rois le craignaient. 5° Il remplit l'office des Principautés qui nous apprennent à
respecter nos supérieurs et Jean disait en parlant de
lui-même : « Celui qui tire son origine de la terre est
de la terre, et ses paroles tiennent de la terre » ; et en
parlant de J.-C , il ajoute : « celui qui est venu du ciel
est au-dessus de tous. » Il dit encore : « Je ne suis
pas digne de délier les cordons de sa chaussure. »
6° Il remplit l'office des Puissances qui sont chargées
d'éloigner les puissances de l'air et du vice, lesquelles
ne purent jamais nuire à sa sainteté. Il les repoussait
aussi loin de nous, lorsqu'il nous disposait au baptême de la pénitence. 7° Il remplit l'office des Vertus
par lesquelles s'opèrent les miracles : or, saint Jean
montra en sa personne de grandes merveilles, comme
manger du miel sauvage et des sauterelles, se couvrir
de peau de chameau, et autres semblables. 8° Il remplit l'office des Archanges, en révélant des mystères
auxquels on ne savait atteindre, comme, par exemple,
ce qui regarde notre rédemption lorsqu'il disait :
« Voici l'Agneau de Dieu, voici celui qui ôte les péchés

du monde. » 9° Il remplit l'office des Anges : quand
il annonçait des choses moins relevées, comme celles
qui ont trait aux mœurs ; par exemple : « Faites pénitence » ; ou bien : « N'usez point de violence ni de fraude
envers personne (Luc, iii). » Le second témoignage
lui fut rendu par le Fils, comme on lit dans saint Mathieu (ii), où J.-C. le recommande souvent d'une manière étonnante, comme quand il dit entre autres choses : « Parmi les enfants des hommes, il n'y en a pas
de plus grand que Jean-Baptiste. » « Ces paroles, dit
saint Pierre Damien, renferment l'éloge de saint Jean,
proférées qu'elles sont par celui qui a posé les fondements de la terre, qui fait mouvoir les astres et qui a
créé tous les éléments. » Le troisième témoignage lui
fut rendu par le Saint-Esprit, lorsqu'il dit par la bouche de son père Zacharie : « Et toi, enfant, tu seras
appelé le prophète du Très Haut. » — Le second témoignage de sainteté lui fut rendu par les anges et
les esprits célestes. Au premier chapitre de saint Luc,
l'ange témoigne pour lui une grande considération
quand il montre : 1° sa dignité par rapport à Dieu :
« Il sera, dit-il, grand devant le Seigneur. » 2° Sa
sainteté propre, lorsqu'il ajoute : « Il ne boira pas de
vin ni de liqueur enivrante, et il sera rempli de l'Esprit-Saint dès le ventre de sa mère. » 3° Les grands
services qu'il rendra au prochain : « Et il convertira
beaucoup des enfants d'Israël. » Le troisième témoignage de sainteté lui fut rendu par ceux qui sont au-
dessous du ciel, c'est-à-dire, les hommes, témoin son
père, ses voisins, et ceux qui disaient : « Que pensez-
vous que sera cet enfant ? »

Quatrièmement, la glose de saint Jean se tire des dons qu'il a reçus dans le sein de sa mère, à sa naissance, dans sa vie et à sa mort. Dans le sein de sa mère, il fut avantagé de trois dons admirables de la grâce : 1° De la grâce par laquelle il fut sanctifié dès ce moment ; puisqu'il fut saint avant que d'être né, selon ces paroles de Jérémie (1) : « Je vous ai connu avant que je vous eusse formé dans les entrailles de votre mère. » 2° De la grâce d'être prophète, quand, par son tressaillement dans le sein d'Elisabeth, il connut que Dieu était devant lui. C'est pour cela que saint Chrysostome, qui veut montrer que Jean-Baptiste a été plus que prophète, dit : « Un prophète mérite par la sainteté de sa vie et de sa foi de recevoir une prophétie ; mais est-ce que c'est l'ordinaire d'être prophète avant d'être homme ? » C'était une coutume d'oindre les prophètes ; et ce fut quand la Sainte Vierge salua Élisabeth que J.-C. sacra en qualité de prophète Jean dans les entrailles de sa mère, selon ces paroles de saint Chrysostome : « J.-C. fit saluer Elisabeth par Marie afin que sa parole sortie du sein de sa mère, séjour du Seigneur, et reçue par l'ouïe d'Elisabeth, descendît à Jean qui ainsi serait sacré prophète. » 3° Il fut avantagé de la grâce par laquelle il mérita pour sa mère de recevoir l'esprit de prophétie. Et saint Chrysostome, qui voulait montrer que saint Jean fut plus qu'un prophète, dit : « Quel est celui des prophètes, qui tout prophète qu'il fût, ait pu faire un prophète ? » Hélie sacra bien Elisée comme prophète, mais il ne lui conféra pas la grâce de prophétiser. Jean cependant n'étant encore que dans le sein de sa mère

donna à sa mère la science de pénétrer dans les secrets
de Dieu ; il lui ouvrit la bouche et elle confessa recon-
naître la dignité de celui dont elle ne voyait pas la
personne, quand elle dit : « D'où me vient ce bonheur
que la mère de mon Seigneur me vienne visiter ? » Il
reçut trois sortes de grâces, au moment de sa naissance : elle fut miraculeuse, sainte et accompagnée
de joie. En tant que miraculeuse, le défaut d'impuis-
sance est levé ; en tant que sainte, disparaît la peine
de la coulpe ; en tant que accompagnée de joie, elle
fut exempte des pleurs de la misère. Selon M⁰ Guillaume d'Auxerre, trois motifs font célébrer la naissance de saint Jean : 1° sa sanctification dans le sein
de sa mère ; 2° la dignité de son ministère, puisque
ce fut comme une étoile du matin qui nous annonça
la première les joies éternelles ; 3° la joie qui l'accompagna : car l'ange avait dit : « Il y en aura beaucoup
qui se réjouiront lors de sa naissance. » C'est donc
pour cela qu'il est juste que nous nous réjouissions
pareillement en ce jour. Dans le cours de sa vie, il
reçut de même grand nombre de faveurs : et la preuve
qu'elles furent des plus grandes et de différentes sortes, c'est qu'il réunit toutes les perfections. En effet
il fut prophète quand il dit : « Celui qui doit venir
après moi est plus grand que moi. » Il fut plus que
prophète quand il montra le Christ du doigt ; il fut
apôtre, car il fut envoyé de Dieu ; apôtre et prophète
c'est tout un. Aussi il est dit de lui : « Il y eut un
homme envoyé de Dieu qui se nommait Jean. » Il
fut martyr, parce qu'il souffrit la mort pour la justice ;
il fut confesseur, parce qu'il confessa et ne nia pas ;

il fut vierge, et c'est en raison de sa virginité qu'il est
appelé ange dans Malachie (ii) : « Voici que j'envoie
mon ange. » En sortant du monde il reçut trois faveurs : d'abord il fut un martyr invaincu. Il acquit
alors la palme du martyre ; il fut envoyé comme un
messager précieux, car il apporta à ceux qui étaient
dans les limbes une nouvelle précieuse, la venue de
J.-C. et leur rédemption ; sa fin glorieuse est honorée
par tous ceux qui étaient descendus dans les limbes
et c'est l'objet spécial d'une glorieuse solennité dans
l'Église.

Cinquièmement, la gloire de saint Jean se tire de sa
prédication. L'ange en expose quatre motifs quand il
dit : « Il convertira plusieurs des enfants d'Israël au
Seigneur leur Dieu ; et il marchera devant lui dans
l'esprit et la vertu d'Elie, pour réunir les cœurs des
pères avec leurs enfants, pour rappeler les incrédules
à la prudence des justes, et pour préparer au Seigneur
un peuple parfait. » Il touche quatre points, savoir le
fruit, l'ordre, la vertu et la fin, d'après le texte lui-
même. La prédication de saint Jean fut triplement
recommandable. Elle fut en effet fervente, efficace et
prudente. C'est la ferveur qui lui faisait dire : « Race
de vipères, qui vous a avertis de fuir la colère à venir ? Faites donc de dignes fruits de pénitence. »
(Luc, iii.) Or, cette ferveur était enflammée par la charité, parce qu'il était une lumière ardente ; et c'est lui
qui dit en la personne d'Isaïe (xlix) : « Il a rendu
ma bouche comme une épée perçante. » Cette ferveur
tirait son origine de la vérité, car il était une lampe
ardente. C'est à ce propos qu'il est dit dans saint Jean

(v) : « Vous avez envoyé à Jean ; et il a rendu témoignage à la vérité. » Cette ferveur était dirigée par le discernement ou la science : voilà pourquoi en parlant à la foule, aux publicains et aux soldats, il enseignait la loi, selon l'état de chacun. Cette ferveur était ferme et constante, puisque sa prédication le mena à perdre la vie. Telles sont les quatre qualités du zèle, d'après saint Bernard : « Que votre zèle, dit-il, soit enflammé par la charité, formé par la vérité, régi par la science et affermi par la constance. » 2° Il prêcha avec efficace, puisque beaucoup se convertirent à ses prédications. Il prêcha en parole et ne varia jamais dans son enseignement. Il prêcha par l'exemple, car sa vie fut sainte ; il prêcha et convertit par ses mérites et ses prières ferventes. 3° Il prêcha avec prudence ; et la prudence de sa prédication consista en trois points : 1° en ce qu'il usa de menaces afin d'effrayer les méchants ; c'est alors qu'il disait : « Déjà la cognée est à la racine de l'arbre. » ; 2° en usant de promesses, pour gagner les bons, quand il dit : « Faites pénitence : car le royaume des cieux approche » ; 3° en usant de tempéraments pour attirer peu à peu les faibles à la perfection. Aussi à la foule et aux soldats, il imposait de légères obligations afin qu'ensuite il les amenât à s'en imposer de plus sérieuses ; à la foule, il conseillait les œuvres de miséricorde ; aux publicains, il recommandait de ne pas désirer le bien d'autrui ; aux soldats de n'user de violence envers personne, de ne pas calomnier et de se contenter de leur paie.

Saint Jean l'Evangéliste mourut à pareil jour ; mais

l'Eglise célèbre sa fête trois jours après la naissance
de J.-C. parce qu'alors eut lieu la dédicace de son
église, et la solennité de la naissance de saint Jean-
Baptiste conserva sa place par la raison qu'elle fut
déclarée un jour de joie par l'ange. Il ne faut pourtant pas prétendre que l'Evangéliste ait fait place au
Baptiste, comme l'inférieur au supérieur ; car il ne
convient pas de discuter quel est le plus grand des
deux : et ceci fut divinement prouvé par un exemple.
On lit qu'il y avait deux docteurs en théologie dont
l'un préférait saint Jean-Baptiste et l'autre saint Jean
l'évangéliste. On fixa donc un jour pour une discussion solennelle. Chacun n'avait d'autre soin que de
trouver des autorités et des raisons puissantes en faveur du saint qu'il jugeait supérieur. Or, le jour de la
dispute étant proche, chacun des saints apparut à son
champion et lui dit : « Nous sommes bien d'accord
dans le ciel, ne dispute pas à notre sujet sur la terre. »
Alors ils se communiquèrent chacun sa vision, en
firent part à tout le peuple et bénirent Dieu. — Paul,
qui a écrit l'*Histoire des Lombards*, diacre de l'Eglise
de Rome et moine du mont Cassin, devait une fois
faire la consécration du cierge, mais il fut pris d'un
enrouement qui l'empêcha de chanter ; afin de recouvrer sa voix qui était fort belle, il composa en l'honneur de saint Jean-Baptiste l'hymne *Ut queant laxis
resonare fibris mira gestorum famuli tuorum*, au commencement de laquelle il demande que sa voix lui soit
rendue comme elle l'avait été à Zacharie. En ce jour
quelques personnes ramassent de tous côtés les os d'a-
nimaux morts pour les brûler : il y en a deux raisons,

rapportées par Jean Beleth * : la première vient d'une ancienne pratique : il y a certains animaux appelés dragons, qui volent dans l'air, nagent dans les eaux et courent sur la terre. Quelquefois quand ils sont dans les airs, ils incitent à la luxure en jetant du sperme dans les puits et les rivières ; il y avait alors dans l'année grande mortalité. Afin de se préserver, on inventa un remède qui fut de faire des os des animaux un feu dont la fumée mettait ces monstres en fuite ; et parce que c'était, dans le temps, une coutume générale, elle s'observe encore en certains lieux. La seconde raison est pour rappeler que les os de saint Jean furent brûlés à Sébaste par les infidèles. On porte aussi des torches brûlantes, parce que saint Jean fut une torche brûlante et ardente ; on fait aussi tourner une roue parce que le soleil à cette époque commence à prendre son déclin, pour rappeler le témoignage que Jean rendit à J.-C. quand il dit : « Il faut qu'il croisse, et moi que je diminue. » Cette parole est encore vérifiée, selon saint Augustin, à leur nativité et à leur mort : car à la nativité de saint Jean-Baptiste les jours commencent à décroître, et à la Nativité de J.-C. ils commencent à croître, d'après ce vers : *Solstitium decimo Christum præit atque Joannem* **. Il en fut ainsi à leur mort. Le corps de J.-C. fut élevé sur la croix et celui de saint Jean fut privé de son chef.

Paul rapporte dans l'*Histoire des Lombards* que Ro-

---

* Cap. cxxvii.*

** Dix jours avant le solstice, arrivent la Nativité du Sauveur et celle de saint Jean.

charith, roi des Lombards, fut enseveli avec beaucoup
d'ornements précieux auprès d'une église de saint
Jean-Baptiste. Or, quelqu'un poussé par la cupidité,
ouvrit de nuit le tombeau et emporta tout. Saint Jean
apparut au voleur et lui dit : « Quelle a été ton audace de toucher à un dépôt qui m'était confié ? tu ne
pourras plus désormais entrer dans mon église. » Et
il en fut ainsi ; car chaque fois que le larron voulait
entrer en cette église, il était frappé à la gorge comme
par un vigoureux athlète et il était jeté aussitôt à la
renverse *.

SAINT JEAN ET SAINT PAUL **

Jean et Paul furent primiciers et prévôts de Constance, fille de l'empereur Constantin. Or, en ce temps-
là, les Scythes occupaient la Dacie et la Thrace et on
devait envoyer contre eux Gallican, général de l'armée
romaine. Pour récompense de ses travaux, il demandait qu'on lui donnât en mariage Constance, fille de
Constantin ; faveur que les principaux Romains sol-
licitaient vivement aussi pour lui. Mais le père en était
fort contristé, car il savait que sa fille, après avoir été
guérie par sainte Agnès, avait fait vœu de virginité ;
et elle aurait été plutôt disposée à se laisser tuer qu'à

---

* Ce fait est aussi rapporté par Gezo, abbé de Dertone,
en 984, dans son livre du *Corps et du sang de J.-C.*, ch. LXVII.
** L'office du bréviaire est compilé d'après les actes de ces
saints rapportés ici. — *Martyrologes.*

donner son consentement. Cependant cette vierge eut
confiance en Dieu et conseilla à son père de la promettre à Gallican, s'il revenait vainqueur. Toutefois
elle voulait garder auprès de soi deux filles que Gallican avait eues d'une première épouse qui était morte,
afin de pouvoir connaître par ces filles la conduite et
les désirs de leur père : en même temps elle lui donnerait ses deux prévôts, Jean et Paul, dans l'espérance
d'établir entre eux une plus étroite union ; elle priait
Dieu pour qu'il daignât convertir Gallican et ses filles.
Quand tout fut arrangé au gré de chacun, Gallican
prit Jean et Paul auprès de soi et partit avec une armée nombreuse ; mais ses troupes furent mises en dé-
route par les Scythes et lui-même fut assiégé par les
ennemis dans une ville de Thrace. Alors Jean et Paul
vinrent le trouver et lui dirent : « Fais un vœu au Dieu
du ciel et tu auras le bonheur de vaincre. » Quand il
l'eut fait, apparut aussitôt un jeune homme portant
une croix sur l'épaule, et lui disant : « Prends ton
épée et suis-moi. » Il la prend, se rue au milieu du
camp ennemi, arrive jusqu'au roi, et le tue ; la peur
seule lui fait soumettre toute l'armée : il rend les ennemis tributaires des Romains. Deux soldats revêtus
de leurs armes lui apparurent et le protégeaient de
droite et de gauche. Ayant été fait chrétien, Gallican
revint à Rome où il fut reçu avec de grands honneurs.
Il pria Auguste de l'excuser s'il n'épousait pas sa fille,
parce que son dessein était de vivre désormais dans
la continence en l'honneur de J.-C. Cela plut singulièrement à l'empereur : et les deux filles de Gallican ayant
été converties à J.-C. par la vierge Constance, Galli-

can lui-même se démit de son commandement, donna
tous ses biens aux pauvres et servit J.-C. dans la pauvreté avec d'autres serviteurs de Dieu. Il faisait un
grand nombre de miracles ; à sa vue seulement, les
démons s'enfuyaient des corps des obsédés. Sa réputation de sainteté était tellement établie dans l'univers
qu'on venait de l'orient et de l'occident pour voir un
homme, de patrice devenu consul, laver les pieds des
pauvres, dresser leurs tables, leur verser de l'eau sur
les mains, servir les malades avec sollicitude et remplir
toutes les fonctions d'un pieux serviteur. A la mort de
Constantin, Constance, fils de Constantin le Grand, infecté de l'hérésie d'Arius, prit en mains les rênes de
l'empire ; mais Constance, frère de Constantin, laissait
deux fils, Gallus et Julien : l'empereur Constance créa
Gallus césar, et l'envoya contre la Judée en révolte ;
plus tard cependant, il le fit périr. Julien, craignant
d'éprouver de la part de Constance le même sort que
son frère, entra dans un monastère, où en affectant
une grande dévotion, il fut ordonné lecteur. Il fit consulter le démon par un magicien : et il lui fut répondu
qu'il serait élevé à l'empire. Quelque temps après, des
affaires urgentes portèrent Constance à créer Julien
césar et à l'envoyer dans la Gaule où il se comporta vail-
lamment en toute occasion. Constance étant mort, Julien l'apostat, que ce même Constance avait élevé à
l'empire, ordonna à Gallican d'immoler aux dieux ou
de s'éloigner ; car il n'osait faire mourir un personnage si distingué. Gallican alla donc à Alexandrie où
il reçut la couronne du martyre : les infidèles lui avaient
percé le cœur. Julien, dévoré par une cupidité sacri-

lège, colorait son avarice sous des prétextes qu'il trouvait dans l'Evangile ; car il enlevait les biens des chrétiens en disant : « Votre Christ dit dans l'Evangile :
« Celui qui n'aura pas renoncé à tout ce qu'il possède
« ne peut être mon disciple. » Ayant appris que Jean et
Paul sustentaient les chrétiens pauvres avec les richesses que la vierge Constance avait laissées, il leur donna
l'ordre de lui obéir en tout comme à Constantin. Mais
ils répondirent : « Tant que les glorieux empereurs
Constantin et Constance, son fils, se faisaient honneur
d'être les serviteurs de J.-C., nous les servions ; mais
puisque tu as abandonné une religion qui fait pratiquer tant de vertus, nous nous sommes entièrement
éloignés de toi et nous refusons positivement de t'obéir. »
Julien leur fit répondre : « J'ai été élevé à la cléri-
cature, et si je l'avais voulu, je serais parvenu au premier rang de l'Eglise, mais considérant que c'était chose
vaine de vivre dans la paresse et l'oisiveté, j'ai préféré
l'état militaire, et j'ai sacrifié aux dieux dont la protection m'a élevé à l'empire. C'est pour cela qu'ayant
été nourris à la cour, vous ne devez pas cesser de vivre à mes côtés afin que je vous traite comme les premiers dans mon palais. Si vous me méprisez, il faut de
toute nécessité que je fasse cesser cet état de choses. »
Ils répliquèrent : « Puisque nous préférons servir Dieu
plutôt que toi, nous n'avons pas la moindre crainte de
tes menaces, de peur d'encourir la haine du roi éternel. » A cela Julien reprit : « Si d'ici à dix jours vous
poussez le mépris jusqu'à ne pas vous rendre de plein
gré auprès de moi, vous ferez de force ce que vous
ne vous souciez pas de faire de bonne volonté. » Les

saints lui répondirent: « Crois que les dix jours sont déjà expirés, et fais aujourd'hui ce que tu menaces d'exécuter alors. » « Vous pensez, dit Julien, que les chrétiens feront de vous des martyrs ; si vous ne m'obéissez, je vous ferai châtier non comme des martyrs, mais comme des ennemis publics. » Alors Jean et Paul employèrent les dix jours entiers à donner en aumônes tous leurs biens aux pauvres. Le terme expiré, Térentien fut envoyé vers eux et leur dit : « Notre seigneur Julien vous envoie une petite statue en or de Jupiter pour que vous lui offriez de l'encens, sinon, vous périrez également tous les deux. » Les saints lui répondirent : « Si ton seigneur est Julien, sois en paix avec lui ; quant à nous, nous n'avons d'autre Seigneur que J.-C. » Alors il les fit décapiter en cachette, et ensevelir dans une fosse de la maison ; puis il fit répandre le bruit qu'ils avaient été envoyés en exil.

Après quoi le fils de Térentien fut saisi par le démon, et il se mit à crier par la maison que le diable le tourmentait : à cette vue, Térentien confesse son crime, se fait chrétien, écrit la relation du martyre des saints et son fils est délivré. Ils souffrirent vers l'an du Seigneur 364. Saint Grégoire rapporte dans son Homélie sur l'Évangile : *Si quis vult venire post me,* qu'une dame revenant de visiter l'église de ces martyrs où elle allait souvent, rencontra deux moines en habit de pèlerin ; elle leur fit donner l'aumône ; mais comme celui qui était chargé de la leur offrir se disposait à le faire, ils s'approchèrent de plus près et lui dirent : « Tu nous aides maintenant, mais au jour du jugement, nous te réclamerons et nous ferons pour

toi tout ce que nous pourrons. » Ayant dit ces mots
ils disparurent à leurs yeux. Saint Ambroise parle
ainsi de ces martyrs dans la préface : « Les bienheureux martyrs Jean et Paul ont véritablement accompli
ces paroles de David : « Ah ! que c'est une chose
« bonne et agréable que les frères soient unis ensemble »
(Ps. cxxxii) ; le même sein leur donna le jour, la
même foi les unit, le même martyre les couronna et
la même gloire est leur partage dans le même Seigneur. »

SAINT LÉON, PAPE *

On lit dans le livre des *Miracles de la Sainte Vierge*
que saint Léon, pape, célébrant la messe le jour de
Pâques dans l'église de Sainte-Marie-Majeure, pendant
qu'il distribuait la communion aux fidèles, une dame
lui baisa la main, ce qui excita en lui une violente tentation de la chair. Mais l'homme de Dieu exerça contre
soi-même une cruelle vengeance et ce jour-là, cette
main qui l'avait scandalisé, il se la coupa en secret et

* Voici l'interprétation du nom de saint Léon par M. Jehan
Batallier : « Léon fut appelé proprement Lion : car tout ainsi
comme le propre lion faist il fit. Il est vrai que quand les en-
fans des lions naissent ils sont tous morts et ne se peuvent mouvoir : et lors le lion crie tant et va entour que par le cry de
luy il les vivifie, et leurs mect la vie au corps par la chaleur
de son alaine, et tout ainsi saît Leon fist : car ceulx qui estaient
mors en pechie il cria et brayt tant que par sa saincte côver-
sation et predication il leur mist es corps lesperit de vraye foi :
et les fist vivre en Dieu nostre Seigneur Ihesucrist. »

la jeta. Dans la suite, il s'éleva des murmures parmi
le peuple de ce que le souverain Pontife ne célébrait
plus comme de coutume les saints mystères. Alors
saint Léon s'adressa à la Sainte Vierge et s'en remit
entièrement à ce qu'elle voudrait. Elle lui apparut donc
et lui remit la main de ses très saintes mains, l'affermit, puis elle lui ordonna de paraître en public et
d'offrir le saint sacrifice à son Fils. Saint Léon apprit
à tout le peuple ce qui lui était arrivé, et il montra à
tous la main qui lui avait été rendue. Ce fut lui qui
célébra le concile de Chalcédoine où il établit que les
vierges seules recevraient le voile ; et il y fut aussi
décidé que la vierge Marie serait appelée Mère de
Dieu. En ce temps-là encore, Attila ravageait l'Italie.
Saint Léon passa alors trois jours et trois nuits en
prières dans l'église des Apôtres; après quoi il dit aux
siens : « Qui veut me suivre, me suive. » Et quand il
fut arrivé auprès d'Attila, celui-ci n'eut pas plutôt vu
saint Léon qu'il descendit de cheval, se prosterna aux
pieds du saint et le pria de lui demander ce qu'il voudrait. Saint Léon lui demanda de quitter l'Italie et de
délivrer les captifs. Comme Attila recevait de la part
des siens des reproches de ce que celui qui avait
triomphé du monde se laissait vaincre par un prêtre,
il répondit : « J'ai pourvu à ma sûreté et à la vôtre :
car j'ai vu à sa droite un guerrier redoutable tenant
une épée nue à la main, qui me disait : « Si tu ne lui
obéis pas, tu périras avec tous les tiens*. » Quand le
bienheureux Léon écrivit la lettre à Fabien, évêque

* Victor Tuomnensis, Prosper, Isaïe.

de C.-P., contre Eutychès et Nestorius, il la posa sur
le tombeau de saint Pierre et après avoir passé quelque temps dans le jeûne et la prière, il dit : « Les
erreurs que je pourrais avoir commises comme homme
dans cette épître, corrigez-les et amendez-les, vous à
qui l'Eglise a été confiée. » Et quarante jours après,
comme il était en prières, saint Pierre lui apparut et
lui dit : « J'ai lu et amendé. » Saint Léon prit la lettre
qu'il trouva corrigée et amendée de la main de l'a-
pôtre. Une autre fois, saint Léon passa quarante jours
en prières au tombeau de saint Pierre, et le conjura
de lui obtenir le pardon de ses péchés : saint Pierre
lui apparut et lui dit : « J'ai prié pour vous le Seigneur, et il a pardonné tous vos péchés. Seulement
vous aurez à vous informer de ceux auxquels vous
avez imposé les mains, c'est-à-dire que vous aurez à
rendre compte si vous vous êtes bien ou mal acquitté
de cette fonction envers autrui *. » Il mourut vers l'an
du Seigneur 460.

SAINT PIERRE, APOTRE**

Pierre eut trois noms : il s'appela 1° Simon Barjona. Simon
veut dire *obéissant*, ou *se livrant a la tristesse*. Barjona, *fils de
colombe*, en syrien *bar* veut dire fils, et en hébreu, *Jona* signifie

---

* Sophone, ch. CXLIX.

** La plupart des faits qui ont rapport à saint Pierre et que
signalent les livres saints sont consignés ici. Le reste est tiré
d'un livre connu sous le nom d'*Itinéraire de saint Clément*, regardé comme apocryphe, mais cité par un grand nombre
d'auteurs des premiers siècles.

colombe. En effet, il fut obéissant; quand J.-C. l'appela, il obéit au premier mot d'ordre du Seigneur : il se livra à la tristesse quand il renia J.-C. « Il sortit dehors et pleura amèrement. » Il fut fils de colombe parce qu'il servit Dieu avec simplicité d'intention. 2° Il fut appelé Céphas, qui signifie *chef ou pierre*, ou *blâmant de bouche* : chef, en raison qu'il eut la primauté dans la prélature; pierre, en raison de la fermeté dont il fit preuve dans sa passion; blâmant de bouche, en raison de la constance de sa prédication. 3° Il fut appelé Pierre, qui veut dire *connaissant, déchaussant, déliant* : parce qu'il connut la divinité de J.-C. quand il dit : « Vous êtes le Christ, le Fils du Dieu vivant »; il se dépouilla de toute affection pour les siens, comme de toute œuvre morte et terrestre, lorsqu'il dit : « Voilà que nous avons tout quitté pour vous suivre »; il nous délia des chaînes du péché par les clefs qu'il reçut du Seigneur. Il eut aussi trois surnoms : 1° on l'appela Simon Johanna, qui veut dire *beauté du Seigneur;* 2° Simon, fils de Jean, qui veut dire *à qui il a été donné;* 3° Simon Barjona, qui veut dire *fils de colombe.* Par ces différents surnoms on doit entendre qu'il posséda la beauté de mœurs, les dons des vertus, l'abondance des larmes, car la colombe gémit au lieu de chanter. Quant au nom de Pierre, ce fut J.-C. qui permit qu'on le lui donnât puisqu'il dit (Jean, i) : « Vous vous appellerez Céphas, qui veut dire Pierre. » 2° Ce fut encore J.-C. qui le lui donna après le lui avoir promis, selon qu'il est dit dans saint Marc (iii) : « Et il donna à Simon le nom de Pierre. » 3° Ce fut J.-C. qui le lui confirma, puisqu'il dit dans saint Mathieu (xvi) : « Et moi je vous dis que vous êtes Pierre. Pierre et sur cette pierre je bâtirai mon église. » Son martyre fut écrit par saint Marcel, par saint Lin, pape, par Hégésippe et par le pape Léon.

Saint Pierre, fut celui de tous les apôtres qui eut la plus grande ferveur : car il voulut connaître celui qui trahissait le Seigneur, en sorte que s'il l'eût connu, dit saint Augustin, il l'eût déchiré avec les dents : et c'est pour cela que le Seigneur ne voulait pas révéler le nom de ce traître. Saint Chrysostome dit aussi que si J.-C. avait prononcé son nom, Pierre aussitôt se serait levé et l'aurait massacré sur l'heure. Il marcha sur la mer pour aller au-devant du Seigneur ; il fut choisi pour être le témoin de la Transfiguration de son maître et pour assister à la résurrection de la fille de Jaïre ; il trouva, dans la bouche du poisson, la pièce d'argent de quatre dragmes pour le tribut ; il reçut du Seigneur les clefs du royaume des cieux ; il eut la commission de faire paître les brebis ; au jour de la Pentecôte, par sa prédication, il convertit trois mille hommes ; il prédit la mort d'Ananie et de Saphire ; il guérit Enée de sa paralysie ; il baptisa Corneille ; il ressuscita Tabithe ; il rendit la santé aux infirmes par l'ombre de son corps ; mis en prison par Hérode, il fut délivré par un ange. Pour sa nourriture et son vêtement, il nous témoigne lui-même quels ils furent, au livre de saint Clément : « Je ne me nourris, dit-il, que de pain avec des olives et rarement avec des légumes ; quant à mon vêtement, vous le voyez, c'est une tunique et un manteau, et avec cela je ne demande rien autre chose. » On rapporte aussi qu'il portait toujours dans son sein un suaire pour essuyer les larmes qu'il versait fréquemment ; car quand la douce allocution du Seigneur et la présence de Dieu lui venaient à la mémoire, il ne pouvait retenir ses pleurs, tant était grande la tendresse de son amour. Mais quand il se rappelait la faute qu'il commit en reniant J.-C., il répandait des torrents de larmes : il en contracta tellement l'habitude de pleurer, que sa figure paraissait toute brûlée, selon l'expression de saint Clément. Le même saint rapporte qu'en entendant le chant du coq,

saint Pierre avait coutume de se lever pour faire oraison et de pleurer abondamment. Saint Clément dit
encore, comme on le trouve dans l'*Histoire ecclésiastique* *, que lorsqu'on menait au martyre la femme de
saint Pierre, celui-ci tressaillit d'une extraordinaire joie,
et l'appelant par son propre nom, il lui cria : « O ma
femme, souvenez-vous du Seigneur. » Une fois, saint
Pierre avait envoyé deux de ses disciples prêcher; après
avoir cheminé pendant vingt jours, l'un d'eux mourut,
et l'autre revint trouver saint Pierre, et lui raconter
l'accident qui était arrivé (on dit que ce fut saint Martial, ou selon quelques autres, saint Materne. On lit
ailleurs que le premier fut saint Front, et que son compagnon, celui qui était mort, c'est-à-dire le second, fut
le prêtre Georges). Alors saint Pierre lui donna son
bâton avec ordre d'aller retrouver son compagnon et
de poser ce bâton sur le cadavre. Quand il l'eut fait, ce
mort de quarante jours se leva tout vivant **.

En ce temps-là, il se trouvait à Jérusalem un magicien, nommé Simon, qui se disait être la première vérité; il avançait que ceux qui croyaient en lui devenaient
immortels; enfin il prétendait que rien ne lui était impossible. On lit aussi, dans le livre de saint Clément,
que Simon avait dit : « Je serai adoré comme un Dieu;
on me rendra publiquement les honneurs divins, et
tout ce que j'aurai voulu faire, je le pourrai. Un jour
que ma mère Rachel m'ordonnait d'aller dans les

* Eusèbe, lib. III, c. xxx; — Clément d'Alexand., l. VII.
Ses paroles à sa femme qu'on menait au martyre.
** Harigarus, c. vi; — Orton de Friocesque, *Chronique*, III,
xv; — Pierre de Cluny, *Contre les Petrobrusiens.*

champs pour faire la moisson, je vis une faux par terre
à laquelle je commandai de faucher d'elle-même : et
elle faucha dix fois plus que les autres moissonneurs. »
Il ajouta, d'après saint Jérôme : « Je suis la parole de
Dieu; je suis beau, je suis le paraclet, je suis tout-puissant, je suis le tout de Dieu. » Il faisait aussi mouvoir
des serpents d'airain ; rire des statues de bronze ou
de pierre, et chanter des chiens. Simon donc, comme
le dit saint Lin, voulant discuter avec saint Pierre et
montrer qu'il était Dieu, saint Pierre vint le jour indiqué, au lieu de la conférence, et dit aux assistants :
« La paix soit avec vous, mes frères, qui aimez la vérité. » Simon lui dit : « Nous n'avons pas besoin de la
paix, nous : car si la paix et la concorde existent ici,
nous ne pourrons parvenir à trouver la vérité : ce sont
les larrons qui ont la paix entre eux ; n'invoque donc
pas la paix, mais la lutte : entre deux champions il y
aura paix, quand l'un aura été supérieur à l'autre. »
Et Pierre répondit : « Qu'as-tu à craindre d'entendre
parler de paix ? C'est du péché que naît la guerre, et
là où n'existe pas le péché, règne la paix. On trouve
la vérité dans les discussions et la justice dans les œuvres. » Et Simon reprit : « Ce que tu avances n'a pas
de valeur, mais je te montrerai la puissance de ma divinité afin que tu m'adores aussitôt. Je suis la première vertu et je puis voler par les airs, créer de nouveaux arbres, changer les pierres en pain, rester dans
le feu sans en être endommagé et tout ce que je veux,
je le puis faire. » Saint Pierre donc discutait contre
lui et découvrait tous ses maléfices. Alors Simon,
voyant qu'il ne pouvait résister au saint apôtre, jeta

dans la mer tous ses livres de magie, de crainte d'être dénoncé comme magicien ; et alla à Rome afin de s'y faire passer pour Dieu. Aussitôt que saint Pierre eut découvert cela, il le suivit et partit pour Rome.

La quatrième année de l'empire de Claude, saint Pierre arriva à Rome, où il resta vingt-cinq ans. Et il ordonna évêques Lin et Clet, pour être ses coadjuteurs, l'un, comme le rapporte Jean Beleth *, dans l'intérieur de la ville, l'autre dans la partie qui était hors des murs. En se livrant avec grand zèle à la prédication, il convertissait beaucoup de monde à la foi, et guérissait la plupart des infirmes. Et comme dans ses discours il louait et recommandait toujours de préférence la chasteté, il convertit les quatre concubines d'Agrippa qui se refusèrent à retourner davantage auprès de ce gouverneur. Alors celui-ci entra en fureur et il cherchait l'occasion de nuire à l'Apôtre. Ensuite le Seigneur apparut à saint Pierre et lui dit : « Simon et Néron forment des projets contre ta personne ; mais ne crains rien, car je suis avec toi pour te délivrer, et je te donnerai la consolation d'avoir auprès de toi mon serviteur Paul qui demain entrera dans Rome. » Or, saint Pierre, sachant, comme le dit saint Lin, que dans peu de temps il devait quitter sa tente, dans l'assemblée des frères, il prit la main de saint Clément, l'ordonna évêque et le força à siéger en sa place dans sa chaire. Après cela Paul arriva à Rome, ainsi que le Seigneur l'avait prédit, et commença à prêcher J.-C. avec saint Pierre. Or, Néron avait un tel attachement

* Cap. cxxxviii.

pour Simon qu'il le pensait certainement être le gardien de sa vie, son salut, et celui de toute la ville. Un jour donc, devant Néron (c'est ce qu'en dit saint Léon, pape), sa figure changeait subitement, et il paraissait tantôt plus vieux et tantôt plus jeune. Néron, qui voyait cela, le regardait comme étant vraiment le fils de Dieu. C'est pourquoi Simon le magicien dit à Néron, toujours d'après saint Léon : « Afin que tu saches, illustre empereur, que je suis le fils de Dieu, fais-moi décapiter et trois jours après je ressusciterai. » Néron ordonna donc au bourreau qu'il eût à décapiter Simon. Or, le bourreau, en croyant couper la tête à Simon, coupa celle d'un bélier : grâce à la magie, Simon échappa sain et entier, et ramassant les membres du bélier il les cacha ; puis il se cacha pendant trois jours : or, le sang du bélier resta coagulé dans la même place. Et le troisième jour Simon se montra à Néron et lui dit : « Fais essuyer mon sang qui a été répandu ; car me voici ressuscité trois jours après que j'ai été décollé, comme je l'avais promis. » En le voyant Néron fut stupéfait et le regarda comme le vrai fils de Dieu. Un jour encore qu'il était dans une chambre avec Néron, le démon qui avait pris sa forme parlait au peuple dehors : enfin les Romains l'avaient en si grande vénération qu'ils lui élevèrent une statue sur laquelle ils mirent cette inscription : *Simoni Deo sancto* *, A Simon le Dieu saint.

Saint Pierre et saint Paul, au témoignage de saint Léon, allèrent chez Néron et dévoilèrent tous les ma-

---

* Voyez Eusèbe, lib. II, c. xiii, et Tillemont, t. II, p. 482.

léfices de Simon, et saint Pierre ajouta que, de même qu'il y a en J.-C. deux substances, savoir : celle de Dieu et celle de l'homme, de même en ce magicien, se trouvaient deux substances, celle de l'homme et celle du diable.

Or, Simon dit, d'après le récit de Marcel et de saint Léon *. : « Je ne souffrirai pas plus longtemps cet ennemi ; je commanderai à mes anges de me venger de cet homme. » Pierre lui répondit : « Tes anges, je ne les crains point, mais ce sont eux qui me craignent. » Néron ajouta : « Tu ne crains pas Simon qui prouve sa divinité par ses œuvres? » Pierre lui répondit : « Si la divinité existe en lui, qu'il me dise en ce moment ce que je pense ou ce que je fais : je vais d'avance te dire tout bas à l'oreille quelle est ma pensée pour qu'il n'ait pas l'audace de mentir. » « Approche-toi, reprit Néron, et dis-moi ce que tu penses. » Or, Pierre s'approchant dit à Néron tout bas : « Ordonne qu'on m'apporte un pain d'orge et qu'on me le donne en cachette » Or, quand on le lui eut apporté, Pierre le bénit et le mit dans sa manche, et dit ensuite : « Que Simon, qui s'est fait Dieu, dise ce que j'ai pensé, ce que j'ai dit, ou ce qui s'est fait. » Simon répondit : « Que Pierre dise plutôt ce que je pense moi-même. » Et Pierre dit : « Ce que pense Simon, je prouverai que je le sais, pourvu que je fasse ce à quoi il a pensé. » Alors Simon en colère s'écria : « Qu'il vienne de grands chiens et qu'ils te dévorent. » Tout à coup apparurent de très grands chiens qui se jetèrent sur

* Sigebert de Gemblours, Trithème, Conrad Gessner.

saint Pierre : mais celui-ci leur présenta le pain bénit,
et à l'instant, il les mit en fuite. Alors saint Pierre dit
à Néron : « Tu le vois, je t'ai montré que je savais ce
que Simon méditait contre moi, et ce ne fut point par
des paroles, mais par des actes : Car celui qui avait
promis qu'il viendrait des anges contre moi, a fait venir
des chiens, afin de faire voir que les anges de Dieu,
ne sont autres que des chiens. » Simon dit alors :
« Écoutez, Pierre et Paul ; si je ne puis vous rien faire
ici, nous irons où il faut que je vous juge ; mais pour
le moment, je veux bien vous épargner. »

Alors, selon que le rapportent Hégésippe et saint
Lin, Simon, enflé d'orgueil, osa se vanter de pouvoir
ressusciter des morts ; et il arriva qu'un jeune homme
mourut. On appela donc Pierre et Simon et de l'avis
de Simon on convint unanimement que celui-là serait
tué qui ne pourrait ressusciter le mort. Or, pendant
que Simon faisait ses enchantements sur le cadavre,
il sembla aux assistants que la tête du défunt s'agi-
tait. Alors tous se mirent à crier en voulant lapider
saint Pierre. Le saint apôtre put à peine obtenir le silence qu'il réclama : « Si le mort est vivant, dit-il, qu'il
se lève, qu'il se promène, qu'il parle : s'il en est autrement, sachez que l'action d'agiter la tête du cadavre
est de la fantasmagorie. Qu'on éloigne Simon du lit
afin que les ruses du diable soient pleinement mises à
nu. » On éloigne donc Simon du lit, et l'enfant resta
immobile. Alors saint Pierre, se tenant éloigné, fit une
prière, puis élevant la voix : « Jeune homme, s'é-
cria-t-il, au nom de Jésus de Nazareth qui a été crucifié, lève-toi et marche. » Et à l'instant il se leva en

vie et marcha. Comme le peuple voulait lapider Simon
saint Pierre dit : « Il est bien assez puni de se recon-
naître vaincu dans ses artifices; or, notre maître nous
a enseigné à rendre le bien pour le mal. » Alors Simon
dit : « Sachez, vous, Pierre et Paul, que vous n'obtiendrez rien de ce que vous désirez ; car je ne daignerai
pas vous faire gagner la couronne du martyre. » Saint
Pierre reprit : « Qu'il nous arrive ce que nous désirons : mais à toi il ne peut arriver rien de bon, car
chacune de tes paroles est un mensonge. » Saint Marcel
dit qu'alors Simon alla à la maison de son disciple
Marcel, et qu'il y lia à la porte un chien énorme en
disant : « Je verrai à présent si Pierre, qui vient d'ordinaire chez toi, pourra entrer. » Peu d'instants après
saint Pierre arriva, et en faisant le signe de la croix, il
délia le chien. Or, ce chien se mit à caresser tout le
monde, et ne poursuivait que Simon : il le saisit, le renversa par terre, et il voulait l'étrangler, quand saint
Pierre accourut et cria au chien de ne point lui faire
de mal; or, cette bête, sans toucher son corps, lui arracha tellement ses habits qu'elle le laissa nu sur la
terre. Alors le peuple et surtout les enfants coururent
après le chien en poursuivant Simon jusqu'à ce qu'ils
l'eussent chassé bien loin de la ville, comme ils eussent
fait d'un loup. Simon ne pouvant supporter la honte
de cet affront resta un an sans reparaître. Marcel, en
voyant ces miracles, s'attacha désormais à saint Pierre.
Dans la suite, Simon revint et rentra de nouveau dans
les bonnes grâces de Néron. Simon donc, d'après saint
Léon, convoqua le peuple, et déclara qu'il avait été
outrageusement traité par les Galiléens, et pour ce

motif, il dit vouloir quitter cette ville qu'il avait coutume de protéger ; qu'il fixerait un jour où il monte-
rait au ciel, car il ne daignait plus rester davantage
sur la terre. Au jour fixé, il monta donc sur une tour
élevée, ou bien, d'après saint Lin, il monta au Capitole
et, couvert de laurier, il se jeta en l'air et se mit à voler. Or, saint Paul dit à saint Pierre : « C'est à moi de
prier et à vous de commander. » Néron dit alors : « Cet
homme est sincère, et vous n'êtes que des séducteurs. »
Or, saint Pierre dit à saint Paul : « Paul, levez la tête
et voyez. » Et quand Paul eut levé la tête et qu'il eut
vu Simon dans les airs, il dit à Pierre : « Pierre, que
tardez-vous ? achevez ce que vous avez commencé :
déjà le Seigneur nous appelle. » Alors saint Pierre dit :
« Je vous adjure, Anges de Satan, qui le soutenez dans
les airs, par N.-S. J.-C., ne le portez plus davantage,
mais laissez-le tomber. » A l'instant il fut lâché, tomba,
se brisa la cervelle, et expira *. Néron, à cette nouvelle, fut très fâché d'avoir perdu, quant à lui, un pareil homme et il dit aux apôtres : « Vous vous êtes
rendus suspects envers moi ; aussi vous punirai-je
d'une manière exemplaire. » Il les remit donc entre
les mains d'un personnage très illustre, appelé Paulin,
qui les fit enfermer dans la prison Mamertine sous la
garde de Processus et de Martinien, soldats que saint
Pierre convertit à la foi : ils ouvrirent la prison et laissèrent aller les apôtres en liberté. C'est pour cela que,

---

* Ce fait de la chute et de la mort de Simon le magicien
est constaté par les *Constitutions apostoliques* d'Arnobe, par
saint Cyrille de Jérusalem, saint Ambroise, saint Augustin,
Isidore de Peluse, Théodorat, Maxime de Turin, etc.

après le martyre des apôtres, Paulin manda Processus
et Martinien, et quand il eut découvert qu'ils étaient
chrétiens, on leur trancha la tête par ordre de Néron.
Or, les frères pressaient Pierre de s'en aller, et il ne le
fit qu'après avoir été vaincu par leurs instances. Saint
Léon et saint Lin assurent qu'arrivé à la porte où
est aujourd'hui Sainte-Marie *ad passus* *, Pierre vit
J.-C. venant à sa rencontre, et il lui dit : « Seigneur,
où allez-vous? » J.-C. répondit : « Je viens à Rome pour
y être crucifié encore une fois. » « Vous seriez crucifié
encore une fois, répartit saint Pierre. » « Oui, lui répondit le Seigneur. » Alors Pierre lui dit : « Seigneur,
je retournerai donc, pour être crucifié avec vous. » Et
après ces paroles, le Seigneur monta au ciel à la vue
de Pierre qui pleurait. Quand il comprit que c'était de
son martyre à lui-même que le Sauveur avait voulu
parler, il revint, et raconta aux frères ce qui venait
d'arriver. Alors il fut pris par les officiers de Néron et
mené au préfet Agrippa. Saint Lin dit que sa figure
devint comme un soleil. Agrippa lui dit : « Es-tu donc
celui qui se glorifie dans les assemblées où ne se trouvent que la populace et de pauvres femmes que tu éloi-
gnes du lit de leurs maris ? » L'apôtre le reprit en disant qu'il ne se glorifiait que dans la croix du Seigneur.
Alors Pierre, en qualité d'étranger, fut condamné à

---

* Origène sur saint Jean, saint Ambroise, sermon 68, saint
Grégoire le Grand, sur le Psaume ci
Cette église existe encore sur la voie Appienne et est connue
sous le nom *Domine quo vadis.*
Hetychius, *De excidio Hierosol.;* saint Athanase, *De fuga sua,*
Innocent III, Pierre de Blois.

être crucifié, mais Paul, en sa qualité de citoyen romain, fut condamné à avoir la tête tranchée.

A l'occasion de cette sentence, Denys en son épître à Timothée parle ainsi de la mort de saint Paul : « O mon frère Timothée, si tu avais assisté aux derniers moments de ces martyrs, tu aurais défailli de tristesse et de douleur. Qui est-ce qui n'aurait pas pleuré quand fut rendue la sentence qui condamnait Pierre à être crucifié et Paul à être décapité ? Tu aurais alors vu la foule des gentils et des Juifs les frapper et leur cracher au visage. » Or, arrivé l'instant où ils devaient consommer leur affreux martyre, on les sépara l'un de l'autre et on lia ces colonnes du monde, non sans que les frères fissent entendre des gémissements et des sanglots. Alors Paul dit à Pierre : « La paix soit avec vous, fondement des églises, pasteur des brebis et des agneaux de J.-C. » Pierre dit à Paul : « Allez en paix, prédicateur des bonnes mœurs, médiateur et guide du salut des justes. » Or, quand on les eut éloignés l'un de l'autre, je suivis mon maître ; car on ne les tua point dans le même quartier (saint Denys). Quand saint Pierre fut arrivé à la croix, saint Léon et Marcel rapportent qu'il dit : « Puisque mon maître est descendu du ciel en terre, il fut élevé debout sur la croix ; pour moi qu'il daigne appeler de la terre au ciel, ma croix doit montrer ma tête sur la terre et diriger mes pieds vers le ciel. Donc, parce que je ne suis pas digne d'être sur la croix de la même manière que mon Seigneur, retournez ma croix et crucifiez-moi la tête en bas. » Alors on retourna la croix et on l'attacha les pieds en haut et les mains en bas. Mais, en

ce moment, le peuple rempli de fureur voulait tuer
Néron et le gouverneur, ensuite délivrer l'apôtre qui
les priait de ne point empêcher qu'on le martyrisât.
Mais le Seigneur, ainsi que le disent Hégésippe et Lin,
leur ouvrit les yeux, et comme ils pleuraient, ils virent
des anges avec des couronnes composées de fleurs de
roses et de lys, et Pierre au milieu d'eux sur la croix
recevant un livre que lui présentait J.-C., et dans lequel il lisait les paroles qu'il proférait. Alors saint
Pierre, au témoignage du même Hégésippe, se mit à
dire sur la croix : « C'est vous, Seigneur, que j'ai
souhaité d'imiter ; mais je n'ai pas eu la présomption
d'être crucifié droit : c'est vous qui êtes toujours droit,
élevé et haut ; nous sommes les enfants du premier
homme qui a enfoncé sa tête dans la terre, et dont la
chute indique la manière avec laquelle l'homme vient
au monde ; nous naissons en effet de telle sorte que
nous paraissons être répandus sur la terre. Notre condition a été renversée, et ce que le monde croit être à
droite est certainement à gauche. Vous, Seigneur, vous
me tenez lieu de tout ; tout ce que vous êtes, vous
l'êtes pour moi, et il n'y a rien autre que vous seul.
Je vous rends grâce de toute mon âme par laquelle je
vis, par laquelle j'ai l'intelligence et par laquelle je
parle. » On connaît par là deux autres motifs pour lesquels il ne voulut pas être crucifié droit. Et saint Pierre
voyant que les fidèles avaient été témoins de sa gloire,
rendit grâces à Dieu, lui recommanda les chrétiens et
rendit l'esprit. Alors Marcel et Apulée qui étaient
frères, disciples de saint Pierre, le descendirent de la
croix et l'ensevelirent en l'embaumant avec divers aro-

mates. Isidore dans son livre *de la Naissance et de la Mort des Saints* s'exprime ainsi : « Pierre après avoir fondé l'église d'Antioche, vint à Rome, sous l'empereur Claude, pour confondre Simon ; il prêcha l'Evangile pendant vingt-cinq ans en cette ville dont il occupa le siège pontifical ; et la trente-sixième année après la Passion du Seigneur, il fut crucifié par Néron, la tête en bas, ainsi qu'il l'avait voulu. Or, ce jour-là même, saint Pierre et saint Paul apparurent à Denys, selon qu'il le rapporte en ces termes dans la lettre citée plus haut : « Ecoute le miracle, Timothée, mon frère, vois le prodige, arrivé au jour de leur supplice : car j'étais présent au moment de leur séparation. Après leur mort, je les ai vus, se tenant par la main l'un et l'autre, entrer par les portes de la ville, revêtus d'habits de lumière, ornés de couronnes de clarté et de splendeur. »

Néron ne demeura pas impuni pour ce crime et bien d'autres encore qu'il commit ; car il se tua de sa propre main. Nous allons rapporter ici en peu de mots quelques-uns de ses forfaits. On lit dans une histoire apocryphe, toutefois, que Sénèque, son précepteur, espérait recevoir de lui une récompense digne de son labeur ; et Néron lui donna à choisir la branche de l'arbre sur laquelle il préférait être pendu, en lui disant que c'était là la récompense qu'il en devait recevoir. Or, comme Sénèque lui demandait à quel titre il avait mérité ce genre de supplice, Néron fit vibrer plusieurs fois la pointe d'une épée au-dessus de. Sénèque qui baissait la tête pour échapper aux coups dont il était menacé ; car il ne voyait point sans effroi le moment où il allait recevoir la mort. Et

Néron lui dit : « Maître, pourquoi baisses-tu la tête
sous l'épée dont je te menace ? » Sénèque lui répondit : « Je suis homme, et voilà pourquoi je redoute
la mort, d'autant que je meurs malgré moi. » Néron
lui dit : « Je te crains encore comme je le faisais alors
que j'étais enfant : c'est pourquoi tant que tu vivras
je ne pourrai vivre tranquille. » Et Sénèque lui dit :
« S'il est nécessaire que je meure, accordez-moi au
moins de choisir le genre de mort que j'aurais voulu. »
« Choisis vite, répondit Néron, et ne tarde pas à mourir. » Alors Sénèque fit préparer un bain où il se fit
ouvrir les veines de chaque bras et il finit ainsi sa vie
épuisé de sang. Son nom de Sénèque fut pour lui
comme un présage, *se necans*, qui se tue soi-même : car
ce fut lui qui en quelque sorte se donna la mort, bien
qu'il y eût été forcé. On lit que ce même Sénèque eut
deux frères : le premier fut Julien Gallio, orateur
illustre qui se tua de sa propre main ; le second fut
Méla, père du poète Lucain ; lequel Lucain mourut
après avoir eu les veines ouvertes par l'ordre de Néron,
d'après ce qu'on lit. On voit, dans la même histoire
apocryphe, que Néron, poussé par un transport infâme ;
fit tuer sa mère et la fit partager en deux pour voir
comment il était entretenu dans son sein. Les médecins
lui adressaient des remontrances par rapport au
meurtre de sa mère et lui disaient : « Les lois s'opposent
et l'équité défend qu'un fils tue sa mère : elle t'a en
fanté avec douleur et elle t'a élevé avec tant de labeur
et de sollicitude. » Néron leur dit : « Faites-moi concevoir un enfant et accoucher ensuite, afin que je puisse
savoir quelle a été la douleur de ma mère. » Il avait

encore conçu cette volonté d'accoucher parce que, en
passant dans la ville, il avait entendu les cris d'une
femme en couches. Les médecins lui répondirent :
« Cela n'est pas possible ; c'est contre les lois de la
nature ; il n'y a pas moyen de faire ce qui n'est pas
d'accord avec la raison. » Néron leur dit donc : « Si
vous ne me faites pas concevoir et enfanter, je vous
ferai mourir tous d'une manière cruelle. » Alors les
médecins, dans des potions qu'ils lui administrèrent,
lui firent avaler une grenouille sans qu'il s'en aperçût, et, par artifice, ils la firent croître dans son
ventre : bientôt son ventre, qui ne pouvait souffrir cet
état contre nature, se gonfla, de sorte que Néron se
croyait gros d'un enfant ; et les médecins lui faisaient
observer un régime qu'ils savaient être propre à nourrir la grenouille, sous prétexte qu'il devait en user
ainsi en raison de la conception. Enfin tourmenté par
une douleur intolérable, il dit aux médecins : « Hâ-
tez le moment des couches, car c'est à peine si la
langueur où me met l'accouchement futur me donne
le pouvoir de respirer. » Alors ils lui firent prendre
une potion pour le faire vomir et il rendit une grenouille affreuse à voir, imprégnée d'humeurs et couverte de sang. Et Néron, regardant son fruit, en eut
horreur lui-même et admira une pareille monstruo-
sité : mais les médecins lui dirent qu'il n'avait produit
un fœtus aussi difforme que parce qu'il n'avait pas
voulu attendre le temps nécessaire. Et il dit : « Ai-je
été comme cela en sortant des flancs de ma mère ? »
« Oui, lui répondirent-ils. » Il recommanda donc de
nourrir son fœtus et qu'on l'enfermât dans une pièce

voûtée pour' l'y soigner. Mais ces choses-là ne se lisent pas dans les chroniques ; car elles sont apocryphes. Ensuite s'étant émerveillé de la grandeur de l'incendie de Troie, il fit brûler Rome pendant sept jours et sept nuits, spectacle qu'il regardait d'une tour fort élevée, et tout joyeux de la beauté de cette flamme, il chantait avec emphase les vers de l'*Iliade*. On voit encore dans les chroniques qu'il pêchait avec des filets d'or, qu'il s'adonnait à l'étude de la musique, de manière à l'emporter sur les harpistes et les comédiens : il se maria avec un homme, et cet homme le prit pour femme, ainsi que le dit Orose *. Mais les Romains, ne pouvant plus supporter davantage sa folie, se soulevèrent contre lui et le chassèrent hors de la ville. Lorsqu'il vit qu'il ne pouvait échapper, il affila un bâton avec les dents et il se perça par le milieu du corps : et c'est ainsi qu'il termina sa vie. On lit cependant ailleurs qu'il fut dévoré par les loups. A leur retour, les Romains trouvèrent la grenouille cachée sous la voûte ; ils la poussèrent hors de la ville et la brûlèrent : et cette partie de la ville où avait été cachée la grenouille reçut, au dire de quelques personnes, le nom de Latran (*Latens rana*) (*raine latente*) **.

Du temps du pape saint Corneille, des chrétiens

---

* *Hist.*, lib III, cap. vii

** Sulpice Sévère, *Hist*, liv. II, no 40, Dialogue II ; — Saint Augustin, *Cité de Dieu*, liv. XX, chap. ix, rapportent des traditions étranges sur cet odieux personnage. Consultez une dissertation du chanoine d'Amiens de L'Estocq, sur l'auteur du livre intitulé : *De morte persecutorum.*

grecs volèrent les corps des apôtres et les emportèrent; mais les démons, qui habitaient dans les idoles,
forcés par une vertu divine, criaient :. « Romains, au
secours, on emporte vos dieux. » Les fidèles comprirent qu'il s'agissait des apôtres, et les gentils de leurs
dieux. Alors fidèles et infidèles, tout le monde se réunit pour poursuivre les Grecs. Ceux-ci effrayés jetèrent
les corps des apôtres dans un puits auprès des catacombes; mais dans la suite les fidèles les en ôtèrent.
Saint Grégoire raconte dans son *Registre* (liv. IV,
ép. xxx,) qu'alors il se fit un si affreux tonnerre et des
éclairs. en telle quantité que tout le monde prit la fuite
de frayeur, et qu'on les laissa dans les catacombes.
Mais comme on ne savait pas distinguer les ossements
do saint Pierre de ceux de saint Paul, les fidèles, après
avoir eu recours aux prières et aux jeûnes, reçurent
cette réponse du ciel : « Les os les plus grands sont
ceux du prédicateur, les plus petits ceux du pêcheur. »
Ils·séparèrent ainsi les os les uns des autres et les placèrent dans les églises qui avaient été élevées à chacun
d'eux. D'autres cependant disent que saint Silvestre,
pape, voulant consacrer les églises, pesa avec un grand
respect les os grands et petits dans une balance et qu'il
en mit la moitié dans une église et la moitié dans l'autre.
Saint Grégoire rapporte dans son *Dialogue**, qu'il y
avait, dans l'église où le corps de saint Pierre repose, un
saint homme d'une grande humilité, nommé Agontus :
et il se trouvait, dans cette même église, une jeune fille
paralytique qui y habitait; mais réduite à ramper sur

---

* Liv. III, c. xxiv et xxv.

les mains, elle était obligée de se traîner, les reins et les
pieds par terre : et depuis longtemps elle demandait
la santé à saint Pierre ; il lui apparut dans une vision
et lui dit : « Va trouver Agontius, le custode, et il te
guérira lui-même. » Cette jeune fille se mit donc à se
traîner çà et là de tous côtés dans l'église, et à chercher qui était cet Agontius : mais celui-ci se trouva
tout à coup au-devant d'elle : « Notre pasteur et nour-
ricier, lui dit-elle, le bienheureux Pierre, apôtre, m'a
envoyé vers vous, pour que vous me délivriez de mon
infirmité. » Il lui répondit : « Si tu as été envoyée par
lui, lève-toi. » Et lui prenant la main, il la fit lever et
elle fut guérie sans qu'il lui restât la moindre trace
de sa maladie. Au même livre, saint Grégoire dit encore que Galla, jeune personne des plus nobles de
Rome, fille du consul et patrice Symmaque, se trouva
veuve après un an de mariage. Son âge et sa fortune
demandaient qu'elle convolât à de secondes noces ;
mais elle préféra s'unir à Dieu par une alliance spirituelle, dont les commencements se passent dans la
tristesse mais par laquelle on parvient au ciel, plutôt
que de se soumettre à des noces charnelles qui commencent toujours par la joie pour finir dans la tristesse.
Or, comme elle était d'une constitution toute de feu, les
médecins prétendirent que si elle n'avait plus de commerce avec un homme, cette ardeur intense lui ferait
pousser de la barbe contre l'ordinaire de la nature.
Ce qui arriva en effet peu de temps après. Mais Galla
ne tint aucun compte de cette difformité extérieure,
puisqu'elle aimait la beauté intérieure : et elle n'appréhenda point, malgré cette laideur, de n'être point

aimée de l'époux céleste. Elle quitta donc ses habits
du monde, et se consacra dans le monastère élevé auprès de l'église de saint Pierre, où elle servit Dieu avec
simplicité et passa de longues années dans l'exercice
de la prière et de l'aumône. Elle fut enfin attaquée
d'un cancer au sein. Comme deux flambeaux étaient
toujours allumés devant son lit, parce que, amie de la
lumière, elle avait en horreur les ténèbres spirituelles
comme les corporelles, elle vit le bienheureux Pierre,
apôtre, au milieu de ces deux flambeaux, debout devant son lit. Son amour lui fit concevoir de l'audace
et elle dit : « Qu'y a-t-il, mon maître ? Est-ce que mes
péchés me sont remis ? » Saint Pierre inclina la tête
avec la plus grande bonté, et lui répondit : « Oui, ils
sont remis, viens. » Et elle dit : « Que sœur Benoîte
vienne avec moi, je vous en prie. » Et il dit : « Non,
mais qu'une telle vienne avec toi. » Ce qu'elle fit connaître à l'abbesse qui mourut avec elle trois jours
après. — Saint Grégoire raconte encore dans le même
ouvrage, qu'un prêtre d'une grande sainteté réduit à
l'extrémité, se mit à crier avec grande liesse : « Bien,
mes seigneurs viennent ; bien, mes seigneurs viennent ; comment avez-vous daigné venir vers un si chétif serviteur ? Je viens, je viens, je vous remercie, je
vous remercie. » Et comme ceux qui étaient là lui demandaient à qui il parlait de la sorte, il répondit avec
admiration : « Est-ce que vous ne voyez pas que les
saints apôtres Pierre et Paul sont venus ici ensemble ? » Et comme il répétait une seconde fois les paroles rapportées plus haut, sa sainte âme fut délivrée
de son corps. — Il y a doute, chez quelques auteurs,

si ce fut le même jour que saint Pierre et saint Paul
souffrirent. Quelques-uns ont avancé que ce fut le
même jour, mais un an après. Or, saint Jérôme et presque tous les saints qui traitent cette question s'accordent à dire que ce fut le même jour et la même année,
comme cela reste évident d'après la lettre de saint Denys, et le récit de saint Léon (d'autres disent saint
Maxime), dans un sermon où il s'exprime comme il
suit : « Ce n'est pas sans raison qu'en un même jour
et dans le même lieu, ils reçurent leur sentence du
même tyran. Ils souffrirent le même jour afin d'aller
ensemble à J.-C. ; ce fut au même endroit, afin que
Rome les possédât tous les deux ; sous le même persécuteur, afin qu'une égale cruauté les atteignît ensemble.

Ce jour fut choisi pour célébrer leur mérite ; le
lieu pour qu'ils y fussent entourés de gloire ; le même
persécuteur fait ressortir leur courage. » Bien qu'ils
aient souffert le même jour et à la même heure, ce ne
fut pourtant pas au même endroit, mais dans des
quartiers différents : et ce que dit saint Léon qu'ils
souffrirent au même endroit, doit s'entendre qu'ils
souffrirent tous les deux à Rome. C'est à ce sujet qu'un
poète composa ces vers :

Ense coronatur Paulus, cruce Petrus, eodem
Sub duce, luce, loco, dux Nero, Roma locus *.

* Traduction de Jean Batallier:
    Pol fut couronné d'une épée;
    Pierre eut la croix renversée.
    Néron fut duc, si comme l'on nomme
    Le lieu fut la cité de Romme.

Un autre dit encore :

Ense sacrat Paulum, par lux, dux, urbs, cruce Petrum *.

Quoiqu'ils aient souffert le même jour, cependant saint Grégoire ordonna qu'aujourd'hui on célébrerait, quant à l'office, la solennité de saint Pierre, et que le lendemain, on ferait la fête de la Commémoration de saint Paul ; en voici les motifs : en ce jour fut dédiée l'église de saint Pierre ; il est plus grand en dignité ; il est le premier qui fut converti ; enfin il eut la primauté à Rome.

SAINT PAUL, APOTRE.

Paul signifie bouche de trompette, ou bouche de ceux, ou élu admirable, ou miracle d'élection. Paul vient encore de *pausa*, qui veut dire repos en hébreu, et en latin modique. Par quoi l'on connaît les six prérogatives particulières à saint Paul. La 1re est une langue fructueuse, car il prêcha l'Evangile depuis l'Illyrie jusqu'à Jérusalem, de là le nom de bouche de trompette. La 2e est un amour de mère, qui lui fait dire : « Qui est faible, sans que je m'affaiblisse avec lui ? (II, Cor., xi) » C'est pour cela que son nom veut dire bouche de ceux, ou bouche de cœur, ainsi qu'il le dit lui-même (II, Cor., vi). « O Corinthiens, ma bouche s'ouvre, et mon cœur s'étend par l'affection que je vous porte » La 3e est une conversion miraculeuse, c'est pour cela qu'il est appelé élu admirable, parce qu'il fut élu et converti merveilleusement. La 4e est le travail des mains, et voilà pourquoi il est nommé miracle d'élec-

---

* Paul est sacré par le glaive, Pierre par la croix : à tous deux, la même gloire, le même bourreau, et Rome pour théâtre.

tion : ce fut un grand miracle en lui que de préférer gagner ce qui lui était nécessaire pour vivre et prêcher sans cesse. La 5ᵉ fut une contemplation délicieuse, parce qu'il fut élevé jusqu'au troisième ciel ; de là le nom de repos du Seigneur ; car dans la contemplation, repos d'esprit est requis. La 6ᵉ est son humilité, de là le nom de modique. Il y a trois opinions au sujet du nom de Paul. Origène veut qu'il ait toujours eu deux noms et qu'il ait été indifféremment appelé Saul et Paul ; Raban veut qu'avant sa conversion il eut le nom de Saul, du roi orgueilleux Saül, mais qu'après il fut nommé Paul, qui veut dire petit, en esprit et en humilité : et il donne lui-même l'interprétation de son nom quand il dit : « Je suis le plus petit des apôtres. » Bède enfin veut qu'il ait été appelé Paul, de Sergius Paulus, proconsul, converti par lui à la foi. Le martyre de saint Paul fut écrit par saint Lin, pape.

Paul, apôtre, après sa conversion, souffrit beaucoup de persécutions énumérées en ces termes par saint Hilaire : « Paul est fouetté de verges à Philippes ; il est mis en prison ; il est attaché par les pieds à un poteau ; il est lapidé à Lystra ; il est poursuivi d'Icone et de Thessalonique par les méchants ; à Ephèse, il est livré aux bêtes ; à Damas, on le descend du haut d'un mur dans une corbeille ; à Jérusalem, il est arrêté, battu, enchaîné, on lui tend des embûches ; à Césarée, il est emprisonné et incriminé. Il est en péril sur mer, dans son voyage en Italie ; arrivé à Rome, il est jugé et meurt tué sous Néron. » Il reçut l'apostolat en faveur des gentils ; il redressa un perclus à Lystra ; il ressuscita un jeune homme qui, tombé d'une fenêtre, avait rendu le dernier soupir, et fit grand nombre d'autres miracles. Dans l'île de Malte, une vipère lui saisit la main, mais l'ayant secouée dans le feu, il n'en reçut aucune atteinte. On rapporte que

tous les descendants de celui qui donna l'hospitalité à
saint Paul ne ressentent aucun mal des bêtes veni-
meuses ; et quand ils viennent au monde, le père met
des serpents dans leur berceau pour s'assurer s'ils
sont vraiment sa lignée. On trouve encore quelquefois
que saint Paul est tantôt inférieur à saint Pierre, tantôt plus grand, tantôt égal ; mais en réalité, il lui est
inférieur en dignité, supérieur dans la prédication et
égal en sainteté. Haymon rapporte que saint Paul se
livrait au travail des mains depuis le chant des poussins
jusqu'à la cinquième heure ; ensuite il vaquait à la
prédication, de telle sorte que le plus souvent, il prolongeait son discours jusqu'à la nuit : le reste du temps
lui suffisait pour ses repas, son sommeil et son oraison.
Quand il vint à Rome, Néron, qui n'était point encore
confirmé empereur, apprit qu'il s'était élevé une dispute entre Paul et les Juifs au sujet de la loi judaïque
et de la foi des chrétiens : il ne s'en mit pas beaucoup
en peine, de sorte que saint Paul allait et prêchait librement où il voulait. Saint Jérôme, en son livre des
Hommes illustres, dit que, « 25 ans après la Passion
du Seigneur, c'est-à-dire la 2ᵉ du règne de Néron,
saint Paul fut envoyé à Rome chargé de chaînes, et
que pendant deux ans il demeura libre sous une garde ;
qu'il disputait contre les Juifs, et que relâché ensuite
par Néron, il prêcha l'Evangile dans l'Occident. L'an 14
de Néron, il fut décapité la même année et le même
jour que saint Pierre fut crucifié. » Sa sagesse et sa
religion étaient partout en renom et on le regardait
généralement comme un homme admirable. Il se fit
beaucoup d'amis dans la maison de l'empereur, et il

les convertit à la foi de J.-C. Quelques-uns de ses écrits furent lus devant le César ; tout le monde en fit grand éloge; le Sénat lui-même avait beaucoup d'estime pour sa personne. Une fois que saint Paul prêchait, vers le soir, sur une terrasse, un jeune homme nommé Patrocle, échanson favori de Néron, monta à une fenêtre pour entendre plus commodément le saint apôtre, à cause de la foule, et s'y étant légèrement endormi, il tomba et se tua. Néron à cette nouvelle eut beaucoup de chagrin de sa mort et aussitôt il pourvut à son remplacement. Mais saint Paul, qui en fut instruit par révélation, dit aux assistants d'aller et de lui rapporter le cadavre de Patrocle, l'ami du César. On le lui apporta et saint Paul le ressuscita, ensuite il l'envoya à César avec ses compagnons. Comme Néron se lamentait sur la perte de son favori, voilà qu'on lui annonce que Patrocle vivant était à la porte. Néron informé que celui qu'il avait cru mort tout à l'heure était en vie, fut extraordinairement effrayé et refusa de le laisser entrer auprès de lui ; mais enfin à la persuasion de ses amis, il permit qu'on l'introduisît. Néron lui dit : « Patrocle, tu vis ? » Et Patrocle répondit : « César, je vis. » Et Néron dit : « Qui t'a fait vivre ? » Patrocle reprit : « C'est Jésus-Christ, le roi de tous les siècles. » Néron se mit en colère et dit : « Alors celui-ci régnera sur les siècles et détruira donc les royaumes du monde ? » Patrocle lui répliqua : « Oui, César. » Néron lui donna un soufflet en disant : « Donc tu es au service de ce roi ? » « Oui, répondit Patrocle, je suis à son service, parce qu'il m'a ressuscité d'entre les morts. » Alors cinq des offi-

ciers de l'empereur qui l'accompagnaient constamment
lui dirent : « Empereur, pourquoi frapper ce jeune
homme plein de prudence et qui répond la vérité ? Et
nous aussi nous sommes au service de ce roi invincible. » Néron, à ces mots, les fit enfermer en prison,
afin de tourmenter cruellement ceux qu'il avait aimés
jusqu'alors extraordinairement. Il fit en même temps
rechercher tous les chrétiens et il les fit punir tous sans
forme de procès.

Paul fut conduit, chargé de chaînes, avec les autres,
pardevant Néron qui lui dit : « O homme, le serviteur
du grand roi, mais cependant mon prisonnier, pourquoi m'enlèves-tu mes soldats et les prends-tu pour
toi ? » « Ce n'est pas seulement, répondit saint Paul,
dans le coin de la terre où tu vis que j'ai levé des
soldats, mais j'en ai enrôlé de l'univers entier : notre
Roi leur accordera des récompenses qui, loin de leur
manquer jamais, les mettront à l'abri du besoin. Toi,
si tu veux lui être soumis, tu seras sauvé. Sa puissance
est si grande qu'il viendra juger tous les hommes et
qu'il dissoudra par le feu la figure de ce monde. »
Quand Néron, enflammé de colère, eut entendu dire
à saint Paul que le feu devait dissoudre la figure du
monde, il ordonna qu'on fît brûler tous les soldats de
J.-C. et de couper la tête à saint Paul, comme coupable
de lèse-majesté. Or, la foule de chrétiens qui furent
tués était si grande que le peuple romain se porta avec
violence au palais et se disposait à exciter une sédition contre Néron, en criant tout haut : « Arrête,
César, suspends le carnage et l'exécution de tes ordres.
Ceux que tu fais périr sont nos concitoyens ; ce sont

les soutiens de l'empire romain. » Néron eut peur et
modifia son édit en ce sens que personne ne mettrait
la main sur les chrétiens qu'autant que l'empereur
mieux informé les eût jugés. C'est pourquoi Paul fut
ramené et présenté de nouveau à Néron. Il ne l'eut pas
plutôt vu qu'il s'écria avec violence : « Emmenez ce
malfaiteur, décapitez cet imposteur ; ne laissez pas
vivre ce criminel ; défaites-vous de cet homme qui
égare les intelligences ; ôtez de dessus la terre ce séducteur des esprits. » Saint Paul lui dit : « Néron, je
souffrirai l'espace d'un instant, mais je vivrai éternellement en Notre-Seigneur J.-C. » Néron dit : « Tran-
chez-lui la tête afin qu'il apprenne que je suis plus
puissant que son roi, moi qui l'ai vaincu ; et nous verrons s'il pourra toujours vivre. » Saint Paul reprit :
« Afin que tu saches qu'après la mort de mon corps,
je vis éternellement, quand ma tête aura été coupée,
je t'apparaîtrai vivant, et tu pourras connaître alors
que J.-C. est le Dieu de la vie et non de la mort. »
Ayant parlé ainsi, il fut mené au lieu du supplice.
Dans le trajet, trois soldats qui le conduisaient lui
dirent : « Dis-nous, Paul, quel est celui que tu appelles votre roi, que vous aimez au point de préférer
mourir pour lui plutôt que de vivre ; et quelle récompense vous recevrez de tout cela? » Alors saint Paul
leur parla du royaume de Dieu et des peines de l'enfer
de manière qu'il les convertit à la foi. Ils le prièrent
d'aller en liberté où il voudrait, mais il leur dit : « A
Dieu ne plaise, mes frères, que je prenne la fuite ; je
ne suis pas un transfuge, mais un véritable soldat de
J.-C. : car je sais que cette vie qui passe me conduira à

une vie éternelle ; tout à l'heure, quand j'aurai été décapité, des hommes fidèles enlèveront mon corps. Quant à vous, remarquez bien la place, et venez-y demain matin : vous trouverez auprès de mon sépulcre deux hommes en prières, ce sera Tite et Luc ; quand vous leur aurez dit pour quel motif je vous ai adressés à eux, ils vous baptiseront et vous feront participants et héritiers du royaume du ciel. » Il parlait encore quand Néron envoya deux soldats pour voir s'il n'était pas encore exécuté ; et comme saint Paul voulait les convertir, ils dirent : « Lorsque tu seras mort et ressuscité, alors nous croirons ce que tu dis ; pour le moment viens vite et reçois ce que tu as mérité. » Amené au lieu du supplice, à la porte d'Ostie, il rencontra une matrone nommée Plantille ou Lémobie, d'après saint Denys (peut-être elle avait deux noms). Cette dame se mit à pleurer et à se recommander aux prières de saint Paul qui lui dit : « Va, Plantille, fille du salut éternel, prête-moi le voile dont tu te couvres la tête, je m'en banderai les yeux et ensuite je te le remettrai. » Et comme elle le lui donnait, les bourreaux se moquaient d'elle en disant : « Qu'as-tu besoin de donner à cet imposteur et à ce magicien un voile si précieux que tu perdras ? » Paul étant donc venu au lieu de l'exécution, se tourna vers l'Orient et pria très longtemps dans sa langue maternelle, les mains étendues vers le ciel et en versant des larmes, il rendit grâces. Ensuite, ayant dit adieu aux frères, il se banda les yeux avec le voile de Plantille, puis ayant fléchi les deux genoux en terre, il présenta le cou et fut ainsi décollé. Au moment où sa tête fut détachée du corps,

il prononça distinctement en hébreu : « Jésus-Christ » ;
nom qui avait été d'une grande douceur pour lui dans
sa vie et qu'il avait répété si souvent. On dit en effet
que, dans ses Epîtres, il répéta Christ, ou Jésus, ou
l'un et l'autre ensemble cinq cents fois. Du lait jaillit
du corps mutilé jusque sur les habits d'un soldat * ;
ensuite le sang coula : une lumière immense. brilla
dans l'air et une odeur des plus suaves émana de son
corps.

Saint Denys dans son épître à Timothée s'exprime
ainsi sur la mort de saint Paul : « A cette heure pleine
de tristesse, mon frère chéri, quand le bourreau dit
à saint Paul : « Prépare ton cou », alors le bienheureux apôtre leva les yeux au ciel, se munit le front et
la poitrine du signe de la croix et dit : « Mon Sei-
« gneur J.-C., je remets mon esprit entre vos mains » :
et alors sans tristesse et sans contrainte, il présenta le
cou et reçut la couronne. » Au moment où le bourreau
frappait et tranchait la tête de Paul, ce bienheureux,
en recevant le coup, détacha le voile, et reçut son propre sang dans ce voile, le lia, le plia et le rendit à
cette femme. Et quand le bourreau fut revenu, Lémobie lui dit : « Où as-tu laissé mon maître Paul ? » Le
soldat répondit : « Il est étendu là-bas avec son compagnon, dans la vallée du Pugilat, hors de la ville ;
et sa figure est couverte de ton voile. » Or, Lémobie
répondit : « Voici que Pierre et Paul viennent d'entrer
à l'instant, revêtus d'habits éclatants, portant sur la
tête des couronnes brillantes et rayonnantes de lu-

* Ce fait est rapporté par Grégoire de Tours.

mière. » Alors elle leur montra le voile tout ensanglanté : ce qui donna lieu à plusieurs de croire au
Seigneur et de se faire chrétiens (saint Denys). Néron, ayant appris ce qui était arrivé, eut une violente
peur et s'entretint de tout cela avec les philosophes et
avec ses favoris. Or, pendant la conversation saint Paul
vint les portes fermées ; et, debout devant César, il lui
dit : « César, voici Paul, le soldat du roi éternel et
invincible ; crois au moins maintenant que je ne suis
pas mort, mais que je vis et toi, misérable, tu mourras d'une mort éternelle, parce que tu tues injustement
les saints de Dieu. » Ayant parlé ainsi, il disparut.
Alors Néron devint comme fou tant il avait été effrayé ;
il ne savait ce qu'il faisait. Par le conseil de ses amis,
il délivra Patrocle et Barnabé avec les autres chrétiens
et leur permit d'aller librement où ils voudraient.
Quant aux soldats qui avaient conduit Paul au supplice, savoir Longin, chef des soldats, et Acceste, ils
vinrent le matin au tombeau de saint Paul et ils y
virent deux hommes, Tite et Luc en prières, et Paul
debout au milieu d'eux. Tite et Luc, en voyant les soldats, furent fort effrayés et prirent la fuite ; alors Paul
disparut. Mais Longin et Acceste leur crièrent : « Non,
ce n'est pas vous que nous poursuivons, ainsi que vous
le paraissez croire, mais nous voulons recevoir le baptême de vos mains, comme nous l'a dit Paul que nous
venons de voir prier avec vous. » À ces mots, Tite et
Luc revinrent et les baptisèrent avec grande joie. Or,
la tête de Paul fut jetée dans une vallée, et comme il
y en avait beaucoup qui avaient été tués et qu'on avait
jetés au même endroit, on ne put la retrouver. Mais

on lit dans la même épître de saint Denys, qu'un jour
où l'on curait une fosse, on jeta la tête de saint Paul
avec les autres immondices. Un berger la prit avec
sa houlette et l'attacha sur la bergerie. Pendant trois
nuits consécutives, son maître et lui virent une lumière
ineffable sur cette tête; on en fit part à l'évêque, et
on dit : « Vraiment, c'est la tête de saint Paul. »
L'évêque vint avec toute l'assemblée des fidèles ; ils
prirent cette tête, l'emportèrent et ils la mirent sur
une table d'or, ensuite ils essayaient de la réunir au
corps. Le patriarche leur dit : « Nous savons que beaucoup de fidèles ont été tués et que leurs têtes furent
dispersées ; c'est pourquoi je n'oserais mettre celle-ci
sur le corps de saint Paul ; mais plaçons-la aux pieds
du corps et demandons au Dieu tout puissant, que si
c'est sa tête, le corps se tourne et se joigne à la tête.
Du consentement général, on plaça cette même tête
aux pieds du corps de saint Paul, et comme tout le
monde était en prière, on fut saisi de voir le corps se
tourner et se joindre exactement à la tête. Alors on
bénit Dieu et on connut que c'était bien là véritablement
le chef de saint Paul (saint Denys). »

Saint Grégoire de Tours, qui vécut du temps de
Justin le jeune, rapporte [*] qu'un homme au désespoir
préparait un lacet pour se pendre, sans pourtant cesser d'invoquer le nom de saint Paul, en disant: « Venez à mon secours, saint Paul. » Alors lui apparut
une ombre dégoûtante qui l'encourageait en disant :
« Allons, bon homme, fais ce que tu as à faire, ne

---

[*] *Mirac.*, lib. I, c. xxix ; — Vincent de B., *Hist.*, l, X, c. xvi.

perds pas de temps. » Mais il disait toujours, en apprêtant son lacet : « Bienheureux Paul, venez à mon secours. » Quand le lacet fut achevé, une autre ombre lui apparut ; elle avait une forme humaine, et elle dit à l'ombre qui encourageait cet homme : « Fuis, misérable, car il a appelé saint Paul et le voilà qui vient. » Alors l'ombre dégoûtante s'évanouit et le malheureux rentrant en lui-même jeta son lacet et fit une pénitence convenable. » Il se fait grand nombre de miracles avec les chaînes de saint Paul, et quand beaucoup de personnes en demandent un peu de limaille, un prêtre en détache avec une lime quelques parcelles si vite que cela est fait à l'instant. Cependant il arrive que d'autres personnes, qui en demandent, n'en peuvent obtenir, car c'est inutilement que l'on passe la lime ; elle n'en peut rien détacher. — Dans la même épître citée plus haut, saint Denys pleure la mort de saint Paul, son maître, avec des expressions touchantes : « Qui donnera de l'eau à mes yeux, et à mes paupières une fontaine de larmes afin de pleurer, le jour et la nuit, la lumière des Eglises qui vient de s'éteindre ? Qui est-ce qui ne pleurera et ne gémira pas ? Quel est celui qui ne prendra pas des habits de deuil et ne restera pas muet d'effroi ? Voici en effet que Pierre, le fondement des Eglises, la gloire des saints apôtres, s'est retiré de nous et nous a laissés orphelins ; Paul aussi, cet ami des gentils, le consolateur des pauvres, nous fait défaut, et il a disparu pour toujours celui qui fut le père des pères, le docteur des docteurs, le pasteur des pasteurs. Cet abîme de sagesse, cette trompette retentissante, ce prédicateur infatigable de la vérité, en

un mot, c'est de Paul le plus illustre des apôtres que je
parle. Cet ange de la terre, cet homme du ciel, cette
image de la divinité, cet esprit divin nous a délaissés
tous, nous dis-je, misérables et indignes, au milieu de
ce monde qui ne mérite que mépris et qui est rempli
de malice. Il est avec Dieu son maître et son ami :
hélas ! mon frère Timothée, le chéri de mon cœur, où
est ton père, ton maître et ton ami ? Il ne t'adressera
donc plus de salut ? Voilà que tu es devenu orphelin,
et que tu es resté seul ; il ne t'écrira plus, de sa très
sainte main, ces douces paroles : «Très cher fils ; viens,
« mon frère Timothée. » Que s'est-il passé ici de triste,
d'affreux, de pernicieux pour que nous soyons devenus
orphelins ? Tu ne recevras plus de ses lettres où tu
pouvais lire ces paroles : « Paul, petit serviteur de
« J.-C. » Il n'écrira plus désormais de toi aux cités :
« Recevez mon fils chéri. » Ferme, mon frère, les livres des prophètes ; mets-y un sceau, parce que nous
n'avons plus personne pour nous en expliquer les pa-
raboles, les comparaisons et le texte. Le prophète
David pleurait son fils en s'écriant : « Malheur à moi,
« mon fils, malheur à moi ! » Et moi je m'écrie : Malheur à moi, mon maître, oui, malheur à moi ! Depuis
lors a cessé tout à fait cette affluence de tes disciples
qui venaient à Rome et qui demandaient à nous voir.
Personne ne dira plus : Allons trouver nos docteurs,
et interrogeons-les sur la direction à imprimer aux
Eglises qui nous sont confiées, et ils nous expliqueront
les paroles de Notre-Seigneur J.-C. et celles des prophètes. Malheur, malheur à ces enfants, mon frère,
parce qu'ils sont privés de leurs pères spirituels, parce

que le troupeau est abandonné ! Malheur à nous aussi,
frère, parce que nous sommes privés de nos maîtres
spirituels qui possédaient l'intelligence et la science
de l'ancienne et de la nouvelle loi fondues dans leurs
épîtres ! Où sont les courses de Paul et les vestiges
de ses saints pieds ? où est cette bouche éloquente,
cette langue qui donnait des avis si prudents ; cet esprit toujours en paix avec son Dieu ? Qui est-ce qui
ne pleurera pas et ne fera pas retentir l'air de cris ?
Car ceux qui ont mérité de recevoir de Dieu gloire et
honneur sont traînés à la mort comme des malfai-
teurs. Malheur à moi qui ai vu à cette heure ce corps
saint tout couvert d'un sang innocent ! Ah ! quel malheur pour moi ! mon père, mon maître et mon docteur, vous ne méritiez pas de mourir ainsi. Et maintenant donc, où irai-je vous chercher, vous la gloire
des chrétiens, l'honneur des fidèles ? qui a fait taire
votre voix, vous qui faisiez entendre dans les églises
des paroles qui avaient la douceur de la flûte, et la
sonorité d'un instrument à dix cordes ? Voilà que vous
êtes auprès du Seigneur votre Dieu que vous avez désiré de posséder et après lequel vous avez soupiré
de tout votre cœur. Jérusalem et Rome, vous vous
êtes associées et unies pour faire le mal, Jérusalem a
crucifié Notre-Seigneur J.-C., et Rome a tué ses apôtres. Cependant Jérusalem a obéi à celui qu'elle avait
crucifié, comme Rome a établi une solennité pour
glorifier celui qu'elle a tué. Et maintenant, mon frère
Timothée, ceux que vous aimiez et que vous regrettiez
de tout cœur, je parle du roi Saul, et de Jonathas, ils
n'ont été séparés ni dans la vie, ni dans la mort, et

moi je ne fus séparé de mon seigneur et maître que
quand des hommes aussi méchants qu'injustes nous
ont séparés. Or, l'heure de cette séparation n'aura qu'un
temps : son âme connaît ses amis, sans que ceux-
ci lui parlent, et bien qu'ils soient loin d'elle ; mais au
jour de la résurrection, ce serait un bien grand dommage d'en être séparé. » Saint Jean Chrysostome, dans
son livre de l'*Eloge de saint Paul*, ne tarit pas quand
il parle de ce glorieux apôtre. Voici ses paroles : « Celui-là ne s'est pas trompé qui a appelé l'âme de saint
Paul un champ magnifique de vertus et un paradis
spirituel. Où trouver une langue digne de le louer, lui
dont l'âme possède à elle seule tous les biens qui se
peuvent rencontrer dans tous les hommes, et qui réunit non seulement chacune des vertus humaines, mais,
ce qui vaut mieux encore, les vertus angéliques ? Loin
de nous arrêter, cette considération nous encourage à
parler. C'est faire le plus grand éloge d'un héros que
d'avouer que sa vertu et sa grandeur sont au-dessus
de tout ce qu'on en peut dire. Il est glorieux pour un
vainqueur d'être ainsi vaincu. Par quoi donc pouvons-
nous mieux commencer ce discours qu'en disant qu'il
a possédé tous les biens ? »

On loue Abel d'un sacrifice qu'il a offert à Dieu ;
mais si nous montrons toutes les victimes de Paul,
il l'emportera de toute la hauteur qui sépare le ciel
de la terre ; puisque, chaque jour il s'immolait lui-
même par un double sacrifice, celui de la mortification
du cœur et celui du corps. Ce n'étaient ni des brebis,
ni des bœufs qu'il offrait, c'était lui-même qui s'immolait doublement. Ce n'est pas encore assez au gré

de ses désirs ; il voulut offrir l'univers en holocauste,
la terre, la mer, les Grecs, les barbares, tous les pays
éclairés par le soleil, qu'il parcourt avec la rapidité du
vol, où il trouve des hommes, ou, pour mieux dire,
des démons, qu'il élève à la dignité des anges. Où
rencontrer une hostie comparable à celle que Paul a
immolée avec le glaive de l'Esprit-Saint, et qu'il a of-
ferte sur un autel placé au-dessus du ciel ? Abel a péri
sous les coups d'un frère, Paul a été tué par ceux qu'il
souhaitait arracher à d'innombrables maux. Voulez-
vous que je vous compte tous les genres de morts de
Paul, autant vaut compter les jours qu'il a vécu ? Noé
se sauva dans l'arche lui et ses enfants : saint Paul
construisit une arche pour sauver d'un déluge bien
autrement affreux, non pas en assemblant des pièces
de bois ; mais en composant ses épîtres, il a délivré le
monde en danger au milieu des flots. Or, cette arche
n'est pas portée sur des vagues qui battent un seul rivage, elle va sur tout le globe. Ses tablettes ne sont en-
duites ni de poix ni de bitume, elles sont imprégnées du
parfum du Saint-Esprit : Il les écrit et par elles, de
ceux qui étaient, pour ainsi dire, plus insensés que les
êtres sans raison, il en fait les imitateurs des anges.
Il l'emporte encore sur l'arche qui reçut le corbeau et
ne rendit que le corbeau, qui avait renfermé le loup
sans lui faire perdre son naturel farouche : tandis que
Paul prend les vautours et les milans pour en faire
des colombes, pour inoculer la mansuétude de l'esprit
dans des cœurs féroces. On admire Abraham qui, par
l'ordre de Dieu, abandonna sa patrie et ses parents ;
mais comment l'égaler à Paul. Il n'a pas seulement

quitté son pays, ses parents, c'est le monde lui-même, c'est plus encore, c'est le ciel, le ciel des cieux ; il méprise tout cela afin de servir J.-C., ne se réservant à la place qu'une seule chose, la charité de Jésus. « Ni les choses présentes, dit-il, ni celles qui sont à venir, ni tout ce qu'il y a de plus haut ou de plus profond, nulle créature enfin ne me pourra jamais séparer de l'amour de Dieu qui est fondé en J.-C. N.-S. » Abraham s'expose au danger pour délivrer de ses ennemis le fils de son frère, mais Paul, afin d'arracher l'univers à la puissance des démons, a affronté des périls sans nombre et a mérité aux autres une pleine sécurité par la mort qu'il souffrait tous les jours. Abraham encore a voulu immoler son fils. Paul s'est immolé lui-même des milliers de fois. Il s'en trouve qui admirent la patience d'Isaac laissant combler le puits creusé par ses mains ; mais ce n'étaient pas des puits que Paul laissait couvrir de pierres, c'était son corps à lui, et ceux qui l'écrasaient, il cherchait à les élever jusqu'au ciel. Et plus cette fontaine était comblée, plus haut elle jaillissait, plus elle débordait, au point de donner naissance à plusieurs fleuves. L'écriture parle avec admiration de la longanimité et de la patience de Jacob; eh bien! trouvez une âme à la trempe de diamant qui atteigne à la patience de Paul. Ce n'est pas pendant sept ans, mais toute sa vie qu'il s'enchaîne à l'esclavage pour l'épouse de J.-C. Ce n'est pas seulement la chaleur du jour ni le froid des nuits : ce sont mille épreuves qui l'assaillent. Tantôt battu de verges, tantôt accablé et broyé sous une grêle de pierres, toujours il se relève pour arracher les brebis de la gueule des démons. Joseph est illustre par sa pureté; mais j'aurais à craindre de tomber ici dans 'le ridicule en voulant louer saint Paul, lui qui se crucifiait lui-même, voyait toute la beauté du corps humain et tout ce qui paraît brillant du même œil que nous regardons de la fumée et de la cendre, semblable à un mort qui reste immobile à côté d'un cadavre. Tout le monde est effrayé de la conduite de Job. C'était en effet un merveilleux athlète. Mais Paul n'eut pas à soutenir des combats de quelques mois, son agonie dure des années. Sans être réduit à racler ses plaies avec des morceaux de vase, il sort éclatant de la gueule du lion qui, dans la personne de Néron, s'est jeté sur lui coup sur coup : et après des combats et des épreuves innombrables, il avait l'éclat de la pierre la mieux polie. Ce n'était pas de trois ou quatre amis, mais de tous les infidèles, de ses frères même, qu'il eut à endurer les opprobres; il fut conspué et maudit de tous. Il exerçait cependant largement l'hospitalité; il était plein de sollicitude à l'égard des pauvres; mais l'intérêt qu'il portait aux infirmes, il l'étendait aux âmes souffrantes. La maison de Job était ouverte à tout venant; l'âme de Paul renfermait le monde. Job possédait d'immenses troupeaux de bœufs et de brebis, il était libéral envers les indigents : Paul ne possède rien que son corps et il se partage en faveur des pauvres. « Ces mains, dit-il, ont pourvu à mes besoins propres, comme aux besoins de ceux qui étaient avec moi. » Job rongé par les vers souffrait d'atroces douleurs; mais comptez les coups reçus par Paul, calculez à quelles angoisses l'ont réduit la faim, les chaînes et les périls qu'il a subis de la part de ses familiers, comme des étrangers, de l'univers entier, en un mot : voyez la sollicitude qui le dévore pour toutes les Églises, le feu qui le brûle quand il sait quelqu'un scandalisé, et vous comprendrez que son âme était plus dure que la pierre, plus forte que le fer et que le diamant.

Ce que Job souffrait dans ses membres, Paul le souffrit en son âme. Les chutes de chacun de ses frères lui causaient des chagrins plus vifs que toutes les douleurs ; aussi coulait-il de ses yeux, le jour comme la nuit, des fontaines de larmes. C'étaient les étreintes d'une femme en travail : « Mes petits enfants, s'écriait-il, je sens de nouveau pour vous les douleurs de l'enfantement. » Moïse, pour le salut des Juifs, s'offrit à être effacé du livre de vie : Moïse donc s'offrit à mourir avec les autres, mais Paul voulait mourir pour les autres, non pas avec ceux qui devaient périr, mais pour obtenir le salut d'autrui, il engageait son salut éternel. Moïse résistait à Pharaon ; Paul luttait tous les jours avec le démon ; le premier combattait pour une nation, le second pour l'univers, non pas jusqu'à la sueur de son front, mais jusqu'à donner son sang. Jean se nourrissait de sauterelles et de miel sauvage, Paul au milieu du tourbillon du monde comme le précurseur au milieu du désert, n'avait pas même de sauterelles ni de miel. Il se contentait de mets moins recherchés encore. Sa nourriture était le feu de la prédication. Toutefois devant Néron, Jean fit preuve d'un grand courage, mais ce ne fut pas un, ni deux, ni trois, mais des tyrans sans

nombre, aussi haut placés et plus cruels encore que
Paul eut à reprendre.

Il me reste à comparer Paul avec les anges ; sa part
n'est pas moins brillante, puisqu'il n'eut souci que
d'obéir à Dieu. Quand David s'écriait transporté d'admiration : « Bénissez le Seigneur, vous tous qui êtes
ses anges, qui êtes puissants et remplis de force pour
faire ce qu'il vous dit, pour obéir à sa voix et à ses
ordres. Mon Dieu, dit-il ailleurs, vous rendez vos anges légers comme le vent et vos ministres actifs comme
des flammes ardentes. » Mais nous pouvons trouver
ces qualités dans Paul. Semblable à la flamme et au
vent il a parcouru l'univers, et, dans sa course, il l'a
purifié. Toutefois il n'était pas encore participant de
la béatitude céleste ; et c'est là le prodige qu'il ait tant
fait n'étant encore revêtu que d'une chair mortelle.
Quel sujet de condamnation pour nous de n'avoir point
à cœur d'imiter la moindre des qualités qui se trouvent
réunies dans un seul homme ! Sans avoir reçu ni une
autre nature ni une autre âme que nous, sans avoir
habité un autre monde, mais placé sur la même terre
et dans les mêmes régions, élevé sous l'empire des
mêmes lois et des mêmes usages, il a surpassé tous
les hommes de son siècle et ceux du siècle à venir.
Ce que je trouve d'admirable en lui, c'est que non
seulement dans l'ardeur de son zèle, il ne sentait pas
les peines qu'il essuyait pour la vertu, mais qu'il embrassa ce noble parti sans attendre aucune récompense.
L'attrait d'une rétribution ne nous engage point à entrer dans la lice où saint Paul courait avec empressement, sans qu'aucun prix vînt animer son courage et

son amour ; et il acquérait chaque jour plus de force, il montrait une ardeur toujours nouvelle au milieu des périls. Menacé de la mort, il invitait les peuples à partager la joie dont il était pénétré : « Réjouissez-vous, leur disait-il, et félicitez-moi. » Il courait au-devant des affronts et des outrages que lui attirait la prédication, beaucoup plus que nous ne cherchons la gloire et les honneurs ; il désirait la mort beaucoup plus que nous n'aimons la vie ; il chérissait beaucoup plus la pauvreté que nous n'ambitionnons les richesses ; il embrassait les travaux et les peines avec beaucoup plus d'ardeur que nous ne désirons les voluptés et le repos après les fatigues ; il s'affligeait plus volontiers que les autres ne se réjouissent ; il priait pour ses ennemis avec plus de zèle que les autres ne s'emportent contre eux en imprécations. La seule chose devant laquelle il reculait avec horreur, c'était d'offenser Dieu ; mais ce qu'il désirait surtout, c'était de lui plaire. Aucun des biens présents, je dis même aucun des biens futurs, ne lui semblait désirable ; car ne me parlez pas de villes, de nations, d'armées, de provinces, de richesses, de puissance ; tout cela n'était à ses yeux que des toiles d'araignée ; mais considérez le bonheur qui nous est promis dans le ciel, et alors vous verrez tout l'excès de son amour pour Jésus. La dignité des anges et des archanges, toute la splendeur céleste n'étaient rien pour lui en comparaison de la douceur de cet amour ; l'amour de Jésus était pour lui plus que tout le reste. Avec cet amour il se regardait comme le plus heureux de tous les êtres ; il n'aurait pas voulu, sans cet amour, habiter au milieu des Thrônes et des Domina-

tions, il aurait mieux aimé, avec la charité de Jésus,
être le dernier de la nature, se voir condamné aux plus
grandes peines, que, sans elle, en être le premier et obtenir les plus magnifiques récompenses. Être privé de
cette charité était pour lui le seul supplice, le seul
tourment, le seul enfer, le comble de tous les maux ;
posséder cette même charité était pour lui la seule jouis-
sance ; c'était la vie, le monde, les anges, les choses présentes et futures, c'était le royaume, c'étaient les promesses, c'était le comble de tous les biens ; tous les objets
visibles, il les méprisait comme une herbe desséchée. Les
tyrans, les peuples furieux, ne lui paraissaient que des
insectes importuns ; la mort, les supplices, tous les
tourments imaginables, ne lui semblaient que des jeux
d'enfants, à moins qu'il ne fallût les souffrir pour l'a-
mour de J -C., car alors il les embrassait avec joie, et il
se glorifiait de ses chaînes plus que Néron du diadème
qui décorait son front. Sa prison, c'était pour lui le ciel
même ; les coups de fouet et les blessures lui semblaient préférables à la couronne de l'athlète vainqueur. Il ne chérissait pas moins la récompense que
le travail qu'il regardait comme une récompense ; aussi
l'appelait-il une grâce ; puisque ce qui cause en nous
de la tristesse lui procurait une satisfaction abondante.
Il gémissait sous le poids d'une peine continuelle, et
il disait : « Qui est scandalisé, sans que je brûle ? » A
moins qu'on ne dise que cette peine était assaisonnée
d'un certain plaisir. Ainsi, blessée du coup qui a tué
son fils, une mère éprouve quelque consolation à se
trouver seule avec sa douleur, tandis que son cœur
est plus oppressé lorsqu'elle ne peut donner un libre

cours à ses larmes. De même saint Paul recevait un soulagement de pleurer nuit et jour ; car jamais personne ne déplora ses propres maux aussi vivement que cet apôtre déplorait les maux d'autrui. Quelle était, croyez-vous, sa douleur en voyant que c'en était fait des Juifs, lui qui demandait d'être déchu de la gloire céleste, pourvu qu'ils fussent sauvés ? A quoi donc pourrait-on le comparer ? à quelle nature de fer ? à quelle nature de diamant ? de quoi dirons-nous qu'était composée son âme ? de diamant ou d'or ? elle était plus ferme que le plus dur diamant, plus précieuse que l'or et que les pierreries du plus grand prix. A quoi donc pourra-t-on comparer cette âme ? à rien de ce qui existe. Il y aurait peut-être une comparaison possible, si, par une heureuse alliance, on donnait à l'or la force du diamant ou au diamant l'éclat de l'or. Mais pourquoi le comparer à l'or et au diamant ? mettez le monde entier dans la balance, et vous verrez que l'âme de Paul l'emportera. Le monde et tout ce qu'il y a dans le monde ne valent pas Paul. Mais si le monde ne le vaut pas, qu'est-ce qui le vaudra ? peut-être le ciel. Mais le ciel lui-même n'est rien en comparaison de Paul ; car s'il a préféré lui-même l'amour de Dieu au ciel et à tout ce qu'il renferme, comment le Seigneur, dont la bonté surpasse autant celle de Paul que la bonté même surpasse la malice, ne le préférerait-il pas à tous les cieux ? Dieu, oui, Dieu nous aime bien plus que nous ne l'aimons, et son amour surpasse le nôtre plus qu'il n'est possible de l'exprimer. Il l'a ravi dans le paradis, jusqu'au troisième ciel. Et cette faveur lui était due, puisqu'il marchait sur la terre comme s'il

eût conversé avec les anges, puisque, enchaîné à un
corps mortel, il imitait leur pureté ; puisque, sujet à
mille besoins et à mille faiblesses, il s'efforçait de ne
pas se montrer inférieur aux puissances célestes. Il a
parcouru toute la terre comme s'il eût eu des ailes ; il
était au-dessus des travaux et des périls, comme si déjà
il eût pris possession du ciel ; il était éveillé et attentif comme s'il n'eût point eu de corps ; et méprisait les
choses de la terre comme s'il eût habité au milieu des
puissances incorporelles. Des nations diverses ont été
souvent confiées au soin des anges ; mais aucun d'eux
n'a dirigé la nation remise à sa garde comme Paul a
dirigé toute la terre. Comme un père qui voyant son
enfant égaré par la frénésie serait d'autant plus touché de son état, et verserait d'autant plus de larmes
que, dans les violences de ses transports, il lui épar-
gnerait moins les outrages et les coups ; ainsi le grand
apôtre prodiguait à ceux qui le maltraitaient tous les
soins d'une piété ardente. Souvent il gémissait sur le
sort de ceux qui l'avaient battu de verges cinq fois,
qui étaient altérés de son sang, il s'affligeait et priait
pour eux en disant : « Il est vrai, mes frères, que je
sens dans mon cœur une grande affection pour le salut
d'Israël et que je le demande à Dieu par mes prières. »
En voyant leur réprobation, il était pénétré d'une douleur excessive. Et comme le fer jeté dans le feu devient feu tout entier, de même Paul, enflammé du feu
de la charité, était devenu tout charité. Comme s'il eût
été le père commun de toute la terre, il imita, ou plutôt il surpassa tous les pères, quels qu'ils fussent, pour
les soins temporels et spirituels. Car c'était chacun

des hommes qu'il souhaitait présenter à Dieu, comme
si lui seul eût engendré le monde entier ; de telle sorte
qu'il avait hâte d'en introduire tous les habitants dans
le royaume de Dieu, se donnant corps et âme pour
eux qu'il chérissait. Cet homme ignoble, cet artisan
qui préparait des peaux acquit un tel courage qu'en
trente ans à peine, il soumit au joug de la vérité les
Romains et les Perses, les Parthes avec les Mèdes, les
Indiens et les Scythes, les Ethiopiens et les Sarmates,
les Sarrasins, enfin toutes les races humaines, et semblable à du feu jeté dans la paille et le foin, il dévorait
toutes les œuvres des démons. Au son de sa voix,
tout disparaissait comme dans le plus violent incendie, tout cédait, et culte des idoles, et menaces des
tyrans, et embûches des faux frères. Comme au premier rayon du soleil les ténèbres fuient, les adultères
et les voleurs disparaissent, les homicides se cachent
dans les antres, le grand jour brille, tout est éclairé
de l'éclat de sa présence, de même et mieux encore,
partout où Paul sème la bonne nouvelle, l'erreur était
chassée, la vérité renaissait, les adultères et autres
abominations disparaissaient, ainsi que la paille jetée
au feu. Brillante comme la flamme, la vérité s'élevait
resplendissante jusqu'à la hauteur des cieux, soulevée,
pour ainsi dire, par ceux qui semblaient l'étouffer ; les
périls et les violences ne savent en arrêter la marche.
Telle est l'erreur qui, si elle ne rencontre pas d'obstacles, s'use ou disparaît insensiblement, telle au contraire est la vérité, qui, sous les attaques de nombreux
adversaires, renaît et s'étend. Or, puisque Dieu nous
a tellement ennoblis que par nos efforts nous pouvons

parvenir à devenir semblables à lui, afin de nous ôter
le prétexte que pourrait suggérer notre faiblesse, nous
avons en commun avec lui le corps, l'âme, les aliments, le même créateur, et de plus son Dieu c'est notre Dieu. Voulez-vous connaître les dons que le Seigneur lui a départis? Ses vêtements étaient la terreur
des démons. Un prodige plus merveilleux encore, c'est
que quand il bravait les périls, on ne pouvait le taxer
de témérité, ni lui reprocher de la timidité lorsqu'ils
surgissaient. C'était pour avoir le temps d'instruire
qu'il aimait la vie présente, tandis qu'elle ne restait
qu'un sujet de mépris dès lors que par la sagesse qui
l'éclairait, il entrevoyait combien le monde est vil. Enfin voyez-vous Paul s'échapper au péril? gardez-vous
de l'en admirer moins que quand il a le plaisir de s'y
exposer. Cette conduite annonce autant de fermeté
d'une part, que de sagesse de l'autre. L'entendez-vous
parler de lui avec quelque satisfaction? vous pouvez
l'admirer autant que lorsque vous le voyez se mépriser. Ici c'est de la grandeur d'âme, là de l'humilité.
C'était un plus grand mérite à lui de parler de soi que
de taire ses louanges, car s'il ne les avait dites, il eût
été plus coupable que ceux qui se vantent à tout propos; en effet s'il n'eût pas été glorifié, il eût entraîné
dans la ruine ceux qui lui avaient été confiés, tandis
qu'en s'humiliant, il les élevait. Paul a mérité plus en
se glorifiant qu'un autre qui aurait caché ce qui le distingue : celui-ci, par l'humilité qui lui fait cacher ses
mérites, gagne moins que celui-là en les manifestant.
C'est un grand défaut de se vanter, c'est le fait d'un
extravagant de vouloir accaparer les louanges dès lors

qu'il n'y a aucune nécessité. Il est évident que Dieu
n'est pas là et que c'est folie ; quand bien même on
l'aurait gagnée à la sueur de son front, on perd sa
récompense. S'élever au-dessus des autres dans ses
propos, se vanter avec ostentation n'appartient qu'à
un arrogant ; mais rapporter ce qui est d'essentielle
nécessité, c'est le propre d'un homme qui aime le bien,
qui cherche à se rendre utile. Telle fut la conduite de
Paul, qui, pris pour un fourbe, se crut obligé de donner des preuves manifestes de sa dignité ; toutefois, il
s'abstient de dévoiler bien des choses et de celles qui
étaient de nature à l'honorer le plus. « J'en viendrai
maintenant, dit-il, aux visions et aux révélations du
Seigneur », et il ajoute : « Mais je me retiens. » Pas
un prophète, pas un apôtre n'eut aussi souvent que
Paul des entretiens avec Dieu, et c'est ce qui le fait
s'humilier davantage. Il parut redouter les coups afin
de vous apprendre qu'il y avait en lui deux éléments :
sa volonté ne l'élevait pas seulement au-dessus du
commun des hommes, mais elle en faisait un ange.
Redouter les coups n'est pas un crime, c'est de commettre une indignité par la peur qu'ils inspirent. Dès
lors qu'en les craignant, il sort victorieux de la lutte,
il est bien autrement admirable que celui que la peur
n'atteint pas ; comme ce n'est pas une faute de se plain-
dre mais de dire ou de faire par faiblesse ce qui dé-
plaît à Dieu. Nous voyons par là ce que fut Paul ; avec
les infirmités de la nature, il s'éleva au-dessus de la
nature, et s'il redouta la mort, il ne refusa pas de la
subir. Être l'esclave des infirmités, c'est un crime,
mais ce n'est pas d'être revêtu d'une nature qui y est

sujette ; de telle sorte que c'est un titre de gloire pour
lui d'avoir, par force de volonté, surmonté la faiblesse
de la nature ; ainsi il se laissa enlever Paul surnommé
Marc. Ce fut ce qui l'anima dans tout le cours de sa
prédication, car ce ministère ne s'exerce pas avec mol-
lesse et irrésolution, mais bien avec une force et un
courage constamment égaux qui s'engage dans cette
fonction sublime doit être disposé à s'offrir mille fois
à la mort et aux dangers. S'il n'est pas animé par cette
pensée, son exemple perdra un bien grand nombre de
fidèles ; mieux vaudrait qu'il s'abstînt et qu'il s'occu-
pât uniquement de soi-même. Un pilote, un gladia-
teur, un homme qui combat les bêtes féroces, personne enfin n'est obligé d'avoir le cœur disposé au
danger et à la mort, comme celui qui s'est chargé
d'annoncer la parole de Dieu ; car celui-ci a à courir
de bien plus grands périls, et il doit combattre des
adversaires plus violents et d'une toute autre condition ; c'est avoir le ciel pour récompense ou l'enfer
pour son supplice. Si entre quelqu'un d'eux, il surgit
une contestation, ne regardez pas cela comme un
crime, il n'y a faute que quand la querelle est sans
prétexte et sans juste motif. Il faut y voir l'action de
la Providence qui veut réveiller de l'engourdissement
et de l'inertie les âmes endormies et découragées.
Comme l'épée a son tranchant, l'âme aussi a reçu le
tranchant de la colère dont elle doit user au besoin.
La douceur est bonne en tout temps ; cependant il faut
l'employer selon les circonstances, autrement elle devient un défaut. Aussi Paul l'a mise en pratique et
dans sa colère il valait mieux que ceux dont le langage

ne respirait pas la modestie. Le merveilleux en lui était
que, chargé de chaînes, couvert de coups et de blessures, il fut plus brillant que ceux qui sont ornés de
l'éclat de la pourpre et du diadème. Alors qu'il était
traîné chargé de chaînes à travers des mers immenses, sa joie était aussi vive que si on l'eût mené prendre
possession d'un grand royaume. A peine est-il entré
dans Rome qu'il cherche à en sortir pour parcourir
l'Espagne. Il ne prend pas même un jour de repos ; le
feu est moins actif que son zèle à évangéliser ; les périls, il les brave, les moqueries, il ne sait en rougir.

Ce qui met le comble à mon admiration, c'est qu'a-
vec une pareille audace, quand il était constamment
armé pour le combat, lorsqu'il ne respirait qu'une ardeur toute guerrière, il restait calme et prêt à tout. Il
vient de sévir, ou plutôt sa colère vient d'éclater quand
on lui commande d'aller à Tharse ; et il y va On lui
dit qu'il faut descendre par la muraille dans une corbeille, il se laisse faire. Et pourquoi ? pour évangéliser
encore et traîner à sa suite vers J.-C. une multitude
de croyants. Il ne redoutait qu'un malheur, c'était de
quitter la terre et de ne pas avoir sauvé le plus grand
nombre. Quand des soldats voient leur général couvert de blessures, ruisselant de sang, sans que toutefois il cesse de tenir tête à l'ennemi, mais que toujours il brandit sa lance, jonche le sol des cadavres qui
sont tombés sous ses coups, et qu'il ne compte pour
rien sa propre douleur, un pareil sang-froid les élec-
trise. Il en advint ainsi à Paul. Quand on le voyait
chargé de chaînes et prêchant néanmoins dans sa prison, quand on le voyait blessé et convertissant ceux

qui le frappaient, il y avait certes de quoi puiser une
grande confiance. Il veut le faire entendre alors qu'il
dit que plusieurs de ses frères en Notre-Seigneur, se
rassurant par cet heureux succès de ses liens, ont conçu
une hardiesse nouvelle pour annoncer la parole de
Dieu sans aucune crainte. Il en concevait lui-même
une joie plus ferme, et son courage contre ses adversaires s'en augmentait d'autant. Comme du feu tombant sur une grande sorte de matières se nourrit et
s'étend, de même le langage de Paul attire tous ceux
qui l'écoutent. Ses adversaires deviennent la pâture de
ce feu, puisque, par eux, la flamme de l'Evangile augmentait de plus en plus (saint Jean Chrysostome).

LES SEPT FRÈRES QUI FURENT LES FILS
DE SAINTE FÉLICITÉ

Les sept frères étaient fils de sainte Félicité ; leurs
noms sont : Janvier, Félix, Philippe, Silvain, Alexandre, Vital et Martial. D'après l'ordre de l'empereur Antonin, ils furent amenés tous avec leur mère
auprès du préfet Publius qui les avait mandés devant
lui, et qui exhorta la mère à avoir pitié d'elle et de
ses enfants : Elle dit : « Je ne me laisserai ni gagner
par tes caresses, ni effrayer par tes menaces. Ma
confiance repose dans l'Esprit-Saint que je possède ;
vivante, je triompherai de toi, mais morte, ma victoire sera encore plus grande. » Et se tournant vers
ses enfants, elle dit : « Mes enfants, levez la tête et

regardez le ciel, mes très chers, car c'est là que J.-C.
nous attend. Combattez avec courage pour J.-C. et
persistez dans son amour. » Quand le préfet eut entendu cela, il lui fit donner des soufflets. Et comme
la mère et ses fils paraissaient très constants dans la
foi, tous furent tués dans divers supplices sous les
yeux de leur mère qui les encourageait. Cette sainte
Félicité est appelée par saint Grégoire plus que martyre, parce qu'elle fut martyrisée sept fois dans ses
enfants et la huitième fois dans son propre corps. Le
même saint parle ainsi dans ses homélies : « Sainte
Félicité qui, par sa foi, fut la servante de J.-C., devint aussi martyre du même J.-C. par sa prédication.
Elle craignait de laisser vivre, après elle, les sept enfants qu'elle avait, autant que les parents charnels
ont coutume de craindre de leur survivre. Elle enfanta dans l'esprit ceux qu'elle avait enfantés dans
la chair, afin de donner à Dieu par ses paroles ceux
qu'elle avait donnés au monde par la chair. Ces enfants qu'elle savait être son sang, elle ne pouvait les
voir mourir sans douleur, mais elle avait dans le
cœur un amour si fort qu'elle put surmonter la douleur corporelle. Aussi ai-je bien raison d'appeler cette
femme plus qu'une martyre, car elle mourut autant
de fois et avec tant de douleur qu'elle avait de fils.
Après avoir mérité tous ces martyres, elle obtint pour
elle aussi la palme victorieuse des martyrs ; car ce
n'était pas assez pour l'amour qu'elle portait à J.-C.
que de mourir une seule fois. » — Ils souffrirent vers
l'an du Seigneur 110.

SAINTE THÉODORE *

L'interprétation de Saincte Théodore — Théodore est dicte
atheos, c'est-à-dire Dieu. Et de oraison, et ce vault autant
adire comme oraison a Dieu. Car elle oura et depria tant Dieu
que le pechic quelle avoit fait lui fust pardonne.

Théodore était une femme mariée et de noble ex-
traction. Du temps de l'empereur Zénon, elle habitait Alexandrie avec son époux, homme riche et craignant Dieu. Or, le démon, jaloux de la sainteté de
Théodore, enflamma un riche de concupiscence pour
elle. Il la fatiguait de messages répétés et de présents
afin de la faire consentir à sa passion ; mais elle ren-
voyait ses messagers avec dédain et méprisait ses présents. Il la tourmentait au point de ne lui laisser aucun instant de repos et peu s'en fallut qu'elle en
perdît la vie. Enfin il lui adressa une magicienne,
qui l'exhortait beaucoup à avoir pitié de cet homme
et à se rendre à ses désirs. Or, comme Théodore répondait que jamais elle ne commettrait un péché si
énorme sous les yeux de Dieu qui voit tout, la magicienne ajouta : « Tout ce qu'on fait de jour, Dieu le
sait certainement et le voit, mais tout ce qui se passe
sur le soir et après le soleil couché, Dieu ne le voit
pas du tout. » Et la jeune femme dit à la magicienne :
« Est-ce que tu dis la vérité ? » « Oui, répondit-elle,

---

* Il y avait une église du nom de cette sainte, à Paris, rue
des Postes. Sa vie est tirée de Métaphraste. Surius et Lepo-
manus la rapportent.

je dis la vérité. » Théodore, trompée par les paroles
de cette femme, lui dit de faire venir l'homme chez
elle vers le soir et qu'elle accomplirait sa volonté. La
magicienne ayant rapporté cela, cet homme entra
dans des transports de joie ; il vint chez Théodore à
l'heure qu'elle avait indiquée, commit un crime avec
elle et se retira. Mais Théodore rentrant en soi-même
versait des larmes très amères, et se frappait la figure en disant : « Ah ! malheur à moi ! j'ai perdu
mon âme ; j'ai détruit ce qui me rendait belle. » Son
mari, revenu à la maison, voyant sa femme dans la
désolation et dans les pleurs, sans en connaître la
cause, s'efforçait de la consoler : mais elle ne voulait
accepter aucune consolation. Le matin étant venu,
elle alla à un monastère de religieuses et demanda à
l'abbesse si Dieu pouvait avoir connaissance d'un
crime grave qu'elle avait commis à la chute du jour.
L'abbesse lui répondit : « Rien ne peut être caché à
Dieu qui sait et voit tout ce qui se passe, à telle
heure que ce soit. » Théodore pleura amèrement et
dit : « Donnez-moi le livre du saint Evangile, afin que
moi-même je tire mon sort. » Et en ouvrant le livre,
elle trouva ces mots : « *Quod scripsi, scripsi*, ce que j'ai
écrit, je l'ai écrit. » Elle revint à sa maison et un jour,
pendant que son mari était absent, elle se coupa la
chevelure, prit les habits de son mari et alla en toute
hâte à un monastère de moines éloigné de huit milles ;
elle demanda à être reçue dans la communauté et
l'obtint. Quand on lui demanda son nom, elle répondit qu'elle s'appelait Théodore. Elle s'acquittait en
toute humilité de ce qu'on lui donnait à faire, et son

service était agréable à tout le monde. Or, quelques années après, l'abbé appela frère Théodore, et lui commanda d'atteler les bœufs et d'aller chercher de l'huile à la ville. Quant à son mari, il pleurait beaucoup dans la crainte que sa femme ne fût partie avec un autre homme. Et voici que l'ange du Seigneur lui dit : « Lève-toi dès le matin ; reste dans la rue du martyre de saint Pierre, apôtre, et celle qui viendra au-devant de toi, ce sera ton épouse. » Après quoi, Théodore vint avec des chameaux ; elle vit et reconnut alors son mari et se dit en elle-même. « Hélas ! mon bon mari, que de peines je me donne pour être délivrée du péché que j'ai commis contre toi ! » Et quand elle se fut approchée, elle le salua en disant : « Joie à mon seigneur. » Or, il ne la reconnut point, mais après avoir attendu très longtemps et s'être dit qu'il avait été trompé, une voix se fit entendre qui lui dit : « Celui qui t'a salué hier matin, était ton épouse. »

La bienheureuse Théodore était d'une telle sainteté qu'elle opérait beaucoup de miracles : car elle arracha un homme de la gueule d'une bête féroce qui l'avait lacéré, et le ressuscita par ses prières. Elle poursuivit elle-même l'animal, le maudit : et il tomba mort aussitôt. Mais le diable qui ne voulait point supporter sa sainteté lui apparut : « Prostituée plus qu'aucune autre, lui dit-il, adultère, tu as quitté ton mari pour venir ici et me mépriser ; par toutes mes terribles puissances, je te livrerai des combats, et si je ne te fais renier le crucifié, tu pourras dire que ce n'est pas moi qui t'attaque. » Mais elle fit le signe de la croix

sur elle et à l'instant le démon disparut. Une autre
fois, elle revenait de la ville avec des chameaux ; ayant
reçu l'hospitalité dans un endroit, une jeune fille vint
la trouver la nuit et lui dit : « Dors avec moi. » Théodore l'ayant repoussée avec dédain, cette fille en alla
trouver un autre qui était couché au même lieu. Or,
quand elle se vit enceinte, on lui demanda de qui elle
avait conçu, elle dit : « C'est le moine Théodore qui a
dormi avec moi. » L'enfant étant né, on le porta à
l'abbé du monastère. Celui-ci, après avoir tancé Théodore qui réclamait son indulgence, lui mit l'enfant
sur les épaules et la chassa du monastère. Or, elle
resta pendant sept ans hors du cloître, et elle nourrit
l'enfant du lait des troupeaux. Le diable, jaloux d'une
si grande patience, se présenta devant elle sous les
traits de son mari : « Que faites-vous ici, ma dame?
lui dit-il. Voici que je languis pour vous, et ne puis
trouver aucune consolation ; venez donc, ma lumière ;
quand vous auriez fait le mal avec un autre homme,
je vous le pardonne. » Mais celle-ci, persuadée que
c'était son mari, lui répondit : « Je ne demeurerai
plus désormais avec vous ; parce que le fils de Jean
le soldat a couché avec moi, et je veux faire pénitence
de la faute que j'ai commise envers vous. » Puis elle
se mit en prières et aussitôt la vision disparut : elle
reconnut alors que c'était le démon. Une autre fois
encore le diable voulut l'effrayer ; car les démons se
présentèrent à elle sous la forme de bêtes terribles et
il y avait un homme qui les excitait en disant : « Mangez cette prostituée. » Mais elle pria et les bêtes disparurent. Une autre fois, c'était une troupe de sol-

dats qui venaient conduits par un prince que les autres
adoraient, et les soldats dirent à Théodore : « Lève-toi
et adore notre prince. » Elle répondit : « J'adore le
Seigneur Dieu. » Lorsqu'on eut rapporté cela au
prince, il la fit amener et battre jusqu'à la croire
morte ; après quoi toute la foule s'évanouit. Une autre
fois encore, elle vit auprès d'elle une quantité d'or ;
mais elle prit la fuite en se signant et se recommandant à Dieu. Un jour, elle vit un homme qui portait
une corbeille pleine de toutes sortes de mets et cet
homme lui dit : « Le prince qui t'a frappé m'a chargé
de te dire : Prends et mange, car il t'a maltraité par
ignorance. » Alors elle se signa et tout disparut. Après
sept ans révolus, l'abbé, en considération de sa patience, la réconcilia et la fit entrer dans le monastère
avec son enfant. Quand elle y eut passé deux ans, de
manière à ne mériter que des éloges, elle prit l'enfant
et s'enferma avec lui dans sa cellule. L'abbé, qui en
fut informé, envoya quelques moines écouter avec la
plus grande attention ce qu'elle pouvait dire avec cet
enfant. Or, elle le serra dans ses bras et le baisa en
disant : « Mon fils bien-aimé, le temps de ma vie s'est
écoulé, je te laisse à Dieu ; qu'il soit ton père et ton
soutien, fils chéri ; vis dans la pratique du jeûne et de
la prière, et sers tes frères avec dévouement. » En disant ces mots, elle rendit l'esprit et s'endormit heureusement dans le Seigneur vers l'an de J.-C. 470. A
cette vue, l'enfant se mit à verser d'abondantes larmes.
Or, cette nuit-là même, l'abbé du monastère eut la
vision suivante : On faisait des préparatifs pour des
noces magnifiques auxquelles se rendaient les ordres

des anges, des prophètes, des martyrs et de tous les
saints : au milieu d'eux, une femme marchait seule,
environnée d'une gloire ineffable : arrivée au lieu du
festin, elle s'assit sur un lit et tous les assistants
étaient pleins d'attention pour elle, quand se fit en-
-tendre une voix qui disait : « Celui-ci est le père
Théodore qui a été accusé faussement d'avoir eu un
enfant. Sept ans se sont écoulés depuis cette époque ;
et elle a été châtiée pour avoir souillé le lit de son
mari. » L'abbé, à son réveil, se hâta d'aller avec les
frères à la cellule de Théodore qu'il trouva déjà morte.
Après être entrés, ils la découvrirent et trouvèrent
que c'était une femme. Aussitôt l'abbé envoya chercher le père de la fille qui avait sali la réputation de
Théodore et il lui dit : « L'homme de ta fille est mort » ;
et en ôtant les vêtements, le père reconnut que c'était
une femme.

Quand on apprit cela, il y eut une grande et générale frayeur ; alors l'ange du Seigneur parla ainsi
à l'abbé : « Lève-toi vite, prends un cheval et cours
à la ville, et celui que tu rencontreras prends-le et
le ramène avec toi. » Il était sur le chemin, quand
un homme accourut au-devant de lui. L'abbé lui ayant
demandé où il allait, cet homme lui dit : « Ma femme
est morte et je vais la voir. » Et l'abbé fit monter à
cheval avec lui le mari de Théodore ; quand ils furent
arrivés, ils pleurèrent beaucoup et ils l'ensevelirent
avec de grands honneurs. Alors le mari de Théodore
prit la cellule de sa femme, où il resta jusqu'au moment qu'il s'endormit dans le Seigneur. L'enfant de
Théodore suivit les avis de sa nourrice et se fit remar-

quer par une entière honnêteté de mœurs, de sorte
qu'à la mort de l'abbé, il fut élu à l'unanimité pour le
remplacer.

_____

SAINT ALEXIS *

Alexis vient de *a*, qui veut dire beaucoup, et *lexis*, qui signifie sermon. De là Alexis, qui est très fort sur la parole de
Dieu.

Alexis fut le fils d'Euphémien, homme d'une haute
noblesse à Rome, et le premier à la cour de l'empereur : il avait pour serviteurs trois mille jeunes esclaves
revêtus de ceintures d'or et d'habits de soie. Or, le
préfet Euphémien était rempli de miséricorde, et tous
les jours, dans sa maison, on dressait trois tables
pour les pauvres, les orphelins, les veuves et les pèle-
rins qu'il servait avec empressement ; et à l'heure de
none, il prenait lui-même son repas dans la crainte
du Seigneur avec des personnages religieux. Sa femme
nommée Aglaé avait la même dévotion et les mêmes
goûts. Or, comme ils n'avaient point d'enfant, à leurs
prières Dieu accorda un fils, après la naissance duquel ils prirent la ferme résolution de vivre désormais
dans la chasteté. L'enfant fut instruit dans les sciences
libérales, et après avoir brillé dans tous les arts de la
philosophie, et avoir atteint l'âge de puberté, on lui
choisit une épouse de la maison de l'empereur et on
le maria. Arriva l'heure de la nuit où il alla avec son

_____

* Sigebert de Gemblours, *Chron. an*, 405.

épouse dans la chambre nuptiale : alors le saint jeune
homme commença par instruire cette jeune personne
de la crainte de Dieu, et à la porter à conserver la pudeur de la virginité. Ensuite il lui donna son anneau
d'or et le bout de la ceinture qu'il portait en lui disant
de les conserver : « Reçois ceci, et conserve-le tant
qu'il plaira à Dieu, et que le Seigneur soit entre
nous. » Après quoi il prit de ses biens, alla à la mer
et s'embarqua à la dérobée sur un vaisseau qui faisait
voile pour Laodicée, d'où il partit pour Edesse, ville
de Syrie, dans laquelle on conservait un portrait de
Notre-Seigneur J.-C. peint sur un linge sans que
l'homme y ait mis la main. Quand il y fut arrivé, il
distribua aux pauvres tout ce qu'il avait apporté avec
soi, puis se revêtant de mauvais habits, il commença
par se joindre aux autres pauvres qui restaient sous le
porche de l'église de la Vierge Marie. Il gardait des
aumônes ce qui pouvait lui suffire ; le reste, il le don-
naît aux pauvres. Cependant, son père, inconsolable
de la disparition de son fils, envoya ses serviteurs
par tous pays, afin de le chercher avec soin. Quelques-
uns vinrent à Edesse et Alexis les reconnut ; mais eux
ne le reconnurent point, et même ils lui donnèrent
l'aumône comme aux autres pauvres. En l'acceptant,
il rendit grâces à Dieu en disant : « Je vous rends
grâces, dit-il, Seigneur, de ce que vous m'avez fait
recevoir l'aumône de mes serviteurs. » A leur retour,
ils annoncèrent au père qu'on n'avait pu le trouver en
aucun lieu. Quant à sa mère, à partir du jour de son
départ, elle étendit un sac sur le pavé de sa chambre,
où au milieu de ses veilles, elle poussait ces cris la-

mentables : « Toujours je demeurerai ici dans le deuil,
jusqu'à ce que j'aie retrouvé mon fils. » Pour son
épouse, elle dit à sa belle-mère : « Jusqu'à ce que
j'entende parler de mon très cher époux, semblable à
une tourterelle, je resterai dans la solitude avec vous. »
Or, la dix-septième année qu'Alexis demeurait dans
le service de Dieu sous le porche dont il a été question
plus haut, une image de la Sainte Vierge qui se trouvait là, dit enfin au custode de l'église : « Fais entrer
l'homme de Dieu, parce qu'il est digne du royaume du
ciel et l'Esprit divin repose sur lui : sa prière s'élève
comme l'encens en la présence de Dieu. » Et comme
le custode ne savait de qui la Vierge parlait, elle
ajouta : « C'est celui qui est assis dehors sous le porche. » Alors le custode se hâta de sortir et fit entrer
Alexis dans l'église. Ce fait étant venu à la connaissance du public, on se mit à lui donner des marques de
vénération ; mais Alexis, fuyant la vaine gloire, quitta
Edesse et vint à Laodicée, où il s'embarqua dans l'intention d'aller à Tharse de Cilicie ; cependant Dieu en
disposa autrement, car le navire, poussé par le vent,
aborda au port de Rome. Quand Alexis eut vu cela, il
se dit en lui-même : « Je resterai inconnu dans la
maison de mon père et je ne serai à charge à aucun
autre. » Il rencontra son père qui revenait du palais
entouré d'une multitude de gens obséquieux, et il se
mit à lui crier : « Serviteur de Dieu, je suis un pèlerin,
fais-moi recevoir dans ta maison, et laisse-moi me
nourrir des miettes de ta table, afin que le Seigneur
daigne avoir pitié de toi, à ton tour, qui es pèlerin
aussi. » En entendant ces mots, le père, par amour

pour son fils, l'introduisit chez lui ; il lui donna un
lieu particulier dans sa maison, lui envoya de la nourriture de sa table ; en chargeant quelqu'un d'avoir
soin de lui. Alexis persévérait dans la prière, macé-
rait son corps par les jeûnes et par les veilles. Les
serviteurs de la maison se moquaient de lui à tout
instant ; souvent ils lui jetaient sur la tête l'eau qui
avait servi, et l'accablaient d'injures : mais il supportait tout avec une grande patience. Il demeura donc
inconnu de la sorte pendant dix-sept ans dans la maison
de son père.

Ayant vu en esprit que le terme de sa vie était proche, il demanda du papier et de l'encre, et il écrivit
le récit de toute sa vie. Un jour de dimanche, après
la messe solennelle, une voix se fit entendre dans le
sanctuaire en disant : « Venez à moi, vous tous qui
travaillez et qui êtes fatigués et je vous soulagerai. »
Quand on entendit cela, on fut effrayé ; tout le monde
se jeta la face contre terre, quand pour la seconde
fois, la voix se fit entendre et dit : « Cherchez l'homme
de Dieu afin qu'il prie pour Rome. » Les recherches
n'ayant abouti à rien, la voix dit de nouveau : « C'est
dans la maison d'Euphémien que vous devez chercher. » On s'informa auprès de lui, et il dit qu'il ne
savait pas de qui on voulait parler. Alors les empereurs Arcadius et Honorius vinrent avec le pape Innocent à la maison d'Euphémien : et voilà que celui qui
était chargé d'Alexis vint trouver son maître et lui
dire : « Voyez, Seigneur, si ce ne serait pas notre pèlerin ; car vraiment c'est un homme d'une grande patience. » Euphémien courut aussitôt, mais il le trouva

mort : il vit sa figure toute resplendissante comme
celle d'un ange : ensuite il voulut prendre le papier
qu'il avait dans la main, mais il ne put l'ôter. En sortant il raconta ces détails aux empereurs et aux pontifes qui, étant entrés dans le lieu où gisait le pèlerin, dirent : « Quoique pécheurs, nous avons cependant
le gouvernement du royaume ; et l'un de nous a la
charge du gouvernement pastoral de l'Eglise univer-
selle, donne-nous donc ce papier afin que nous sa-
chions ce qui y est écrit. » Le pape s'approchant prit
le papier, que le défunt laissa aussitôt échapper, et il
le fit lire devant tout le peuple, en présence du père
lui-même. Alors Euphémien, qui entendait cela, fut
saisi d'une violente douleur ; il perdit connaissance
et tomba pâmé sur la terre. Revenu un peu à lui, il
déchira ses vêtements, s'arracha les cheveux blanchis,
se tira la barbe, et se déchira lui-même de ses propres mains, puis se jetant sur le corps de son fils, il
criait : « Malheureux que je suis ! pourquoi, mon fils,
pourquoi m'as-tu contristé de la sorte ? pourquoi
pendant tant d'années m'as-tu plongé dans la douleur et les gémissements ? Ah ! que je suis malheureux de te voir, toi, le bâton de ma vieillesse, étendu
sur un grabat ! tu ne parles pas : ah ! misérable que
je suis ! quelle consolation pourrai-je jamais goûter maintenant ? » Sa mère en entendant cela, semblable à une lionne qui a brisé le piège où elle était
prise, s'arrache les vêtements, se rue échevelée, lève
les yeux au ciel, et comme la foule était si épaisse
qu'elle ne pouvait arriver jusqu'au saint corps, elle
criait : « Laissez-moi passer, que je voie mon fils, que

je voie la consolation de mon âme, celui qui a sucé
mes mamelles. » Arrivée au corps, elle se jeta sur lui
en criant : « Quel malheur pour moi ! mon fils, la lumière de mes yeux, qu'as-tu fait là ? pourquoi avoir
agi si cruellement envers nous ? Tu voyais ton père et
ta malheureuse mère en larmes, et tu ne te faisais pas
connaître à nous ! Tes esclaves t'injuriaient et tu le
supportais ! » Et à chaque instant elle se jetait sur le
corps, tantôt étendant les bras sur lui, tantôt caressant de ses mains ce visage angélique, tantôt l'embras-
sant : « Pleurez tous avec moi, s'écriait-elle ; puisque,
pendant dix-sept ans, je l'ai eu dans ma maison et
je n'ai pas su que ce fût mon fils. Et encore il y avait
des esclaves qui l'insultaient et qui l'outrageaient en
le souffletant ! Suis-je malheureuse ! qui donnera à
mes yeux une fontaine de larmes pour pleurer nuit et
jour celui qui est la douleur de mon âme ? » La femme
d'Alexis, vêtue d'habits de deuil, accourut baignée de
larmes. « Quel malheur pour moi ! quelle désolation !
me voici veuve, je n'ai plus personne à regarder et
sur lequel j'aie à lever les yeux. Mon miroir est brisé,
l'objet de mon espoir a péri. Aujourd'hui commence
pour moi une douleur qui n'aura point de fin. » Le
peuple témoin de ce spectacle versait d'abondantes
larmes. Alors le pontife et les empereurs avec lui placèrent le corps sur un riche brancard, et le conduisirent au milieu de la ville. On annonçait au peuple
qu'on avait trouvé l'homme de Dieu que tous les citoyens recherchaient. Tout le monde courait au-devant
du saint; Y avait-il un infirme ? il touchait ce très
saint corps, et aussitôt il était guéri ; les aveugles re-

couvraient la vue, les possédés du démon étaient
délivrés ; tous ceux qui étaient souffrants de n'importe
quelle infirmité recevaient guérison. Les empereurs,
à la vue de tous ces prodiges, voulurent porter eux-
mêmes, avec le souverain pontife, le lit funèbre, pour
être sanctifiés aussi par ce corps saint. Alors les empereurs firent jeter une grande quantité d'or et d'argent
sur les places publiques, afin que la foule, attirée par
l'appât de cette monnaie, laissât parvenir le corps du
saint jusqu'à l'église. Mais la populace qui ne tint aucun compte de l'argent, se portait de plus en plus auprès du corps saint pour le toucher. Enfin ce fut après
de grandes difficultés qu'on parvint à le conduire à
l'église de saint Boniface, martyr; on l'y laissa sept
jours qui furent consacrés à la prière. Pendant ce temps
on éleva un tombeau avec de l'or et des pierres précieuses de toute nature, et on y plaça le saint corps
avec grande vénération. Il en émanait une odeur si
suave que tout le monde le pensait plein d'aromates.
Or, saint Alexis mourut le 16 des calendes d'août,
vers l'an 398.

SAINTE MARGUERITE

Marguerite est ainsi appelée d'une pierre précieuse blanche,
petite et remplie de vertus. Ainsi sainte Marguerite fut blanche par virginité, petite par humilité, vertueuse par l'opération des miracles. On dit que cette pierre a la vertu d'arrêter
le sang, de modérer les passions du cœur, et de conforter l'esprit. De même sainte Marguerite eut vertu contre l'effusion
de son sang par constance, parce qu'elle posséda une grande

constance dans son martyre, elle eut vertu contre les passions
du cœur, c'est-à-dire, contre la tentation du démon qui fut
vaincu par elle : elle eut vertu pour conforter son esprit, par
la doctrine avec laquelle elle affermit le cœur de plusieurs et
les convertit à la foi. Théotime *, homme érudit, a écrit sa
légende.

Marguerite, citoyenne d'Antioche, fut fille de Théodose, alias Ædesius, patriarche des gentils. Elle fut
confiée à une nourrice ; et quand elle eut atteint l'âge
de raison, elle fut baptisée et c'est pour cela qu'elle
était grandement haïe de son père. Parvenue à l'âge
de quinze ans, elle gardait un jour, avec d'autres jeunes
vierges, les brebis de sa nourrice, quand le préfet Olibrius, passant par là et voyant une jeune personne si
belle, s'éprit d'amour pour elle et lui dépêcha ses esclaves en disant : « Allez et saisissez-vous d'elle : si
elle est de condition libre, je la prendrai pour ma
femme ; si elle est esclave, j'en ferai ma concubine. »
Quand elle eut été amenée en sa présence, il s'informa
de sa famille, de son nom et de sa religion. Or, elle
répondit qu'elle était noble de naissance, Marguerite
de nom, et chrétienne de religion. Le préfet lui dit :
« Les deux premières qualités te conviennent fort bien,
savoir : que tu sois noble, et que tu sois réellement une
très belle marguerite ; mais la troisième ne te convient
pas, savoir : qu'une jeune personne si belle et si noble
ait pour Dieu un crucifié. » « D'où, sais-tu, répondit

* Ce Théotime aurait été, dit-on, témoin oculaire des faits
rapportés ici. Un bréviaire espagnol les raconte aussi sous le
nom de sainte Marine qui serait la même que sainte Marguerite (Cf. Bivar sur Dexter)

Marguerite, que le Christ a été crucifié ? » Olibrius
reprit : « Je l'ai appris des livres des chrétiens. »
Marguerite lui dit : « Puisque tu as lu le châtiment et
la gloire de J.-C , pourquoi rougirais-tu de croire un
point et de rejeter l'autre ? » Et comme Marguerite
avançait que J.-C. avait été crucifié de son plein gré
pour nous racheter, et qu'elle affirmait qu'il vivait
maintenant dans l'éternité, ce préfet en colère la fit
jeter en prison ; mais le lendemain, il la fit appeler
en sa présence et lui dit : « Jeune fille frivole, aie pitié
de ta beauté, et adore nos Dieux pour que tu sois
heureuse » Elle répondit : « J'adore celui devant lequel
la terre tremble, la mer s'agite, et toutes les créatures
sont dans la crainte. » Le préfet lui dit : « Si tu ne
m'obéis, je ferai déchirer ton corps. » Marguerite répondit : « J.-C. s'est livré à la mort pour moi, eh bien !
je désire aussi mourir pour lui. » Alors le préfet la
fit suspendre au chevalet ; puis il la fit battre d'abord
avec des verges, ensuite avec des peignes de fer, si
cruellement, que ses os étaient dénudés, et que le
sang ruisselait de son corps comme de la fontaine la
plus limpide. Or, ceux qui étaient là pleuraient et disaient : « O Marguerite, vraiment nous avons compassion de toi, en voyant déchirer si cruellement ton
corps. Quelle beauté tu as perdue à cause de ton incrédulité ! cependant il en est temps encore, crois, et
tu vivras. » Elle leur répondit : « O mauvais conseil-
lers, retirez-vous, et vous en allez ; ce tourment de la
chair est le salut de l'âme », et elle dit au préfet :
« Chien impudent et lion insatiable, tu as pouvoir sur
le corps, mais J.-C. se réserve l'âme. » Or, le préfet se

couvrait la figure avec sa chlamyde, car il ne pouvait
supporter la vue d'une telle effusion de sang. Il la fit
ensuite détacher et ordonna de l'enfermer dans une
prison, où une clarté merveilleuse se répandit. Pendant qu'elle était dans son cachot, elle pria le Seigneur
de lui montrer, sous une forme visible, l'ennemi avec
lequel elle avait à combattre; et voici qu'un dragon
effroyable lui apparut; comme il s'élançait pour la
dévorer, elle fit un signe de croix, et le monstre disparut : ou bien, d'après ce qu'on lit ailleurs, il lui mit
sa gueule sur la tête et la langue sur le talon et l'avala
à l'instant; mais pendant qu'il voulait l'absorber, elle
se munit du signe de la croix, ce qui fit crever le dragon, et la vierge sortit saine et sauve. Mais ce qu'on
rapporte du dragon qui la dévora et qui creva est regardé comme apocryphe et de peu de valeur.

Le diable vint encore pour tromper Marguerite, en
prenant une forme humaine. A sa vue, elle se mit en
prières, et après s'être levée, le diable s'approcha d'elle
et lui prenant la main : « Tout ce que tu as fait, lui
dit-il, est bien suffisant : ne t'occupes plus donc de
ma personne. » Mais Marguerite le prit par la tête,
le jeta par terre sous elle, et lui posant le pied droit
sur le crâne, elle dit : « Sois écrasé, superbe démon,
sous les pieds d'une femme. » Le démon criait : « O
bienheureuse Marguerite, je suis vaincu ! si un jeune
homme l'avait emporté sur moi, je ne m'en serais pas
préoccupé ; mais me voici vaincu par une jeune fille ;
et j'en suis d'autant plus affligé que ton père et ta
mère ont été mes amis. » Alors elle le força à dire
pour quel motif il était venu. Il répondit qu'il était

venu pour lui conseiller d'obéir aux avis du président.
Elle le força encore à dire pourquoi il employait tant
de manières pour tenter les chrétiens. Il répondit qu'il
avait naturellement de la haine contre les hommes
vertueux, et bien qu'il en fût souvent repoussé, il était
acharné à les séduire : et comme il était jaloux, à
l'égard des hommes de la félicité qu'il avait perdue,
sans pouvoir la recouvrer, il n'avait cependant pour
but que de la ravir aux autres. Et il ajouta que Salomon renferma une multitude infinie de démons dans
un vase, et qu'après sa mort ces esprits malins jetaient
du feu de ce vase ; les hommes, dans l'idée qu'un
grand trésor y était renfermé, le brisèrent : et les démons qui en sortirent remplirent les airs. Quand il
eut dit ces mots, la vierge leva le pied et lui dit : « Fuis,
misérable », et aussitôt le démon disparut. Marguerite
resta rassurée ; car puisqu'elle avait vaincu le chef,
elle aurait sans aucun doute le dessus sur le ministre.
Le lendemain, le peuple étant rassemblé, elle fut amenée en la présence du juge, et comme elle refusait
avec mépris de sacrifier, elle fut dépouillée, et son
corps fut brûlé avec des torches enflammées ; de telle
sorte que tout le monde s'étonnait qu'une fille si déli-
cate pût supporter autant de tourments. Ensuite il la
fit lier et jeter dans un bassin plein d'eau, afin que
ce changement de supplice augmentât la violence de
la douleur : mais à l'instant la terre trembla et la
jeune fille en sortit saine, à la vue de tous. Alors cinq
mille hommes crurent et furent condamnés à être décapités pour le nom de J.-C. Le préfet, dans la crainte
que les autres ne se convertissent, fit de suite couper

la tête à sainte Marguerite. Elle demanda alors un
instant pour prier : et elle pria pour elle-même, pour ses
bourreaux, et encore pour ceux qui feraient mémoire
d'elle et qui l'invoqueraient avec dévotion, ajoutant que
toute femme en couches qui se recommanderait à elle
enfanterait heureusement : et une voix se fit entendre
du ciel qui dit qu'elle pouvait être certaine d'avoir été
exaucée dans ses demandes. Elle se leva ensuite et
dit au bourreau : « Frère, prends ton épée et me
frappe. » D'un seul coup il abattit la tête de Marguerite, qui reçut ainsi la couronne du martyre. Or, elle
souffrit le 16 des calendes d'août, ainsi qu'on le trouve
en son histoire. On lit ailleurs que ce fut le 3 des ides
de juillet. Voici comment parle un saint de cette sainte
vierge : « La bienheureuse Marguerite fut remplie de la
crainte de Dieu, douée de justice, revêtue de religion,
inondée de componction, recommandable par son honneur, et d'une patience insigne ; on ne trouvait en elle
rien de contraire à la religion chrétienne ; haïe par
son père elle était aimée de N.-S. J.-C.

SAINTE PRAXÈDE *

Praxède viendrait de *prasin*, vert, elle verdit et porta fleur
de virginité.

Sainte Praxède, vierge, fut la sœur de sainte Puden-
tienne, de saint Donat et de saint Timothée qui furent

* *Breviaire*, — *Martyrologes.*

instruits dans la foi par les apôtres. Au milieu de la fureur d'une persécution, ils ensevelirent les corps d'un grand nombre de chrétiens, et donnèrent leurs biens aux pauvres ; enfin ils reposèrent en paix, vers l'an du Seigneur 165, sous Marc et Antoine le second.

SAINTE MARIE-MAGDELEINE *

Marie signifie mer amère, ou illuminatrice, ou illuminée. Ces trois significations font comprendre les trois excellentes parts qu'elle a choisies, savoir : la part de la pénitence, de la contemplation intérieure et de la gloire céleste C'est de ces trois parts que le Seigneur a dit : « Marie a choisi une excellente part qui ne lui sera pas enlevée. » La première part ne lui sera pas enlevée à cause de la fin qu'elle se proposait d'acquérir, la béatitude, ni la seconde à cause de la continuité, parce que la contemplation de la vie est continuée par la contemplation de la patrie : ni la troisième en raison de son éternité. En tant donc qu'elle a choisi l'excellente part de pénitence, elle est appelée mer amère, parce qu'elle y eut beaucoup d'amertumes · ce qui est clair par l'abondance des larmes qu'elle répandit et avec lesquelles elle lava les pieds du Seigneur. En tant qu'elle a choisi l'excellente part de la gloire céleste, elle reçoit le nom d'illuminatrice, parce qu'elle y a reçu avec avidité ce qu'elle a dans la suite rendu avec abondance : elle y a reçu la lumière avec laquelle elle a plus tard éclairé les autres. En tant qu'elle a choisi l'excellente part de la gloire céleste, elle est nommée illuminée, parce qu'elle est maintenant illuminée dans son esprit par la lumière de la parfaite connaissance, et que, dans son corps, elle sera illuminée de clarté Madeleine veut dire restant coupable (*manens rea*) ou bien encore munie, invaincue, magnifique, qualités qui indiquent ce qu'elle fut avant, pendant, et après sa conversion.

* Raban, Maur, *Breviaires* de Provence.

Avant sa conversion en effet, elle restait coupable et engagée à la damnation éternelle; pendant sa conversion, elle était munie et invaincue, parce qu'elle était armée de pénitence; elle se munit donc excellemment de toutes les armes de la pénitence; car autant elle a eu de délectation, autant elle en a fait l'objet de ses holocaustes. Après sa conversion elle fut magnifique par la surabondance de grâces, car où avait abondé le péché, là a surabondé la grâce *.

    Marie, surnommée Magdeleine, du château de Magdalon, naquit des parents les plus illustres, puisqu'ils descendaient de la race royale. Son père se nommait Syrus et sa mère Eucharie. Marie possédait en commun avec Lazare, son frère et Marthe, sa sœur, le château de Magdalon, situé à deux milles de Génézareth, Béthanie qui est proche de Jérusalem, et une grande partie de Jérusalem. Ils se partagèrent cependant leurs biens de cette manière : Marie eut Magdalon d'où elle fut appelée Magdeleine, Lazare retint ce qui se trouvait à Jérusalem, et Marie posséda Béthanie. Mais comme Magdeleine recherchait tout ce qui peut flatter les sens, et que Lazare avait son temps employé au service militaire, Marthe, qui était pleine de prudence, gouvernait avec soin les intérêts de sa sœur et ceux de son frère; en outre elle fournissait le nécessaire

---

* Pour la vie de sainte Marie-Magdeleine, consulter les *Monuments de l'apostolat*, par M. Faillon, prêtre de Saint-Sulpice. Cette publication extraordinaire confirme les faits de la légende, à l'exception du pèlerinage du prince à Rome et à Jérusalem avec saint Pierre. Toutefois, M. Faillon ne paraît rejeter ce fait qu'en s'appuyant sur l'impossibilité où le prince aurait pu d'être reconnu par saint Pierre à la croix qu'il portait sur l'épaule Ce qui ne paraît pas rigoureux.

aux soldats, à ses serviteurs, et aux pauvres. Toutefois ils vendirent tous leurs biens après l'ascension de
J.-C. et en apportèrent le prix aux apôtres. Comme
donc Magdeleine regorgeait de richesses et que la volupté est la compagne accoutumée de nombreuses possessions, plus elle brillait par ses richesses et sa
beauté, plus elle salissait son corps par la volupté;
aussi perdit-elle son nom propre pour ne plus porter
que celui de pécheresse. Comme J.-C. prêchait çà et
là, inspirée par la volonté divine, et ayant entendu
dire que J.-C. dînait chez Simon le lépreux, Magdeleine y alla avec empressement, et n'osant pas, en sa
qualité de pécheresse, se mêler avec les justes, elle
resta aux pieds du Seigneur, qu'elle lava de ses larmes,
essuya avec ses cheveux et parfuma d'une essence
précieuse : car les habitants du pays, en raison de
l'extrême chaleur du soleil, usaient de parfums et de
bains. Comme Simon le pharisien pensait à part soi
que si J.-C. était un prophète, il ne se laisserait pas
toucher par une pécheresse, le Seigneur le reprit de
son orgueilleuse justice et remit à cette femme tous
ses péchés. C'est à cette Marie-Magdeleine que le Seigneur accorda tant de bienfaits et donna de si grandes
marques d'affection. Il chassa d'elle sept démons, il
l'embrasa entièrement d'amour pour lui ; il en fit son
amie de préférence ; il était son hôte ; c'était elle qui,
dans ses courses, pourvoyait à ses besoins, et en
toute occasion il prenait sa défense. Il la disculpa auprès du pharisien qui la disait immonde, auprès de
sa sœur qui la traitait de paresseuse, auprès de Judas qui l'appelait prodigue. En voyant ses larmes,

il ne put retenir les siennes. Par son amour, elle obtint que son frère, mort depuis trois jours, fût ressuscité ; ce fut à son amitié que Marthe, sa sœur, dut
d'être délivrée d'un flux de sang, dont elle était affligée depuis sept ans ; à ses mérites Martille, servante
de sa sœur, dut d'avoir l'honneur de proférer ce mot
si doux qu'elle dit en s'écriant : « Bienheureux le sein
qui vous a porté. » D'après saint Ambroise, en effet,
c'est de Marthe et de sa servante qu'il est question en
cet endroit. C'est elle, dis-je, qui lava les pieds du
Seigneur de ses larmes, qui les essuya avec ses cheveux, qui les parfuma d'essence, qui, le temps de la
grâce arrivé, fit tout d'abord une pénitence exemplaire,
qui choisit la meilleure part, qui se tenant assise aux
pieds du Seigneur écouta sa parole, et lui parfuma la
tête, qui était auprès de la croix lors de la passion,
qui prépara des aromates dans l'intention d'embau-
mer son corps, qui ne quitta pas le sépulcre quand
les disciples se retirèrent ; ce fut à elle la première
que J.-C. apparut lors de sa résurrection, et il la fit
l'apôtre des apôtres.

Après l'ascension du Seigneur, c'est-à-dire quatorze ans après la passion, les Juifs ayant massacré
depuis longtemps déjà saint Étienne et ayant chassé
les autres disciples de leur pays, ces derniers se retirèrent dans les régions habitées par les gentils, pour
y semer la parole de Dieu. Il y avait pour lors avec
les apôtres saint Maximin, l'un des 72 disciples, auquel Marie-Magdeleine avait été spécialement recommandée par saint Pierre. Au moment de cette dispersion, saint Maximin, Marie-Magdeleine, Lazare, son

frère, Marthe, sa sœur, et Martille, suivante de Marthe,
et enfin le bienheureux Cédonius, l'aveugle-né guéri
par le Seigneur, furent mis par les infidèles sur un
vaisseau tous ensemble avec plusieurs autres chrétiens encore, et abandonnés sur la mer sans aucun
pilote afin qu'ils fussent engloutis en même temps.
Dieu permit qu'ils abordassent à Marseille. N'ayant
trouvé là personne qui voulût les recevoir, ils restaient
sous le portique d'un temple élevé à la divinité du
pays. Or, comme sainte Marie-Magdeleine voyait le
peuple accourir pour sacrifier aux dieux, elle se leva
avec un visage tranquille, le regard serein, et par
des discours fort adroits, elle le détournait du culte
des idoles et lui prêchait sans cesse J.-C. Tous étaient
dans l'admiration pour ses manières fort distinguées,
pour sa facilité à parler, et pour le charme de son éloquence. Ce n'était pas merveille si une bouche qui
avait embrassé avec autant de piété et de tendresse
les pieds du Sauveur, eût conservé mieux que les
autres le parfum de la parole de Dieu.

Alors arriva un prince du pays avec son épouse
qui venait sacrifier aux idoles pour obtenir un enfant.
Magdeleine, en leur annonçant J.-C., les dissuada d'offrir des sacrifices. Quelques jours s'étant écoulés,
Magdeleine, se montra dans une vision à cette dame et
lui dit : « Pourquoi, vous qui vivez dans l'abondance,
laissez-vous les saints de Dieu mourir de faim et de
froid? » Elle finit par la menacer que si elle ne per-
suadait pas à son mari de venir au secours de la misère des saints, elle encourrait la colère du Dieu tout
puissant. Toutefois la princesse n'eut pas la force de

découvrir sa vision à son mari. La nuit suivante Magdeleine lui apparut et lui dit la même chose ; mais
cette femme négligea encore d'en faire part à son
époux. Une troisième fois, au milieu du silence de la
nuit, Marie apparut à l'un et à l'autre ; elle frémis-
sait et le feu de sa colère jetait une lumière qui aurait fait croire que toute la maison était en flammes.
« Dors-tu, tyran, dit-elle ? membre de Satan qui est
ton père, tu reposes avec cette vipère, ta femme, qui
n'a pas voulu te faire connaître ce que je lui ai dit :
Te reposes-tu, ennemi de la croix de J.-C. ? Quand
ton estomac est rempli d'aliments de toutes sortes, tu
laisses périr de faim et de soif les saints de Dieu. Tu
es couché dans un palais ; autour de toi ce ne sont
que tentures de soie, et tu les vois désolés et sans asile,
et tu passes outre. Non, cela ne finira pas de cette
sorte : et ce ne sera pas impunément que tu auras
différé de leur faire du bien. » Elle dit et se retira.
A son réveil la femme, haletante et effrayée, dit à
son mari troublé comme elle : « Mon seigneur, avez-
vous eu le même songe que moi ? » « Oui, répondit-
il, et je ne puis m'empêcher d'admirer et de craindre.
Qu'avons-nous donc à faire ? » « Il vaut mieux pour
nous, reprit la femme, nous conformer à ce qu'elle
dit, plutôt que d'encourir la colère de son Dieu dont
elle nous menace. » Ils reçurent donc les saints chez
eux, et leur fournirent le nécessaire.

Or, un jour que Marie-Magdeleine prêchait, le prince
dont on vient de parler lui dit : « Penses-tu pouvoir
justifier la foi que tu prêches ? » « Oui, reprit-elle,
je suis prête à la défendre ; elle est confirmée par les

miracles quotidiens et la prédication de mon maître
saint Pierre, qui préside à Rome. Le prince et son
épouse lui dirent : « Nous voilà disposés à obtempé-
rer à tous tes dires, si tu nous obtiens un fils du Dieu
que tu prêches. » « Alors, dit Magdeleine, ce ne sera
pas moi qui serai un obstacle. » Et la bienheureuse
pria pour eux le Seigneur qu'il leur daignât accorder
un fils. Le Seigneur exauça ses prières et la dame
conçut. Alors son mari voulut partir pour aller trouver saint Pierre, afin de s'assurer si ce qu'avait annoncé Magdeleine touchant J.-C. était réellement la
vérité. Sa femme lui dit: « Quoi ! mon seigneur, pensez-vous partir sans moi ? Point du tout ; si vous par-
tez, je partirai, si vous venez, je viendrai, si vous
restez, je resterai. » Son mari lui dit : « Il n'en sera
pas ainsi, ma dame ; car vous êtes enceinte et sur la
mer on court des dangers sans nombre ; vous pourriez donc facilement être exposée; vous resterez en repos à la maison et vous veillerez sur nos possessions. »
Elle n'en persista pas moins, et obstinée comme l'est
une personne de son sexe, elle se jeta avec larmes
aux pieds de son mari qui obtempéra enfin à sa demande. Alors Marie mit le signe de la croix sur leurs
épaules de crainte que l'antique ennemi ne leur nuisît
en route. Ils chargèrent un vaisseau de tout ce qui
leur était nécessaire, et après avoir laissé le reste à la
garde de Marie-Madgdeleine, ils partirent. Ils n'avaient
voyagé qu'un jour et une nuit quand la mer commença à s'enfler, le vent à gronder, de sorte que tous
les passagers et principalement la dame enceinte et
débile, ballottés ainsi par les vagues, furent en proie

aux plus graves inquiétudes ; les douleurs de l'enfantement saisirent la femme tout à coup, et au milieu de ses
souffrances et de la violence de la tempête, elle mit
un enfant au monde et expira. Or, le petit nouveau-né
palpitait éprouvant le besoin de se nourrir du lait de
sa mère qu'il semblait chercher en poussant des vagis-
sements pitoyables. Hélas ! quelle douleur ! En recevant la vie, cet enfant avait donné la mort à sa mère,
il ne lui restait plus qu'à mourir lui-même puisqu'il
n'y avait, personne pour lui administrer la nourriture nécessaire à sa conservation. Que fera le pèlerin
en voyant sa femme morte, et son fils qui, par ses cris
plaintifs, exprimait le désir de prendre le sein ? Il se
lamentait beaucoup en disant : « Hélas ! malheureux !
que feras-tu ? Tu as souhaité un fils et tu as perdu la
mère qui lui donnait la vie. » Les matelots criaient :
« Qu'on jette ce corps à la mer, avant que nous ne
soyons engloutis en même temps que lui, car tant
qu'il sera avec nous, cette tempête ne cessera pas. »
Et comme ils avaient pris le cadavre pour le jeter à
la mer : « Un instant, dit le pèlerin, un instant : si vous
ne voulez pas attendre ni pour la mère ni pour moi,
ayez pitié au moins de ce petit enfant qui crie ; attendez un instant, peut-être que la mère a seulement
perdu connaissance dans sa douleur et qu'elle vit encore. » Et voici que non loin du vaisseau apparut une
colline ; à cette vue, il pensa qu'il n'y avait rien de
mieux à faire que d'y transporter le corps de la mère
et l'enfant plutôt que de les jeter en pâture aux bêtes
marines. Ce fut par prières et par argent qu'il parvint
à obtenir des matelots d'aborder. Et comme le rocher

était si dur qu'il ne put creuser une fosse, il plaça le corps enveloppé d'un manteau dans un endroit des plus écartés de la montagne et déposant son fils contre son sein, il dit : « O Marie-Magdeleine ; c'est pour mon plus grand malheur que tu as abordé à Marseille ! Pourquoi faut-il que j'aie eu le malheur d'entreprendre ce voyage d'après tes avis ? As-tu demandé à Dieu que ma femme conçût afin qu'elle pérît ? Car voici qu'elle a conçu et, en devenant mère, elle subit la mort; son fruit est né et il faut qu'il meure, puisqu'il n'y a personne pour le nourrir. Voici ce que j'ai obtenu par ta prière, je t'ai confié tous mes biens, je les confie à ton Dieu. Si tu as quelque pouvoir, souviens-toi de l'âme de la mère et à ta prière que ton Dieu ait pitié de l'enfant et ne le laisse pas périr. » Il enveloppa alors dans son manteau le corps de sa femme et de son fils et remonta sur le vaisseau.

Quand il fut arrivé chez saint Pierre, celui-ci vint à sa rencontre, et en voyant le signe de la croix attaché sur ses épaules il lui demanda qui il était et d'où il venait. Le pèlerin lui raconta tout ce qui s'était passé. — Pierre lui dit : « La paix soit avec vous, vous avez bien fait de venir et vous avez été bien inspiré de croire. Ne vous tourmentez pas si votre femme dort, et si son enfant repose avec elle ; car le Seigneur a le pouvoir de donner à qui il veut, de reprendre ce qu'il a donné, de rendre ce qui a été enlevé, et de changer votre douleur en joie. » Or, saint Pierre le conduisit lui-même à Jérusalem et lui montra chacun des endroits où J.-C. avait prêché, et avait fait des miracles, comme aussi le lieu où il avait souffert, et celui d'où

il était monté aux cieux. Après avoir été instruit avec
soin dans la foi par saint Pierre, il remonta sur un
vaisseau après deux ans révolus, dans l'intention de
regagner sa patrie. Dieu permet que, dans le trajet,
ils passassent auprès de la colline où avait été déposé le
corps de sa femme avec le nouveau-né, et par prière
et par argent il obtint d'y débarquer. Or, le petit enfant, qui avait été gardé sain et sauf par sainte Marie-
Magdeleine, venait souvent sur le rivage, et comme
tous les enfants, il avait coutume de se jouer avec des
coquillages et des cailloux. En abordant, le pèlerin
vit donc un petit enfant qui s'amusait, comme on le
fait à son âge, avec des pierres ; il ne se lassait pas
d'admirer jusqu'à ce qu'il descendît de la nacelle. En
l'apercevant, l'enfant, qui n'avait jamais vu de semblable chose, eut peur, courut comme il avait coutume de le faire au sein de sa mère sous le manteau
de laquelle il se cacha. Or, le pèlerin, pour mieux s'assurer de ce qui se passait, s'approcha de cet endroit et y
trouva un très bel enfant qui prenait le sein de sa mère.
Il l'accueillit dans ses bras. « O bienheureuse Marie-
Magdeleine, dit-il, quel bonheur pour moi ! comme
tout me réussirait, si ma femme vivait et pouvait retourner avec moi dans notre patrie ! Je sais, oui, je
sais, et je crois sans aucun doute que vous qui m'avez
donné un enfant et qui l'avez nourri sur ce rocher
pendant deux ans, vous pourriez, par vos prières,
rendre à sa mère la santé dont elle a joui auparavant. »
A ces mots, la femme respira et dit comme si elle se
réveillait : « Votre mérite est grand, bienheureuse Marie-Magdeleine, vous êtes glorieuse, vous qui, dans les

douleurs de l'enfantement, avez rempli pour moi l'office de sage-femme, et qui en toute circonstance m'avez rendu les bons soins d'une servante. » En entendant ces paroles, le pèlerin fut plein d'admiration. « Vivez-vous, dit-il, ma chère épouse ? » « Oui, répondit-elle, je vis ; je viens d'accomplir le pèlerinage que vous avez fait vous-même. C'est saint Pierre qui vous a conduit à Jérusalem et qui vous a montré tous les lieux où J -C. a souffert, est mort et a été enseveli, et beaucoup d'autres encore ; moi, c'est avec sainte Marie-Magdeleine pour compagne et pour guide que j'ai vu chacun de ces lieux avec vous ; j'en ai confié le souvenir à ma mémoire. » Alors elle énuméra tous les endroits où J.-C. a souffert, raconta les miracles qui avaient eu son mari pour témoin, sans la moindre hésitation. Le pèlerin joyeux prit la mère et l'enfant, s'embarqua et peu après ils abordèrent à Marseille, où, étant entrés, ils trouvèrent sainte Marie-Magdeleine annonçant la parole de Dieu avec ses disciples. Ils se jetèrent à ses pieds en pleurant, lui racontèrent tout ce qui leur était arrivé, et reçurent le saint baptème des mains du bienheureux Maximin. Alors ils détruisirent dans Marseille tous les temples des idoles, et élevèrent des églises en l'honneur de J.-C., ensuite ils choisirent à l'unanimité le bienheureux Lazare pour évêque de la cité. Enfin conduits par l'inspiration de Dieu, ils vinrent à Aix dont ils convertirent la population à la foi de J.-C. en faisant beaucoup de miracles et où le bienheureux Maximin fut de son côté ordonné évêque.

Cependant la bienheureuse Marie-Magdeleine, qui

aspirait ardemment se livrer à la contemplation des
choses supérieures, se retira dans un désert affreux où
elle resta inconnue l'espace de trente ans, dans un endroit préparé par les mains des anges. Or, dans ce lieu,
il n'y avait aucune ressource, ni cours d'eau, ni arbres,
ni herbe, afin qu'il restât évident que notre Rédempteur avait disposé de la rassasier, non pas de nourritures terrestres, mais seulement des mets du ciel. Or,
chaque jour, à l'instant des sept heures canoniales,
elle était enlevée par les anges au ciel et elle y entendait, même des oreilles du corps, les concerts charmants
des chœurs célestes. Il en résultait que, rassasiée chaque jour à cette table succulente, et ramenée par les
mêmes anges aux lieux qu'elle habitait, elle n'éprouvait pas le moindre besoin d'user d'aliments corporels.
Un prêtre, qui désirait mener une vie solitaire, plaça
sa cellule dans un endroit voisin de douze stades de
celle de Marie-Magdeleine. Un jour donc, le Seigneur
ouvrit les yeux de ce prêtre qui put voir clairement
comment les anges descendaient dans le lieu où demeurait la bienheureuse Marie, la soulevaient dans les airs
et la rapportaient une heure après dans le même lieu,
en chantant les louanges du Seigneur. Alors le prêtre,
voulant s'assurer de la réalité de cette vision, après
s'être recommandé par la prière à son créateur, se dirigea avec dévotion et courage vers cet endroit ; il
n'en était éloigné que d'un jet de pierre, quand ses
jambes commencèrent à fléchir, une crainte violente le
saisit et lui ôta la respiration : s'il revenait en arrière,
ses jambes et ses pieds reprenaient des forces pour
marcher, mais s'il rebroussait chemin pour tenter de

s'approcher du lieu en question, autant de fois la las-
situde s'emparait de son corps, et son esprit s'engourdissait. L'homme de Dieu comprit donc qu'il y avait
là un secret du ciel auquel l'esprit humain ne pouvait
atteindre. Après avoir invoqué le nom du Sauveur il
s'écria : « Je t'adjure par le Seigneur, que si tu es
un homme ou bien une créature raisonnable habitant
cette caverne, tu me répondes et tu me dises la vérité.
« Et quand il eut répété ces mots par trois fois, la
bienheureuse Marie-Magdeleine lui répondit : « Approchez plus près, et vous pourrez connaître la vérité
de tout ce que votre âme désire. » Quand il se fut approché tout tremblant jusqu'au milieu de la voie à parcourir, elle lui dit : « Vous souvenez-vous qu'il est
question, dans l'Évangile, de Marie, cette fameuse pécheresse, qui lava de ses larmes les pieds du Sauveur,
et les essuya de ses cheveux, ensuite mérita le pardon
de ses fautes ? » Le prêtre lui répondit : « Je m'en
souviens, et depuis plus de trente ans la sainte église
croit et confesse ce fait. » « C'est moi, dit-elle, qui suis
cette femme. J'ai demeuré inconnue aux hommes l'espace de trente ans, et comme il vous a été accordé
de le voir hier, chaque jour, je suis enlevée au ciel
par les mains des anges, et j'ai eu le bonheur d'entendre des oreilles du corps les admirables concerts
des chœurs célestes, sept fois par chaque jour. Or,
puisqu'il m'a été révélé par le Seigneur que je dois
sortir de ce monde, allez trouver le bienheureux Maximin, et dites-lui que, le jour de Pâques prochain,
à l'heure qu'il a coutume de se lever pour aller à matines, il entre seul dans son oratoire et qu'il m'y trou-

vera transportée par le ministère des anges. » Le
prêtre entendait sa voix, comme on aurait dit de celle
d'un ange, mais il ne voyait personne. Il se hâta donc
d'aller trouver saint Maximin, et lui raconta tous ces
détails. Saint Maximin, rempli d'une grande joie, rendit alors au Sauveur d'immenses actions de grâce, et
au jour et à l'heure qu'il lui avait été dit, en entrant
dans son oratoire, il voit la bienheureuse Marie-Magdeleine debout dans le chœur, au milieu des anges
qui l'avaient amenée. Elle était de deux coudées au-
dessus de terre, debout au milieu des anges et priant
Dieu, les mains étendues. Or, comme le bienheureux
Maximin tremblait d'approcher auprès d'elle, Marie
dit en se tournant vers lui : « Approchez plus près ;
ne fuyez pas votre fille, mon père. » En s'approchant,
selon qu'on le lit dans les livres de saint Maximin
lui-même, il vit que le visage de la sainte rayonnait
de telle sorte par les continuelles et longues commu-
nications avec les anges, que les rayons du soleil
étaient moins éblouissants que sa face. Maximin convoqua tout le clergé et le prêtre dont il vient d'être
parlé. Marie-Magdeleine reçut le corps et le sang du
Seigneur des mains de l'évêque, avec une grande
abondance de larmes. S'étant ensuite prosternée devant
la base de l'autel, sa très sainte âme passa au Seigneur :
après qu'elle fut sortie de son corps, une odeur si suave
se répandit dans le lieu même, que pendant près de sept
jours, ceux qui entraient dans l'oratoire la ressentaient.
Le bienheureux Maximin embauma le très saint corps
avec différents aromates, l'ensevelit, et ordonna qu'on
l'ensevelît lui-même auprès d'elle après sa mort.

Hégésippe, ou bien Joseph, selon d'autres, est assez d'accord avec cette histoire. Il dit, en effet, dans son traité, que Marie-Magdeleine, après l'ascension du Seigneur, poussée par son amour envers J.-C. et par l'ennui qu'elle en avait, ne voulait plus jamais voir face d'homme; mais que dans la suite elle vint au territoire d'Aix, s'en alla dans un désert où elle resta inconnue l'espace de trente ans, et, d'après son récit, chaque jour, elle était transportée dans le ciel pour les sept heures canoniales. Il ajoute cependant qu'un prêtre, étant venu chez elle, la trouva enfermée dans sa cellule. Il lui donna un vêtement sur la demande qu'elle lui en fit. Elle s'en revêtit, alla avec le prêtre à l'église où après avoir reçu la communion, elle éleva les mains pour prier et mourut en paix vis-à-vis l'autel. — Du temps de Charlemagne, c'est-à-dire, l'an du Seigneur 769, Gyrard, duc de Bourgogne, ne pouvant avoir de fils de son épouse, faisait de grandes largesses aux pauvres, et construisait beaucoup d'églises et de monastères. Ayant donc fait bâtir l'abbaye de Vézelai, il envoya, de concert avec l'abbé de ce monastère, un moine avec une suite convenable, à la ville d'Aix, pour en rapporter, s'il était possible, les reliques de sainte Marie-Magdeleine. Ce moine arrivé à Aix trouva la ville ruinée de fond en comble par les païens; le hasard lui fit découvrir un sépulcre dont les sculptures en marbre lui prouvèrent que le corps de sainte Marie-Magdeleine était renfermé dans l'intérieur; en effet l'histoire de la sainte était sculptée avec un art merveilleux sur le tombeau. Une nuit donc le moine le brisa, prit les reliques et les emporta à son hôtel. Or, cette nuit-là même, la bienheureuse Marie-Magdeleine apparut à ce moine et lui dit de n'avoir aucune crainte mais d'achever l'œuvre qu'il avait entreprise.

A son retour, il était éloigné d'une demi-lieue de son monastère, quand il devint absolument impossible de remuer les reliques, jusqu'à l'arrivée de l'abbé avec les moines qui les reçurent en procession avec grand honneur. Un soldat qui avait l'habitude de venir chaque année en pèlerinage au corps de la bienheureuse Marie-Magdeleine, fut tué dans une bataille. On l'avait mis dans le cercueil et ses parents en pleurs se plaignaient avec confiance à sainte Magdeleine de ce qu'elle avait laissé mourir, sans qu'il eût eu le temps de se confesser et de faire pénitence, un homme qui lui avait été si dévot. Tout à coup, à la stupéfaction générale, celui qui était mort ressuscita, demanda un prêtre, et après s'être dévotement confessé et avoir reçu le viatique, il mourut en paix aussitôt. — Un navire sur lequel se trouvaient beaucoup d'hommes et de femmes fit naufrage. Mais une femme enceinte, se voyant en danger de périr dans la mer, invoquait, autant qu'il était en son pouvoir, sainte Magdeleine, et faisait vœu, que si, grâce à ses mérites, elle échappait au naufrage et mettait un fils au monde, elle le dédierait à son monastère. A l'instant, une femme d'un aspect et d'un port vénérable lui apparut, la prit par le menton, et la conduisit saine et sauve sur le rivage, quand tous les autres périssaient *. Peu de temps après, elle mit au

---

* Vincent de B., *Hist.*, l. XXIV, c. xxxv.

monde un fils, et accomplit fidèlement son vœu. —
Il y en a qui disent que Marie-Magdeleine était fiancée
à saint Jean l'évangéliste, et qu'il allait l'épouser quand
J.-C. l'appela au moment de ses noces. Indignée de
ce que le Seigneur lui avait enlevé son fiancé, Magdeleine s'en alla et se livra tout à fait à la volupté. Mais
parce qu'il n'était pas convenable que la vocation de
Jean fût pour Magdeleine une occasion de se damner,
le Seigneur, dans sa miséricorde, la convertit à la pénitence ; et en l'arrachant aux plaisirs des sens, il la
combla des joies spirituelles qui se trouvent dans l'a-
mour de Dieu. Quelques-uns prétendent que si N.-S.
admit saint Jean dans une intimité plus grande que
les autres, ce fut parce qu'il l'arracha à l'amour de
Magdeleine. Mais ce sont choses fausses et frivoles ;
car frère Albert, dans le prologue sur l'Evangile de
saint Jean, pose en fait que cette fiancée dont saint
Jean fut séparé au moment de ses noces par la vocation de J.-C., resta vierge, et s'attacha par la suite
à la sainte Vierge Marie, mère de J.-C. et qu'enfin elle
mourut saintement. — Un homme privé de la vue
venait au monastère de Vézelai visiter le corps de
sainte Marie-Magdeleine, quand son conducteur lui
dit qu'il commençait à apercevoir l'église. Alors l'a-
veugle s'écria à haute voix : « O sainte Marie-Magdeleine ! que ne puis-je avoir le bonheur de voir une
fois votre église ! » et à l'instant ses yeux furent ouverts. — Un homme avait écrit ses péchés sur une
feuille qu'il posa sous la nappe de l'autel de sainte
Marie-Magdeleine, en la priant de lui en obtenir la rémission. Peu de temps après il reprit sa feuille et

tous les péchés en avaient été effacés. — Un homme
détenu en prison pour de l'argent qu'on exigeait de
lui invoquait à son secours sainte Marie-Magdeleine ; et
voici qu'une nuit lui apparut une femme d'une beauté
remarquable qui, brisant ses chaînes et lui ouvrant
la porte, lui commanda de fuir. Ce prisonnier se voyant
délivré s'enfuit aussitôt *. — Un clerc de Flandre,
nommé Etienne, était tombé dans de si grands crimes,
en s'adonnant à toutes les scélératesses, qu'il ne voulait pas plus entendre parler des choses qui regardent
le salut qu'il ne les pratiquait. Cependant il avait une
grande dévotion en sainte Marie-Magdeleine ; il jeûnait
ses vigiles et honorait le jour de sa fête. Une fois qu'il
visitait son tombeau, sainte Marie-Magdeleine lui apparut, alors qu'il n'était ni tout à fait endormi, ni tout à
fait éveillé ; elle avait la figure d'une belle femme ; ses
yeux étaient tristes, et elle était soutenue à droite et
à gauche par deux anges : alors elle lui dit : « Je t'en
prie, Etienne, pourquoi te livres-tu à des actions indignes de moi ? Pourquoi n'es-tu pas touché des paroles
pressantes que je t'adresse de ma propre bouche ? dès
l'instant que tu as eu de la dévotion pour moi, j'ai
toujours prié d'une manière pressante le Seigneur
pour toi. Allons, courage, repens-toi, car je ne t'a-
bandonnerai pas que tu ne sois réconcilié avec Dieu. »
Et il se sentit inondé de tant de grâces que, renonçant
au monde, il entra en religion et mena une vie très
parfaite. A sa mort, on vit sainte Marie-Magdeleine

* Vincent de B., *Hist.*, l XXIV, c. xxxv, ms. de la Bible,
Bibliothèque nationale, n° 5296

apparaître avec des anges auprès de son cercueil, et porter au ciel, avec des cantiques, son âme sous la forme d'une colombe *.

SAINT APOLLINAIRE

Apollinaire vient de *pollens*, resplendissant, et de *ares*, vertu, resplendissant de vertus. ou bien de *pollo*, qui signifie admirable et *naris*, narine ; par quoi l'on entend la discrétion ; c'est comme si l'on disait : homme d'une discrétion admirable. Il peut encore venir de *a*, sans, de *polluo*, souiller, et *ares*, vertu, homme vertueux non souillé par le vice.

Saint Apollinaire fut disciple de saint Pierre qui l'envoya de Rome à Ravenne où, après avoir guéri la femme du tribun, il la baptisa avec son mari et sa famille. Le juge en fut informé et Apollinaire fut mandé le premier pour comparaître devant lui. On le conduisit au temple de Jupiter pour qu'il sacrifiât. Comme il disait aux prêtres que l'or des idoles et l'argent qu'on y suspendait seraient mieux employés en les donnant aux pauvres qu'à les exposer ainsi devant les démons, il fut saisi aussitôt et battu avec des fouets jusqu'à rester à demi mort : mais il fut recueilli par ses disciples et soigné pendant sept mois dans la maison d'une veuve. De là il vint à Classe** pour y guérir un noble qui était muet ***. Comme il entrait dans la maison, une jeune fille possédée d'un esprit immonde

* Denys le Chartr , *Sermon* iv, de sainte Marie-Magdeleine.
** Bourg à 3/4 de lieue de Ravenne dont il est le port.
*** *Breviaire romain.*

s'écria : « Retire-toi d'ici, serviteur de Dieu ; sinon
je te ferai jeter hors de la ville les mains et les pieds
liés. » Saint Apollinaire la reprit aussitôt et força le
démon à s'en aller. Après avoir invoqué le nom du
Seigneur sur le muet et l'avoir guéri, plus de cinq
cents hommes reçurent le don de la foi. Cependant
les païens l'accablèrent à coups de fouet pour l'empêcher de nommer J.-C. : mais le saint étendu par
terre criait que c'était le vrai Dieu. Alors ils le firent
tenir debout et nu-pieds sur des charbons ardents,
mais comme il prêchait encore J.-C. avec la plus grande
constance, ils le chassèrent hors de la ville*.

Dans le même temps, Rufus, patricien de Ravenne,
dont la fille était malade, avait appelé saint Apollinaire pour la guérir : mais celui-ci était à peine entré
dans la maison qu'elle mourut. Rufus lui dit : « Il eût
été à souhaiter que tu ne fusses pas entré chez moi,
car les grands dieux irrités n'ont pas voulu guérir ma
fille : mais toi, que lui pourras-tu faire ? » « Ne crains
rien, lui répondit Apollinaire ; seulement jure-moi
que si ta fille ressuscite, tu ne l'empêcheras pas de
s'attacher à son créateur. » Il le promit et saint Apollinaire ayant fait une prière, la fille ressuscita. Elle
confessa le nom de J.-C., reçut le baptême avec sa
mère et une grande multitude de personnes, et elle
vécut dans la virginité**. Quand César apprit cela, il
écrivit au préfet du prétoire de faire sacrifier Apollinaire, ou de l'envoyer en exil. Apollinaire ayant refusé

* *Breviaire romain.*
** *Ibid.*

II.   17*

de sacrifier, le préfet le fit fouetter et ordonna qu'on
l'étendît au chevalet pour le torturer. Le saint persistant
à confesser J.-C., il fit jeter de l'eau bouillante sur ses
plaies et voulut l'envoyer en exil après l'avoir garrotté
d'une masse énorme de fer. Les chrétiens, à la vue
d'une si grande impiété, s'enflammèrent contre les
païens, se jetèrent sur eux et en tuèrent plus de deux
cents. Alors le préfet se cacha, jeta Apollinaire au
fond d'une prison très profonde, ensuite il le fit mettre
sur un vaisseau après l'avoir enchaîné, et le fit partir
en exil avec trois clercs qui suivaient le saint. Il s'é-
leva une tempête, et il n'y eut de sauvé que lui, les
deux clercs et deux soldats qu'il baptisa. Revenu ensuite à Ravenne, où les païens le prirent et le conduisirent au temple d'Apollon, aussitôt qu'il eut aperçu
la statue de l'idole, il la maudit et tout aussitôt, elle
tomba. A cette vue, les prêtres le menèrent au juge
Taurus. Ce juge, après que le saint eut rendu l'usage
de ses yeux à son fils qui était aveugle, se convertit à
la foi, et garda Apollinaire pendant quatre ans dans
son domaine. Les prêtres des faux dieux l'ayant accusé
à Vespasien, celui-ci répondit que quiconque insultait
les dieux devait sacrifier ou bien être chassé de la
ville : « Il n'est pas juste, ajoutait-il, que nous vengions les dieux ; mais, s'ils s'irritent, ils pourront se
venger eux-mêmes de leurs ennemis. » Alors le patrice
Démosthène, sur le refus que lui fit saint Apollinaire
de sacrifier, le confia à un centurion déjà chrétien.
Celui-ci demanda au saint de venir au quartier des lépreux pour y échapper à la fureur des gentils ; mais
le peuple l'y poursuivit et le frappa si longtemps qu'il

en mourut, après sept jours employés par lui à donner des avis à ses disciples ; il fut enseveli ensuite avec
les plus grands honneurs au même endroit par les
chrétiens, sous l'empire de Vespasien, l'an du Seigneur 70. — Saint Ambroise s'exprime ainsi sur ce
martyr dans la préface : « Le très digne prélat Apollinaire est envoyé par le prince des apôtres Pierre à
Ravenne, annoncer aux incrédules le nom de Jésus.
Après y avoir opéré un grand nombre de miracles en
faveur de ceux qui croyaient en J.-C., il fut souvent
accablé sous. les coups de fouet ; et son corps déjà
vieux fut soumis à des traitements horribles de la
part des impies. Mais afin que les fidèles ne fussent
pas ébranlés dans la foi en présence de pareils tourments, il opérait des miracles comme les apôtres par
la puissance de N.-S. J.-C. Après ses supplices, il
ressuscite une jeune personne, il rend la vue aux aveugles, la parole aux muets, il délivre une possédée du
démon, il guérit un lépreux, il rend la santé à un
pestiféré dont les membres tombaient en dissolution ;
il renverse une idole et le temple qui l'abritait. O Pontife le plus digne de toute admiration et de tout éloge,
qui mérita de recevoir le pouvoir des apôtres avec la
dignité épiscopale ! O courageux athlète de J.-C.,
sur le déclin et le froid des ans, il prêche au milieu
des tortures avec constance J.-C., le Rédempteur du
monde ! »

SAINTE CHRISTINE *

Christine, ointe du chrême ; elle eut en effet le baume de
bonne odeur dans son genre de vie, l'huile de dévotion dans
le cœur, et la bénédiction à la bouche.

Sainte Christine ** naquit de parents très nobles, à
Tyr ***, en Italie. Son père la mit dans une tour avec
douze suivantes ; elle y avait des dieux d'argent et
d'or. Comme elle était fort belle et que plusieurs la recherchaient en mariage, ses parents ne voulurent l'accorder à personne afin qu'elle restât consacrée au culte
des dieux. Mais, instruite par le Saint-Esprit à avoir
en horreur les sacrifices des idoles, elle cachait dans
une fenêtre les encens avec lesquels on devait sacrifier.
Son père étant venu, les suivantes lui dirent : « Ta
fille, notre maîtresse, méprise nos divinités et refuse
de leur sacrifier ; elle dit au reste qu'elle est chrétienne. » Le père, par ses caresses, l'exhortait à honorer les dieux, et elle lui dit : « Ne m'appelles pas ta
fille, mais bien celle de celui auquel on doit le sacrifice
de louanges ; car ce n'est pas à des dieux mortels, mais
au Dieu du ciel que j'offre des sacrifices. » Son père
lui répliqua : « Ma fille, ne sacrifie pas seulement à un

* Alphanus, archevêque de Salerne en 1085, a donné les
actes de cette sainte qui se trouvent ici en abrégé.
** Cette légende est un abrégé fidèle de la vie et du martyre
de sainte Christine écrite au xi⁰ siècle par Alphanus, archevêque de Salerne.
*** Ville de Toscane engloutie dans le lac Bolsène.

Dieu, de peur d'encourir la haine des autres. » Christine lui répondit : « Tu as bien parlé, tout en ne connaissant pas la vérité ; j'offre en effet des sacrifices au Père, au Fils, et au Saint-Esprit. » Son père lui dit : « Si tu adores trois dieux, pourquoi n'adores-tu pas aussi les autres ? » Elle répondit : « Ces trois ne font qu'une seule divinité. » Après cela Christine brisa les dieux de son père et en donna aux pauvres l'or et l'argent. Quand le père revint pour adorer ses dieux, et qu'il ne les trouva plus, en apprenant des suivantes ce que Christine en avait fait, il devint furieux et commanda qu'on la dépouillât et qu'elle fût fouettée par douze hommes jusqu'à ce qu'ils fussent épuisés eux-mêmes. Alors Christine dit à son père : « Homme sans honneur et sans honte, abominable aux yeux de Dieu ! ceux qui me fouettent s'épuisent ; demande pour eux à tes dieux de la vigueur, si tu en as le courage ! » Et son père la fit charger de chaînes et jeter en prison. Quand la mère apprit cela, elle déchira ses vêtements, alla trouver sa fille et se prosternant à ses pieds, elle dit : « Ma fille Christine, lumière de mes yeux, aie pitié de moi. » Christine lui répondit : « Que m'appelez-vous votre fille ? ne savez-vous pas que je porte le nom de mon Dieu ? » Or, la mère, n'ayant pu faire changer sa fille de résolution, revint trouver son mari auquel elle déclara les réponses de Christine. Alors le père la fit amener devant son tribunal et lui dit : « Sacrifie aux dieux, sinon tu seras accablée dans les supplices ; tu ne seras plus appelée ma fille. » Elle lui répondit : « Vous m'avez fait grande grâce de ne plus m'appeler maintenant fille du diable. Celui qui

naît de Satan est démon ; tu es le père de ce même Satan. » Son père ordonna qu'on lui raclât les chairs avec
des peignes et que ses jeunes membres fussent disloqués. Christine prit alors de sa chair qu'elle jeta à la
figure de son père en disant : « Tiens, tyran, mange la
chair que tu as engendrée. » Alors le père la fit placer sur une roue sous laquelle il fit allumer du feu
avec de l'huile ; mais la flamme qui en jaillit fit périr
quinze cents personnes. Or, son père, qui attribuait
tout cela à la magie, la fit encore une fois renfermer
en prison, et quand la nuit fut venue, il commanda à
ses gens de lui lier une pierre énorme au cou et de la
jeter dans la mer. Ils le firent, mais aussitôt des anges la prennent, J.-C. lui-même vient à elle et la baptise dans la mer en disant : « Je te baptise en Dieu,
mon père, et en moi J.-C. son fils, et dans le Saint-
Esprit. » Et il la confia à l'archange Michel qui l'a-
mena sur la terre. Le père, qui apprit cela, se frappa le
front en disant : « Par quels maléfices fais-tu cela, de
pouvoir ainsi exercer ta magie dans la mer ? » Christine lui répondit : « Malheureux insensé ! c'est de J.-C.
que j'ai reçu cette grâce. » Alors il la renvoya dans la
prison avec ordre de la décapiter le lendemain.

Or, cette nuit-là même, son père Urbain fut trouvé
mort. Il eut pour successeur un juge inique, appelé
Elius *, qui fit préparer une chaudière dans laquelle
on mit bouillir de l'huile, de la résine et de la poix pour
y jeter Christine. Quatre hommes agitaient la cuve
afin que la sainte fût consumée plus vite. Alors elle

* Alphanus le nomme Idion.

loua Dieu de ce qu'après avoir reçu une seconde naissance, il voulait qu'elle fût bercée comme un petit enfant. Le juge irrité ordonna qu'on lui rasât la tête et
qu'on la menât nue à travers la ville jusqu'au temple
d'Apollon. Quand elle y fut arrivée, elle commanda à
l'idole de tomber, ce qui la réduisit en poudre. A cette
nouvelle le juge s'épouvanta et rendit l'esprit. Julien
lui succéda : il fit chauffer une fournaise et y jeter
Christine ; et elle resta intacte pendant cinq jours *
qu'elle passa à chanter et à se promener avec des anges. Julien, qui apprit cela et qui l'attribua à la magie,
fit jeter sur elle deux aspics, deux vipères et deux couleuvres. Les serpents lui léchèrent les pieds, les aspics
ne lui firent aucun mal et s'attachèrent à ses mamelles,
et les couleuvres en se roulant autour de son cou lé-
chaient sa sueur. Alors Julien dit à un enchanteur :
« Est-ce que tu es aussi magicien ? irrite les bêtes. »
Et comme il le faisait, les serpents se jetèrent sur lui
et le tuèrent en un instant. Christine commanda ensuite aux serpents, les envoya dans un désert et elle
ressuscita le mort. Julien alors ordonna de lui enlever
les mamelles, d'où il coula du lait au lieu de sang.
Ensuite il lui fit couper la langue ; Christine n'en perdit pas l'usage de la parole ; elle ramassa sa langue et
la jeta à la figure de Julien, qui, atteint à l'œil, se
trouva aveuglé. Julien irrité lui envoya deux flèches au
cœur et une autre à son côté. En recevant ces coups
elle rendit son esprit à Dieu, vers l'an du Seigneur 287,
sous Dioclétien. Son corps repose dans un château

* Trois heures, d'après Alphanus

qu'on appelle Bolsène situé entre la Ville vieille et Vi-
terbe. La tour qui était vis-à-vis de ce château a été
renversée de fond en comble.

SAINT JACQUES LE MAJEUR *

Cet apôtre fut appelé Jacques, fils de Zébédée, Jacques, frère
de Jean, Boanergès, c'est-à-dire fils du tonnerre, et Jacques le
Majeur. On appelle Jacques, fils de Zébédée, non pas seulement
parce qu'il fut son fils selon la chair, mais pour faire comprendre son nom. Zébédée signifie donnant ou donné, et saint
Jacques se donna lui-même à J.-C par sa mort qui fut un
martyre ; et il a été donné de Dieu pour être notre patron **
spirituel On l'appelle Jacques, frère de Jean, parce qu'il fut
son frère et selon la chair et selon la ressemblance de la conduite. Tous les deux en effet eurent le même zèle, le même
désir de savoir, et firent les mêmes souhaits. Ils eurent le
même zèle pour venger le Seigneur ; en effet comme les Sama-
ritains ne voulaient pas recevoir J.-C., Jacques et Jean dirent :
« Voulez-vous que nous commandions que le feu du ciel des-
cende et qu'il consume ces gens-là ? » Ils eurent le même goût
pour apprendre . ce furent eux principalement qui interro-
gèrent J.-C. au sujet du jour du jugement et des autres choses
à venir Ils firent les mêmes souhaits, car tous les deux voulurent avoir leur place pour s'asseoir l'un à la droite et l'autre
à la gauche de J.-C On l'appelle fils du tonnerre, en raison
du bruit que faisaient ses prédications, parce qu'il effrayait
les méchants, il excitait les paresseux, et il s'attirait l'admiration générale par la profondeur de ses paroles. Il en fut de
lui comme de saint Jean, dont Bède dit : « Il a retenti si haut

---

+ Pour la légende de saint Jacques, on peut consulter les
notes de Bivar sur la *Chronique* de Dexter. Les traditions des
églises d'Espagne s'y trouvent exposées fort au long.
** Le lecteur se rappelle que l'auteur s'appelle Jacques

que s'il eût retenti un peu plus, le monde entier n'aurait pu
le contenir. » On l'appelle Jacques le Majeur comme l'autre est
appelé le Mineur : 1º en raison de vocation ; car il fut appelé
le premier par J.-C. ; 2º en raison de familiarité ; car J.-C.
paraît avoir été plus familier avec lui qu'avec l'autre : on en
a la certitude, puisque le Sauveur l'admettait dans ses secrets ;
ainsi il l'admit à la résurrection de la jeune fille, et à sa glorieuse transfiguration ; 3º en raison de sa passion ; car ce fut
le premier des apôtres qui souffrit le martyre. De même qu'on
l'appelle majeur pour avoir été le premier à l'honneur de l'a-
postolat, de même on peut l'appeler majeur pour avoir été
appelé le premier à la gloire de l'éternité.

Saint Jacques, apôtre, fils de Zébédée, après l'ascension du Seigneur, prêcha en Judée et dans le pays
de Samarie ; il vint enfin en Espagne, pour y semer la
parole de Dieu ; mais comme il voyait que ses paroles
ne profitaient pas, et qu'il n'y avait gagné que neuf disciples, il en laissa deux seulement pour prêcher dans
le pays, et il revint avec les autres en Judée. Cependant maître Jean Beleth dit qu'il ne convertit qu'un
seul homme en Espagne. Pendant qu'il prêchait en
Judée la parole de Dieu, un magicien nommé Hermogène, d'accord avec les Pharisiens, envoya à saint Jacques un de ses disciples, nommé Philétus, pour prouver
à l'apôtre que ce qu'il annonçait était faux. Mais l'apôtre
l'ayant convaincu devant une foule de personnes par
des preuves évidentes, et opéré en sa présence de
nombreux miracles, Philétus revint trouver Hermogène, en justifiant la doctrine de saint Jacques : il raconta en outre les miracles opérés par le saint, déclara
vouloir devenir son disciple, et l'exhorta lui-même à
l'imiter. Mais Hermogène en colère le rendit tellement

immobile par sa magie qu'il ne pouvait remuer un
seul membre : « Nous verrons, dit-il, si ton Jacques
te déliera. » Philétus informa Jacques de cela par son
valet, l'apôtre lui envoya son suaire et dit : « Qu'il
prenne ce suaire et qu'il dise : « Le Seigneur relève
« ceux qui sont abattus ; il délie ceux qui sont enchaî-
« nés (Ps. cxlv). » Et aussitôt qu'on eut touché Philétus avec le suaire, il fut délié de ses chaînes, se mo-
qua des sortilèges d'Hermogène et se hâta d'aller
trouver saint Jacques. Hermogène irrité convoqua les
démons, et leur ordonna de lui amener Jacques gar
rotté avec Philétus, afin de se venger d'eux et qu'à
l'avenir les disciples de l'apôtre n'eussent plus l'audace de l'insulter. Or, les démons qui vinrent vers
Jacques se mirent à hurler dans l'air en disant : « Jacques, apôtre, ayez pitié de nous ; car nous brûlons dès
avant que notre temps soit venu. » Saint Jacques
leur dit : « Pourquoi êtes-vous venus vers moi ? » Ils
répondirent : « C'est Hermogène qui nous a envoyés
pour vous amener à lui, avec Philétus ; mais à peine
nous dirigions-nous vers vous que l'ange de Dieu nous
a liés avec des chaînes de feu et nous a beaucoup
tourmentés. » « Que l'ange du Seigneur vous délie,
reprit l'apôtre ; retournez à Hermogène et amenez-le-
moi garrotté, mais sans lui faire de mal. » Ils s'en allèrent donc prendre Hermogène, lui lièrent les mains
derrière le dos et l'amenèrent ainsi garrotté à saint
Jacques, en disant : « Où tu nous as envoyés, nous
avons été brûlés et horriblement tourmentés. » Et les
démons dirent à saint Jacques : « Mettez-le sous notre
puissance, afin que nous nous vengions des injures

que vous avez reçues et du feu qui nous a brûlés. »
Saint Jacques leur dit : « Voici Philétus devant vous,
pourquoi ne le tenez-vous pas? » Les démons répondirent : « Nous ne pouvons même pas toucher de la
main une fourmi qui est dans votre chambre. » Saint
Jacques alors dit à Philétus : « Afin de rendre le bien
pour le mal, selon que J.-C. nous l'a enseigné, Hermogène vous a liés ; vous, déliez-le. » Hermogène libre
resta confus et saint Jacques lui dit : « Va librement
où tu voudras ; car nous n'avons pas pour principe de
convertir quelqu'un malgré soi. » Hermogène répondit : « Je connais trop la rage des démons : Si vous
ne me donnez un objet que je porte avec moi, ils me
tueront. » Saint Jacques lui donna son bâton : alors
Hermogène alla chercher tous ses livres de magie et
les apporta à l'apôtre pour que celui-ci les brûlât. Mais
saint Jacques, de peur que l'odeur de ce feu n'in-
commodât ceux qui n'étaient point sur leur garde, lui
ordonna de jeter les livres dans la mer. Hermogène,
à son retour, se prosterna aux pieds de l'apôtre et lui
dit : « Libérateur des âmes, accueillez un pénitent
que vous avez épargné jusqu'ici, quoique envieux et
calomniateur. » Dès lors il vécut dans la crainte de
Dieu, au point qu'il opéra une foule de prodiges.
Alors les Juifs, transportés de colère en voyant Hermogène converti, vinrent trouver saint Jacques et lui
reprochèrent de prêcher Jésus crucifié. Mais il leur
prouva avec évidence par les Écritures la venue du
Christ et sa passion, et plusieurs crurent *.

---

* On peut voir, dans le transept sud de la cathédrale d'A-
miens, des hauts reliefs reproduisant ce récit.

Or, Abiathar, qui était grand-prêtre cette année-là, excita une sédition parmi le peuple ; il fit conduire à Hérode Agrippa l'apôtre, une corde au cou. Le prince ordonna de décapiter saint Jacques et un paralytique couché sur le chemin lui cria de le guérir. Saint Jacques lui dit : « Au nom de J.-C. pour la foi duquel on va me couper la tête, lève-toi guéri, et bénis ton créateur » A l'instant il se leva guéri et bénit le Seigneur. Or, un scribe appelé Josias, qui avait mis la corde au cou de l'apôtre et qui le tirait, à la vue de ce miracle, se jeta à ses pieds, lui adressa des excuses et demanda à se faire chrétien. Abiathar à cette vue le fit empoigner et lui dit : « Si tu ne maudis le nom du Christ, tu seras décapité en même temps que Jacques. » Josias reprit : « Maudit sois-tu toi-même, maudites soient tes années, mais que le nom du Seigneur J.-C. soit béni dans les siècles. » Alors Abiathar lui fit frapper la bouche à coups de poing et envoya demander à Hérode l'autorisation de le décapiter avec Jacques *. Tous les deux allaient être décapités quand saint Jacques demanda au bourreau un vase plein d'eau, et baptisa Josias, immédiatement. L'un et l'autre consommèrent leur martyre, un instant après, en ayant la tête tranchée.

Saint Jacques fut décollé le 8 des calendes d'avril **, le jour de l'Annonciation du Seigneur ; son corps fut transporté à Compostelle, le 8 des calendes d'août ***

---

* Ou bien, selon une autre version, le fit décapiter sans en demander l'autorisation à Hérode.
** 25 mars
*** 25 juillet.

et enseveli le 3 des calendes de janvier*, parce que
la construction de son tombeau dura de août à janvier.
L'Église établit qu'on célébrerait universellement sa
fête au 8 des calendes d'août, qui est un temps plus
convenable. Or, après que saint Jacques eut été décollé,
ainsi que le rapporte Jean Beleth, qui a écrit avec soin
l'histoire de cette translation**, ses disciples enlevèrent son corps pendant la nuit par crainte des Juifs,
le mirent sur un vaisseau ; et abandonnant à la divine
Providence le soin de sa sépulture, ils montèrent sur
ce navire dépourvu de gouvernail ; sous la conduite de
l'ange de Dieu, ils abordèrent en Galice, au royaume
de Louve. Il y avait alors en Espagne une reine qui
portait réellement ce nom et qui le méritait. Les disciples déchargèrent le corps et le posèrent sur une
pierre énorme, qui, en se fondant comme de la cire
sous le corps, se façonna merveilleusement en sarco-
phage. Les disciples vinrent dire à Louve : « Le Seigneur J.-C. t'envoie le corps de son disciple, afin que
tu reçoives mort celui que tu n'as pas voulu recevoir
vivant. » Ils lui racontèrent alors le miracle par lequel
il avait abordé en son pays sans gouvernail, et lui demandèrent un lieu convenable pour sa sépulture. La
reine entendant cela, toujours selon Jean Beleth, les
adressa, par supercherie, à un homme très cruel, ou
bien, d'après d'autres auteurs, au roi d'Espagne, afin
d'obtenir là-dessus son consentement ; mais ce roi les
fit mettre en prison. Or, pendant qu'il était à table,

* 30 décembre.
** Chap. CXL.

l'ange du Seigneur ouvrit la prison et les laissa s'en aller en liberté. Quand le roi l'eut appris, il envoya à la hâte des soldats pour les ressaisir. Un pont sur lequel passaient les soldats vint à s'écrouler, et tous furent noyés dans le fleuve. A cette nouvelle, le roi, qui regrettait ce qu'il avait fait et qui craignait pour soi et pour les siens, envoya prier les disciples de revenir chez lui et leur permit de lui demander tout ce qu'ils voudraient. Ils revinrent donc et convertirent à la foi tout le peuple de la cité. Louve fut très chagrinée en apprenant ces faits ; et quand les disciples la vinrent trouver pour lui présenter l'autorisation du roi, elle répondit : « Prenez mes bœufs qui sont en tel endroit ou sur la montagne ; attelez-les à un char, portez le corps de votre maître, puis dans le lieu qu'il vous plaira, bâtissez à votre goût. » Or, elle parlait en louve, car elle savait que ces bœufs étaient des taureaux indomptés et sauvages ; c'est pour cela qu'elle pensa qu'on ne pourrait ni les réunir, ni les atteler, ou bien que si on pouvait les accoupler, ils courraient çà et là, briseraient le char, renverseraient le corps et tueraient les conducteurs eux-mêmes. Mais il n'y a point de sagesse contre Dieu (Prov., xxi). Ceux-ci, ne soupçonnant pas malice, gravissent la montagne, où ils rencontrent un dragon qui respirait du feu ; il allait arriver sur eux, quand ils firent le signe de la croix pour se défendre et coupèrent ce dragon par le milieu du ventre. Ils firent aussi le signe de la croix sur les taureaux qui, instantanément, deviennent doux comme des agneaux ; on les attelle ; et on met sur le char le corps de saint Jacques avec la pierre sur laquelle.il avait été déposé. Les bœufs alors, sans que personne les dirigeât, amenèrent le corps au milieu du palais de Louve qui, à cette vue, resta stupéfaite. Elle crut et se fit chrétienne. Tout ce que les disciples demandèrent, elle le leur accorda ; elle dédia en l'honneur de saint Jacques son palais pour en faire une église qu'elle dota magnifiquement ; puis elle finit sa vie dans la pratique des bonnes œuvres. — Le pape Calixte dit qu'un homme du diocèse de Modène, nommé Bernard, était captif et enchaîné au fond d'une tour ; constamment il invoquait saint Jacques. Le saint lui apparut : « Viens, lui dit-il, suis-moi en Galice » ; puis il brisa ses chaînes et disparut ; alors le prisonnier suspendit ses chaînes à son cou, monta au haut de la tour d'où il ne fit qu'un saut sans se blesser, bien que la tour eût soixante coudées de hauteur. — Un homme, dit Bède, avait commis à plusieurs reprises un péché énorme ; or, l'évêque, peu rassuré en l'absolvant en confession, envoya cet homme à Saint-Jacques en lui donnant une cédule sur laquelle ce péché avait été écrit. Le pèlerin posa, le jour de la fête du saint, la cédule sur l'autel et pria saint Jacques de lui remettre le péché par ses mérites ; après quoi il ouvrit la cédule et trouva tout effacé ; il rendit grâces à Dieu et à saint Jacques et raconta publiquement le fait à tout le monde. — Trente hommes de la Lorraine, au rapport de Hubert de Besançon, allèrent vers l'an 1080 à Saint-Jacques, et se donnèrent l'un à l'autre, un seul excepté, la promesse de s'entr'aider. Or, l'un d'eux étant tombé malade, ses compagnons l'attendirent pendant 15 jours ; mais enfin tous l'abandonnent à l'exception de celui-là

seul qui ne s'était pas engagé. Il le garda au pied du
mont Saint-Michel ; mais sur le soir le malade mourut.
Or, le survivant eut une grande peur occasionnée par
la solitude de l'endroit, par la présence du cadavre,
par la nuit qui menaçait d'être noire, enfin par la fé-
rocité des barbares du pays ; à l'instant saint Jacques
lui apparut sous la figure d'un chevalier et le consola
en disant : « Donne-moi ce mort, et toi, monte derrière moi sur le cheval. » Ce fut ainsi que, cette nuit-là,
avant le lever du soleil, ils firent quinze journées de chemin et arrivèrent à Montjoie qui n'est qu'à une demi-
lieue de Saint-Jacques. Là le saint les mit à terre et
commanda de convoquer les chanoines de Saint-Jacques
pour ensevelir le pèlerin qui était mort, et de dire à ses
compagnons, que, pour avoir manqué à leur promesse,
leur pèlerinage ne vaudrait rien. Le pèlerin accomplit
ces ordres, et ses compagnons furent très saisis et
pour le chemin qu'il avait fait, et des paroles qu'il leur
rapporta avoir été dites par saint Jacques.

D'après le pape Calixte*, un Allemand, allant avec
son fils à Saint-Jacques, vers l'an du Seigneur 1090,
s'arrêta pour loger à Toulouse chez un hôte qui l'enivra
et cacha une coupe d'argent dans sa malle. Quand ils
furent partis le lendemain, l'hôte les poursuivit comme
des voleurs et leur reprocha d'avoir volé sa coupe
d'argent. Comme ils lui disaient qu'il les fît punir s'il
pouvait trouver la coupe sur eux, on ouvrit leur malle

---

* On paraît douter si l'opuscule sur les miracles de saint
Jacques appartient au pape Calixte II est tiré tout entier de
Vincent de Beauvais : *Specul. Hist*, liv. XXVII. — Cesaire
d'Hesterbach récite le fait qui suit, liv. VIII, ch. LXIII.

et on trouva l'objet : on les traîna de suite chez le
juge. Il y eut un jugement qui prononçait que tout
leur avoir fût adjugé à l'hôte, et que l'un des deux
serait pendu. Mais comme le père voulait mourir à
la place du fils et le fils à la place du père, le fils fut
pendu et le père continua, tout chagrin, sa route vers
Saint-Jacques. Or, vingt-six jours après, il revint, s'arrêta auprès du corps de son fils et il poussait des cris
lamentables ; quand voici que le fils attaché à la potence
se mit à le consoler en disant : « Très doux père, ne
pleure pas ; car je n'ai jamais été si bien ; jusqu'à ce
jour saint Jacques m'a sustenté, et il me restaure
d'une douceur céleste. » En entendant cela, le père
courut à la ville, le peuple vint, détacha le fils du pèlerin qui était sain et sauf, et pendit l'hôte. — Hugues de Saint-Victor raconte qu'un pèlerin allait à
Saint-Jacques, quand le démon lui apparut sous la
figure de ce saint et lui rappelant toutes les misères
de la vie présente, il ajouta qu'il serait heureux s'il se
tuait en son honneur. Le pèlerin saisit une épée et se
tua tout aussitôt. Et comme celui chez lequel il avait
reçu l'hospitalité passait pour suspect et craignait
beaucoup de mourir, voilà que, à l'instant, le mort
ressuscite, et dit qu'au moment où le démon, à la persuasion duquel il s'était donné la mort, le conduisait
au supplice, le bienheureux Jacques était venu, l'avait
arraché des mains du démon et l'avait mené au trône
du souverain juge ; et là, malgré les accusations du
démon, il avait obtenu d'être rendu à la vie. — Un
jeune homme du territoire de Lyon, selon le récit de
Hugues, abbé de Cluny, avait coutume d'aller sou-

\ent à Saint-Jacques et avec dévotion. Une fois, qu'il
y voulait aller, il tomba, cette nuit-là même, dans le
péché de fornication. Il partit donc; et une nuit, le
diable lui apparut sous la figure de saint Jacques et
lui dit : « Sais-tu qui je suis? » Le jeune homme lui
demanda qui il était, et le diable lui dit : « Je suis
l'apôtre Jacques que tu as coutume de visiter chaque
année. Tu sauras que je me réjouissais beaucoup de ta
dévotion, mais dernièrement, en sortant de ta maison,
tu as commis une fornication et sans t'être confessé,
tu as eu la présomption de t'approcher de moi, comme
si ton pèlerinage pût plaire à Dieu et à moi. Cela n'est
pas convenable : car quiconque désire venir à moi en
pèlerinage doit d'abord s'accuser de ses péchés, en
confession et ensuite faire le pèlerinage pour expier
ses péchés. » Après avoir dit ces mots, le démon disparut. Alors le jeune homme tourmenté se disposait
à revenir chez lui, à se confesser, et ensuite à recom-
mencer son voyage. Et voici que le diable lui appa-
raissant de nouveau, sous la figure de l'apôtre, le dissua-
suada complètement de son projet, en l'assurant que
jamais son péché ne lui serait remis, s'il ne se cou-
pait radicalement les membres qui servent à la génération, qu'au reste il serait plus heureux, s'il voulait
se tuer et être martyr en son honneur et nom. Pendant la nuit, et quand ses compagnons dormaient, le
jeune homme prit une épée, se coupa les membres de
la génération, ensuite il se perça le ventre avec le
même instrument. Ses compagnons à leur réveil,
voyant cela, eurent grande peur, et prirent aussitôt
la fuite de crainte de passer pour coupables de cet

homicide. Néanmoins pendant qu'on préparait sa fosse, celui qui était mort revint à la vie. Tout le monde s'enfuit épouvanté, et le pèlerin raconta ainsi ce qui lui était arrivé : « Quand je me fus tué à la suggestion du malin esprit, les démons me prirent ; et ils me conduisaient vers Rome, quand voici saint Jacques qui accourut après nous, en reprochant vivement ces tromperies aux démons. Et après s'être disputés longtemps, saint Jacques les y forçant, nous vînmes dans un pré où la sainte Vierge s'entretenait avec un grand nombre de saints. Jacques l'ayant implorée pour moi, la sainte Vierge adressa des reproches sévères aux démons et ordonna que je revinsse à la vie. Alors saint Jacques me prit et me ressuscita, comme vous voyez. » Et trois jours après, il ne lui restait de ses blessures que des cicatrices ; après quoi il se remit en route, et quand il eut rejoint ses compagnons, il leur raconta tout ce qui s'était passé.

Un Français, ainsi que le raconte le pape Calixte, allait, en l'an 1100, avec sa femme et ses fils, à Saint-Jacques, tant pour éviter la mortalité sévissant en France, que pour accomplir le désir de visiter saint Jacques. Arrivé à Pampelune, sa femme mourut, et son hôte s'empara de tout son argent et du cheval qui servait de monture à ses enfants. Il s'en alla désolé portant plusieurs de ses enfants sur ses épaules, et menant les autres par la main. Un homme avec un âne le rencontra et touché de compassion, il lui prêta son âne, afin que les enfants montassent dessus. Quand le pèlerin fut arrivé à Saint-Jacques, pendant qu'il veillait et priait, le saint apôtre lui apparut et lui de-

manda s'il le connaissait : et il répondit que non : alors
le saint lui dit : « Je suis l'apôtre Jacques qui t'ai prêté
mon âne et je te le prête encore pour ton retour : mais
tu sauras d'avance que ton hôte mourra en tombant
de l'étage de sa maison ; tu recouvreras alors tout ce
qu'il t'avait volé. » Les choses étant arrivées ainsi,
cet homme revint joyeux à sa maison ; et quand il
eut descendu ses enfants de dessus l'âne, cet animal
disparut. — Un marchand, injustement dépouillé par
un tyran, était détenu en prison, et invoquait saint
Jacques à son secours. Saint Jacques lui apparut en
présence de ses gardes, et le conduisit jusqu'au haut
de la tour qui s'abaissa aussitôt de telle sorte que le
sommet était au niveau de la terre : il en descendit
sans faire un saut et s'en alla délivré. Les gardes qui
le poursuivaient passèrent auprès de lui, sans le voir.
— Hubert de Besançon raconte que trois militaires,
du diocèse de Lyon, allaient à Saint-Jacques. L'un
d'eux, à la prière d'une pauvre femme qui le lui avait
demandé pour l'amour de saint Jacques, portait sur
son cheval un petit sac qu'elle avait : plus loin, il rencontra un homme malade et qui n'avait plus la force
de continuer sa route, il le mit encore sur son cheval ;
quant à lui, il portait le bourdon du malade avec le
sac de la femme en suivant l'animal : mais la chaleur
du soleil et la fatigue du chemin l'ayant accablé, à
son arrivée en Galice, il tomba très gravement malade :
et comme ses compagnons l'intéressaient au salut de
son âme, il resta muet pendant trois jours ; mais au
quatrième, alors que ses compagnons attendaient le
moment de son trépas, il poussa un long soupir et

dit : « Grâces soient rendues à Dieu et à saint Jacques, aux mérites duquel je dois d'être délivré. Je voulais bien faire ce que vous me recommandiez, mais les démons sont venus m'étrangler si violemment que je ne pouvais rien prononcer qui eût rapport au salut de mon âme. Je vous entendais bien, mais je ne pouvais nullement répondre. Cependant saint Jacques vient d'entrer ici portant à la main gauche le sac de la femme, et à sa droite le bâton du pauvre auxquels j'avais prêté aide en chemin, de sorte qu'il avait le bourdon en guise de lame et le sac pour bouclier, il assaillit les diables comme s'il eût été en colère, et en levant le bâton, il les effraya et les mit en fuite. Maintenant c'est grâce à saint Jacques que je suis délivré et que la parole m'a été rendue. Appelez-moi un prêtre, car je ne puis plus être longtemps en vie. » Et se tournant vers l'un deux, il lui dit : « Mon ami, ne reste plus davantage au service de ton maître, car il est vraiment damné et dans peu il mourra de malemort. » Quand cet homme eut été enseveli, le soldat rapporta à son maître ce qui avait été dit : celui-ci n'en tint compte, et refusa de s'amender : mais peu de temps après il mourut percé d'un coup de lance dans une bataille *.

.Le pape Calixte rapporte qu'un homme de Vézelai, dans un pèlerinage qu'il fit à Saint-Jacques, se trouvant à court d'argent, avait honte de mendier. En se reposant sous un arbre, il songeait que saint Jacques le nourrissait. Et à son réveil, il trouva près de sa tête un pain cuit sous la cendre, avec lequel il vécut quinze

---

* Saint Anselme, t. II, p 335.

jours, tant qu'il arriva chez lui. Chaque jour il en
mangeait deux fois suffisamment, et le jour suivant, il
le retrouvait entier dans son sac. — Le pape Calixte
raconte que vers l'an du Seigneur 1100, un citoyen
de Barcelone, venu à Saint-Jacques, se contenta de
demander de ne plus tomber à l'avenir dans les mains
des ennemis. En revenant par la Sicile, il fut pris en
mer par les Sarrasins et vendu plusieurs fois dans les
marchés, mais toujours les chaînes qui le liaient se
brisaient Ayant été vendu pour la treizième fois, il
fut garrotté avec des chaînes doubles. Alors il invoqua
saint Jacques qui lui apparut et lui dit : « Quand tu
étais dans mon église, tu as demandé la délivrance
du corps au préjudice du salut de ton âme ; c'est pour
cela que tu es tombé dans ces périls ; mais parce que
le Seigneur est miséricordieux, il m'a envoyé pour te
racheter. » A l'instant ses chaînes se rompirent, et
passant à travers le pays et les châteaux des Sarrasins,
emportant avec lui une partie de sa chaîne pour témoigner du miracle, il arriva dans son pays, au vu et à
l'admiration de tous. Lorsque quelqu'un le voulait prendre, il n'avait qu'à montrer sa chaîne et l'ennemi s'en-
fuyait : et quand les lions et autres bêtes féroces voulaient se jeter sur lui, en passant dans les déserts,
seulement en voyant sa chaîne, ils étaient saisis d'une
grande terreur et s'éloignaient. — L'an du Seigneur
1238, la veille de saint Jacques, en un château appelé
Prato situé entre Florence et Pistoie, un jeune homme,
déçu, par une simplicité grossière, mit le feu aux blés
de son tuteur qui voulait usurper son bien. Pris et
convaincu, il fut condamné à être brûlé, après avoir

été traîné à la queue d'un cheval. Il confessa son péché et se dévoua à saint Jacques. Après avoir été traîné
en chemise sur un terrain pierreux, il ne ressentit aucune blessure sur le corps et sa chemise ne fut pas
même déchirée. Enfin on le lie au poteau, on amasse
du bois autour ; le feu est mis, le bois et les liens brûlent ; mais comme il ne cessait d'invoquer saint Jacques, aucune tache de feu ne fut trouvée ni à sa chemise, ni à son corps. On voulait le jeter une seconde
fois dans le feu, le peuple l'en arracha, et Dieu fut
loué magnifiquement dans la personne de son saint
apôtre.

SAINT CHRISTOPHE *

Christophe, avant son baptême, se nommait Réprouvé, mais
dans la suite il fut appelé Christophe, comme si on disait : qui
porte le Christ, parce qu'il porta le Christ en quatre manières : sur ses épaules, pour le faire passer ; dans son corps, par
la macération ; dans son cœur, par la dévotion et sur les lèvres,
par la confession ou prédication.

Christophe était Chananéen ; il avait une taille gigan-
tesque, un aspect terrible, et douze coudées de haut.
D'après ce qu'on lit en ses actes, un jour qu'il se trouvait auprès d'un roi des Chananéens, il lui vint à l'esprit de chercher quel était le plus grand prince du
monde, et de demeurer près de lui. Il se présenta chez
un roi très puissant qui avait partout la réputation de

* L'hymne *O beate mundi auctor*, du bréviaire mozarabe fait
allusion, dans ses seize strophes, à tous les points de cette
legende.

n'avoir point d'égal en grandeur. Ce roi en le voyant
l'accueillit avec bonté et le fit rester à sa cour. Or, un
jour, un jongleur chantait en présence du roi une chan-
son où revenait souvent le nom du diable ; le roi, qui
était chrétien, chaque fois qu'il entendait prononcer le
nom de quelque diable, faisait de suite le signe de croix
sur sa figure. Christophe, qui remarqua cela, était fort
étonné de cette action, et de ce que signifiait un pareil
acte. Il interrogea le roi à ce sujet et celui-ci ne voulant pas le lui découvrir, Christophe ajouta : « Si vous
ne me le dites, je ne resterai pas plus longtemps avec
vous. » C'est pourquoi le roi fut contraint de lui dire :
« Je me munis de ce signe, quelque diable que j'entende
nommer, dans la crainte qu'il ne prenne pouvoir sur
moi et ne me nuise. » Christophe lui répondit : « Si
vous craignez que le diable ne vous nuise, il est évidemment plus grand et plus puissant que vous ; la
preuve en est que vous en avez une terrible frayeur.
Je suis donc bien déçu dans mon attente ; je pensais
avoir trouvé le plus grand et le plus puissant seigneur
du monde ; mais maintenant je vous fais mes adieux,
car je veux chercher le diable lui-même, afin de le
prendre pour mon maître et devenir son serviteur. »
Il quitta ce roi et se mit en devoir de chercher le diable. Or, comme il marchait au milieu d'un désert, il
vit une grande multitude de soldats, dont l'un, à l'aspect féroce et terrible, vint vers lui et lui demanda où
il allait. Christophe lui répondit : « Je vais chercher le
seigneur diable, afin de le prendre pour maître et
seigneur. » Celui-ci lui dit : « Je suis celui que tu cherches. » Christophe tout réjoui s'engagea pour être son

serviteur à toujours et le prit pour son seigneur. Or,
comme ils marchaient ensemble, ils rencontrèrent une
croix élevée sur un chemin public. Aussitôt que le diable eut aperçu cette croix, il fut effrayé, prit la fuite et,
quittant le chemin, il conduisit Christophe à travers
un terrain à l'écart et raboteux, ensuite il le ramena
sur la route. Christophe émerveillé de voir cela lui demanda pourquoi il avait manifesté tant de crainte,
lorsqu'il quitta la voie ordinaire, pour faire un détour,
et le ramener ensuite dans le chemin. Le diable ne
voulant absolument pas lui en donner le motif, Christophe dit : « Si vous ne me l'indiquez, je vous quitte
à l'instant. » Le diable fut forcé de lui dire : « Un
homme qui s'appelle Christ fut attaché à la croix ; dès
que je vois l'image de sa croix, j'entre dans une grande
peur, et m'enfuis effrayé. » Christophe lui dit : « Donc
ce Christ est plus grand et plus puissant que toi, puisque tu as une si grande frayeur en voyant l'image de
sa croix ? J'ai donc travaillé en vain, et n'ai pas encore
trouvé le plus grand prince du monde. Adieu maintenant, je veux te quitter et chercher ce Christ. »

Il chercha longtemps quelqu'un qui lui donnât des
renseignements sur le Christ ; enfin il rencontra un
ermite qui lui prêcha J.-C. et qui l'instruisit soigneusement de la foi. L'ermite dit à Christophe : « Ce roi
que tu désires servir réclame cette soumission : c'est
qu'il te faudra jeûner souvent. » Christophe lui répondit : « Qu'il me demande autre chose, parce qu'il m'est
absolument impossible de faire cela. » « Il te faudra
encore, reprend l'ermite, lui adresser des prières. »
« Je ne sais ce que c'est, répondit Christophe, et je ne

puis me soumettre à cette exigence. » L'ermite lui dit :
« Connais-tu tel fleuve où bien des passants sont en
péril de perdre la vie ? » « Oui, dit Christophe. L'ermite reprit : « Comme tu as une haute stature et que
tu es fort robuste, si tu restais auprès de ce fleuve, et
si tu passais tous ceux qui surviennent, tu ferais quelque chose de très agréable au roi J.-C. que tu désires
servir, et j'espère qu'il se manifesterait à toi en ce lieu. »
Christophe lui dit : « Oui, je puis bien remplir cet office, et je promets que je m'en acquitterai pour lui. » Il
alla donc au fleuve dont il était question, et s'y construisit un petit logement. Il portait à la main au lieu
de bâton une perche avec laquelle il se maintenait dans
l'eau ; et il passait sans relâche tous les voyageurs.
Bien des jours s'étaient écoulés, quand, une fois qu'il
se reposait dans sa petite maison, il entendit la voix
d'un petit enfant qui l'appelait en disant : « Christophe,
viens dehors et passe-moi. » Christophe se leva de
suite, mais ne trouva personne. Rentré chez soi, il entendit la même voix qui l'appelait. Il courut dehors de nouveau et ne trouva personne. Une troisième
fois il fut appelé comme auparavant, sortit et trouva
sur la rive du fleuve un enfant qui le pria instamment
de le passer. Christophe leva donc l'enfant sur ses
épaules, prit son bâton et entra dans le fleuve pour
le traverser. Et voici que l'eau du fleuve se gonflait
peu à peu, l'enfant lui pesait comme une masse de
plomb ; il avançait, et l'eau gonflait toujours, l'enfant
écrasait de plus en plus les épaules de Christophe
d'un poids intolérable, de sorte que celui-ci se trouvait dans de grandes angoisses et craignait de périr.

Il échappa à grand peine. Quand il eut franchi la rivière, il déposa l'enfant sur la rive et lui dit : Enfant, tu m'as exposé à un grand danger, et tu m'as tant pesé que si j'avais eu le monde entier sur moi, je ne sais si j'aurais eu plus lourd à porter. » L'enfant lui répondit : « Ne t'en étonne pas, Christophe, tu n'as pas eu seulement tout le monde sur toi, mais tu as porté sur les épaules celui qui a créé le monde : car je suis le Christ ton roi, auquel tu as en cela rendu service ; et pour te prouver que je dis la vérité, quand tu seras repassé, enfonce ton bâton en terre vis-à-vis ta petite maison, et le matin tu verras qu'il a fleuri et porté des fruits. » A l'instant il disparut. En arrivant, Christophe ficha donc son bâton en terre, et quand il se leva le matin, il trouva que sa perche avait poussé des feuilles et des dattes comme un palmier. Il vint ensuite à Samos, ville de Lycie, où il ne comprit pas la langue que parlaient les habitants, et il pria le Seigneur de lui en donner l'intelligence. Tandis qu'il restait en prières, les juges le prirent pour un insensé, et le laissèrent. Christophe, ayant obtenu ce qu'il demandait, se couvrit le visage, vint à l'endroit où combattaient les chrétiens, et il les affermissait au milieu de leurs tourments. Alors un des juges le frappa au visage, et Christophe se découvrant la figure : « Si je n'étais chrétien, dit-il, je me vengerais aussitôt de cette injure. » Puis il ficha son bâton en terre en priant le Seigneur de le faire reverdir pour convertir le peuple. Or, comme cela se fit à l'instant, huit mille hommes devinrent croyants. Le roi envoya alors deux cents soldats avec ordre d'amener Christophe par dé-

vant lui ; mais l'ayant trouvé en oraison ils craignirent de lui signifier cet ordre ; le roi envoya encore
un pareil nombre d'hommes, qui, eux aussi, se mirent
à prier avec Christophe. Il se leva et leur dit : « Qui
cherchez-vous? » Quand ils eurent vu son visage; ils
dirent : « Le roi nous a envoyés pour te garrotter et
t'amener à lui. » Christophe leur dit : « Si je voulais,
vous ne pourriez me conduire ni garrotté, ni libre. »
Ils lui dirent : « Alors si tu ne veux pas, va librement
partout où bon te semblera, et nous dirons au roi
que nous ne t'avons pas trouvé. » « Non, il n'en sera
pas ainsi, dit-il ; j'irai avec vous. » Alors il les convertit à la foi, se fit lier par eux les mains derrière le
dos, et conduire au roi en cet état. A sa vue, le roi
fut effrayé et tomba à l'instant de son siège. Relevé
ensuite par ses serviteurs, il lui demanda son nom et
sa patrie. Christophe lui répondit : « Avant mon baptème, je m'appelais Réprouvé, mais aujourd'hui je me
nomme Christophe. » Le roi lui dit : « Tu t'es donné
un sot nom, en prenant celui du Christ crucifié, qui
ne s'est fait aucun bien, et qui ne pourra t'en faire.
Maintenant donc, méchant Chananéen, pourquoi ne
sacrifies-tu pas à nos dieux? » Christophe lui dit :
« C'est à bon droit que tu t'appelles *Dagnus* *, parce
que tu es la mort du monde, l'associé du diable ; et
tes dieux sont l'ouvrage de la main des hommes. »
Le roi lui dit : « Tu as été élevé au milieu des bêtes
féroces ; tu ne peux donc proférer que paroles sauvages et choses inconnues des hommes. Or, maintenant,

---

* *Damne* ou *danger?* ou plutôt dague, poignard ?

si tu veux sacrifier, tu obtiendras de moi de grands
honneurs, sinon, tu périras dans les supplices. » Et
comme le saint ne voulut pas sacrifier, Dagnus le fit
mettre en prison ; quant aux soldats qui avaient été
envoyés à Christophe, il les fit décapiter pour le nom
de J.-C. Ensuite il fit renfermer avec Christophe dans
la prison deux filles très belles, dont l'une s'appelait
Nicée et l'autre Aquilinie, leur promettant de grandes
récompenses, si elles induisaient Christophe à pécher
avec elles. A cette vue, Christophe se mit tout de
suite en prière. Mais comme ces filles le tourmentaient
par leurs caresses et leurs embrassements, il se leva
et leur dit : « Que prétendez-vous et pour quel motif
avez-vous été introduites ici? » Alors elles furent
effrayées de l'éclat de son visage et dirent : « Ayez
pitié de nous, saint homme, afin que nous puissions
croire au Dieu que vous prêchez. » Le roi, informé de
cela, se fit amener ces femmes et leur dit : « Vous
avez donc aussi été séduites. Je jure par les dieux
que si vous ne sacrifiez, vous périrez de malemort. »
Elles répondirent : « Si tu veux que nous sacrifiions,
commande qu'on nettoie les places et que tout le
monde s'assemble au temple. » Quand cela fut fait, et
qu'elles furent entrées dans le temple, elles dénouèrent
leurs ceintures, les mirent au cou des idoles qu'elles
firent tomber et qu'elles brisèrent; puis elles dirent
aux assistants · « Allez appeler des médecins pour
guérir vos dieux. » Alors par l'ordre du roi, Aquilinie est pendue ; puis on attacha à ses pieds une pierre
énorme qui disloqua tous ses membres. Quand elle
eut rendu son âme au Seigneur, Nicée, sa sœur, fut

jetée dans le feu ; mais comme elle en sortit saine et sauve, elle fut tout aussitôt après décapitée. Après quoi Christophe est amené en présence du roi qui le fait fouetter avec des verges de fer ; un casque de fer rougi au feu est mis sur sa tête ; le roi fait préparer un banc en fer où il ordonne de lier Christophe et sous lequel il fait allumer du feu qu'on alimente avec de la poix. Mais le banc fond comme la cire, et le saint reste sain et sauf. Ensuite le roi le fait lier à un poteau et commande à quatre cents soldats de le percer de flèches : mais toutes les flèches restaient suspendues en l'air, et aucune ne put le toucher. Or, le roi, pensant qu'il avait été tué par les archers, se mit à l'insulter ; tout à coup une flèche se détache de l'air, vient retourner sur le roi qu'elle frappe à l'œil, et qu'elle aveugle. Christophe lui dit : « C'est demain que je dois consommer mon sacrifice ; tu feras donc, tyran, de la boue avec mon sang ; tu t'en frotteras l'œil et tu seras guéri. » Par ordre du roi on le mène au lieu où il devait être décapité ; et quand il eut fait sa prière, on lui trancha la tête. Le roi prit un peu de son sang, et le mettant sur son œil, il dit : « Au nom de Dieu et de saint Christophe. » Et il fut guéri à l'instant. Alors le roi crut, et porta un édit par lequel quiconque blasphémerait Dieu et saint Christophe serait aussitôt puni par le glaive. — Saint Ambroise parle ainsi de ce martyr dans sa préface : « Vous avez élevé, Seigneur, saint Christophe, à un tel degré de vertu, et vous avez donné une telle grâce à sa parole, que par lui vous avez arraché à l'erreur de la gentilité pour les amener à la croyance chrétienne, quarante-huit mille hommes.

Nicée et Aquilinie qui depuis longtemps se livraient publiquement à la prostitution, il les porta à prendre des habitudes de chasteté, et leur enseigna à recevoir la couronne. Bien que lié sur un banc de fer au milieu d'un bûcher ardent, il ne redouta pas d'être brûlé par ce feu, et pendant une journée entière, il ne put être percé par les flèches de toute une soldatesque. Il y a plus, une de ces flèches crève l'œil d'un des bourreaux, et le sang du bienheureux martyr mêlé à la terre lui rend la vue et en enlevant l'aveuglement du corps, éclaire son esprit : car il obtint sa grâce auprès de vous et il vous a prié avec supplication d'éloigner les maladies et les infirmités *. »

LES SEPT DORMANTS **

Les sept dormants étaient originaires d'Ephèse. L'empereur Dèce qui persécutait les chrétiens, étant

---

* Ces derniers mots nous expliquent le motif pour lequel saint Christophe est représenté avec des proportions gigantesques principalement aux portails des églises. On se croyait à l'abri des maladies et des infirmités dès lors qu'on avait vu la statue du saint, de là ces vers :

Christophore sancte, virtutes sunt tibi tantæ,
Qui te mane vident, nocturno tempore rident.
Christophore sancte, speciem quicumque tuetur,
Ista nempe die non morte mala morietur
Christophorum videas, postea tutus eas

** St Grégoire de Tours, *De gloria martyr.*, l. I, c. xcv ; Paul diacre, l. I, c. iii ; Nicéphore, *Cat.* l. XIV, c. xlv, rapportent la légende des Sept Dormants qu'analyse J. de Voragine.

venu en cette ville, fit construire des temples dans
l'enceinte de cette cité, afin que tous se réunissent à
lui pour sacrifier aux idoles. Or, il avait ordonné qu'on
cherchât tous les chrétiens ; et quand ils avaient été
pris, il les forçait à sacrifier ou à mourir ; on éprouva
donc généralement une si grande crainte des supplices
que l'ami reniait son ami, le père son fils, et le fils
son père. Alors se trouvaient dans cette ville sept chrétiens, qui furent saisis d'une grande douleur quand ils
virent ce qui se passait. C'étaient Maximien, Malchus,
Marcien, Denys, Jean, Sérapion et Constantin. Comme
ils étaient les premiers officiers du palais, et qu'ils mé-
prisaient les sacrifices offerts aux idoles, ils restaient
cachés dans leur maison, se livrant aux jeûnes et aux
oraisons. Accusés et traduits devant Dèce ; puis con-
vaincus d'être chrétiens, on leur donna le temps de
revenir à résipiscence et ils furent relâchés, jusqu'au
retour de l'empereur. Mais dans cet intervalle, ils dis-
tribuèrent leur patrimoine entre les pauvres, et prirent la résolution de se retirer sur le mont Célion, où
ils se décidèrent à rester cachés. Pendant longtemps,
l'un d'eux se procurait ce qui leur était nécessaire,
et chaque fois qu'il entrait dans la ville, il se déguisait
en mendiant. Or, quand Dèce fut revenu dans Ephèse,
il ordonna de les chercher pour les obliger à sacrifier.
Malchus, qui les servait, revint effrayé trouver ses
compagnons et leur faire part de la fureur de l'empereur. Ils furent saisis de crainte ; alors Malchus leur
présenta les pains qu'il avait apportés, afin que, fortifiés par la nourriture, ils en devinssent plus braves
pour le combat. Après leur repas du soir, ils s'assirent

et s'entretinrent avec tristesse et larmes, et à l'instant, par la volonté de Dieu, ils s'endormirent. Quand vint le matin, on les chercha et on ne put les trouver. Or, Dèce était désolé d'avoir perdu de pareils jeunes gens ; on les accusa de s'être cachés jusqu'alors sur le mont Célion, et de persister dans leur résolution : on ajouta qu'ils avaient donné leurs biens aux pauvres. Dèce ordonna donc de faire comparaître leurs parents qu'il menaça de mort, s'ils ne déclaraient tout ce qui était venu à leur connaissance au sujet des absents. Leurs parents les accusèrent comme les autres et se plaignirent de ce qu'ils avaient distribué leurs richesses aux pauvres. Alors Dèce réfléchit à la conduite qu'il tiendrait à leur égard, et par l'inspiration de Dieu, il fit boucher avec des pierres l'entrée de la caverne afin qu'y étant renfermés, ils y mourussent de faim et de misère. On exécuta ses ordres et deux chrétiens, Théodore et Rufin, écrivirent la relation de leur martyre qu'ils placèrent avec précaution entre les pierres. Or, quand Dèce et toute la génération qui existait alors eut disparu, trois cent soixante-douze ans après, la trentième année de l'empire de Théodose, se propagea l'hérésie de ceux qui niaient la résurrection des morts. Théodose, qui était un empereur très chrétien, fut rempli de tristesse de voir la foi indignement attaquée. Il se revêtit d'un cilice, et s'étant retiré dans l'intérieur de son palais, il pleurait tous les jours. Dieu, qui vit cela dans sa miséricorde, voulut consoler ces affligés et affermir l'espérance de la résurrection des morts ; il ouvrit les trésors de sa tendresse et ressuscita les sept martyrs, comme il suit. Il inspira à un citoyen

d'Ephèse l'idée de faire construire sur le mont Célion
des étables pour les bergers. Les maçons ayant ouvert
la grotte, les saints se levèrent et se saluèrent, dans
la pensée qu'ils n'avaient dormi qu'une nuit ; puis se
rappelant leur tristesse de la veille, ils demandèrent
à Malchus, qui les approvisionnait, ce que Dèce avait
décrété à leur égard. Il répondit : « Comme je vous
l'ai dit hier soir, on nous a cherchés pour nous con-
traindre à sacrifier aux idoles : voilà les pensées de
l'empereur par rapport à nous. » Maximien répondit :
« Et Dieu sait que nous ne sacrifierons pas. » Après
avoir encouragé ses compagnons, il dit à Malchus de
descendre à la ville pour acheter du pain, en lui recommandant d'en prendre plus qu'il n'avait fait la
veille, et de leur communiquer à son retour les ordonnances de l'empereur. Malchus prit cinq sols, sortit de la caverne. En voyant les pierres il fut étonné ;
mais comme il pensait à autre chose, l'idée des pierres
fit peu d'impression sur lui. Alors qu'il arrivait, non
sans une certaine appréhension, à la porte de la ville,
il fut singulièrement surpris de la voir surmontée du
signe de la croix ; de là il alla à une autre porte.
Quand il vit le même signe, il fut très étonné de voir
une croix au-dessus de toutes les portes, et de trouver
la ville changée ; il se signa, et revint à la première
porte en pensant qu'il rêvait. Enfin il se rassure, se
cache le visage et pénètre dans la ville. Comme il entrait chez les marchands de pain, il entendit qu'on
parlait de J.-C.; il fut stupéfait : « Qu'est ceci, pen-
sait-il ? hier personne n'osait prononcer le nom de
J.-C., et aujourd'hui ils se confessent tous chrétiens ?

Je crois que ce n'est pas là la ville d'Ephèse : d'ailleurs elle est autrement bâtie ; c'est une autre ville, mais je ne sais laquelle. » Alors il prit des informations : on lui répondit que c'était Ephèse. Se croyant le jouet d'une erreur, il songea à venir retrouver ses compagnons. Cependant il entra chez ceux qui vendaient du pain, et ayant donné son argent, les marchands étonnés se disaient l'un à l'autre que ce jeune homme avait trouvé un vieux trésor. Or, Malchus, en les voyant se parler en particulier, pensait qu'ils voulaient le mener à l'empereur, et, dans son effroi, il les pria de le laisser aller et de garder les pains et les pièces d'argent. Mais les boulangers le retinrent et lui dirent : « D'où es-tu ? puisque tu as trouvé des trésors des anciens empereurs, indique-les-nous ; nous partagerons avec toi et nous te cacherons, car autrement tu ne peux t'en retirer. » Malchus ne savait quoi leur répondre, tant il avait peur. Alors les marchands, voyant qu'il se taisait, lui jetèrent une corde au cou, le traînèrent par les rues jusqu'au milieu de la ville. C'était une rumeur générale qu'un jeune homme avait trouvé des trésors. Tout le monde s'assemblait autour de lui, et le regardait avec admiration. Malchus voulait faire comprendre qu'il n'avait rien trouvé. Il examinait tout le monde et personne ne pouvait le connaître ; il regardait au milieu de la foule pour distinguer quelqu'un de ses parents (il les croyait vraiment encore en vie), et ne trouvant personne, il restait comme un hébété au milieu du peuple de la ville. Le fait vint aux oreilles de saint Martin, évêque, et du proconsul Antipater, nouvellement arrivé dans la

ville. Ils commandèrent aux citoyens de leur amener
ce jeune homme avec précaution et d'apporter en
même temps son argent. Pendant que les officiers le
conduisaient à l'église, il pensait qu'on le menait à
l'empereur. L'évêque donc et l'empereur, surpris de
voir cet argent, lui demandèrent où il avait trouvé un
trésor inconnu. Il répondit qu'il n'avait rien trouvé,
mais qu'il avait eu ces deniers dans la bourse de ses
parents. On lui demanda alors de quelle ville il était.
Il répondit : « Je sais bien que je suis de cette ville,
si tant est que cette ville soit Ephèse. » Le proconsul
dit : « Fais venir tes parents, afin qu'ils répondent
pour toi. » Quand il eut cité leurs noms, personne ne
les connaissant, on lui dit qu'il mentait pour pouvoir
échapper, n'importe de quelle manière. « Comment te
croire, dit le proconsul ? tu prétends que cet argent
vient de tes parents, et l'inscription a plus de 377
ans ; elle date des premiers temps de l'empereur Dèce,
et ces pièces ne sont pas du tout pareilles à celles qui
ont cours chez nous. Et comment tes parents vivaient-
ils à cette époque, quand tu es si jeune ? Tu veux
donc tromper les savants et les vieillards d'Ephèse ?
Eh bien ! je vais te livrer à la rigueur des lois, jusqu'à ce que tu fasses l'aveu de ta découverte. » Alors
Malchus se jeta à leurs pieds en disant : « Pour Dieu,
seigneurs, dites-moi ce que je vous demande, et je
vous dirai ce qui est dans mon cœur. L'empereur
Dèce, qui se trouvait dans cette ville, où est-il à présent ? » L'évêque lui répondit : « Mon fils, il n'y a
plus aujourd'hui ici-bas d'empereur qui s'appelle
Dèce ; il y a longtemps qu'il l'était. » Mais Malchus

dit : « C'est pour cela, seigneur, que je suis bien
étonné et que personne ne me croit : or, suivez-moi,
et je vous montrerai mes compagnons qui sont au
mont Célion, et vous les croirez. Ce que je sais, c'est
que nous avons fui quand Dèce s'est présenté ici ; et,
hier soir, j'ai vu entrer Dèce dans cette ville, si tant
est que ce soit Ephèse. » Alors l'évêque ayant réfléchi, dit au proconsul : « C'est une vision que Dieu
veut montrer par le ministère de ce jeune homme. »
Ils le suivirent donc avec une grande multitude de
citoyens. Malchus pénétra le premier dans le lieu où
étaient ses compagnons : l'évêque, qui entra après
lui, trouva entre les pierres la relation scellée de deux
sceaux d'argent. Il assembla le peuple, la lut, à l'admiration de tous ceux qui l'entendirent ; et en voyant
les saints de Dieu assis dans la caverne avec un
visage qui avait la fraîcheur des roses, ils se proster-
nèrent en glorifiant Dieu. Aussitôt l'évêque et le proconsul envoyèrent prier l'empereur de venir de suite
voir les miracles qui venaient de s'opérer. Aussitôt
l'empereur quitta le sac qu'il portait, se leva et vint
de Constantinople à Ephèse en rendant gloire à Dieu.
On alla au-devant de lui et on l'accompagna à la
grotte. Les saints n'eurent pas plutôt vu l'empereur que leur visage brilla comme le soleil ; ensuite
l'empereur entra, se prosterna devant eux en glorifiant Dieu, se leva, les embrassa et pleura sur chacun
d'eux en disant : « Je vous vois, comme si je voyais
le Seigneur ressuscitant Lazare. » Alors saint Maximien lui dit : « Croyez-nous ; c'est pour vous que Dieu
nous a ressuscités avant le jour de la grande résurrec-

tion, afin que vous croyiez indubitablement à la
résurrection certaine des morts ; car nous sommes
vraiment ressuscités et nous vivons : or, de même
que l'enfant dans le sein de sa mère vit sans ressentir de lésion, de même, nous aussi, nous avons été
vivants, reposant, dormant et n'éprouvant pas de
sensations. » Quand il eut dit ces mots, les sept hommes inclinèrent la tête sur la terre, s'endormirent et
rendirent l'esprit selon l'ordre de Dieu. Alors l'empereur se leva, se jeta sur eux avec larmes et les embrassa. Il ordonna ensuite de faire des cercueils d'or
pour les renfermer ; mais cette nuit-là même, ils lui
apparurent et lui dirent que jusqu'alors ils avaient
reposé sur la terre et qu'ils étaient ressuscités de dessus la terre, qu'il les y fallait laisser, jusqu'à ce que
le Seigneur les ressuscitât la seconde fois. L'empereur ordonna donc qu'on ornât ce lieu de pierres
dorées, et que tous les évêques qui confessaient la
résurrection fussent absous. Qu'ils aient dormi 377
ans, comme on le dit, la chose peut être douteuse,
puisqu'ils ressuscitèrent l'an du Seigneur 448. Or,
Dèce régna seulement un an et trois mois, en l'an
252 ; ainsi, ils ne dormirent que cent quatre-vingt-
seize ans.

SAINTS NAZAIRE ET CELSE

Nazaire vient de Nazaréen qui signifie consacré, pur,
séparé, fleuri, ou gardant. Dans l'homme, on trouve cinq
facultés : la pensée, l'affection, l'intention, l'action et la parole.

Or, la pensée doit être sainte, l'affection pure, l'intention droite, l'action juste, la parole modérée. Toutes ces qualités se sont rencontrées dans le bienheureux saint Nazaire ; sa pensée fut sainte, de là il est appelé consacré ; son affection pure, et il est appelé pur, son intention droite, de là le nom de séparé ; car l'intention détermine les œuvres. Avec un œil simple et pur tout le corps est éclairé, et avec un œil mauvais et obscurci tout le corps est ténébreux. Ses actions furent justes, c'est pour cela qu'il est nommé fleuri, car le juste fleurira comme le lys ; sa parole fut modérée, de là le nom de gardant, parce qu'il garda ses voies afin de ne point pécher par la langue.

Celse, *excelsus*, élevé, parce qu'il s'éleva au-dessus de lui-même ; par la force de son courage il s'éleva au-dessus de la faiblesse de son jeune âge. On dit que saint Ambroise trouva la vie et la relation du martyre de ces deux saints dans le livre des saints Gervais et Protais ; mais on lit dans quelques ouvrages qu'un philosophe plein de dévotion à saint Nazaire a écrit son martyre que Cératius plaça à leur chevet en ensevelissant les corps de ces saints *.

Nazaire était fils d'un personnage très illustre, mais juif nommé Africanus et de la bienheureuse Perpétue, femme très chrétienne et d'une famille des plus distinguées de Rome. Elle avait été baptisée par l'apôtre saint Pierre. A l'âge de neuf ans, Nazaire était fort étonné de voir son père et sa mère apporter tant de divergence dans leurs pratiques religieuses ; puisque sa mère suivait la loi du baptême et son père la loi du sabbat. Il balançait beaucoup sur le parti auquel il se rattacherait, car l'un et l'autre de ses parents s'efforçaient de l'attirer à sa croyance. Enfin Dieu permit qu'il marchât sur les traces de sa mère, et il reçut le saint baptême du bienheureux Lin, pape. Son père, en

* *Bréviaire romain.*

ayant été instruit, tenta de le détourner de sa sainte
résolution, en lui exposant, l'un après l'autre, les différents tourments qu'on infligeait aux chrétiens. Quant
au fait de son baptême qu'on dit lui avoir été conféré
par le pape saint Lin, l'on veut dire sans doute que
celui-ci devait être pape plus tard, car il ne l'était pas
encore. Puisque, comme, il sera facile de s'en convaincre
par la suite, saint Nazaire vécut nombre d'années
après son baptême et fut martyrisé par Néron qui fit
crucifier saint Pierre, la dernière année de son règne ;
or, saint Lin fut pape après la mort de saint Pierre.
Au lieu de céder aux instances de son père, Nazaire
prêchait J.-C. avec la plus grande constance ; alors
ses parents, qui craignaient beaucoup qu'il ne fût tué,
obtinrent par leurs prières qu'il sortirait de la ville de
Rome ; il prit donc sept sommiers chargés des richesses de ses parents, parcourut les villes d'Italie et
donna tout aux pauvres. Dix ans après son départ, il
vint à Plaisance et de là à Milan où il trouva détenus
en prison saint Gervais et saint Protais. Or, quand on
apprit que Nazaire encourageait ces martyrs, on le
traîna aussitôt au préfet et comme il persistait à confesser J.-C., il fut battu de verges et chassé de la ville.
Tandis qu'il allait d'un lieu à un autre, sa mère, qui
était morte, lui apparut et après l'avoir encouragé, elle
l'avertit de se diriger vers les Gaules. Quand il arriva
à une ville de la Gaule nommée Gemellus *, il y convertit beaucoup de monde ; et une dame lui offrit son
fils nommé Celse qui était un charmant enfant, avec

* Genève

prière de le baptiser et de l'emmener avec lui. Quand
le préfet des Gaules apprit cela, il le fit prendre avec
Celse ; on lui lia les mains derrière le dos ; on lui attacha une chaîne au cou et on le jeta en prison afin
que le lendemain il fût tourmenté dans les supplices.
Mais la femme du préfet envoya dire à son mari que
c'était une injustice de condamner à mort des innocents ; et qu'il ne fallait pas se charger de la vengeance
des dieux tout-puissants. Le président se rendit à ces
paroles ; il renvoya les saints absous, en leur recommandant expressément de ne pas prêcher dans la ville.
Nazaire vint donc à Trèves où le premier il annonça
J.-C. Après y avoir converti beaucoup de personnes à
la foi, il s'y bâtit une église. Corneille, vicaire de Néron, instruit de cela, le manda à cet empereur qui envoya cent hommes pour le prendre. Ils le trouvèrent à
côté de l'oratoire qu'il s'était construit, lui lièrent les
mains et lui dirent : « Le grand Néron t'appelle. »
Nazaire leur répondit : « Un roi inconvenant a des soldats inconvenants ; car à votre arrivée pourquoi ne
m'avez-vous pas dit honnêtement : Néron t'appelle ?
je serais venu. » Ils le conduisirent donc enchaîné à
Néron. Quant au petit Celse qui pleurait, ils lui donnaient des soufflets pour le forcer de suivre. Néron, les
ayant vus, les fit mettre en prison, jusqu'à ce qu'il eût
réfléchi sur la manière de les faire périr. Dans cet
intervalle, une fois que Néron avait envoyé des chas-
seurs pour prendre des bêtes sauvages, une troupe de
ces animaux entra subitement dans le verger de ce
prince, où elle blessa beaucoup de personnes et en
tua nombre d'autres, au point que Néron effrayé prit

la fuite et rentra dans son palais, après s'être fait une
blessure au pied. La douleur le retint de longues journées couché ; enfin il se souvint de Nazaire et de Celse ;
il pensa que les dieux étaient irrités contre lui pour avoir
laissé vivre si longtemps ces prisonniers. Par l'ordre
donc de l'empereur, des soldats firent sortir Nazaire
de la prison, en le chassant à coups de pied, et Celse
en le frappant, et ils les amenèrent devant l'empereur.
Néron, voyant la figure de Nazaire brillante comme le
soleil, se crut le jouet d'une illusion et lui ordonna de
cesser ses sortilèges, puis de sacrifier aux dieux. Nazaire ayant été conduit au temple, pria tout le monde
de se retirer, et pendant qu'il y faisait sa prière, toutes
les idoles furent brisées. A cette nouvelle, Néron ordonna de le précipiter dans la mer, avec ordre de le
reprendre, s'il parvenait à s'échapper, de le faire mourir ensuite dans les flammes et de jeter ses cendres
dans la mer. Nazaire donc et le jeune Celse sont em-
barqués sur un navire, et quand ils eurent atteint la
haute mer, ils furent précipités dans les flots. Mais
aussitôt il s'éleva autour du bâtiment une tempête
extraordinaire, quand le plus grand calme régnait autour des saints. Les matelots craignaient de périr et
se repentaient des méchancetés qu'ils avaient commises contre les martyrs, mais voici que Nazaire avec le
petit Celse leur apparaît marchant d'un air gai sur les
eaux, et monte sur le navire (Les matelots croyaient
déjà en Dieu.) Nazaire par une prière calma les flots,
et vint de là avec eux débarquer auprès de la ville de
Gênes éloignée de six cents pas. Après y avoir prêché
longtemps, il vint enfin à Milan où il avait laissé saint

Gervais et saint Protais. Lorsque le préfet Anolinus l'eut appris, il l'envoya en exil et Celse resta dans la maison d'une dame. Quant à Nazaire il revint à Rome où il trouva son père déjà parvenu à la vieillesse et chrétien. Il lui demanda comment il avait été converti. Son père lui dit que saint Pierre, apôtre, lui était apparu et lui avait donné le conseil de suivre sa femme et son fils qui l'avaient précédé dans la foi de J.-C. Ensuite Nazaire, après avoir éprouvé de mauvais traitements, à Milan, d'où il avait été envoyé à Rome, est forcé par les prêtres des idoles de revenir et il y fut traduit devant le président avec l'enfant. On le conduisit hors de la porte de Rome dans un lieu appelé les Trois Murs, et il fut décapité avec le jeune Celse. Les chrétiens enlevèrent leurs corps et les placèrent dans leurs jardins ; mais cette nuit-là même, les martyrs apparurent à un saint homme nommé Cératius et lui recommandèrent d'ensevelir leurs corps dans un endroit retiré de sa maison, par rapport à l'empereur. Cératius leur dit : « Je vous en prie, mes seigneurs, guérissez auparavant ma fille paralytique. » Et comme elle fut guérie à l'instant, il prit leurs corps et les ensevelit comme ils le lui avaient recommandé. Longtemps après le Seigneur révéla à saint Ambroise où se trouvaient leurs restes. Celui-ci laissa Celse où il était. Le corps de Nazaire fut trouvé avec son sang frais comme s'il venait d'être enseveli, et répandant une merveilleuse odeur ; il était entier, sans corruption, avec ses cheveux et sa barbe. Il en fit la translation à l'église des apôtres et l'y ensevelit avec honneur. Dans la suite il fit aussi l'élévation de saint Celse qu'il plaça dans la même église. Ils souffrirent sous Néron, qui commença à régner vers l'an du Seigneur 57.

Au sujet de ce martyr, voici ce que saint Ambroise dit dans la Préface : « Le saint martyr Nazaire, illustre par le sang généreux qu'il a répandu, a mérité de monter au royaume du ciel. En souffrant tout ce que les tourments ont de plus cruel, il surmontait la rage des tyrans par sa constance ; et il ne céda jamais devant les menaces des persécuteurs, car il avait pour le soutenir au milieu de ses combats N.-S. J.-C. qui combattait avec lui. Alors il est conduit au temple pour immoler aux idoles profanes ; mais fort du secours divin, il est à peine entré, que ces simulacres sont réduits par lui en poussière. Pour ce fait, il est conduit au milieu de la mer, et, soutenu par les anges, il marche à pied sec sur les flots. O heureux et noble combattant du Seigneur qui en attaquant le prince du monde a rendu une multitude innombrable de peuple participante de la vie éternelle ! O grand et ineffable mystère, qu'il y ait plus de joie dans l'Église de ce qu'ils ont mérité le salut, qu'il n'y a d'allégresse dans le monde pour les avoir punis ! O bienheureuse mère qui tire de la gloire des tourments de ses enfants qu'elle conduit au tombeau sans pleurs et sans gémissements, et sans cesser de célébrer leurs louanges quand ils sont passés aux royaumes célestes ! O témoin merveilleux, resplendissant d'un éclat céleste, dont les vertus répandent une odeur plus pénétrante et plus suave que les aromates de Saba ! » — Saint Ambroise, lors de l'invention de ce saint, le proposa comme patron, et médecin, comme le défenseur de la foi, et le champion des combats sacrés.

Elle était cachée depuis longtemps dans la poussière cette dragme trouvée avec la lumière que te prête l'assistance merveilleuse du ciel : afin, ô Jésus ! que les récompenses que vous accordez à tous vos élus soient manifestées et que l'œil de l'homme puisse voir les visages des anges.

SAINT FÉLIX, PAPE

Félix fut élu et ordonné pape à la place de Libère, qui, ne voulant pas approuver l'hérésie arienne, fut, par l'ordre de Constance, fils de Constantin, envoyé en exil, où il resta trois ans. C'est pour cela que tout le clergé romain ordonna Félix à sa place, du vouloir et du consentement de Libère lui-même. Ce Félix, ayant convoqué un concile, condamna, en présence de quarante-huit évêques, Constance empereur arien hérétique et deux prêtres qui le soutenaient. Constance indigné chassa Félix de son évêché et rappela Libère à la condition d'être en communion seulement avec Constantin et les autres que Félix avait condamnés. Libère, accablé par les ennuis de l'exil, souscrivit à l'hérésie ; et il en résulta que la persécution augmenta à tel point que beaucoup de prêtres et de clercs furent tués dans l'église sans que Libère s'y opposât. Félix, chassé de son évêché, habitait dans une terre d'où on l'arracha pour le conduire au martyre qu'il subit, en ayant la tête tranchée, vers l'an du Seigneur 340.

SAINT SIMPLICE ET SAINT FAUSTIN

Simplice et Faustin étaient frères ; ils refusèrent de
sacrifier, et endurèrent à Rome beaucoup de tourments sous l'empereur Dioclétien. A la fin on porta
l'arrêt de leur condamnation ; ils furent décapités et
leurs corps jetés dans le Tibre : mais leur sœur nommée Béatrice retira leurs dépouilles du fleuve et les
ensevelit honorablement. Lucrétius qui était préfet et
vicaire de Dioclétien passait autour de leur domaine,
la fit prendre et lui commanda de sacrifier aux idoles.
Sur son refus, Lucrétius la fit étrangler durant la nuit
par ses esclaves. La vierge Lucine enleva son corps
et l'ensevelit à côté de ses frères. Après quoi, le préfet
Lucrétius s'empara de leur maison, où au milieu d'un
repas qu'il donnait à ses amis, il se permit d'insulter
les martyrs ; alors un petit enfant encore à la mamelle
et enveloppé de langes, s'écria, dans les bras de sa
mère qui était présente, de sorte que tout le monde
l'entendit : « Écoute, Lucrétius, tu as tué, tu as
usurpé, voici que tu es livré au pouvoir de l'ennemi. »
A l'instant Lucrétius saisi et tremblant est appré-
hendé par le démon qui le tourmenta si violemment
pendant trois heures qu'il mourut au milieu du repas.
Les assistants témoins de cela se convertirent à la foi :
ils racontaient à tous le martyre de sainte Béatrice qui
avait été vengée dans le repas. Or, ils souffrirent vers
l'an du Seigneur 287.

SAINTE MARTHE

[L'interprétation du nom de saincte Marthe. Marthe peut
estre dicte ainsi côme sacrifiant ou amaigrissant : elle sacrifia
à Ihûcrist quant elle le hostella : et luy administra le pain et
le vin de quoy luy-mesme sacrifia son sainct corps : amaigrissant, car elle amaigrit son corps par penitence si côme
il sensuit après] *.

Marthe, qui donna l'hospitalité à J.-C., descendait
de race royale et avait pour père Syrus et pour mère
Eucharie. Son père fut gouverneur de Syrie et de beaucoup de pays, situés le long de la mer. Marthe possédait avec sa sœur, et du chef de sa mère, trois châteaux, savoir Magdalon, Béthanie et une partie de la
ville de Jérusalem. On ne trouve nulle part qu'elle se
soit mariée, ni qu'elle ait eu commerce avec aucun
homme. Or, cette noble hôtelière servait le Seigneur
et voulait que sa sœur le servît aussi ; car il lui semblait que ce n'était pas même trop du monde tout
entier pour le service d'un hôte si grand. Après l'ascension du Seigneur, quand les apôtres se furent
dispersés, elle et son frère Lazare, sa sœur Marie-
Magdeleine, ainsi que saint Maximin qui les avait
baptisés et auquel elles avaient été confiées par l'Esprit-Saint, avec beaucoup d'autres encore, furent mis
par les infidèles sur un navire dont on enleva les
rames, les voiles et les gouvernails, ainsi que toute
espèce d'aliment. Sous la direction de Dieu, ils arri-

* Consulter les *Monuments de l'apostolat de sainte Madeleine
et de sainte Marthe*, par M. Faillon et le *Breviaire romain*.

vèrent à Marseille. De là ils allèrent au territoire d'Aix
où ils convertirent tout le peuple à la foi. Or, sainte
Marthe était très éloquente et gracieuse pour tous. Il
y avait, à cette époque, sur les rives du Rhône, dans
un bois entre Arles et Avignon, un dragon, moitié
animal, moitié poisson, plus épais qu'un bœuf, plus
long qu'un cheval, avec des dents semblables à des
épées et grosses comme des cornes, qui était armé de
chaque côté de deux boucliers ; il se cachait dans le
fleuve d'où il ôtait la vie à tous les passants et submer-
geait les navires. Or, il était venu par mer de la Galatie d'Asie, avait été engendré par Léviathan, serpent
très féroce qui vit dans l'eau, et d'un animal nommé
Onachum, qui naît dans la Galatie : contre ceux qui
le poursuivent, il jette, à la distance d'un arpent, sa
fiente comme un dard et tout ce qu'il touche, il le
brûle comme si c'était du feu. A la prière des peuples,
Marthe alla dans le bois et l'y trouva mangeant un
homme. Elle jeta sur lui de l'eau bénite et lui montra
une croix. A l'instant le monstre dompté resta tranquille comme un agneau. Sainte Marthe le lia avec
sa ceinture et incontinent il fut tué par le peuple à
coups de lames et de pierres. Or, les habitants du pays
appelaient ce dragon Tarasque et en souvenir de cet
évènement ce lieu s'appelle encore Tarascon au lieu
de Nerluc, qui signifie lieu noir, parce qu'il se trouvait
là des bois sombres et couverts. Ce fut en cet endroit
que sainte Marthe, avec l'autorisation de son maître
Maximin et de sa sœur, se fixa désormais et se livra
sans relâche à la prière et aux jeûnes. Plus tard après
avoir rassemblé un grand nombre de sœurs, elle bâtit

une basilique en l'honneur de la bienheureuse vierge
Marie. Elle y mena une vie assez dure, s'abstenant
d'aliments gras, d'œufs, de fromage et de vin, ne mangeant qu'une fois par jour. Cent fois le jour et autant
de fois la nuit, elle fléchissait les genoux.

Elle prêchait un jour auprès d'Avignon, entre la
ville et le fleuve du Rhône, et un jeune homme se
trouvait de l'autre côté du fleuve; jaloux d'entendre
ses paroles, mais dépourvu de barque pour passer, il
se dépouilla de ses vêtements et se jeta à la nage ;
tout à coup il est emporté par la force du courant et
se noie aussitôt. Son corps fut à peine retrouvé, deux
jours après ; on l'apporta aux pieds de sainte Marthe
pour qu'elle le ressuscitât. Elle se prosterna seule, les
bras étendus en forme de croix sur la terre et fit cette
prière : « O Adonay, Seigneur J.-C., qui avez autrefois ressuscité mon frère Lazare, votre ami, mon cher
hôte, ayez égard à la foi de ceux qui m'entourent et
ressuscitez cet enfant. » Elle prit par la main ce
jeune homme qui se leva aussitôt et reçut le saint baptême. Eusèbe rapporte au VII° livre de son *Histoire
ecclésiastique* *, que l'Hémorrhoïsse, après avoir été
guérie, fit élever dans sa cour ou son verger, une statue à la ressemblance de J.-C., avec une robe et sa
frange, comme elle l'avait vu, et elle avait pour cette
image une grande vénération. Or, les herbes croissant
aux pieds de la statue et qui n'étaient bonnes à rien
auparavant, dès lors qu'elles atteignaient à la frange,

---

* Il revient sur ce récit dans son commentaire sur saint
Luc, mais sans prétendre que c'est Marthe. — Cf. Nicéphore
Callixte, lib. X, xxx.

acquéraient une telle vertu que beaucoup d'infirmes
qui en faisaient usage étaient guéris. Cette Hémorrhoïsse que le Seigneur guérit, saint Ambroise dit *
que ce fut sainte Marthe. Saint Jérôme de son côté
rapporte, et l'*Histoire tripartite* confirme **, que Julien l'apostat fit enlever la statue élevée par l'Hémorrhoïsse et y substitua la sienne ; mais la foudre la brisa.

Or, le Seigneur révéla un an d'avance à sainte Marthe le moment de sa mort : et pendant toute cette
année, la fièvre ne la quitta point. Huit jours avant
son trépas, elle entendit les chœurs des anges qui
portaient l'âme de sa sœur au ciel. Elle rassembla de
suite sa communauté de frères et de sœurs : « Mes
compagnons et très doux élèves, leur dit-elle, je vous
en prie, réjouissez-vous avec moi, parce que je vois
les chœurs des anges portant en triomphe l'âme de ma
sœur au trône qui lui a été promis. O très belle et bien-
aimée sœur ! vis avec ton maître et mon hôte dans la
demeure bienheureuse ! » Et aussitôt sainte Marthe,
pressentant sa mort prochaine, avertit ses gens d'allumer des flambeaux autour d'elle et de veiller jusqu'à
son trépas. Au milieu de la nuit qui précéda le jour de
sa mort, ceux qui la veillaient s'étant laissé appesantir
par le sommeil, un vent violent s'éleva et éteignit
toutes les lumières, et la sainte qui vit une foule d'esprits malins, prononça cette prière : « O Dieu, mon
père, mon hôte chéri, mes séducteurs se sont rassemblés pour me dévorer ; ils tiennent écrites à la main

* *Sermon* XLVI.
** Lib VI, c. XLI.

les méchancetés que j'ai commises : mon Dieu, ne vous éloignez pas de moi, mais venez à mon aide. » Et voilà qu'elle vit sa sœur venir à elle ; elle tenait à la main une torche avec laquelle elle alluma les flambeaux et les lampes : et tandis qu'elles s'appelaient chacune par leur nom, voici que J.-C. vint et dit : « Venez, hôtesse chérie, et où je suis, vous y serez avec moi. Vous m'avez reçu dans votre maison, et moi je vous recevrai dans mon paradis ; ceux qui vous invoqueront, je les exaucerai par amour pour vous. » L'heure de sa mort approchant, elle se fit transporter dehors, afin de pouvoir regarder le ciel ; et elle ordonna qu'on la posât par terre sur de la cendre ; ensuite qu'on lui tînt une croix devant elle : et elle fit cette prière : « Mon cher hôte, gardez votre pauvre petite servante ; et comme vous avez daigné demeurer avec moi, recevez-moi de même dans votre céleste demeure. » Elle se fit ensuite lire la Passion selon saint Luc, et quand on fut arrivé à ces mots : « Mon père, je remets mon âme entre vos mains », elle rendit l'esprit. Le jour suivant qui était un dimanche, comme on célébrait les laudes auprès de son corps, vers l'heure de tierce, Notre-Seigneur apparut à saint Front qui célébrait la messe à Périgueux, et qui, après l'épître, s'était endormi sur sa chaire : « Mon cher Front, lui dit-il, si vous voulez accomplir ce que vous avez autrefois promis à notre hôtesse, levez-vous vite et suivez-moi. » Saint Front ayant obéi à cet ordre, ils vinrent ensemble en un instant à Tarascon où ils chantèrent des psaumes autour du corps de sainte Marthe et firent tout l'office, les autres leur répondant ; en-

suite ils placèrent de leurs mains son corps dans le
tombeau. Mais à Périgueux, quand on eut terminé ce
qui était à chanter, le diacre qui devait lire l'évangile,
ayant éveillé l'évêque en lui demandant la bénédiction,
celui-ci répondit à moitié endormi : « Mes frères, pourquoi me réveillez-vous? Notre-Seigneur J.-C. m'a conduit où était le corps de Marthe, son hôtesse, et nous
lui avons donné la sépulture : envoyez-y vite des messagers pour nous rapporter notre anneau d'or et nos
gants gris que j'ai ôtés afin de pouvoir ensevelir le
corps, je les ai remis au sacriste et les ai laissés par
oubli, car vous m'avez éveillé si vite! » On envoya
donc des messagers qui trouvèrent tout ainsi que l'é-
vêque avait dit; ils rapportèrent l'anneau et un seul
gant, car le sacriste retint l'autre comme preuve de ce
qui s'était passé. Saint Front ajouta encore : « Comme
nous sortions de l'église après l'inhumation, un frère
de ce lieu, qui était habile dans les lettres, nous suivit
pour demander au Seigneur de quel nom il l'appelle-
rait. Le Seigneur ne lui répondit rien, mais il lui montra un livre qu'il tenait tout ouvert à la main, dans lequel rien autre chose n'était écrit que ce verset : « La
« mémoire de mon hôtesse qui a été pleine de justice
« sera éternelle; elle n'aura pas à craindre d'entendre
« des paroles mauvaises au dernier jour (Ps. iii). » Le
frère, qui parcourut chaque feuillet du livre, y trouva
ces mots écrits à chaque page. Or, comme il s'opérait
beaucoup de miracles au tombeau de sainte Marthe,
Clovis, roi des Francs, qui s'était fait chrétien et qui
avait été baptisé par saint Remy, souffrait d'un grand
mal de reins; il vint donc au tombeau de la sainte et

y obtint une entière guérison. C'est pourquoi il dota ce
lieu, auquel il donna une terre d'un espace de trois
milles à prendre autour sur chacune des rives du
Rhône, avec les métairies et les châteaux, en affran-
chissant le tout. Or, Martille, sa servante, écrivit sa
vie ; ensuite elle alla dans l'Esclavonie où, après avoir
prêché l'évangile, elle mourut en paix dix ans après
le décès de sainte Marthe.

SAINT ABDON ET SAINT SENNEN *

Abdon et Sennen souffrirent le martyre sous l'empereur Dèce, qui, après avoir soumis la Babylonie avec
d'autres provinces, et y avoir trouvé des chrétiens, les
emmena avec lui à la ville de Cordoue où il les fit
mourir par différents supplices. Deux vice-rois, Abdon
et Sennen, prirent leurs corps et les ensevelirent. On
les accusa de cette action auprès de Dèce qui les fit
comparaître devant lui. On les chargea de chaînes et
on les conduisit à Rome, où ils comparurent devant
l'empereur et devant le Sénat ; on leur dit qu'ils
avaient ou à sacrifier et qu'alors ils rentreraient libres
dans leurs états, ou à se voir condamnés à être la pâture des bêtes féroces. Ils ne manifestèrent que du
mépris pour les idoles sur lesquelles ils crachèrent ;
après quoi ils furent traînés à l'amphithéâtre où on
lâcha sur eux deux lions et quatre ours, qui, loin de

---

* *Bréviaire romain.* Ce récit est conforme aux actes publiés
par les Bollandistes.

toucher ces saints, en furent même les gardiens. On
les fit donc mourir par le glaive, après quoi on leur
lia les pieds et on les traîna jusqu'à l'idole du soleil
devant laquelle on les jeta. Au bout de trois jours, le
sous-diacre Quirinus vint les recueillir et les ensevelit
dans sa maison. Ils souffrirent vers l'an du Seigneur
253. Du temps de Constantin, ces martyrs révélèrent
où étaient leurs corps que les chrétiens transférèrent
dans le cimetière de Pontieu. Par leur mérite Dieu
y accorde de nombreux bienfaits au peuple.

SAINT GERMAIN, ÉVÊQUE

Germain vient de germe, et *ana*, qui veut dire en haut, c'est
donc un germe d'en haut. On trouve en effet trois qualités
dans le blé qui germe, savoir une chaleur naturelle, une humidité nutritive, et un principe de semence. De là vient que
saint Germain est appelé une semence en germe : car il posséda une chaleur produite par l'ardeur de son amour, une
humidité qui développa sa dévotion, et un principe de semence
puisque, par la force de sa prédication, il engendra beaucoup
de monde à la foi et aux bonnes mœurs. Le prêtre Constantin
écrivit sa vie qu'il adressa à saint Cinsurius, évêque d'Auxerre*.

Germain naquit à Auxerre d'une famille des plus
nobles. Après de longues études consacrées aux arts
libéraux, il partit pour Rome afin de se former à la
science du droit. Il s'y acquit tant de considération

---

* Héricus, moine d'Auxerre, a écrit sa vie en vers et ses miracles en prose

que le Sénat l'envoya dans les Gaules pour remplir
les fonctions de gouverneur de toute la Bourgogne.
A Auxerre qu'il affectionnait, il possédait, au milieu
de la ville, un pin aux branches duquel il suspendait,
pour qu'on les admirât, les têtes des bêtes fauves tuées
par lui à la chasse. Mais saint Amateur, évêque de
cette ville, le gourmandait souvent de cette vanité, et
lui conseillait même de faire abattre cet arbre dans la
crainte de quelque mauvais résultat pour les chrétiens.
Or, Germain n'y voulait absolument pas consentir.
Mais un jour qu'il était absent, saint Amateur fit
couper et brûler ce pin. Quand Germain l'apprit, il
oublia les sentiments que lui inspirait la religion
chrétienne et revint à la ville avec des soldats, dans
le dessein de faire mourir l'évêque : mais celui-ci, qui
avait appris par révélation que Germain devait un jour
lui succéder, céda devant sa fureur et gagna Autun.
Peu après, il revint à Auxerre et ayant attiré Germain
dans l'église, il le tonsura en lui prédisant qu'il devait
être son successeur. Ce qui eut lieu : car quelque temps
après l'évêque mourut en saint et le peuple demanda
à l'unanimité Germain pour évêque. Il distribua tous
ses biens aux pauvres, traita sa femme comme si elle
eût été sa sœur, et pendant trente ans, il mortifia tellement son corps que jamais il n'usa de pain de froment, ni de vin, ni d'huile, ni de légumes, ne mangeant
même rien qui fût accommodé avec du sel. Deux fois
l'an cependant, savoir : à Pâques et à Noël, il prenait du
vin, encore il y mêlait tant d'eau qu'il n'y avait plus
goût de vin. Il commençait ses repas en prenant d'a-
bord de la cendre ; ensuite il mangeait du pain d'orge,

Son jeûne était continuel, car il ne mangeait jamais
que sur le soir. L'été comme l'hiver, il avait pour tout
vêtement un cilice et une coule. Et quand il ne lui
arrivait pas de donner cet habit à quelqu'un, il le
portait jusqu'à ce qu'il fût tout usé et en lambeaux.
Les ornements de son lit, c'était la cendre, un cilice
et un sac : il n'avait pas de coussin pour tenir sa tête
plus élevée que les épaules, mais toujours dans les gémissements, il portait à son cou des reliques des
saints ; jamais il ne quittait son vêtement, rarement
sa chaussure et sa ceinture. Tout dans sa conduite
était au-dessus des forces d'un homme. Sa vie fut telle
en effet qu'il eût été incroyable de la concevoir sans
miracles ; mais ils furent si nombreux qu'on les croi-
rait imaginés à plaisir, si les mérites qu'il avait acquis
n'avaient précédé ces prodiges.

Un jour qu'il avait reçu l'hospitalité dans un endroit,
il fut étonné de voir, après le souper, apprêter la table, et il demanda pour qui on préparait un second
repas. Comme on lui disait que c'était pour les bonnes femmes qui voyagent pendant la nuit, saint Germain prit la résolution de veiller cette nuit-là ; et il vit
une foule de démons qui venaient se mettre à table
sous la forme d'hommes et de femmes. Il leur défendit de s'en aller, réveilla tous les membres de la maison et leur demanda s'ils connaissaient ces personnes.
On lui répondit que c'étaient tous les voisins et voisines ; alors en commandant aux démons de ne pas
s'en aller, il envoya au domicile de chacun d'eux, et
on les trouva tous dans leur lit. Saint Germain les conjura ; et ils dirent qu'ils étaient des démons qui se

jouaient ainsi des hommes. En ce temps-là, florissait le bienheureux saint Loup, évêque de Troyes. Quand Attila attaquait cette ville, le bienheureux Loup lui demanda de dessus la porte à haute voix qui il était pour venir fondre ainsi sur eux. « Je suis, lui répondit-il, Attila, le fléau de Dieu. » L'humble prélat lui répliqua avec gémissement : « Et moi je suis Loup ; hélas ! je ravage le troupeau de Dieu et j'ai besoin d'être frappé par le fléau de Dieu. » Et à l'instant il fit ouvrir les portes. Mais Dieu aveugla les ennemis qui passèrent d'une porte à l'autre, sans voir personne et sans faire aucun mal. Le bienheureux Germain prit avec lui saint Loup et partit pour les îles Britanniques où pullulaient les hérétiques ; et comme ils étaient sur la mer, une tempête extraordinaire s'éleva ; mais à la prière de saint Germain, il se fit aussitôt un grand calme. Ils furent reçus avec de grands honneurs par le peuple ; leur arrivée avait été annoncée par les démons que saint Germain avait chassés des obsédés. Après qu'ils eurent convaincu les hérétiques, ils retournèrent en leur propre pays.

Germain était couché malade dans un endroit, quand soudain un incendie embrasa toute la bourgade. On le priait de se laisser emporter pour échapper à la flamme, mais il voulut rester exposé à l'incendie, et le feu, qui consuma tout à droite et à gauche, ne toucha pas à l'habitation où il se trouvait. Comme il retournait une seconde fois en Bretagne pour confondre les hérétiques, un de ses disciples, qui l'avait suivi en toute hâte, tomba malade à Tonnerre et y mourut. Saint Germain, revenant sur ses pas, fit ouvrir le sé-

pulcre et demanda au mort, en l'appèlant par son
nom, ce qu'il faisait, s'il désirait encore combattre
avec lui. Celui-ci se leva sur son séant et répondit qu'il
goûtait des douceurs infinies et qu'il ne voulait pas
être rappelé désormais sur la terre. D'après le consentement que lui donna saint Germain de rester dans le
repos, il déposa sa tête et se rendormit de nouveau
dans le Seigneur *. Pendant le cours de ses prédications, le roi de la Bretagne lui refusa l'hospitalité aussi
bien qu'à ses compagnons. Le porcher du roi, qui revenait de faire paître ses bêtes, en rapportant à sa
chaumière des provisions qu'il avait reçues au palais,
vit le bienheureux Germain et ses compagnons acca-
blés de faim et de froid, il les accueillit avec bonté
dans sa maison, et commanda qu'on tuât pour ses
hôtes le seul veau qu'il possédât. Après le souper, saint
Germain fit disposer tous les os du veau sur sa peau
et à sa prière le veau se leva tout aussitôt. Le lendemain, Germain se hâta de se rendre chez le roi et lui
demanda avec force pourquoi il lui avait refusé l'hospitalité. Le roi grandement saisi ne put lui répondre ; alors Germain lui dit : « Sors et cède le royaume
à meilleur que toi. » Et par un ordre qu'il reçut de
Dieu, Germain fit venir le porcher avec sa femme et en
présence de la multitude étonnée, il le constitua roi ;
et depuis lors ce sont les descendants du porcher qui
gouvernent la nation des Bretons**. Les Saxons étaient
en guerre avec les Bretons et se voyaient inférieurs

* Héricus, moine d'Auxerre, qui a écrit la vie et les miracles du saint.
** Ibid., c VIII

en nombre, ils appelèrent alors les saints qui passaient
par là ; ceux-ci les instruisirent et tous accoururent à
l'envi pour recevoir le baptème. Le jour de Pâques,
transportés par la ferveur de leur foi, ils jettent leurs
armes de côté et se proposent de combattre avec grand
courage ; les ennemis, à cette nouvelle, se ruent avec
audace contre des gens désarmés ; mais Germain, qui
se tenait caché avec les siens, les avertit tous, que
quand il crierait lui-même *Alleluia*, ils lui répondis-
sent ensemble en poussant le même cri. Et quand ils
l'eurent fait, une terreur tellement grande s'empara des
ennemis qui se précipitaient sur eux, qu'ils jetèrent
leurs armes, dans la persuasion que non seulement les
montagnes, mais encore le ciel s'écroulaient sur leur
tête ; alors ils prirent tous la fuite*. Une fois qu'il passait par Autun, il vint au tombeau de saint Cassien,
évêque, auquel il demanda comment il se trouvait. Celui-ci lui répondit de son cercueil ces mots qui furent
entendus de tous les assistants : « Je jouis d'un doux
repos, et j'attends la venue du rédempteur. » Et Germain lui dit : « Reposez encore longtemps en J.-C., et
intercédez pour nous avec ferveur, afin que nous méritions d'obtenir les joies de la sainte résurrection. »
A son arrivée à Ravenne, il fut reçu avec honneur par
l'impératrice Placidie et par son fils Valentinien. Quand
vint l'heure du repas, la reine lui envoya un magnifique vase d'argent rempli de mets exquis ; il le reçut,
mais ce fut pour distribuer les mets à ceux qui l'accompagnaient et pour donner aux pauvres l'argent du

* *Ibid.*

vase qu'il garda par devers lui. Pour tenir lieu de présent, il envoya à l'impératrice une écuelle de bois dans laquelle était un pain d'orge ; ce qu'elle reçut de bonne grâce et dans la suite elle fit enchâsser cette écuelle dans de l'argent.

Une fois encore, l'impératrice l'invita à un dîner que le saint accepta avec bonté. Or, comme il était exténué par les jeûnes, la prière et les travaux, il se fit conduire sur un âne depuis son logement jusqu'au palais : mais pendant le repas, l'âne de saint Germain mourut. La reine, qui l'apprit, fit offrir à l'évêque un cheval extrêmement doux. Quand le saint l'eut vu, il dit : « Qu'on m'amène mon âne, parce que, comme il m'a amené, il me remènera. » Et allant vers le cadavre : « Lève-toi, dit-il, âne, retournons au logis. » Aussitôt l'âne se leva, se secoua, et comme s'il n'avait éprouvé aucun mal, il porta Germain à son hôtellerie. Mais avant de sortir de Ravenne, Germain prédit qu'il n'avait plus longtemps à rester sur la terre. Peu de temps après, la fièvre le saisit et le septième jour il s'endormit dans le Seigneur : son corps fut transporté dans les Gaules, selon qu'il l'avait demandé à l'impératrice. Il mourut vers l'an du Seigneur 430.

Saint Germain avait promis à saint Eusèbe de consacrer à sa place, quand il reviendrait, une église que le saint évêque de Verceil avait fondée. Mais quand il eut appris le trépas du bienheureux Germain, saint Eusèbe fit allumer des cierges pour consacrer lui-même son église. Or, plus on les allumait, plus ils s'éteignaient. Eusèbe comprit par là que la dédicace devait être remise à une autre époque, ou bien qu'elle devait être faite par un autre évêque. Mais lorsque le corps de saint Germain fut amené à Verceil, et qu'on l'eut fait entrer dans l'église, à l'instant tous les cierges s'allumèrent par miracle. Alors saint Eusèbe se souvint de la promesse du bienheureux Germain, et il comprit qu'il avait exécuté, après sa mort, ce qu'il avait promis de faire étant en vie. Il ne faut pas croire qu'il soit ici question du grand Eusèbe de Verceil; celui-ci mourut du temps de l'empereur Valens, et il s'écoula plus de 50 ans depuis sa mort jusqu'à celle de saint Germain. Ce fut sous un autre Eusèbe, qu'arriva ce qui vient d'être raconté.

SAINT EUSÈBE

Eusèbe est ainsi appelé de *eu*, qui veut dire bien et, *sebe*, qui signifie éloquence ou poste. Eusèbe s'interprète encore bon culte. En effet il fut rempli de bonté, en se sanctifiant, d'éloquence en défendant la foi, il resta à son poste en souffrant le martyre avec constance ; et il rendit à Dieu un bon culte par le respect qu'il eut pour lui.

Eusèbe, qui conserva sa virginité, n'était encore que catéchumène quand il fut baptisé par le pape Eusèbe qui lui donna son nom. A son baptême, on vit les mains des anges le lever des fonts sacrés. Une dame, qui s'était éprise de sa beauté, voulut entrer dans sa chambre, mais elle en fut empêchée par les anges qui le gardaient : alors elle vint le lendemain matin se jeter à ses pieds et lui demander pardon.

Après avoir été ordonné prêtre, il brilla par une sainteté telle que dans la solennité de la messe, on voyait
les anges qui le servaient. En ce temps-là, comme
l'hérésie d'Arius infectait l'Italie entière de ses poi-
sons, favorisée qu'elle était par l'empereur Constance, le pape Julien sacra Eusèbe évêque de Verceil . c'était alors une des principales villes de l'Italie.
A cette nouvelle, les hérétiques firent fermer toutes
les portes de l'église ; mais Eusèbe étant entré dans
la ville, se mit à genoux à là porte de l'église principale dédiée à la bienheureuse Marie, et à l'instant
toutes les portes s'ouvrirent à sa prière. Il chassa de
son siège Maxence, évêque de Milan, qui était gâté
par le poison de l'hérésie, et il établit en sa place
Denys, fervent catholique. C'est ainsi qu'Eusèbe en
Occident et Athanase en Orient purgeaient l'Eglise de
la peste des Ariens. Cet Arius était un prêtre d'A-
lexandrie : il prétendait que le Christ était une pure
créature : il avançait ce qu'il était, quand il n'était
pas, et qu'il a été fait pour nous, afin que Dieu se
servît de lui comme d'un instrument pour notre créa-
tion. Alors le grand Constantin fit célébrer le concile
de Nicée où cette erreur fut condamnée. Arius finit,
quelque temps après, d'une mort misérable, car il
rendit dans le lieu secret toutes ses entrailles et ses
intestins. * Constance, fils de Constantin, se laissa
corrompre aussi par l'hérésie ; c'est pour cela qu'irrité grandement contre Eusèbe, il convoqua en concile

* Ruffin, *Hist. Eccl* liv. X; — Vincent de B., liv. XV, c. xii,
an 330

beaucoup d'évêques, et y manda Denys : il adressa
mainte et mainte lettres à Eusèbe qui, sachant que la
malice prévaut dans la multitude, refusa de venir et
s'excusa sur son grand âge. Alors pour lui enlever ce
prétexte, l'empereur décida que le concile serait célébré à Milan, qui était tout proche. Quand il vit que
Eusèbe faisait encore défaut, il ordonna aux Ariens
de mettre par écrit leur croyance, il força Denys,
évêque de Milan, et trente-trois autres évêques de
souscrire à cette doctrine. Quand Eusèbe apprit cela,
il se décida à quitter sa ville pour venir à Milan et il
prédit qu'il y serait exposé à souffrir beaucoup *.

Comme il était sur le chemin de Milan, il arriva
sur le bord d'un fleuve ; une barque, qui était sur la
rive opposée, vint à lui, sur l'ordre qu'il lui en
donna ; elle le transporta à l'autre rive, lui et ses
compagnons, sans qu'il y eût aucun timonier. Alors
Denys, dont il vient d'être question, alla à sa rencontre et se jeta à ses pieds pour lui demander pardon.
Or, comme Eusèbe ne se laissait fléchir ni par les menaces ni par les flatteries de l'empereur, il dit en
présence de toute l'assemblée : « Vous avancez que
le Fils est inférieur au Père ; comment se fait-il donc
que vous m'avez fait passer après mon fils et mon
disciple ? Or, le disciple n'est pas au-dessus du maître,
ni l'esclave plus que son seigneur, ni le fils au-dessus
du père. » Frappés par cette raison, ils lui présentèrent l'écrit qu'ils avaient fait et que Denys avait
signé. Et il dit : « Je ne souscrirai pas après mon

---

* *Bréviaire romain.*

fils sur lequel je l'emporte en autorité ; mais brûlez
cet écrit, et faites-en un autre que je signerai, si vous
le voulez. » Et ce fut par une inspiration divine que
fut brûlé l'écrit que Denys et trente-trois autres évêques avaient signé. Les Ariens écrivirent donc une
autre pièce, et la donnèrent à Eusèbe et aux autres
évêques pour la signer : mais sur les exhortations
d'Eusèbe ils s'y refusèrent entièrement, et ils se féli-
citèrent de ce que la première pièce qu'ils avaient été
forcés de souscrire eût été totalement brûlée. Constance irrité abandonna Eusèbe au bon plaisir des
Ariens. Alors ceux-ci le saisirent au milieu des évêques, l'accablèrent de coups, et le traînèrent sur les
degrés du palais, du haut en bas, et depuis le bas
jusqu'en haut. Quoiqu'il perdît beaucoup de sang de
sa tête meurtrie, il n'en persista pas moins dans ses
refus ; alors, ils lui lièrent les mains derrière le dos
et le tirèrent par une corde attachée au cou. Quant à
lui, il rendait grâces à Dieu, en disant qu'il était prêt à
mourir pour confesser la foi catholique. Alors Constance fit conduire en exil le pape Libère, Denys,
Paulin et tous les autres évêques qui avaient été en-
traînés par l'exemple d'Eusèbe. Scylopolis, ville de la
Palestine, fut le lieu où les Ariens menèrent Eusèbe :
ils le renfermèrent dans une pièce si étroite qu'elle
était plus courte que sa taille, et plus resserrée que
son corps, en sorte qu'il était courbé au point de ne
pouvoir ni étendre les pieds, ni se tourner d'un côté
ou d'un autre. Sa tête restait baissée, et il pouvait
seulement remuer les épaules et les bras. Mais Constance étant mort, Julien, son successeur, désirant

plaire à tout le monde, fit rappeler les évêques exilés,
rouvrir les temples des dieux, et voulut que chacun
jouît de la paix sous la loi qu'il préférait choisir. Ce
fut ainsi que Eusèbe, délivré de son cachot, vint trouver Athanase et lui exposer toutes les souffrances
qu'il avait endurées. A la mort de Julien et sous
l'empire de Jovinien, les Ariens restant calmes, Eusèbe revint à Verceil où le peuple le reçut avec des
témoignages d'une vive allégresse Mais sous le règne
de Valens, les Ariens, qui s'étaient multipliés de
nouveau, entourèrent la maison d'Eusèbe, l'en arra-
chèrent et après l'avoir traîné sur le dos, ils l'écrasèrent sous des pierres. Il mourut de cette manière
dans le Seigneur et fut enseveli dans l'église qu'il
avait construite. On rapporte encore que Eusèbe
obtint de Dieu par ses prières pour sa ville qu'aucun
Arien n'y pourrait vivre. D'après la chronique, il
vécut au moins 88 ans. Il florissait vers l'an du Seigneur 350.

LES SAINTS MACCHABÉES

Les Macchabées furent sept frères, qui, avec leur
révérende mère et leur père Eléazar, n'ayant pas voulu,
par respect pour la loi, manger de la viande de pour-
ceau, souffrirent des supplices inouïs, dont on peut
trouver un plus ample récit au IIe livre des Macchabées. Il faut remarquer que l'Eglise d'Orient célèbre
la fête des saints de l'un et de l'autre Testament, tandis que l'église d'Occident ne fait pas la fête des

saints de l'Ancien, par la raison qu'ils sont descendus aux enfers. Il faut en excepter les Innocents, parce que J.-C. a été tué dans chacun d'eux, et les Macchabées. Il y a quatre raisons pour lesquelles l'Eglise fait la mémoire solennelle de ces derniers, bien qu'ils fussent descendus aux enfers. La première est qu'ils ont la prérogative du martyre. Ayant en effet enduré des supplices inouïs parmi les saints de l'Ancien Testament, il était juste qu'on célébrât la mémoire de leur martyre. Cette raison est donnée dans l'*Histoire scholastique*. La deuxième est pour rappeler un mystère. Le nombre septennaire est le nombre universel *. Dans les Macchabées sont représentés tous les pères de l'Ancien Testament qui sont dignes de réputation. En effet, bien que l'Eglise ne célèbre pas leur fête, tant parce qu'ils sont descendus dans les limbes, que parce qu'il est survenu une multitude de nouveaux saints, cependant, dans ces sept martyrs, elle montre le respect qu'elle a pour tous les autres, puisque ce nombre sept, ainsi qu'il vient d'être dit, est un nombre universel et général. La troisième est pour offrir un exemple dans les tribulations. On les propose comme un modèle aux fidèles, afin que la constance de ces saints les anime de zèle pour la foi, et les porte à souffrir pour la loi de l'Évangile,

---

* Voici ce que dit saint Augustin au sujet du nombre septennaire (*Cité de Dieu*, lib. II, ch. xxxi). On pourrait s'étendre beaucoup sur la perfection du nombre septennaire... Le premier nombre tout impair est trois, et le premier tout pair est quatre ; la somme des deux forme le nombre sept, qui est souvent pris pour la généralité des nombres.

comme les Macchabées ont valeureusement combattu
pour la loi de Moïse. La quatrième est tirée du motif
de leur martyre ; car ce fut pour la défense de leur loi
qu'ils endurèrent de pareils supplices, comme c'est
pour la défense de la loi évangélique que souffrent les
chrétiens. Ces trois dernières raisons sont celles que
M⁰ Jean Beleth assigne dans sa *Somme des offices*,
chapitre v.

SAINT PIERRE AUX LIENS *

La fête qui est appelée de saint Pierre aux Liens fut, dit-on,
instituée pour quatre raisons · 1º la délivrance de saint Pierre ;
2º la délivrance d'Alexandre ; 3º pour rappeler la destruction
du rite des gentils et 4º pour demander d'être délivré des liens
spirituels.

I. La délivrance de saint Pierre. D'après l'*Histoire
scholastique***, Hérode Agrippa alla à Rome où il
vécut dans l'intimité de Caius, neveu de Tibère César.
Or, un jour, Hérode étant avec Caius sur un char,
dit en levant les mains au ciel : « Quel désir j'aurais
de voir mourir ce vieillard, pour que tu sois le maître
de tout l'univers ! » Paroles qui furent entendues du
cocher d'Hérode et rapportées tout aussitôt par lui à

---

* Sur l'authenticité des chaînes de saint Pierre, conser-
vées à Rome dans l'église de Saint-Pierre-aux-Liens, consulter Cancellieri, dans son ouvrage intitulé : *De carcere Tulliano*,
où sont consignés tous les témoignages sur lesquels repose
cette tradition.
** Actes, ch LVII.

Tibère. Tibère indigné fit en conséquence jeter Hérode
en prison. Et un jour qu'il était appuyé contre un
arbre sur le feuillage duquel était perché un hibou,
un de ses compagnons de captivité, habile dans la
science des augures, lui dit : « Ne crains rien, car
bientôt tu seras délivré, et tu seras élevé si haut que
tu exciteras contre toi l'envie de tes amis et tu mourras
dans cet état de prospérité. Mais quand tu verras au-
dessus de toi un animal de cette espèce, tu sauras dès
lors qu'il ne te reste que cinq jours à vivre*. » Quelque temps après Tibère meurt et Caius, élevé à l'empire, délivra Hérode qu'il honora de la dignité de
roi de Judée. Quand celui-ci fut arrivé dans ce pays,
il employa son pouvoir à maltraiter quelques membres de l'Eglise. D'abord il fit mourir par l'épée Jacques, frère de Jean, avant les jours de l'octave de
Pâques, où l'on ne mangeait que des pains azymes.
Et voyant que cela plaisait aux Juifs, il fit encore
prendre Pierre, dans le même temps, et le mit en prison, avec le dessein de le faire mourir devant tout le
peuple, après la fête de Pâques. Mais l'ange du Seigneur apparut miraculeusement à Pierre, le délivra
des chaînes qui le liaient et lui ordonna d'aller remplir en toute liberté le ministère de la prédication.
Le lendemain, à l'occasion de l'évasion de saint Pierre,
Hérode manda les gardes afin de les punir rigoureu-
sement. Il ne put cependant le faire, car la délivrance
de cet apôtre ne devait être pour qui que ce fût là
cause d'aucun mal ; en effet, il fut obligé d'aller tout

---

* *Histoire scholastique.*

de suite à Césarée, où il expira sous le coup d'un ange. Josèphe rapporte au XIXᵉ livre des *Antiquités Judaïques*, ch. viii, qu'arrivé à Césarée, où s'étaient réunis les habitants de toute la province, Hérode, revêtu d'un habillement magnifique, tissu d'or et d'argent, se rendit le lendemain au théâtre. Or, quand les rayons du soleil vinrent frapper sur son vêtement tout couvert d'argent, l'éclat du métal étincelant faisait vibrer, par la répercussion, sur les spectateurs, une double lumière qui devait remplir d'effroi ceux qui l'apercevaient, et par le moyen de cette artificieuse erreur, on était porté à croire qu'il y avait en lui quelque chose au-dessus de la nature humaine. A l'instant, la foule des flatteurs se mit à s'écrier : « Jusqu'à présent, nous vous avions pris pour un homme, mais aujourd'hui nous déclarons que vous êtes au-dessus de la nature humaine. » Or, tandis qu'il se repaissait de ces flatteries, et qu'il acceptait sérieusement les honneurs divins qu'on lui voulait rendre, il leva la tête et vit assis sur une ficelle, au-dessus de sa tête un ange, c'est-à-dire un hibou, qui n'était que le messager de sa mort prochaine. Alors il se tourna vers le peuple et dit : « Moi, qui suis votre Dieu, voici que je vais mourir. » Car il savait, d'après la prédiction de l'augure, qu'il mourrait dans cinq jours. Alors il fut frappé, et pendant ces cinq jours, il fut rongé par les vers et expira. Ce fut donc en mémoire de la délivrance si miraculeuse du prince des apôtres, et de la vengeance si terrible qui fut infligée immédiatement à ce tyran, que l'Église solennise la fête de saint Pierre aux Liens. De là vient qu'à

la messe on chante l'épître où se trouve le récit de
cette délivrance ; il paraîtrait donc par là que l'on devrait donner à cette fête le nom de saint Pierre des
Liens (c'est-à-dire délivré des liens).

Venons au second motif de l'institution de cette fête.

II. Le pape Alexandre qui gouverna l'Église le
sixième après saint Pierre, et Hermès, préfet de la
ville de Rome, converti à la foi par Alexandre, étaient
détenus par le tribun Quirinus qui les enfermait en
des lieux différents : or, le tribun dit au préfet Hermès : « Je m'étonne qu'un homme, prudent comme
toi, renonce à l'honneur d'être préfet et rêve une autre
vie. » Hermès lui répondit : « Et moi aussi, il y a
quelques années, je me moquais de tout cela, et pensais que cette vie est la seule. » Quirinus lui dit :
« Prouve-moi que tu es sûr d'une autre vie et à l'instant, je serai un disciple de ta croyance. » Hermès
lui répondit : « Saint Alexandre, que tu retiens en
prison, t'enseignera cela lui-même beaucoup mieux. »
Alors Quirinus se mit à maudire Hermès et il ajouta :
« Je viens de te dire que tu me donnes des preuves
de ce que tu avances, et voici que tu me renvoies à
Alexandre que je retiens en prison à cause de ses
crimes. Pourtant, je doublerai le nombre de tes gardes
et de ceux d'Alexandre, et si je puis le trouver avec
toi ou bien toi avec lui, alors, j'ajouterai certainement
foi aux paroles et aux discours que vous me tiendrez
l'un et l'autre. » Il fit ce qu'il avait dit : or, Hermès en
prévint incontinent Alexandre. Celui-ci se mit donc
en prière ; alors un ange vint et le conduisit dans la
prison d'Hermès. Quand Quirinus les trouva ensemble,

il fut singulièrement surpris. Et Hermès racontant à
Quirinus comment Alexandre avait ressuscité son fils
qui était mort, Quirinus dit à Alexandre : « Ma fille
Balbine est goitreuse ; eh bien ! je te promets de me
soumettre à ta croyance, si tu peux obtenir la guérison de ma fille. » « Va vite, lui répliqua Alexandre,
et amène-la-moi dans ma prison. » Quirinus lui dit :
« Puisque tu es ici, comment pourrai-je te trouver
dans ta prison ? » « Va vite, répartit Alexandre, parce
que celui qui m'a amené ici m'y ramènera lui-même
à l'instant. » Quirinus alla donc mener sa fille à la
prison d'Alexandre, et en l'y trouvant, il se prosterna
à ses pieds. Alors sa fille se mit à baiser avec dévotion les chaînes de saint Alexandre, afin qu'elle reçût
guérison. Alexandre lui dit : « Ma fille, cesse d'embrasser mes chaînes, mais cherche avec empressement
les carcans de saint Pierre, et en les baisant avec dévotion, tu seras guérie. » Quirinus fit donc chercher
avec soin les carcans dans la prison où saint Pierre
avait été détenu, et quand il les eut trouvés, il les
donna à baiser à sa fille. Elle ne l'eut pas plus tôt fait
qu'elle eut le bonheur d'être entièrement guérie. Quirinus demanda pardon à Alexandre qu'il délivra de
prison, puis il reçut le baptême lui, sa famille et beaucoup d'autres encore. Saint Alexandre institua donc
cette fête aux calendes d'août, et il fit bâtir en l'honneur de saint Pierre une église, où il déposa les chaînes
et la nomma l'église de Saint-Pierre-aux-Liens. En
cette solennité, il se fait un grand concours de peuple
à ladite église et on y baise ces chaînes.

III. D'après Bède, telle serait la troisième cause de

l'institution de cette fête. L'empereur Octave et Antoine, qui étaient unis ensemble par alliance, se partagèrent entre eux l'empire du monde entier ; à Octave échut, dans l'Occident, l'Italie, la Gaule et l'Espagne, et Antoine, en Orient, eut l'Asie, le Pont et l'Afrique. Or, Antoine qui était lascif et débauché, après avoir épousé la sœur d'Octave, la répudia, pour épouser Cléopâtre, reine d'Égypte. Octave, indigné de cette conduite, s'avança à main armée contre Antoine en Asie et le défit partout. Alors Antoine et Cléopâtre, vaincus, prirent la fuite, et poussés par le chagrin, ils se donnèrent la mort eux-mêmes. Octave abolit donc le royaume d'Egypte et en fit une province romaine. De là il alla à Alexandrie : il dépouilla cette ville de toutes ses richesses et les fit transporter à Rome ; ce qui apporta un tel bien-être dans la république que l'on donnait pour un denier ce qui en valait quatre auparavant. Et parce que les guerres civiles avaient dévasté extraordinairement la ville, il la renouvela au point qu'il dit : « Je l'ai trouvée de briques, je la laisse de marbre. » Il agrandit tellement la république que ce fut le premier qui fut appelé Auguste, nom que retinrent ses successeurs à l'empire ; comme ce fut encore de son oncle Jules-César que les empereurs furent nommés César. Le peuple appela aussi de son nom le mois d'août, qui auparavant se nommait Sextilis, car c'était le sixième mois depuis celui de mars. Ce fut donc en mémoire et en l'honneur de la victoire qu'Auguste remporta le premier août que tous les Romains solennisaient ce jour, jusqu'à l'époque de l'empereur Théodose qui commença à régner l'an du

Seigneur 426. Eudoxie, fille de ce Théodose et épouse
de Valentinien, se rendit à Jérusalem pour accomplir
un vœu. Ce fut là qu'un Juif lui offrit, pour une somme
importante, les deux chaînes dont saint Pierre avait
été lié sous Hérode. Revenue à Rome aux calendes
d'août, et voyant les Romains célébrer une fête en
l'honneur d'un empereur qui était idolâtre, elle fut
affligée de ce qu'on rendait de si grands honneurs à
un homme damné : elle reconnut qu'il ne serait pas
facile d'abolir cette espèce de culte passé en coutume;
alors elle pensa à laisser subsister cet état de choses,
mais dans le but que la solennité aurait lieu en l'honneur de saint Pierre, et que tout le peuple nommerait
ce jour la fête de saint Pierre aux Liens. Après en
avoir conféré avec le saint pape Pélage, ils unirent
leurs efforts pour porter le peuple, par des exhortations flatteuses, à laisser dans l'oubli la mémoire du
prince des païens, pour faire une mémoire solennelle
du prince des apôtres. La proposition ayant obtenu
l'assentiment universel, Eudoxie fit connaître qu'elle
avait rapporté de Jérusalem les chaînes de saint Pierre
et les montra au peuple. Le pape, de son côté, produisit la chaîne dont le même apôtre avait été lié sous
Néron. On les mit ensemble et alors eut lieu ce miracle par lequel de ces trois chaînes, il s'en forma une
seule, comme si elle n'eût pas été composée de différentes pièces*. En même temps, le pape et la reine
décidèrent que l'honneur rendu à un païen, qui était
damné, serait attribué à plus juste titre au prince des

---

* *Bréviaire romain.*

apôtres. Le pape donc avec la reine plaça les chaînes dans l'église de Saint-Pierre-aux-Liens. Il l'enrichit de grands privilèges et institua que ce jour serait fêté en tous lieux. Voilà ce que dit Bède. Sigebert rapporte la même chose *. On vit en l'an du Seigneur 969 combien grande était la puissance de cette chaîne : car un comte, proche parent de l'empereur Othon, fut saisi, aux yeux de tout le monde, par le diable d'une façon si cruelle, qu'il se déchirait avec les dents. L'empereur ordonna alors qu'on le menât au pape Jean, afin de lui entourer le cou avec la chaîne de saint Pierre. On lui mit d'abord au cou une autre chaîne qui ne délivra pas le possédé, car il n'y avait en elle aucune vertu ; enfin on prend la chaîne de saint Pierre et on la met au cou du furieux : mais le diable ne put supporter le poids d'une si grande puissance, et se retira aussitôt en jetant un cri affreux en présence de tous les assistants **. Alors Théodose, évêque de Metz, se saisit de la chaîne et assura qu'il ne la lâcherait qu'autant qu'on lui couperait les mains. Comme il s'élevait à ce sujet une grave contestation entre l'évêque et le pape avec les autres clercs, l'empereur vint à bout d'apaiser le débat en demandant au pape un anneau de cette chaîne pour l'évêque ***. Miletus raconte en sa chronique et le même fait se trouve rapporté dans l'*Histoire tripartite* ****, qu'en ce temps là, apparut en Épire un dragon énorme que Donat,

---

* Paul, diacre, fait aussi le même récit dans une homélie.
** *Bréviaire romain.*
*** Sigebert, *Chronique.*
**** Lib. IX, c. xlvi

évêque d'une haute vertu, tua en lui crachant dans la
gueule : mais auparavant, le prélat avait fait avec les
doigts une forme de croix qu'il présenta aux yeux du
monstre. Huit paires de bœufs purent à peine traîner
le cadavre pour être brûlé ; car on craignait que l'air
ne fût infesté par sa putréfaction. Le même auteur
rapporte au même endroit et on trouve aussi dans
l'*Histoire tripartite* que le diable se montra dans la
Crète sous la figure de Moïse. Il rassembla de tous
côtés les Juifs qu'il conduisit vers un précipice affreux
auprès de la mer. Il leur promit qu'en se mettant à
leur tête, il allait les conduire à pied sec dans la terre
promise, et en fit périr un nombre infini. D'où l'on
conjecture que le diable indigné se vengea ainsi d'eux,
parce que le Juif avait donné la chaîne de saint Pierre
à l'impératrice Eudoxie, et que les réjouissances faites
en l'honneur d'Octave avaient été abolies. Bon nombre de ceux qui échappèrent reçurent avec empressement la grâce du baptême. Car comme ils roulaient
les uns sur les autres du haut en bas de la montagne,
les premiers, déchirés sur les rochers à pic, furent
suffoqués en tombant dans la mer ; quant aux autres
qui voulaient les suivre, dans l'ignorance de ce qui était
arrivé aux premiers, des pêcheurs passant par là leur
apprirent l'accident qui avait fait périr leurs frères,
et alors ils se convertirent. Ces faits sont tirés de
l'*Histoire tripartite*.

IV. On peut encore assigner ici une quatrième cause
de l'institution de cette fête. Le Seigneur délia miraculeusement saint Pierre de ses liens, et lui donna le
pouvoir de lier et de délier : or, nous aussi nous som-

mes retenus dans les liens du péché et nous avons
besoin d'être déliés. C'est la raison pour laquelle nous
honorons le prince des Apôtres en cette solennité qui
est dite aux liens, afin que comme il a mérité d'être
délié de ses chaînes, et comme il a reçu du Seigneur
le pouvoir de délier, de même aussi il nous délie des
chaînes du péché. On peut se convaincre que ce fut là
une raison de l'institution de cette fête pour peu qu'on
remarque que l'épître de la messe rappelle cette délivrance, et que l'Évangile qu'on récite fait mémoire
du pouvoir accordé à saint Pierre de délier et d'absoudre. En outre, dans l'oraison de la messe; on demande, par l'intercession de cet apôtre, que cette absolution nous soit accordée. Par ce pouvoir des clefs
qu'il reçut, on voit qu'il délivre quelquefois ceux qui
mériteraient d'être damnés, ainsi que le rapporte le
livre des *Miracles de la sainte Vierge.* « Dans la ville
de Cologne, il y avait, au monastère de saint Pierre,
un moine léger, débauché et lascif. Une mort subite
le surprit, et les démons l'accusaient en faisant connaître ouvertement toutes les espèces de péchés qu'il
avait commis. Voici ce que l'un d'eux disait : « Je suis
la cupidité, par laquelle tu as souvent convoité contre
les commandements de Dieu. » Un autre criait : « Je
suis la vaine gloire par laquelle tu t'es élevé avec jac-
tance, parmi les hommes. » Un autre : « Je suis le
mensonge et tu as commis le péché de mentir. » Et
ainsi des autres. D'un autre côté, quelques bonnes
œuvres qu'il avait faites l'excusaient en disant : « Je
suis l'obéissance que tu as témoignée à tes supérieurs
spirituels ; je suis le chant des psaumes que tu as sou-

vent chantés pour Dieu. » Alors saint Pierre, dont il était le moine, vint trouver Dieu et intercéder pour lui. Le Seigneur lui répondit : « Est-ce que ce n'est pas moi qui ai inspiré le prophète lorsqu'il a dit : « Seigneur « qui est-ce qui habitera dans votre tabernacle ? C'est « celui qui entre sans avoir de taches, etc. » Comment celui-ci peut-il être sauvé, puisqu'il n'est pas entré ici sans tache, puisqu'il n'a pas pratiqué la justice ? » Alors saint Pierre se mit à prier pour lui avec la vierge Mère, et le Seigneur porta cette sentence qu'il retournerait dans son corps et qu'il y ferait pénitence. Aussitôt donc, saint Pierre avec la clef qu'il tenait à la main effraya le diable et le mit en fuite. Il remit ensuite l'âme de cet homme dans la main de quelqu'un qui avait été moine dans le susdit monastère, avec l'ordre de la reconduire à son corps. Le moine lui demanda comme récompense de ce qu'il ramenait son âme, de réciter chaque jour le psaume *Miserere mei, Deus,* et de nettoyer souvent son tombeau des ordures qui s'y trouvaient. Or, le moine, revenu à la vie, raconta à tout le monde ce qui lui était arrivé.

SAINT ÉTIENNE, PAPE *

Saint Étienne, pape, après avoir converti beaucoup de gentils par ses discours et par ses exemples, et avoir donné la sépulture à beaucoup de corps de martyrs,

* *Bréviaire romain.*

fut recherché avec grand soin par Valérien et Gallien,
l'an du Seigneur 260, afin qu'on le forçât lui et les
clercs ou de sacrifier aux idoles, ou, dans le cas contraire, à être puni par divers supplices. Il y eut un
édit de rendu par lequel il était déclaré que celui qui
les livrerait jouirait de toute leur fortune. En conséquence, dix de ses clercs furent pris et décapités sans
forme de procès. Le lendemain on se saisit d'Etienne ;
il fut mené au temple de Mars, ou pour y adorer l'i-
dole, ou pour y subir la sentence capitale. Mais quand
il fut entré, et qu'il eut prié Dieu de détruire ce temple, à l'instant il s'en écroula une grande partie ; toute
la multitude s'enfuit alors pleine d'effroi. Quant à
Étienne, il se retira au cimetière de sainte Lucie. Lorsque Valérien l'eut appris, il envoya vers lui des soldats en plus grand nombre qu'il ne l'avait fait. En arrivant, ils le trouvèrent célébrant la messe : Il les
attendit sans trouble, acheva avec dévotion les saints
mystères ; après quoi ils le décapitèrent sur son
siège.

L'INVENTION DE SAINT ÉTIENNE, PREMIER MARTYR*

L'invention du corps du premier martyr saint
Étienne est rapportée à l'année 417, la septième du règne d'Honorius. On distingue son invention, sa trans-

---

* Cf. la relation de cette invention au septième tome des
Œuvres de saint Augustin. Appendice.

lation et sa réunion. Son invention eut lieu comme il
suit * : Un prêtre du territoire de Jérusalem, appelé
Lucien, cité par Gennade (ch. xlvi) au nombre des
hommes illustres, écrit lui-même qu'un vendredi,
comme il reposait à moitié endormi dans son lit, lui
apparut un vieillard, haut de taille, beau de visage,
avec une longue barbe, revêtu d'un manteau blanc
semé de petites pierres précieuses enchâssées dans l'or
en forme de croix, portant une chaussure recouverte
d'or à la surface. Il tenait à la main une baguette d'or
dont il toucha Lucien en disant : « Hâte-toi de découvrir nos tombeaux, car nous avons été renfermés dans
un endroit fort indécent. Va dire à Jean, évêque de
Jérusalem, qu'il nous place dans un lieu honorable ;
car, puisque la sécheresse et la tribulation désolent la
terre, Dieu, touché de nos prières, a décidé de pardonner au monde. » Le prêtre Lucien lui dit : « Seigneur,
qui êtes-vous ? » « Je suis, dit-il, Gamaliel qui ai
nourri saint Paul, et qui lui ai enseigné la loi à mes
pieds. A mon côté repose saint Étienne, qui a été lapidé
par les Juifs, hors de la ville, afin que son corps fût dévoré par les bêtes féroces et les oiseaux. Mais celui
pour la foi duquel ce saint martyr a versé son sang ne
l'a pas permis ; je l'ai recueilli alors avec grand respect et l'ai enseveli dans un tombeau neuf que j'avais
fait creuser pour moi. L'autre qui gît avec moi, c'est
Nicodème, mon neveu, qui alla une nuit trouver Jésus, et reçut le baptême sacré des mains de saint Pierre
et de saint Jean. Les princes des prêtres indignés de

* Breviaire romain.

son action l'auraient tué, si les égards qu'ils avaient
pour nous ne les eussent retenus. Cependant ils lui
ravirent tous ses biens, le dépouillèrent de sa princi-
pauté du sacerdoce et le laissèrent à demi mort des
coups dont ils l'accablèrent. Alors je le menai dans
ma maison où il survécut quelques jours et quand il fut
mort, je le fis ensevelir aux pieds de saint Étienne. Il
y en a encore un troisième avec moi ; c'est Abibas,
mon propre fils, qui, à l'âge de 20 ans, reçut le baptême en même temps que moi ; il vécut dans la virginité, et se livra à l'étude de la loi avec Paul, mon disciple. Quant à ma femme Æthéa et à mon fils Sélémias
qui ne voulurent pas croire en J.-C., ils n'ont pas été
dignes de partager notre sépulture ; mais vous les trouverez ensevelis autre part, et leurs tombeaux sont
vides et nus. » A ces mots, Gamaliel disparut. Alors
Lucien s'éveillant pria le Seigneur que si cette vision
avait un fondement de vérité, elle se renouvelât une
seconde et une troisième fois. Or, le vendredi suivant,
Gamaliel lui apparut comme la première fois, et lui
demanda pourquoi il avait négligé de faire ce qu'il
lui avait recommandé : « Non, seigneur, répondit-il,
je ne l'ai pas négligé, mais j'ai prié le Seigneur que si
cette vision venait de Dieu, elle se renouvelât trois
fois. » Et Gamaliel lui dit : « Puisque vous avez réfléchi à quel signe, si vous nous trouviez, vous pourriez
distinguer les reliques de chacun en particulier, je vais
vous donner un emblème au moyen duquel vous re-
connaîtrez nos cercueils et nos reliques. » Et il lui montra trois corbeilles d'or et une quatrième d'argent,
dont l'une était pleine de roses rouges et deux autres

de roses blanches. Il lui montra aussi la quatrième
pleine de safran. Alors Gamaliel ajouta : Ces corbeilles
sont nos cercueils et ces roses sont nos reliques. La
corbeille pleine de roses rouges est le cercueil de saint
Étienne qui, seul d'entre nous, a mérité la couronne
du martyre ; les deux autres pleines de roses blanches
sont les cercueils de Nicodème et de moi, comme ayant
persévéré d'un cœur sincère dans la confession de J.-C.
Pour la quatrième d'argent qui est pleine de safran,
c'est le cercueil d'Abibas, mon fils, dont la virginité fut
éclatante et qui sortit pur de ce monde. » Ayant dit
ces paroles, il disparut de nouveau. Le vendredi de la
semaine suivante, Gamaliel lui apparut avec un visage
irrité et le réprimanda gravement de ses délais et de
sa négligence. Aussitôt Lucien alla à Jérusalem et raconta à l'évêque Jean l'ensemble de tout ce qu'il avait
vu. On fit venir d'autres évêques et on se dirigea vers
l'endroit indiqué à Lucien ; et dès qu'on se fut mis en
train de fouiller, la terre trembla et l'on ressentit une
odeur très suave, dont l'admirable parfum guérit, par
les mérites des saints, soixante et dix hommes affligés de diverses maladies. Or, ce fut ainsi que l'on porta
en l'église de Sion de Jérusalem, et où saint Etienne
avait exercé ses fonctions d'archidiacre, les reliques de
ces saints au milieu de la joie publique, et qu'on les
y ensevelit avec les plus grands honneurs. A cette heure-
là même, il tomba une grande pluie. Bède, en sa chronique, fait mention de cette vision et de cette invention.

Cette invention de saint Étienne eut lieu le jour
même qu'on célèbre son martyre et l'on dit que ce
martyre arriva aujourd'hui. Mais ces fêtes furent chan-

gées de jour par l'Eglise pour deux motifs. Le premier, parce que J.-C. naquit ici-bas, afin que l'homme naquît au ciel. Or, il était convenable que la nativité de J.-C. fût suivie du natalice de saint Étienne qui le premier souffrit le martyre pour J.-C., ce qui n'est autre chose que naître au ciel, afin de montrer par là que l'un était la conséquence de l'autre : aussi c'est la raison pour laquelle l'Eglise chante dans l'office de ce jour * : « Hier, le Christ est né sur la terre, afin qu'aujourd'hui Étienne naquît dans le ciel. » Le second motif est que le jour de l'Invention se fêtait plus solennellement que celui de son martyre, et cela par respect pour le jour de Noël, et à cause des miracles nombreux que le Seigneur opéra lors de l'Invention. Mais parce que le martyre l'emporte sur l'Invention, et qu'il doit être célébré plus solennellement, c'est pour cela que l'Eglise a transféré la fête du martyre à cette époque où l'on pourrait lui rendre de plus grands honneurs. — Saint Augustin rapporte que sa translation eut lieu comme il suit. Alexandre, sénateur de Constantinople, alla avec sa femme à Jérusalem et fit construire un oratoire magnifique en l'honneur de saint Étienne, premier martyr ; il voulut y être enterré auprès du corps de ce saint. Sept ans après sa mort, Julienne, sa femme, ayant résolu de revenir dans sa patrie à cause de certaines injures qu'elle endurait des princes, voulut remporter le corps de son mari. Après bien des instances auprès de l'évêque, celui-ci lui montra deux cercueils d'argent et lui dit : « Je ne

* Leçons du 2e nocturne

sais quel est celui de votre mari. » « Je le sais, répondit-elle. » Et elle se jeta pour l'embrasser, mais elle
embrassa le corps de saint Étienne, qu'elle prit pour
celui de son mari. Lorsqu'elle se fut embarquée avec
le corps, les anges font entendre des cantiques, une
odeur suave se répand, les démons crient et suscitent
une tempête affreuse en disant : « Malheur à nous,
car le premier martyr Étienne passe et nous fait endurer un feu cruel! » Or, comme les matelots craignaient
un naufrage, on invoqua saint Étienne qui apparut et
dit : « C'est moi, ne craignez point. » A l'instant, un
grand calme s'ensuivit. Alors on entendit les voix des
démons qui criaient : « Prince impie, monte sur ce
vaisseau, parce que notre adversaire Étienne y est. »
Alors le prince des démons envoya cinq démons pour
mettre le feu au vaisseau ; mais l'ange du Seigneur les
engloutit au fond de la mer. Quand on fut arrivé à
Chalcédoine les démons se mirent à crier : « Il arrive
le serviteur de Dieu, qui a été lapidé par les méchants
Juifs. » On arriva sain et sauf à Constantinople, et on
ensevelit avec grand respect le corps de saint Étienne
dans une église. (Saint Augustin.) * — La réunion du
corps de saint Étienne avec celui de saint Laurent se
fit comme il suit : Eudoxie, fille de l'empereur Théodose, fut cruellement tourmentée par le démon. Or, ce
malheur fut annoncé à son père comme il était à Constantinople, et il s'y fit amener sa fille, afin qu'on la
touchât aux reliques du très saint Étienne, premier
martyr. Mais le démon criait en elle : « Si Étienne ne

---

* *Martyrologe romain*, au 7 mai.

vient à Rome, je ne sortirai pas, car telle est la volonté
de l'apôtre. » Quand l'empereur apprit cela, il obtint
du clergé et du peuple de C. P. qu'ils donneraient
aux Romains le corps de saint Étienne et qu'ils recevraient eux-mêmes le corps de saint Laurent. Alors
l'empereur écrivit à ce sujet au pape Pélage, qui, de
l'avis des cardinaux, consentit à la demande de l'empereur. On envoya donc des cardinaux à C. P. pour
y porter le corps de saint Étienne, et des Grecs vinrent
à Rome pour recevoir celui de saint Laurent. Le corps
de saint Étienne arriva à Capoue, et sur les pieuses
prières des Capouans, on leur donna le bras droit du
saint en l'honneur duquel on bâtit l'église métropoli-
taine. Quand on fut arrivé à Rome, et qu'on voulut
porter le saint corps à l'église de Saint-Pierre-aux-
liens, les porteurs s'arrêtent et ne peuvent avancer
plus loin ; alors le démon se mit à crier dans la jeune
fille : « Vous avez beau faire, ce n'est pas là, mais
c'est auprès de son frère Laurent qu'il a choisi sa
place. » On y porta donc le corps ; et quand Eudoxie
l'eut touché, elle fut délivrée du démon. Mais saint
Laurent, comme s'il se fût félicité de l'arrivée de son
frère, lui sourit et se retira de l'autre côté du tombeau
dont il laissa le milieu vide pour faire place à son
frère. Quand les Grecs se furent approchés pour emporter saint Laurent, ils tombèrent par terre comme
s'ils eussent été privés de vie : alors le pape, le clergé
et le peuple prièrent pour eux, et ce ne fut qu'à peine
si le soir, ils revinrent à eux-mêmes ; tous cependant
moururent dans les dix jours suivants. Les Latins eux-
mêmes, qui avaient consenti à cela, tombèrent en fré-

nésie et ne purent être guéris qu'après que les corps
des saints eussent été ensevelis ensemble. Alors cette
voix du ciel se fit entendre : « O bienheureuse Rome,
qui possèdes, dans un même mausolée, ces précieux
restes, les corps de saint Laurent l'Espagnol, et de
saint Etienne de Jérusalem. » Cette réunion se fit aux
nones de mai, vers l'an du Seigneur 425.

Saint Augustin, au livre XXII de la *Cité de Dieu*,
rapporte la résurrection de six morts due à l'invocation de saint Étienne. C'est d'abord un homme gisant
mort, on lui avait déjà lié les pouces : on invoque sur
lui le nom de saint Étienne, et à l'instant il ressuscite.
C'est encore un enfant écrasé par un char : sa mère
le porte à l'église de saint Étienne et elle le reçoit
vivant et sans trace de blessure. C'est une religieuse
qui étant à l'extrémité avait été portée à l'église de
saint Étienne ; elle y rendit le dernier soupir ; et voici
qu'aux yeux de tout le monde effrayé, elle ressuscite
guérie. A Hippone, c'est une jeune fille dont le père
avait apporté la robe à l'église de saint Étienne ; quelques instants après il jette cette robe sur le corps de
cette jeune fille qui était morte ; et tout à coup elle est
rendue à la vie. C'est un jeune homme, dont le corps,
après avoir été oint dans de l'huile de saint Étienne,
ressuscite aussitôt. C'est un enfant qui fut porté mort
à l'église de saint Étienne et quand on eut invoqué le
saint, à l'instant il est rendu à la vie. Voici comment
s'exprime saint Augustin au sujet de ce saint : « Gamaliel, à la brillante étole, révéla le corps de ce martyr,
Saul converti le loua, J.-C. enveloppé de langes l'enrichit et lui mit une couronne de pierres précieuses. »

Il dit ailleurs : « Dans Étienne brilla la beauté du corps, la fleur de l'âge, l'éloquence de l'orateur, la sagesse éclatante de l'esprit et l'opération divine. » Il dit encore : « Cet homme de Dieu fort comme une colonne, alors qu'il était retenu comme avec des tenailles au milieu de ceux qui le lapidaient de leurs mains, était fortifié par la foi, et brûlait pour elle ; on le frappait et il s'élevait ; on l'étreignait, et il grandissait ; on le meurtrissait et ne se laissait pas vaincre. » Sur ces paroles *Dura cervice* (Actes) : « Il ne flatte pas, mais il invective ; il ne touche pas, il provoque ; il ne tremble pas, mais il excite », c'est encore saint Augustin qui dit : « Considérez saint Étienne serviteur de Dieu au même titre que vous : c'était un homme comme vous : il était de la race des pécheurs comme vous ; il fut racheté au même prix que vous ; et quand il fut diacre et qu'il lisait l'Évangile, le même que vous lisez ou que vous écoutez il y trouva ces mots : « Aimez vos ennemis » ; maxime que l'étude lui apprit et que l'obéissance lui fit pratiquer. »

SAINT DOMINIQUE *

Dominicus signifie gardien du Seigneur, ou bien gardé par le Seigneur. Ou bien il s'appelle Dominique, selon l'éty-

---

* La vie de saint Dominique est rapportée ici telle que l'ont écrite cinq auteurs contemporains. Ce sont Thierry d'Apolda, Constantin, évêque d'Orvietto, Barthélemi, évêque de Trente, le père Humbert, etc. Le père Mamachi a réuni dans le livre des *Annales* de son ordre les preuves des miracles racontés en cette légende.

mologie naturelle de ce nom qui est *dominus*, seigneur. Or, il
est appelé gardien du Seigneur, en trois manières : il fut gardien de l'honneur du Seigneur, et ceci regarde Dieu, il fut le
gardien de la vigne, ou du peuple du Seigneur et cela regarde
le prochain ; et il fut le gardien de la volonté du Seigneur,
ou des préceptes du Seigneur, ce qui le regarde lui-même.
En second lieu, il est appelé Dominique, c'est-à-dire gardé
par le Seigneur, car le Seigneur le garda dans les trois états
où il vécut. D'abord laïc, en second lieu, chanoine régulier ;
et en troisième lieu, homme apostolique : car dans le premier état, il fut gardé de Dieu qui le fit commencer de manière à mériter des louanges ; dans le second, il le fit avancer
dans la ferveur, et dans le troisième, il le fit atteindre à la
perfection. En troisième lieu, Dominique vient de *Dominus,*
selon l'étymologie naturelle. Or, *Dominus,* signifie qui donne
des menaces, ou qui donne moins, ou qui donne avec munificence. De même saint Dominique donna, c'est-à-dire pardonna
les menaces en ne tenant pas compte des injures qu'on lui
adressait ; il donna moins en se macérant le corps, parce
qu'il donna toujours à son corps moins que le nécessaire. Il
donna avec munificence, en engageant sa liberté, car non
seulement il donna tous ses biens aux pauvres, mais encore
il voulut se vendre lui-même plusieurs fois.

Dominique, chef et fondateur illustre de l'ordre des
Frères-Prêcheurs, naquit en Espagne, dans la ville
de Calaruega, au diocèse d'Osma. Son père se nommait Félix et sa mère Jeanne. Avant sa naissance, sa
mère vit en songe qu'elle portait dans son sein un
petit chien tenant dans sa gueule une torche allumée avec laquelle il embrasait tout l'univers. Quand
elle l'eut mis au monde, une dame qui l'avait levé des
fonts sacrés du baptême crut voir sur le front du
petit Dominique une étoile très brillante qui éclairait
toute la terre. Tout petit enfant et confié aux soins
d'une nourrice, on le surprit souvent quitter son lit et

se coucher sur la terre nue. Envoyé à Palerme pour
faire ses études, par amour de la science qu'il devait
acquérir, il ne goûta pas de vin pendant dix ans. Une
famine affreuse ravageant le pays, il vendit ses livres
ainsi que ses meubles et en donna l'argent aux pauvres. Sa renommée était déjà grande, quand l'évêque
d'Osma le fit chanoine régulier dans son église, et
peu de temps après, devenu miroir de vie pour tous,
ses confrères le nommèrent sous-prieur. Or, le jour et
la nuit, il vaquait à la lecture et à l'oraison, priant
assidûment le Seigneur de daigner lui donner la grâce
de s'employer tout entier au salut du prochain. Il
lisait avec le plus grand zèle les conférences des Pères, et atteignit par là au comble d'une haute perfection. En allant à Toulouse avec son évêque, il trouva
son hôte infecté du poison de l'hérésie, et il le convertit à la foi de J.-C. Ce fut, pour ainsi dire, la première gerbe de la moisson qu'il présenta au Seigneur.
On lit dans les *Gestes du comte de Montfort**, qu'une
fois saint Dominique, ayant prêché contre les hérétiques, mit par écrit le texte des autorités qu'il avait
exposées, et donna ce papier à l'un d'eux afin qu'il pût
examiner les objections. Or, cette nuit-là, les hérétiques
s'étant réunis auprès du feu, cet homme leur montra le
papier qu'il avait reçu. Ses compagnons lui dirent de
le jeter au feu, que s'il arrivait qu'il brûlât, leur créance,
ou plutôt leur perfidie serait véritable, et que si le
feu l'épargnait, ils proclameraient que la foi de l'Eglise
romaine est vraie. Le papier est donc jeté au feu ; quand

---

* Pierre de Vaux-Cernay, c. vii, — Thierry d'Apolda.

il fut resté quelques moments sur le brasier, il en rejaillit de suite sans avoir été brûlé. Au milieu de la surprise causée par ce prodige, un plus opiniâtre que tous les autres dit : « Qu'on le jette une seconde fois, de cette manière l'expérience sera pleinement confirmée et nous saurons sûrement de quel côté se trouve la vérité. » On jette le papier une seconde fois, et une seconde fois il rejaillit sans avoir été brûlé. Le même auteur dit encore : « Qu'on le jette de nouveau, et alors nous connaîtrons un résultat qui ne laissera plus place au doute. » On le jette une troisième fois, et il rejaillit de nouveau entier et sans trace de feu. Mais ces hérétiques restèrent dans leur endurcissement et s'engagèrent, par les serments les plus stricts, à ne pas publier le fait. Cependant, un soldat qui se trouvait là et qui avait un certain attachement pour notre foi, raconta ce miracle plus tard. Or, ceci se passait à Montréal. On raconte que quelque chose de semblable arriva à Fangeaux, après une discussion solennelle qui y eut lieu contre les hérétiques.

Les autres retournèrent chez eux, et l'évêque d'Osma mourut ; saint Dominique resta donc presque seul à annoncer la parole de Dieu avec constance contre les hérétiques[*]. Or, les adversaires de la vérité l'insultaient, en jetant sur lui de la boue, des crachats et autres ordures, et lui attachant par derrière de la paille en signe de dérision. Et comme ils menaçaient

[*] Vincent de Beauvais, *Hist.*, liv. XXX, c. x ; — Constantin d'Orviète, *Vie*, n° 12.

de le tuer, il répondit avec intrépidité : « Je ne suis
pas digne de la gloire du martyre ; je n'ai pas encore
mérité ce genre de mort. » C'est pourquoi il passa
par le lieu où on lui avait dressé des embûches, et il
marchait, non seulement sans crainte, mais en chantant et avec un visage gai. Ses ennemis, étonnés, lui
dirent : « Tu n'as donc pas peur de mourir ? Qu'au-
rais-tu fait, si nous nous étions saisis de ta personne ? »
Dominique répondit : « Je vous aurais prié de ne pas
me porter, du premier coup, des blessures mortelles ;
mais de me mutiler tous les membres, un à un, ensuite de placer sous mes yeux chacun des morceaux
que vous m'auriez coupés ; puis de m'arracher les
yeux, et en dernier lieu de laisser mon corps, à moitié
mort et tranché en lambeaux, se rouler dans son sang ;
ou bien encore de me faire mourir comme il vous
aurait plu. » Ayant rencontré un homme qui, pressé
par une grande détresse, s'était uni aux hérétiques,
il résolut de se vendre lui-même, afin qu'avec cet
argent, qu'il aurait tiré de sa personne, il mît fin à
cet état de détresse, en même temps qu'il délivrerait
cet homme vendu à l'erreur. Et il eût exécuté son
dessein, si la miséricorde divine n'eût pourvu d'une
autre manière au soulagement de cette misère*. Une
autre fois encore, une femme vint lui exposer avec
larmes que son frère était retenu captif chez les Sarrasins, en lui faisant l'aveu qu'il ne lui restait aucun
moyen de le délivrer. Alors saint Dominique, touché
d'une vive compassion, s'offrit lui-même pour être

* *Ibid.*

vendu afin de racheter le captif; mais Dieu ne le
permit pas. Il avait prévu qu'il était plus nécessaire
pour le rachat spirituel d'un grand nombre de captifs.
Il était logé dans les environs de Toulouse, chez certaines femmes, qui, sous prétexte de paraître dévotes,
s'étaient laissé séduire par les hérétiques; alors Dominique, afin de rabattre un clou par un autre clou,
jeûna, avec le compagnon qui lui était adjoint, pendant tout le carême, au pain et à l'eau fraîche, se
levant la nuit, et quand il était accablé par la fatigue,
se couchant sur une table nue. Il réussit, par ce moyen,
à ramener ces femmes à la connaissance de la vérité.
Peu après, il commença à songer à l'institution de
son ordre, dont la mission devait être de parcourir le
monde en prêchant et de protéger la foi catholique
contre les attaques de l'hérésie. Après être resté dans
la province de Toulouse l'espace de dix ans, à compter de l'époque où il quitta l'évêque d'Osma, jusqu'au
concile de Latran, il alla à Rome pour ce concile
général avec Foulques, évêque de Toulouse, et demanda
au souverain pontife Innocent III, pour lui et ses successeurs, la confirmation de l'ordre qui serait appelé
et qui serait effectivement les Prêcheurs. Le pape se
montra d'abord un peu difficile; mais une nuit, il vit
en songe l'église de Latran menacée d'une ruine sou-
daine. Comme il regardait cela avec effroi, voilà saint
Dominique qui se présente de l'autre côté, soutenant
avec les épaules tout cet édifice chancelant. A son
réveil, le pontife comprit le sens de la vision et accueillit avec joie la demande de l'homme de Dieu; puis il
l'exhorta, quand il serait de retour auprès de ses

frères, à choisir une des règles déjà approuvées,
qu'après cela il revînt le trouver et qu'il en obtiendrait
la confirmation, comme il le désirait. A son retour,
Dominique communiqua à ses frères ce que lui avait
dit le Souverain Pontife. Or, les Frères étaient environ au nombre de seize ; ils invoquèrent l'Esprit-Saint
et choisirent, à l'unanimité, la règle de saint Augustin, docteur et prédicateur éminent, puisque eux-mêmes
devaient être des prédicateurs d'effet et de nom ; ils y
ajoutèrent quelques pratiques de vie plus sévères,
qu'ils résolurent d'observer sous forme de constitution. Sur ces entrefaites, Innocent mourut, et Honorius, son successeur au souverain pontificat, confirma
l'ordre, l'an du Seigneur 1216. Comme saint Dominique priait à Rome dans une église de saint Pierre,
pour la dilatation de son ordre, il vit venir à lui les
glorieux princes des apôtres Pierre et Paul ; le premier, c'est-à-dire saint Pierre, semblait lui donner un
bâton, et saint Paul un livre, en lui disant : « Va
prêcher, parce que tu as été choisi de Dieu pour remplir ce ministère. » Et il lui sembla, en un clin d'œil,
qu'il voyait ses fils dispersés par tout l'univers, et
marchant deux à deux*. C'est pour cela qu'à son
retour à Toulouse, il envoya ses frères de côté et
d'autre, les uns en Espagne, quelques-uns à Paris,
et d'autres à Bologne. Quant à lui, il revint à Rome.

Avant l'institution de l'ordre des Prêcheurs, un
moine fut ravi en extase et vit la sainte Vierge à genoux, les mains jointes, priant son Fils pour le genre

* Humbert, *Vie*, n° 26

humain. Il repoussait bien souvent sa pieuse mère ;
enfin comme elle insistait, il lui parla ainsi : « Ma
Mère, que puis-je et que dois-je faire de plus ? J'ai
envoyé des patriarches et des prophètes, et peu
d'hommes se sont amendés. Je suis venu vers eux,
ensuite j'ai envoyé des apôtres, et ils m'ont tué et les
apôtres aussi. J'ai envoyé des martyrs, des confesseurs
et des docteurs, et ils n'ont point eu confiance en
eux : cependant comme il n'est pas juste que je vous
refuse quoi que ce soit, je leur donnerai mes Prêcheurs,
par lesquels ils pourront s'éclairer et se purifier ; sinon,
je viendrai contre eux. » Un autre eut une vision
semblable, dans le temps que douze abbés de l'ordre
de Cîteaux furent envoyés à Toulouse contre les hérétiques. Car le Fils ayant répondu à sa mère comme il
vient d'être rapporté ci-dessus, la sainte Vierge dit :
« Mon bon Fils, ce n'est pas d'après leur malice, mais
d'après votre miséricorde que vous devez agir. » Alors
le Fils vaincu par ces prières dit : « Je leur accorderai
encore cette miséricorde selon votre désir ; je leur enverrai mes Prêcheurs pour les avertir et les former ;
et s'ils ne se corrigent point, je ne les épargnerai plus
davantage. » Un frère Mineur, qui avait été longtemps
le compagnon de saint François, raconta ce qui suit à
plusieurs frères de l'ordre des Prêcheurs : A l'époque
où saint Dominique était à Rome en instance auprès
du pape pour obtenir la confirmation de son ordre,
une nuit qu'il était en oraison, il vit en esprit J.-C.
dans les airs, tenant à la main trois lances qu'il bran-
dissait contre le monde. Sa mère s'empressa d'accourir,
et lui demanda ce qu'il voulait faire. Et il dit : « Ce

monde que voici est rempli tout entier de trois vices: l'orgueil, la concupiscence et l'avarice; voilà pourquoi je veux le détruire avec ces trois lances. » Alors la Vierge lui dit en se jetant à ses genoux : « Très cher Fils, ayez pitié et tempérez votre justice par votre miséricorde. » J.-C. reprit: « Est-ce que vous ne voyez pas toutes les injures dont on m'outrage? » Elle lui dit : « Apaisez votre fureur, mon fils, et attendez un peu : car j'ai un fidèle serviteur, un champion intrépide qui parcourra le monde, le vaincra et le soumettra à votre domination. Je lui donnerai aussi un autre serviteur pour l'aider et pour combattre fidèlement avec lui. » Le Fils lui répondit : « Voici que je suis apaisé ; j'ai reçu favorablement votre requête ; mais je voudrais bien voir ceux que vous voulez destiner à une si grande entreprise. » Alors elle présenta à J.-C. saint Dominique. J.-C. lui dit : « Vraiment, c'est un bon et intrépide champion, et il s'acquittera avec zèle de ce que vous avez dit. » Elle lui présenta en même temps saint François et J.-C. lui accorda les mêmes éloges qu'au premier. Or, saint Dominique regarda attentivement son compagnon durant sa vision, et le lendemain l'ayant trouvé dans l'église, sans l'avoir jamais vu, sans le secours de personne pour le lui indiquer, il le reconnut d'après son rêve. Alors se jetant dans ses bras, il l'embrassa avec piété en disant: « Vous êtes mon compagnon ; vous courrez la même carrière que moi ; restons unis ensemble, et aucun adversaire ne triomphera. » Saint François lui raconta qu'il avait eu exactement la même vision : et depuis cet instant, il n'y eut plus en eux qu'un seul cœur et une seule âme ; union qu'ils recommandèrent à leurs descendants d'observer à perpétuité *.

Il avait reçu dans l'ordre un novice de la Pouille : Quelques-uns des compagnons de ce novice le pervertirent au point, qu'ayant résolu de rentrer dans le siècle, il demandait ses habits de toutes les manières qu'il pouvait. Saint Dominique, qui en fut informé, se mit aussitôt en prière. Or, comme on avait dépouillé ce jeune homme de ses habits religieux et qu'on l'avait déjà revêtu de sa chemise, il se mit à pousser de grands cris et à dire : « Je brûle, je suis enflammé, je suis tout en feu ; ôtez, ôtez cette chemise maudite qui me brûle de toutes parts. » Il n'eut aucun repos qu'il ne se fût dépouillé de la chemise et qu'il n'eût revêtu ses habits de religieux, enfin qu'il ne fût rentré dans le cloître. Saint Dominique était à Bologne quand, après la rentrée du frère au dortoir, le diable se mit à tourmenter un convers. Frère Reynier de Lausanne son maître en ayant été informé, s'empressa d'en faire part à saint Dominique. Alors celui-ci fit mener le frère à l'église devant l'autel. Ce fut à peine si dix frères purent le transporter. Saint Dominique lui dit : « Je t'adjure, misérable, de me dire pourquoi tu tourmentes une créature de Dieu ; et pour quel motif, et comment tu es entré ici. » Il répondit : « Je le tourmente parce qu'il l'a mérité : car hier il a bu dans la ville, sans la permission du prieur, et avant de faire le signe de la croix. Alors je suis entré en lui sous la forme d'un moucheron ou plutôt il m'a avalé avec le vin. » Or, le fait est que cet

* Gérard de Frachet, l. I, c. r.

homme avait vraiment bu. Sur ces entrefaites sonna le premier coup de matines. En l'entendant, le diable, qui parlait en lui, dit : « Maintenant je ne puis rester plus longtemps ici, puisque voici les encapuchonnés qui se lèveñt. » Ce fut ainsi qu'il fut forcé de sortir par la prière de saint Dominique. Un jour, il passait un fleuve dans les environs de Toulouse; ses livres, que personne ne soignait, tombèrent dans l'eau. Trois jours après, un pêcheur, qui avait jeté son hameçon au même endroit, croyant avoir pris un gros poisson, ne ramena que ces livres; mais ils étaient intacts comme s'ils eussent été gardés avec le plus grand soin dans une armoire. Il arriva à un monastère alors que les frères reposaient, il ne voulut pas les troubler ; mais il fit une prière et il entra avec son compagnon, dans le monastère, les portes étant fermées*. La même chose eut lieu une autre fois qu'il allait avec un convers cistercien pour combattre les hérétiques. Arrivés sur le soir à une église, dont les portes étaient fermées, saint Dominique ayant fait une prière, ils se trouvèrent subitement dans l'intérieur de l'église, où ils passèrent toute la nuit en oraison. Après une longue marche, avant d'entrer dans l'hôtellerie, il avait coutume d'apaiser sa soif à quelque fontaine, afin qu'on ne remarquât point dans la maison de son hôte qu'il ait trop bu.

Un écolier d'un tempérament porté au péché de la chair vint, un jour de fête, pour entendre la messe dans la maison des Frères de Bologne. Or, c'était

---

* Rodrigue de Cerrat, nᵒ 91.

saint Dominique qui célébrait. Quand on fut arrivé à
l'offrande, cet écolier s'approcha et baisa la main du
saint avec grande dévotion. Et quand il l'eut baisé,
il sentit qu'il s'exhalait de cette main une si bonne
odeur, que jamais il n'en avait rencontré une si grande
en sa vie : et dès ce moment, le feu de la passion
s'éteignit en lui merveilleusement, en sorte que ce
jeune homme, qui jusqu'alors avait été adonné à la
vanité et à la luxure, devint, dans la suite, continent
et chaste. Oh! la grande pureté qui régnait dans ce
corps dont l'odeur purifiait d'une manière si admirable les souillures de l'âme ! — Un prêtre, témoin
de la ferveur avec laquelle saint Dominique et ses
frères s'adonnaient à la prédication, conçut le projet
de se joindre à eux, dans le cas où il pourrait se procurer un Nouveau-Testament qui lui était nécessaire
pour la prédication. Au moment où il pensait à cela,
se présenta un jeune homme qui avait sous son habit
un Testament à vendre : le prêtre l'acheta avec une
grande joie; mais comme il hésitait encore un peu, il
fit une prière, et ayant tracé le signe de la croix sur
le couvert du livre, il l'ouvrit et jeta les yeux sur le
premier chapitre qui se présenta ; il tomba sur cet endroit des Actes des apôtres où il est dit à saint Pierre :
« Lève-toi, descends et va avec eux sans hésiter, car
c'est moi qui les ai envoyés (xx). » A l'instant, il alla
s'adjoindre à eux. — Un maître de théologie, qui enseignait à Toulouse avec talent et réputation, préparait ses matières un matin avant le jour ; accablé de
sommeil, il inclina légèrement la tête sur sa chaire et
il lui sembla qu'on lui présentait sept étoiles. Comme

il s'extasiait devant un pareil présent, tout aussitôt ces
étoiles augmentèrent en lumière et en grandeur, à tel
point qu'elles éclairaient le monde entier. A son réveil,
il s'étonnait beaucoup de ce que cela voulait dire ; et
voici qu'en entrant dans l'école et en enseignant sa
leçon, saint Dominique et six frères avec lui, qui portaient le même habit, s'approchèrent, avec humilité, du
maître et lui déclarèrent qu'ils avaient pris la résolution de suivre son cours. Alors se rappelant la vision
qu'il avait eue, il ne fit pas difficulté de croire que
c'étaient là les sept étoiles qui lui étaient apparues *.
— Saint Dominique était à Rome quand y arriva avec
l'évêque d'Orléans, pour s'embarquer, maître Reinier,
doyen de Saint-Aignan d'Orléans, qui avait enseigné
à Paris le Droit Canon pendant cinq ans. Depuis longtemps déjà il se proposait de tout quitter pour se livrer
à la prédication, mais il n'avait pas encore pris son
parti sur le moyen à employer par lui pour exécuter
son projet. Un cardinal auquel il avait fait part de
son vœu, lui avait parlé de l'Institut des Prêcheurs ;
il avait donc fait appeler saint Dominique auquel il
manifesta ses intentions : ce fut alors qu'il se décida à
entrer dans son ordre ; mais aussitôt une violente fièvre
le saisit et mit ses jours en danger. Alors saint Dominique ne cessa de faire des prières et de s'adresser
à la sainte Vierge, à laquelle il avait confié, comme à
une patronne spéciale, tout le soin de son ordre, en
lui demandant de daigner lui accorder cet homme, ne
serait-ce que pour un court espace de temps, quand

---

* Humbert, *Vie*, n° 27.

Reinier qui veillait et qui attendait la mort, voit tout
à coup, à n'en pas douter, la Reine de miséricorde venir à lui en compagnie de deux jeunes personnes remarquablement belles, et lui adresser ces paroles d'un
visage caressant : « Demande-moi ce que tu veux et
je te le donnerai. » Il cherchait quoi demander quand
une des jeunes filles lui suggéra de ne demander rien,
mais de s'en remettre entièrement à la reine de miséricorde. Ce qu'il fit. Alors la sainte Vierge étendant sa
main virginale, lui fit des onctions aux oreilles, aux
narines, aux mains et aux pieds avec une huile qu'elle
avait apportée, en prononçant une formule appropriée
à chaque onction. Aux reins, elle dit : « Soient étreints
ces reins du cordon de chasteté. » Aux pieds : « J'oins
tes pieds pour qu'ils soient préparés à porter l'Evangile de paix. » Et elle ajouta : « Dans trois jours, je te
remettrai une ampoule qui te rendra une parfaite
santé. » Alors elle lui montra un habit de l'ordre :
« Voici, lui dit-elle, un habit ; c'est celui de ton ordre. »
Or, saint Dominique qui était en prières eut une vision tout à fait semblable. Quand le matin fut arrivé,
saint Dominique vint le voir et le trouva guéri : ensuite il écouta le récit que lui fit Reinier de sa vision :
après quoi celui-ci prit l'habit que la Vierge lui avait
montré, car auparavant les Frères se servaient de
surplis. Trois jours après, la mère de Dieu revint et
fit sur le corps de Reinier des onctions qui éteignirent
non seulement l'ardeur de la fièvre, mais encore le feu
de la concupiscence, à tel point que, d'après ce qu'il
confessa lui-même dans la suite, il ne s'éleva pas en
lui le moindre mouvement désordonné. La même vi-

sion fut renouvelée, vis-à-vis saint Dominique, en faveur d'un religieux de l'ordre des hospitaliers qui en
fut stupéfait. Après la mort de Reinier, saint Dominique raconta cette apparition à un grand nombre de
frères. Reinier fut donc envoyé à Bologne, où il se
livra avec ardeur à la prédication, et où le nombre des
frères prit de l'accroissement. Ensuite on l'envoya à
Paris, où il mourut peu de jours après dans le Seigneur *. Un jeune homme, qui était neveu du cardinal
Etienne de Fosse-Neuve, tomba avec son cheval dans
un précipice, et on l'en retira mort. On le présenta à
saint Dominique qui fit une prière et lui rendit la vie**.
— Un architecte, conduit par les frères sous une crypte
de l'église de Saint-Sixte, fut écrasé par un pan de
mur qui s'écroula, et il fut étouffé sous les décombres;
mais l'homme de Dieu, Dominique, fit enlever le corps
de la crypte, se le fit apporter et par le suffrage de ses
prières, il lui rendit la vie avec la santé ***. — Dans
le même couvent de saint Sixte, où restaient environ
quarante frères, il ne se trouva un jour qu'une très
petite quantité de pain; alors saint Dominique commanda qu'on la partageât et qu'on la servît sur la
table; et pendant que chacun mangeait avec joie cette
petite bouchée de pain, voici que deux jeunes gens
tout à fait ressemblants par leur habit et leur figure
entrèrent au réfectoire, portant des pains dans des
tabliers qui leur pendaient au cou. Ils les posèrent

* Thierry d'Apolda, n° 92.
** Histoire de sa vie, passim.
*** Relation de la sœur Cecile, n° 3.

sans rien dire au bout de la table du serviteur de
Dieu Dominique, et se retirèrent si vite que personne
ne put savoir dans la suite d'où ils étaient venus, ni
comment ils étaient sortis. Alors saint Dominique étendit les mains çà et là sur la communauté et dit :
« Maintenant, mes frères, mangez. » — Un jour, saint
Dominique était en chemin et il tombait une très forte
pluie ; il fit le signe de la croix et il écarta la pluie toute
entière de lui et de son compagnon, de sorte que ce
fut comme s'il s'était couvert d'un pavillon avec la
croix : et alors que toute la terre était couverte d'eau,
il n'en tombait pas une goutte autour d'eux, à une
distance de trois coudées *. — Une fois que dans les
environs de Toulouse, il venait de traverser une rivière dans une barque, le batelier lui demanda un denier pour prix de son passage. Comme l'homme de
Dieu lui promettait le royaume des cieux pour récompense, en ajoutant qu'il était le disciple de J.-C. et
qu'il ne portait avec lui ni or, ni argent, le batelier le
saisit par sa chape et lui dit : « Tu me donneras ta
chape ou un denier. » Alors l'homme de Dieu leva les
yeux au ciel, fit intérieurement une petite prière et
regardant à terre, et y voyant un denier qui, sans aucun doute, lui était envoyé par le bon Dieu : « Voici,
dit-il, mon frère, ce que vous me demandez, prenez
et laissez-moi aller en paix. » — Il arriva un jour que
saint Dominique étant en voyage s'associa avec un
religieux qui lui était bien connu par sa sainteté, mais
dont il n'entendait ni le langage ni la langue. Contrarié

* Humbert, *Vie*, n° 39

de ce qu'il ne pouvait pas conférer avec lui des choses
du ciel, il obtint de Dieu que l'un parlât la langue de
l'autre, de manière à se comprendre pendant les trois
jours qu'ils avaient à voyager ensemble. — On lui présenta une fois un homme obsédé d'un grand nombre
de démons ; il prit une étole qu'il se mit au cou, ensuite il la serra autour du cou du démoniaque en lui
ordonnant de ne plus faire souffrir cet homme désormais. Alors ces démons commencèrent à être tourmentés dans le corps de l'obsédé, et crièrent : « Laisse-
nous sortir, pourquoi nous forces tu à être tourmentés
ici ? » Et saint Dominique dit : « Je ne vous laisserai
point partir, à moins que vous ne me donniez des garants qui me répondront que vous ne rentrerez plus
désormais. » « Quels garants, répondirent-ils, pour-
rons-nous te donner ? » Et il reprit : « Les saints martyrs dont les corps reposent en cette église. » Et ils
dirent : « Nous ne le pouvons, car nos mérites sont en
contradiction. » « Il faut, vous dis-je, les donner, autrement je ne vous délivrerai jamais du tourment que
vous endurez. » Alors ils répondirent à cela qu'ils
s'en occuperaient : et peu après ils dirent : « Eh bien,
nous avons obtenu, quoique nous ne le méritions pas,
que les saints martyrs soient nos garants. » Or, saint
Dominique leur demandant un signe par lequel il
pourrait s'assurer de cela, les démons lui dirent :
« Allez à la châsse qui renferme les têtes des martyrs
et vous la trouverez renversée. » On y alla et l'on
trouva qu'il en était comme ils l'avaient assuré *.

* Thierry d'Apolda

Pendant une de ses prédications, des femmes qui
s'étaient laissé corrompre par les hérétiques vinrent
se jeter à ses pieds en lui disant : « Serviteur de Dieu,
venez à notre aide; si ce que vous avez prêché aujour-
d'hui est vrai, depuis longtemps l'esprit d'erreur a
aveuglé nos cœurs. » Saint Dominique leur dit : « Soyez
constantes et attendez un peu afin de voir à quel maître vous vous êtes attachées. » Aussitôt elles virent
sauter du milieu d'elles un chat affreux qui avait les
proportions d'un grand chien avec des yeux gros et
flamboyants, une langue longue et large, injectée de
sang et qui allait jusqu'à son nombril; sa queue courte
et relevée laissait voir toute la turpitude de son derrière, de quelque côté qu'il se tournât; et il s'en exhalait une puanteur insupportable. Après qu'il eut tourné
pendant un certain temps çà et là, autour de ces femmes, il grimpa dans le clocher par la corde de la cloche et disparut, laissant après lui des traces dégoû-
tantes. Alors ces femmes, après avoir remercié Dieu,
se convertirent à la foi catholique * — Il avait convaincu dans la province de Toulouse un certain nombres d'hérétiques condamnés au bûcher; et il vit au
milieu d'eux un homme appelé Raymond; alors il dit
aux bourreaux : « Conservez celui-ci, et qu'on ne le
brûle pas avec les autres. » Puis se tournant vers lui :
« Je sais, lui dit-il avec bonté, je sais, mon fils, que
vous serez un jour, quoique ce ne soit pas de sitôt,
un homme de bien, et un saint. » On relâcha donc cet
homme qui, pendant vingt ans encore, resta dans l'hé-

---

* Thierry d'Apolda, ch. iv, n° 31.

résie ; enfin s'étant converti, il entra dans l'ordre des
frères Prêcheurs où il vécut saintement jusqu'à sa
mort. — Comme saint Dominique était en Espagne,
en compagnie de quelques frères, il lui apparut un dragon épouvantable, qui s'efforçait d'engloutir les frères
dans sa gueule. L'homme de Dieu, qui comprit le sens
de cette vision, exhortait ses compagnons à résister
courageusement. Peu de temps après ils le quittèrent
tous à l'exception de frère Adam et de deux convers. Il demanda donc à l'un d'eux s'il voulait s'en
aller comme les autres : « A Dieu ne plaise, mon père,
répondit-il qu'en quittant la tête, je suive les pieds. »
Alors saint Dominique se mit en prière, et presque
tous furent convertis peu de temps après par le mérite de cette prière. — Comme il se trouvait à Rome,
au couvent de saint Sixte, l'esprit de Dieu vint sur lui
soudainement et il rassembla les frères au chapitre :
alors il leur annonça que quatre d'entre eux devaient
mourir bientôt, deux de la mort du corps, et deux de
la mort de l'âme. En effet peu après deux frères s'endormirent dans le Seigneur et deux autres se retirèrent de l'ordre *. — Lorsqu'il était à Bologne; se
trouvait en cette ville maître Conrad, Allemand, que
les frères souhaitaient fort de voir entrer dans l'ordre.
Or, saint Dominique étant en conversation, la veille de
la fête de l'Assomption de la sainte Vierge, avec le
prieur du monastère de Casa-Mariæ de l'ordre de Cîteaux, il lui dit entre autres choses en forme de confi-
dence : « Je vous avoue, prieur, une chose que je n'ai

* Humbert, n° 50

jamais découverte à personne jusqu'à présent, et que
vous ne révélerez pas vous-même à d'autres, de mon
vivant ; c'est que je n'ai jamais rien demandé ici-bas
que je ne l'aie obtenu selon mes désirs. » Comme le
prieur lui disait que peut-être il mourrait avant lui,
saint Dominique lui dit en esprit prophétique qu'il vivrait longtemps après lui. La prédiction se réalisa.
Alors le prieur ajouta : « Demandez donc, mon père,
que Dieu vous donne pour votre ordre maître Conrad,
que vos frères paraissent désirer tant être des vôtres. »
Mais saint Dominique lui répondit : « Mon bon frère,
vous avez demandé là une chose difficile. » Après
complies, les frères étant allés se reposer, Dominique
resta dans l'église où il passa la nuit en prière comme
c'était sa coutume. Or, quand on vint chanter prime,
au moment où le chantre entonnait l'hymne *Jam lucis
orto sidere*, voici que celui qui devait être un nouvel
astre d'une nouvelle lumière, maître Conrad, vient
tout à coup se prosterner aux pieds de saint Dominique, et lui demander instamment l'habit de l'ordre. Il
persévéra dans sa demande et fut reçu. Ce fut un zélé
religieux qui enseigna dans l'ordre à la grande satisfaction de tous. Il était près de mourir et avait déjà
fermé les yeux, de sorte qu'on le croyait mort, quand
il regarda les frères qui étaient autour de lui et dit :
Dominus vobiscum. Quand on eut répondu : *Et cum
spiritu tuo*, il ajouta : *Fidelium animæ per misericor-
diam Dei requiescant in pace* [3]. Et aussitôt il reposa
en paix dans le Seigneur.

* Ce sont les paroles par lesquelles l'Eglise termine tous

Le serviteur de Dieu saint Dominique était doué
d'une égalité d'âme que rien n'ébranlait, sinon quand
il était troublé par la compassion et par la miséricorde ; et parce qu'un cœur content épanouit le visage
on voyait, à sa douceur extérieure, la paix qui régnait
au dedans de lui. Dans la journée, personne n'était
plus simple que lui avec les frères et ses compagnons,
tout en observant les règles de la bienséance ; la nuit
personne n'était plus exact aux offices et à la prière.
Il consacrait le jour au prochain et la nuit à Dieu. Il
avait fait de ses yeux comme une fontaine de larmes.
Souvent quand on levait le corps du Seigneur à la
messe, il était ravi en esprit comme s'il avait vu présent J.-C. incarné : c'est pour cela que pendant longtemps, il n'assista pas à la messe avec les autres. Il
avait aussi la coutume de passer très souvent la nuit
dans l'église, en sorte qu'il semblait n'avoir pas ou
presque pas de lieu fixe pour prendre son repos : et
quand la nécessité de dormir le surprenait à la suite
de ses fatigues, il se reposait ou bien devant l'autel,
ou bien la tête inclinée sur une pierre. Chaque nuit il
prenait lui-même trois fois la discipline avec une chaîne
de fer : une fois pour soi-même, une seconde fois
pour les pécheurs qui vivent dans le monde, et une
troisième fois pour ceux qui souffrent dans le purgatoire. Élu, un jour, à l'évêché de Couserans, d'autres
disent de Comminge, il refusa nettement, protestant
devoir plutôt quitter la terre que de consentir jamais

ses offices · elles signifient : *Que par la miséricorde de Dieu, les
âmes des fidèles reposent en paix.*

à une élection dont il serait l'objet. — On lui demandait un jour pourquoi il ne restait pas à Toulouse, ou
dans le diocèse de cette ville, plutôt que dans le diocèse de Carcassonne, il répondit : « C'est parce que,
dans le diocèse de Toulouse, je rencontre bon nombre
de personnes qui m'honorent, et que à Carcassonne,
au contraire, tout le monde me fait la guerre. » Quelqu'un lui demandait dans quel livre il avait le plus
étudié : « C'est, dit-il, dans le livre de la charité. »
— Une fois qu'étant à Bologne il passait la nuit dans
l'église, le diable lui apparut sous la figure d'un frère.
Saint Dominique, croyant que c'en était un, lui faisait
signe d'aller se reposer comme les autres. Or, celui-là
lui répondait par signes comme s'il se moquait de lui.
Alors saint Dominique voulant savoir quel était celui
qui méprisait ainsi ses ordres, alluma une chandelle
à la lampe et regardant sa figure reconnut tout de suite
que c'était le diable. Le saint l'accabla de reproches
et le diable se mit à l'insulter pour avoir rompu le silence ; alors saint Dominique lui déclarant qu'il lui
était permis de parler en sa qualité de maître des frères,
il le força de lui déclarer en quoi il tentait les frères
au chœur. Le diable lui répondit : « Je les fais arriver tard et sortir tôt. » Il le conduisit ensuite au dortoir et lui demandant de quoi il y tentait les frères.
Il dit : « Je les fais trop dormir, se lever tard, et de
cette manière, ils y restent pendant l'office et de temps
en temps, je leur suggère de mauvaises pensées. »
Puis il le mena au réfectoire, et lui demanda de quoi
il y tentait les frères ; alors le démon se met à sauter
sur les tables, en répétant souvent ces paroles : « Plus

et moins, plus et moins. » Et comme saint Dominique
lui demandait ce qu'il voulait dire par là, il répondit :
« Il y a quelques frères que je tente de manger plus,
et par conséquent de manquer souvent à la règle
en mangeant trop : d'autres, de manger moins, afin
qu'ils deviennent sans force dans le service de Dieu
et dans la pratique de leurs règles. » De là il le conduisit au parloir, en s'informant de quoi il y tentait
les frères. Alors le diable se mit à tourner la langue
dans sa bouche avec vitesse et faisait entendre un bruit
confus étrange. Saint Dominique lui demandant ce
que cela voulait dire, le diable répondit : « Ce lieu est
tout à moi : car quand les frères se rassemblent pour
parler, je m'applique à les tenter de parler sans ordre,
d'entremêler des paroles inutiles et de telle façon que
l'un n'attende pas l'autre. » Enfin saint Dominique
conduisit le diable au chapitre, mais quand il fut arrivé à la porte, le démon n'y voulut absolument pas
entrer : « Ici, dit-il, je n'entrerai jamais; c'est pour
moi un lieu de malédiction et un enfer. Je perds ici
tout ce que j'ai gagné ailleurs : car quand j'ai fait
tomber un frère en quelque négligence, il s'en purifie
de suite dans ce lieu de malédiction et s'avoue coupable devant tout le monde : c'est ici qu'on leur donne
des avis, ici qu'ils se confessent, ici qu'ils s'accusent,
ici qu'ils sont frappés, ici qu'ils sont absous, et de
cette manière, je vois avec douleur que j'ai perdu tout
ce que je me réjouissais d'avoir gagné ailleurs. » Après
avoir dit ces mots, il disparut *.

* Thierry d'Apolda, c. xv.

Enfin le terme de son pèlerinage approchant, Dominique, qui était à Bologne, commença à tomber en langueur et en grande faiblesse; la dissolution de son corps lui fut montrée dans une vision : Un jeune homme d'une grande beauté lui apparut, et l'appela en disant : « Viens, mon bien-aimé, viens à la joie, viens *. » Alors il fit venir douze des frères du couvent de Bologne, et pour ne pas les laisser déshérités et orphelins, il fit son testament en ces mots : « Voici ce que je vous laisse comme à mes enfants, afin que vous le possédiez à titre héréditaire : Ayez la charité, gardez l'humilité, et possédez la pauvreté volontaire **. » Mais ce qu'il défendit le plus expressément qu'il put, c'est que personne ne fît jamais entrer dans son ordre des biens temporels, menaçant de la malédiction du Dieu tout-puissant et de la sienne celui qui attenterait de salir l'ordre des Prêcheurs, de la poussière des richesses terrestres. Comme ses frères se désolaient de sa perte, il leur dit avec bonté pour les consoler : « Mes enfants, que ma mort corporelle ne vous trouble pas; et soyez certains que je vous serai plus utile mort que vif. » Arriva ensuite son heure dernière et il s'endormit dans le Seigneur, l'an 1221. Le jour et l'heure de son trépas furent révélés, ainsi qu'il suit, à frère Guali, alors prieur des frères Prêcheurs de Brescia et par la suite évêque de la même ville. Il dormait d'un léger sommeil, la tête appuyée sur le clocher des frères, quand il vit le ciel ouvert et deux échelles blanches qui en descendaient sur la terre;

* Barthélemy de Trente, n° 13.
** Humbert, n° 53.

J.-C. avec la mère en tenait le haut, et les anges y
montaient et descendaient en poussant des acclamations de joie. En bas entre les deux échelles était placé
un siège sur lequel se trouvait assis un frère dont
la tète était couverte d'un voile. Or, Jésus et sa mère
tiraient les échelles en haut, jusqu'à ce que le frère
eut été élevé au ciel dont l'ouverture fut alors refer-
mée *. Le frère Guali étant venu de suite à Bologne, apprit que c'était en ce jour et à cette heure-là
même que le Père était trépassé. — Un frère, nommé
Raon qui restait à Tibur, était à l'autel pour célébrer
la messe au jour et à l'heure du trépas du Père. Comme
il avait appris que le saint était malade à Bologne,
quand il fut arrivé à l'endroit du canon où l'on a coutume de faire mention des vivants, et qu'il voulait
prier pour sa guérison, il tomba tout à coup en extase,
et il vit l'homme de Dieu Dominique ceint d'une couronne d'or, et tout resplendissant de lumière ; deux
personnages vénérables l'accompagnaient sur la route
royale hors de Bologne. Il prit note du jour et de l'heure
et il trouva que c'était alors que le serviteur de Dieu
Dominique était mort. Son corps étant resté sous terre
pendant un long espace de temps, et les miracles qui
s'opéraient à chaque instant devenant de plus en plus
nombreux, sa sainteté était devenue évidente ; alors
la piété des fidèles les porta à transporter son corps
dans un lieu plus élevé. Quand, après avoir brisé le
mortier avec des instruments de fer, on eut soulevé
la pierre, et ouvert le monument, il s'en échappa une

---

* Auteur de sa vie

odeur tellement suave que c'était à croire qu'on n'avait
pas ouvert un tombeau, mais une chambre pleine
d'aromates *. Et cette odeur qui l'emportait sur celle
de tous les parfums ne semblait avoir rien de pareil
dans la nature : ce n'était pas seulement aux ossements
ou à la poussière de ce saint corps qu'elle était inhé-
rente, ou même à la châsse, mais encore à la terre
d'alentour, de sorte que transportée dans des pays
éloignés elle gardait son parfum pendant longtemps.
Les mains des frères qui avaient touché quelque chose
des reliques, se trouvèrent tellement embaumées qu'on
avait beau les laver et les frotter, elles conservèrent
longtemps cette preuve de bonne odeur.

Dans la province de Hongrie, un homme de noble
race vint avec sa femme et son fils encore tout jeune
pour visiter les reliques de saint Dominique qu'on avait
à Silon ; mais ce fils y tomba malade et mourut. Alors
le père porta son corps devant l'autel de saint Dominique et se mit à se lamenter et à dire : « Bienheureux Dominique, je suis venu vers vous plein de joie
et je m'en retourne plein de tristesse ; je suis venu
avec mon fils et j'en suis privé pour m'en aller ; rendez-moi, je vous en prie, rendez-moi mon fils ; rendez-
moi la joie de mon cœur. » Et voici que vers le milieu
de la nuit, l'enfant ressuscita et se promena par l'é-
glise. — Un jeune homme au service d'une dame noble s'occupait à pêcher dans la rivière ; il tomba dans
l'eau, y fut suffoqué et disparut. Ce fut longtemps
après que son corps fut retiré du fond de la rivière.

* Jourdain de Saxe

Sa maîtresse invoqua saint Dominique pour qu'il fût ressuscité, et promit d'aller pieds nus à ses reliques et de rendre la liberté à cet esclave s'il ressuscitait. A l'instant ce jeune homme, qui était mort, fut rendu à la vie et se leva au milieu de tout le monde qui se trouvait présent. Sa maîtresse accomplit son vœu ainsi qu'elle l'avait promis. — Dans cette même province de Hongrie, un homme versait des larmes amères sur le cadavre de son fils, et priait saint Dominique pour obtenir sa résurrection. Environ au moment où les coqs chantent, celui qui avait été mort ouvrit les yeux et dit à son père : « Comment se fait-il, mon père, que j'aie la figure ainsi mouillée ? » « Ce sont, lui répondit-il, les larmes de ton père, car tu étais mort et j'étais resté seul privé de toute joie. » Son fils lui dit : « Vous avez beaucoup pleuré, mon père, mais saint Dominique, compatissant à votre désolation, a obtenu par ses mérites que je vous sois rendu vivant. » — Un homme, languissant et aveugle depuis dix-huit ans, avait le désir de visiter les reliques de saint Dominique ; il essaya de sortir de son lit, se leva, et ressentit venir en lui subitement une force assez grande pour se mettre à marcher à pas pressés ; sa faiblesse de corps et sa cécité diminuaient à mesure qu'il faisait chaque jour du chemin, jusqu'à ce qu'enfin, parvenu au lieu qu'il avait pris pour but, il reçut le bienfait d'une double guérison complète. — En la même province de Hongrie, une dame qui avait l'intention de faire célébrer une messe en l'honneur de saint Dominique ne trouva pas de prêtre à l'heure qu'elle voulait ; alors elle enveloppa dans un linge propre les trois chandelles qu'elle avait destinées

pour la messe et les serra dans un vase ; elle s'en alla
pour un instant et en revenant un moment après elle
vit les chandelles brûler à grandes flammes. Tout le
monde accourut pour voir ce spectacle étrange, et resta
tremblant et priant jusqu'au moment où les chandelles furent entièrement brûlées sans que le linge soit
endommagé.

A Bologne, un écolier nommé Nicolas souffrait
d'une telle douleur aux reins et aux genoux qu'il ne
pouvait se lever de son lit ; sa cuisse gauche s'était
desséchée au point qu'il n'y avait plus pour lui aucun
espoir de guérison. Se vouant à Dieu et à saint Dominique, il se mesura de toute sa longueur avec un fil
dont on devait faire une chandelle ; après quoi il se mit
à se ceindre le corps, le cou et la poitrine. Au moment
où il entourait son genou du fil, comme il invoquait,
à chaque fois qu'il faisait un tour, le nom de Jésus et
de saint Dominique, aussitôt il se sentit soulagé et s'é-
cria : « Je suis délivré. » Il se lève en pleurant de joie
et vient sans l'aide de personne à l'église où reposait
le corps de saint Dominique. Dans la même ville de
Bologne, Dieu opéra un nombre infini de miracles par
son serviteur. — En la ville d'Augusta en Sicile, une
jeune fille, qui avait la pierre, devait être taillée. La
mère, à raison du péril que courait son enfant, la recommanda à Dieu et à saint Dominique. La nuit suivante saint Dominique apparut à la jeune fille pendant
son sommeil, lui mit dans la main la pierre qui la faisait souffrir. La jeune fille, à son réveil, se trouvant
guérie, donna cette pierre à sa mère et lui raconta la
vision qu'elle avait eue ; la mère prit alors la pierre et

la porta au couvent des frères où elle la suspendit devant l'image de saint Dominique, en mémoire d'un si grand miracle. — Dans la ville d'Augusta, des dames qui avaient assisté, en l'église des frères, à la messe solennelle le jour de la fête de la translation de saint Dominique, virent en revenant chez elles une femme occupée à filer devant la porte de sa maison ; elles se mirent à la tancer de ce qu'elle n'avait pas interrompu son travail au jour de la fête de ce grand saint. Cette femme indignée leur répondit : « Vous qui êtes les bigotes * des frères, faites la fête de votre saint. » A l'instant ses yeux s'enflèrent, et il en sortit de la pourriture et des vers ; de sorte qu'une de ses voisines en compta dix-huit qu'elle lui ôta. Alors remplie de componction elle vint à l'église des frères, y confessa ses péchés et fit vœu de ne jamais parler mal de saint Dominique et de célébrer sa fête avec dévotion. A l'instant elle récupéra sa première santé.

Une religieuse nommé Marie, au monastère de la Magdeleine, à Tripoli, souffrait des douleurs cuisantes. Ayant reçu un coup à la jambe, elle était tourmentée affreusement depuis cinq mois ; on attendait à chaque instant l'heure de son trépas. Elle se recueillit en elle-même et fit cette prière : « Mon Seigneur, je ne suis digne ni de vous prier, ni d'être exaucée ; mais je prie mon seigneur saint Dominique d'être médiateur entre vous et moi, et de m'obtenir le bienfait de la santé. » Or, comme elle priait longtemps en répandant des lar-

---

* Le texte porte *Bizotæ* et *Brixotæ*, mot qui ne se trouve dans aucun dictionnaire.

mes, elle tomba en extase et vit saint Dominique entrer avec deux frères, soulever le rideau qui était devant son lit, et lui dire : « Pourquoi désirez-vous tant d'être guérie? » « Seigneur, répondit-elle, c'est afin de pouvoir mieux servir Dieu. » Alors saint Dominique tira de dessous sa chape un onguent d'une admirable odeur avec lequel il fit des onctions à sa jambe et elle fut guérie à l'instant; puis il lui dit : « Cette onction est bien précieuse, douce, et difficile. » Et comme cette femme lui demandait de lui expliquer le sens de ces paroles ; il répondit : « Cette onction est le signe de l'amour, qui est précieux, parce qu'on ne peut l'acheter avec de l'argent, et parce que de tous les dons de Dieu il n'y en a point de préférable à son amour ; elle est douce, car il n'y a rien de plus doux que la charité ; elle est difficile parce qu'elle se perd vite si on ne la conserve avec précaution. » Cette nuit-là même, il apparut à sa sœur qui reposait au dortoir et lui dit : « J'ai guéri ta sœur. » Celle-ci accourut et trouva sa sœur guérie. Or, comme Marie sentait qu'elle avait reçu une onction réelle, elle l'essuya très respectueusement avec de la soie. Quand elle eut raconté tout à l'abbesse et à son confesseur et qu'elle leur eut montré l'onction qui était sur la soie elles furent frappées de sentir une odeur si grande et si nouvelle pour eux qu'ils ne pouvaient la comparer à aucun parfum ; et ils conservèrent cette onction avec le plus grand esprit. — Pour prouver combien est agréable à Dieu l'endroit où repose le très saint corps du bienheureux Dominique, il suffira de choisir ici, entre mille, un miracle qui s'y opéra.

Maître Alexandre, évêque de Vendôme *, rapporte
dans ses Apostilles sur ces paroles : *Misericordia et ve-
ritas obviaverunt sibi* (Ps. LXXXIV) qu'un écolier de Bologne, adonné aux vanités du siècle, eut la vision suivante : Il lui semblait être dans un vaste champ, et
une tempête extraordinaire allait fondre sur lui. Il se
mit à fuir pour l'éviter et arriva à une maison qu'il
trouva fermée. Il frappa à la porte en priant qu'on lui
ouvrît. La personne qui habitait la maison lui répondit : « Je suis la justice ; c'est ici que j'habite, cette
maison est à moi ; or, parce que tu n'es pas juste, tu
ne peux y habiter. » En entendant ces paroles, il se
retira tout triste, et voyant plus loin une autre maison,
il y vint, et frappa en demandant qu'on l'y reçût.
Mais la personne qui restait à l'intérieur lui répondit :
« Je suis la vérité ; c'est ici que j'habite ; cette maison
est à moi ; mais je ne te donnerai pas l'hospitalité,
parce que la vérité ne préserve pas celui qui ne l'aime
pas. » Alors il s'éloigna et vit une troisième maison
plus loin. Quand il y arriva, il supplia comme auparavant qu'on l'y mît à l'abri de la tempête. La maîtresse
qui était à l'intérieur lui répondit : « Je suis la paix et
j'habite ici ; or, il n'y a pas de paix pour les impies,
mais pour les hommes de bonne volonté. Cependant
comme mes pensées sont des pensées de paix et non
d'affliction, je te donnerai un avis salutaire. Plus loin
habite ma sœur ; elle secourt toujours les misérables ;
va la trouver et fais ce qu'elle te dira. » Quand il y fut

---

* Il y a une variante dans le texte ; l'une porte *Vindônicensis*
et l'autre *Vindoniensis*.

arrivé, celle qui était à l'intérieur lui répondit : « Je suis la miséricorde, c'est ici ma maison. Si donc tu désires être à l'abri contre la tempête qui te menace, va à la maison qu'habitent les frères prêcheurs, tu y trouveras l'étable de la pénitence, la crèche de la continence, l'herbe de la doctrine, l'âne de la simplicité avec le bœuf de la discrétion, Marie qui t'éclairera, Joseph qui te parfera, et l'enfant Jésus qui te sauvera. » A son réveil l'écolier vint à la maison des frères, et raconta l'ensemble de sa vision ; ensuite il prit et reçut l'habit de l'ordre *.

SAINT SIXTE, PAPE

Sixte vient de Sion qui veut dire Dieu, et de status, état ; comme on dirait état de Dieu Ou bien sixtus vient de sisto, assis ; fixe, ferme dans la foi, dans son martyre et ses bonnes œuvres **.

Le pape Sixte était d'Athènes ; d'abord il fut philosophe, et dans la suite disciple de J.-C. Elu souverain Pontife, il fut traduit devant Dèce et Valérien avec ses deux diacres Félicissime et Agapit. Comme Dèce ne pouvait le faire céder par aucune considération, il le fit conduire au temple de Mars, afin de l'y forcer à sacrifier, sinon il serait enfermé dans la prison Mamertine. Or, il refusa, et comme on le menait en prison, le bienheureux Laurent le suivait et lui disait : « Où allez-

---

* Gérard de Frachet, l. I, c III.
** *Bréviaire romain.*

vous sans votre fils, mon père ? saint prêtre, où allez-
vous sans votre ministre? » Sixte lui répondit : « Je
ne te quitte pas, mon fils, je ne t'abandonne pas : mais
tu es réservé à de plus grands supplices pour la foi de
J.-C. Dans trois jours tu me suivras ; le lévite suivra
le prêtre. D'ici là prends les trésors de l'Eglise et par-
tage-les à qui tu le jugeras à propos. » Quand il les
eut distribués aux chrétiens pauvres, le préfet Valérien
donna l'ordre de mener. Sixte sacrifier au temple de
Mars : s'il refusait, il devait avoir la tête tranchée.
Pendant qu'on l'y conduisait, le bienheureux Laurent,
qui était derrière lui se mit à crier et à dire : « Soyez
assez bon, lui dit-il, pour ne pas m'abandonner, père
saint, parce que j'ai déjà dépensé les trésors que vous
m'avez confiés. Alors les soldats, entendant parler de
trésors, se saisirent de Laurent, et tranchèrent la tête
à saint Sixte ainsi qu'à Félicissime et à Agapit.

C'est aujourd'hui la fête de la Transfiguration du
Seigneur. Dans certaines églises on consacre le sang
de J.-C. avec du vin nouveau, si on peut en faire et
en trouver ; ou du moins on exprime, dans le calice,
un peu de jus d'une grappe de raisin mûr. En ce jour
encore, on bénit des grappes de raisin et le peuple en
prend (comme du pain bénit *). La raison en est que
Notre-Seigneur dit à ses disciples le jour qu'il fit la
Cène : « Je ne boirai plus désormais de ce fruit de la
vigne jusqu'à ce jour où je le boirai de nouveau avec
vous dans le royaume de mon père. » (Matt., xxvi)
Or, cette Transfiguration, et ces mots vin nouveau, que

---

*C'est une des significations liturgiques de *communico*.

J.-C. prononça, rappellent le glorieux renouvellement
qui s'opéra dans le Sauveur après sa résurrection. C'est
pour cela qu'en ce jour de la Transfiguration qui représente la résurrection, on se sert de vin nouveau :
mais ce n'est pas parce que, selon quelques auteurs,
la Transfiguration eut lieu en ce jour, mais bien parce
que ce fut en ce jour que les Apôtres en donnèrent
connaissance. Car la Transfiguration eut lieu, dit-on,
vers le commencement du printemps ; et ce fut par
respect pour la défense que les apôtres reçurent de
la publier, qu'ils la cachèrent si longtemps et qu'ils la
rendirent publique à pareil jour. C'est ce qu'on lit
dans le livre intitulé : *Mitrale** (Lib. IX, c. xxxviii).

SAINT DONAT**

Donat, vient de Né de Dieu, et cela par régénération, par
infusion de grâce et par glorification ; celle-ci est triple, par
génération, par esprit, et par Dieu. Car quand les saints
meurent, on dit qu'ils naissent ; c'est pour cela que leur trépas
n'a pas le nom de mort, mais de natalice. En effet l'enfant
aspire à naître afin de recevoir plus d'espace pour sa demeure
une nourriture plus substantielle pour le manger, un air
plus spacieux pour respirer, et de la lumière pour voir. Les
saints, par leur mort, sortent des entrailles de l'Eglise, reçoivent ces quatre avantages à leur manière : c'est pour cela

* Cet ouvrage a été publié par M. le comte de l'Escalopier
dans la *Patrologie* de Migne. Il est de Sicardi, évêque de Cré-
mone.
** Saint Grégoire de Tours ; —Sozomène ; —*Bréviaire Romain.*

qu'on dit qu'ils naissent. Ou bien il est appelé Donat, ce qui
signifierait donné par don de Dieu.

Donat fut élevé et nourri avec l'empereur Julien,
jusqu'au moment où il fut ordonné sous-diacre : mais
quand Julien fut élevé à l'empire, il tua le père et la
mère de saint Donat. Alors Donat s'enfuit dans la
ville d'Arezzo, où il demeura avec le moine Hilaire et
fit beaucoup de miracles : car le préfet de la ville ayant
son fils démoniaque, il l'amena à Donat et l'esprit
immonde se mit à crier et à dire : « Au nom du Seigneur J.-C., ne me tourmente pas pour que je sorte
de ma maison, ô Donat; pourquoi me forces-tu par
des tourments de sortir d'ici? » Mais saint Donat fit
une prière et l'enfant fut délivré aussitôt. — Un
homme nommé Eustache, receveur du fisc en Toscane,
laissa une somme d'argent qui appartenait au trésor
public, à la garde de sa femme nommée Euphrosine.
Comme la province était ravagée par les ennemis, cette
femme cacha l'argent; mais prévenue par une maladie,
elle mourut. Le mari, à son retour, n'ayant pas trouvé
son dépôt, était sur le point d'être traîné au supplice
avec ses enfants; il eut alors recours à saint Donat.
Or, celui-ci alla au tombeau de la femme avec le mari,
et après avoir fait une prière, il dit à intelligible voix:
« Euphrosine, je t'adjure par le Saint-Esprit de nous
dire où tu as déposé telle somme d'argent. » Et une
voix sortant du sépulcre dit: « A l'entrée de ma
maison, c'est là que je l'ai enterrée. » On y alla et on
l'y trouva comme elle avait dit. Quelques jours après,
l'évêque Satire s'endormit dans le Seigneur et tout le
clergé élut Donat pour lui succéder. Saint Grégoire

rapporte *, qu'un jour, après la célébration de la
messe, le peuple recevant la communion, et le diacre
présentant la coupe où était le sang de J.-C., les
païens se ruèrent dans l'église, renversèrent le diacre
qui brisa le saint calice. Comme il en était fort affligé ainsi que tout le peuple, Donat recueillit les fragments du calice, et ayant fait une prière, il le rétablit
dans sa forme première. Mais le diable en cacha un
morceau qui manqua au calice, c'est toutefois un témoignage du miracle. Les païens, à cette vue, se convertirent et furent baptisés au nombre de quatre-
vingts. Il y avait une fontaine tellement infectée que
quiconque en buvait, mourait aussitôt. Or, comme
saint Donat allait, monté sur son âne, rendre cette
eau saine par ses prières, un dragon terrible s'élança
de l'eau, enroula sa queue autour des pieds de l'âne
et se dressa aussitôt contre Donat. Le saint le frappa
avec un fouet, ou, selon qu'on le lit autre part, lui
cracha dans la gueule ; ce qui le tua à l'instant : ensuite
il fit une prière et détruisit tout le venin de la fontaine **. Un jour que Donat et ses compagnons étaient
pressés par la soif, il fit jaillir une autre fontaine, à
l'endroit où ils se trouvaient.

La fille de l'empereur Théodose était tourmentée
par le démon, et on l'amena à saint Donat : « Sors,
lui dit-il, esprit immonde, et cesse d'habiter dans une
créature de Dieu. » Le démon lui répondit : « Donne-
moi un passage par où sortir et un endroit où je

* *Dialogues*, l I, c. vii.
** Sozomène, *Hist. trip.*, l. IX, c. xlvi.

puisse aller. » Donat lui dit : « D'où es-tu venu ici ? »
« Du désert, répondit le démon. » « Retournes-y,
reprit le saint. » Alors le démon lui dit : « Je vois sur
toi le signe de la croix d'où sort un feu contre moi,
et j'ai si peur que je ne sais où aller. Mais laisse-moi
sortir et je sors. » Donat lui dit : « Voici un passage,
retourne dans le lieu qui t'appartient. » Et il sortit en
ébranlant toute la maison. — On portait un mort en
terre, quand arriva quelqu'un avec un billet, attes-
tant que le mort lui devait 200 sols ; et il ne permettait pas qu'on l'ensevelisse. La veuve éplorée vint
informer saint Donat de ce qui se passait, en ajoutant
que cet homme avait été payé intégralement. Alors
saint Donat se leva pour venir au cercueil, et touchant
la main du mort, il lui dit : « Ecoute-moi. » Le défunt
répondit : « Me voici. » Alors saint Donat lui dit :
« Lève-toi, et vois ce que tu as à faire avec cet homme,
qui s'oppose à ce qu'on t'ensevelisse. » Alors le mort
se mit sur son séant, et en présence de tous les assistants, il convainquit cet homme qu'il lui avait payé
sa dette ; puis prenant le billet avec la main, il le
déchira. Ensuite il dit à saint Donat : « Laissez-moi,
mon père, dormir de nouveau. » Saint Donat lui
répondit : « Va maintenant te reposer, mon fils. » —
Vers le même temps, il y avait trois ans qu'il n'avait
plu, et la stérilité était grande ; alors les infidèles vinrent trouver l'empereur Théodose et lui demandèrent
de leur livrer Donat, qui, par ses sortilèges, était l'auteur du mal. Sur les instances de l'empereur, Donat
étant sorti de sa maison, se mit en prières et le Seigneur envoya une pluie abondante, et il rentra chez

lui sans recevoir une goutte de pluie, tandis que tous les autres avaient leurs habits trempés. — A cette époque, les Goths ravageaient l'Italie et beaucoup abandonnaient la foi de J.-C. Evadracien, gouverneur, fut repris de son apostasie par saint Donat et Hylarin ; il les condamna à immoler à Jupiter. Mais s'étant refusés à le faire, le gouverneur fit dépouiller Hylarin et ordonna qu'on le fouettât jusqu'à ce qu'il eût rendu l'esprit. Pour Donat, il le fit mettre en prison et décapiter ensuite, vers l'an du Seigneur 380*.

SAINT CYRIAQUE ET SES COMPAGNONS **

Cyriaque, ordonné diacre par le pape Marcel, fut pris et amené devant Maximien qui le condamna, avec ses compagnons, à creuser la terre et à la porter sur leurs épaules en un lieu où on construisait les Thermes ; là se trouvait le saint vieillard Saturnin, que Cyriaque et Sésumius aidaient à porter la terre. Enfin le gouverneur fit amener devant lui Cyriaque, qui avait été jeté au cachot. Au moment où Apronianus le faisait sortir, tout à coup une voix, suivie d'une lumière, vint du ciel et dit : « Venez, les bénis de mon père, posséder le royaume qui vous a été préparé depuis le commencement du monde. » (Matt., xxv.)

* *Breviaire romain*
** *Ibid.*

Alors Apronien crut, se fit baptiser et vint confesser
J.-C. devant le gouverneur. Celui-ci lui dit : « Est-ce
que tu as été fait chrétien ? » Apronien répondit :
« Malheur à moi, parce que j'ai perdu mes jours ! »
Le gouverneur reprit : « Vraiment oui, tu perdras
tes jours. » Et il l'envoya décapiter. Pour Saturnin
et Sisimius qui ne voulaient pas sacrifier, on leur fit
subir différents supplices, enfin ils furent décapités.
Or, la fille de Dioclétien, nommée Arthémie, était
tourmentée par le démon * qui criait en elle : « Je ne
sortirai pas à moins que le diacre Cyriaque ne vienne. »
On lui amena donc Cyriaque, qui après avoir donné
ses ordres au démon, en reçut cette réponse : « Si tu
veux que je sorte, donne-moi un vase dans lequel je
me mette. » Cyriaque répondit : « Voici mon corps,
si tu peux, entres-y. » Le démon lui dit : « Je ne puis
entrer dans ce vase, parce que il est scellé et clos ;
mais si tu me chasses, je te ferai venir dans la Babylonie. » Et quand il eut été contraint de sortir,
Arthémie s'écria qu'elle voyait le Dieu que Cyriaque
prêchait. Alors Cyriaque baptisa Arthémie. Comme
il vivait tranquille dans une maison qu'il tenait de la
générosité de Dioclétien et de son épouse Sérène, un
ambassadeur vint demander, au nom du roi des Perses, à Dioclétien de lui envoyer Cyriaque, parce que
sa fille était tourmentée par le démon **. Or, à la
prière de Dioclétien, Cyriaque s'embarqua avec Largue
et Samaraque sur un navire qui avait été pourvu du

---

* *Breviaire romain.*
** *Ibid.*

nécessaire, et alla avec joie dans la Babylonie. Quand
il fut arrivé auprès de la jeune fille, le démon lui cria
par la bouche de cette personne : « Ès-tu fatigué,
Cyriaque ? » Cyriaque lui répondit : « Je ne suis point
fatigué, mais je me laisse mener en tout lieu par la
droite de Dieu. » Le démon dit : « Enfin, pour moi, je
l'ai amené où j'ai voulu. » Alors Cyriaque dit au
démon : « Jésus te commande de sortir. » Le démon
sortit à l'instant et dit : « Oh ! nom terrible, qui me
force de sortir ! » Alors la jeune fille, guérie, fut baptisée avec son père, sa mère et beaucoup d'autres.
Comme on offrait de nombreux présents à Cyriaque,
il ne les voulut pas accepter ; mais après être resté en
ce lieu quarante-cinq jours, jeûnant au pain et à
l'eau, il revint enfin à Rome. Deux mois après mourut Dioclétien, auquel succéda Maximien, lequel, irrité
contre sa sœur Arthémie, fit saisir Cyriaque, qui fut
lié tout nu avec des chaînes, et traîné au devant de
son char. (Ce Maximien peut être appelé le fils de
Dioclétien, en tant qu'il fut son successeur et qu'il
épousa sa fille nommée Valériane). Il ordonna à Carpasius, son vicaire, de forcer le saint à sacrifier, ou de
le faire mourir dans les supplices. Carpasius, après
lui avoir fait verser de la poix sur la tête, le fit suspendre au chevalet, ensuite il ordonna qu'on lui tran-
chât la tête ainsi qu'à tous ses compagnons. Après
quoi, Carpasius obtint la maison de Cyriaque, et
comme, par mépris pour les chrétiens, il se baignait
dans le lieu où ce saint administrait le baptême, et
qu'il y donnait un grand festin à dix-neuf de ses
amis, ils moururent tous subitement. Depuis ce moment

on ferma ces bains et les gentils commencèrent à
craindre et à vénérer les chrétiens.

SAINT LAURENT, MARTYR

Laurent viendrait de tenant un laurier. C'est un arbre avec
les branches duquel on tressait autrefois des couronnes dont
on ceignait les vainqueurs. Il est l'emblème de la victoire; il
réjouit la vue par sa verdeur constante ; il répand une odeur
agréable, et possède beaucoup de propriétés. Or, saint Laurent
est ainsi nommé de laurier, parce qu'il remporta la victoire
dans son martyre ; ce qui força Dèce à avouer avec confusion:
« Je pense que nous voici vaincus * »

Il posséda la verdeur dans la netteté et la pureté de son
corps ; ce qui lui a fait dire : « Ma nuit n'a plus rien d'obscur,
etc. » Il eut l'odeur parce que sa mémoire sera éternelle : de là
ces mots du Psaume III qui lui ont été appliqués : « Il a répandu
des biens sur les pauvres ; sa justice demeurera dans tous les
siècles. » Saint Maxime dit : « Comment sa justice n'aurait-
elle pas de durée, ses œuvres étaient animées par cette vertu
qui lui a fait consommer son martyre. » Sa prédication fut
efficace, puisqu'il convainquit Lucille, Hippolyte et Romain.
Le laurier a la propriété de guérir de la pierre qu'il écrase,
de remédier à la surdité, et de détourner la foudre. De même
saint Laurent brise les cœurs endurcis, rend l'ouïe spirituelle,
et protège contre la foudre des sentences de la réprobation **.

Laurent, martyr et diacre, Espagnol de nation, fut
amené à Rome par saint Sixte. Car ainsi que le dit

---

*Il existe un poème sur saint Laurent dont tous les mots
commencent par L.

** La vie de saint Laurent est tirée des actes anciens et reproduits dans son office au *Bréviaire romain.*

Mᵉ Jean Beleth*, Sixte, dans un voyage en Espagne, rencontra deux jeunes gens, Laurent et Vincent, son cousin, distingués par leur honnêteté et remarquables dans toute leur conduite : il les amena à Rome avec lui. L'un d'eux, c'était Laurent, demeura à Rome auprès de sa personne, et Vincent retourna en Espagne où il termina sa vie par un glorieux martyre. Mais cette opinion de Mᵉ Jean Beleth a contre elle le temps du martyre de ces deux saints ; car Laurent souffrit sous Dèce et Vincent, qui était jeune, sous Dioclétien et Dacien. Or, entre Dèce et Dioclétien, il s'écoula environ 40 ans et il y eut entre eux sept empereurs, en sorte que saint Vincent n'aurait pu être jeune. Saint Sixte ordonna Laurent son archidiacre. En ce temps-là, l'empereur Philippe et son fils, qui portaient le même nom, avaient reçu la foi et après être devenus chrétiens, ils s'efforçaient de donner beaucoup d'importance à l'Eglise. Ce Philippe fut le premier empereur qui reçut la foi de J.-C. ; ce fut, dit-on, Origène qui le convertit, quoiqu'on lise ailleurs que ce fut saint Pontius. Il régna l'an mille de la fondation de Rome, afin que cette millième année fût consacrée à J.-C. plutôt qu'aux idoles. Or, les Romains célébrèrent cet anniversaire avec un grand appareil de jeux et de spectacles. L'empereur Philippe avait auprès de sa personne un soldat nommé Dèce qui était courageux et renommé dans les combats. Vers cette époque, la Gaule s'étant révoltée, l'empereur y envoya Dèce afin de soumettre à la domination romaine les Gaulois

* C. cxlv.

rebelles Dèce mena tout à bien et revint à Rome après
avoir remporté la victoire au gré de ses désirs. L'empereur apprenant son arrivée voulut lui rendre de
grands honneurs et alla au-devant de lui jusqu'à Vé-
rône. Mais comme l'esprit des méchants s'enfle d'un
orgueil d'autant plus grand qu'ils se sentent honorés
davantage, Dèce exalté par l'ambition en vint jusqu'à
aspirer à l'empire et à comploter la mort de son maître.
Il choisit le moment où l'empereur reposait sous son
pavillon pour y entrer en cachette et l'égorger pendant
qu'il dormait. Quant à l'armée venue avec l'empereur,
il se l'attacha par ses prières, par l'argent, par des
largesses et par des promesses, et alors il se hâta
d'aller à la capitale de l'empire à marches forcées. A
cette nouvelle, Philippe le jeune fut saisi de craintes,
et au rapport de Sicard dans sa chronique, il confia
les trésors entiers de son père et les siens à saint Sixte
et à saint Laurent, afin que, s'il venait à être tué lui-
même par Dèce, ils donnassent ces trésors aux églises
et aux pauvres. N'allez pas vous étonner si les trésors
distribués par saint Laurent ne sont pas appelés les
trésors de l'empereur, mais bien ceux de l'Église, car
il put se faire qu'avec ces trésors de l'empereur Philippe, il eût distribué en même temps quelques trésors
appartenant à l'Église : ou bien encore, on peut les
appeler les trésors de l'Église, parce que Philippe les
avait laissés à l'Église pour qu'ils fussent partagés
entre les pauvres, quoique l'on doute avec certaine
raison que ce fût Sixte qui existât alors, comme il sera
dit plus bas. Ensuite Philippe s'enfuit et, pour ne point
tomber entre les mains de Dèce, à son retour, il se

cacha. Le Sénat alla donc au-devant de Dèce et le confirma dans la possession de l'empire. Or, afin de paraître avoir tué son maître non par trahison, mais par zèle pour le culte des idoles, il commença à persécuter les chrétiens avec la plus affreuse cruauté, donnant l'ordre de les égorger sans aucune miséricorde. Dans cette persécution périrent plusieurs milliers de martyrs, parmi lesquels fut couronné Philippe le jeune. Ensuite, Dèce se mit à la recherche du trésor de son maître. Sixte lui fut présenté comme adorant J.-C. et comme possédant les trésors de l'empereur. Or, saint Laurent qui le suivait par derrière lui criait : « Où allez-vous, sans votre fils, ô mon père ? saint prêtre, où allez-vous sans votre diacre ? Jamais vous n'aviez coutume d'offrir le sacrifice sans ministre. Qu'y a-t-il en moi qui ait pu déplaire à votre cœur de père ? Avez-vous des preuves que j'aie dégénéré ? Éprouvez de grâce, si vous avez fait choix d'un assistant capable, quand vous m'avez confié le soin de distribuer le sang du Seigneur. » Ce n'est pas moi qui te quitte mon fils, ni qui t'abandonne, reprit le saint Pontife ; mais de plus grands combats pour la foi de J.-C., te sont réservés. Pour nous, en qualité de vieillard, nous n'avons à affronter que de faibles dangers, toi qui es jeune, tu remporteras sur le tyran un plus glorieux triomphe. Dans trois jours, tu me suivras, c'est la distance qui doit séparer le prêtre et le lévite. Et il lui remit tous les trésors, en lui ordonnant d'en faire la distribution aux églises et aux pauvres. Le bienheureux Laurent se mit donc nuit et jour à la recherche des chrétiens et donna à chacun selon ses besoins. Il vint à la maison d'une veuve qui avait caché un grand nombre de chrétiens chez elle : depuis longtemps elle souffrait de maux de tête. Saint Laurent lui imposa les mains et elle fut guérie de sa douleur ; ensuite il lava les pieds des pauvres et leur donna l'aumône. La même nuit, il vint chez un chrétien et y rencontra un homme aveugle ; par un signe de croix, il lui rendit la vue.

Or, comme le bienheureux Sixte ne voulait pas entrer dans les vues de l'empereur, ni sacrifier aux idoles, il fut condamné à avoir la tête tranchée. Accourut alors saint Laurent qui se mit à crier à saint Sixte : « Veuillez ne pas m'abandonner, père saint, parce que déjà j'ai dépensé vos trésors que vous m'aviez confiés. » Alors les soldats, en entendant parler de trésors, se saisirent de Laurent et le livrèrent entre les mains du tribun Parthénius. Celui-ci le présenta à Dèce. Le césar Dèce lui dit : « Où sont les trésors de l'É-glise que nous savons avoir été déposés chez toi ? » Or, comme Laurent ne lui répondait pas, il le livra à Valérien qui était préfet, afin de le forcer à livrer les trésors et à sacrifier ensuite aux idoles, ou bien de le faire périr dans des supplices et des tourments divers. Valérien, de son côté, le mit entre les mains d'un officier nommé Hippolyte afin qu'il le gardât : et Laurent fut enfermé en prison avec beaucoup d'autres. Il y avait là sous les verrous un gentil nommé Lucillus qui, à force de pleurer, avait perdu la vue. Comme Laurent lui promettait de lui rendre l'usage de ses yeux, s'il croyait en J.-C. et s'il recevait le baptème, cet homme demanda avec instance à être baptisé. Laurent prit donc de l'eau et lui dit : « Tout est lavé

dans la confession. » Et quand Laurent l'eut interrogé
avec précision sur les articles de foi et que Lucillus
eut confessé qu'il les croyait tous, il lui versa de l'eau
sur la tête et le baptisa au nom de J.-C. C'est pour
cela que beaucoup d'aveugles venaient trouver Laurent
et s'en retournaient guéris. Quand Hippolyte vit cela,
il lui dit : « Montre-moi les trésors. » Laurent lui
répondit : « O Hippolyte, pour peu que tu croies en
Notre-Seigneur J.-C., je te montre des trésors et je te
promets une vie éternelle. » Hippolyte lui dit : « Si tu
fais ce que tu dis, je ferai aussi ce à quoi tu m'exhortes. »
A la même heure, Hippolyte crut et reçut le saint
baptême avec sa famille. Quand il fut baptisé il dit :
« J'ai vu les âmes des innocents tressaillir de joie. »
Peu après, Valérien donna ordre à Hippolyte de lui
présenter Laurent. Celui-ci dit à Hippolyte : « Allons
tous les deux ensemble, car la gloire nous est réservée à
toi et à moi. » Ils viennent donc tous deux devant
le tribunal, et l'on s'enquiert encore du trésor. Laurent demanda un délai de trois jours, ce à quoi Valérien consentit en le laissant sous la garde d'Hippolyte.
Pendant ces trois jours, Laurent rassembla les pauvres, les boiteux et les aveugles et les présentant dans
le palais de Salluste à Dèce : « Ce sont là, lui dit-il,
les trésors éternels qui ne diminuent jamais, mais qui
s'accroissent ; ils sont répartis entre chacun et trouvés
entre les mains de tous ; et ce sont leurs mains qui
ont porté les trésors dans le ciel. » Valérien dit devant
Dèce qui était présent : « Pourquoi tous ces détours ?
Hâte-toi de sacrifier et renonce à la magie. » Laurent
lui dit : « Quel est celui qu'on doit adorer ? Est-ce le

créateur ou la créature? » Dèce irrité le fit frapper
avec des fouets garnis de plomb, appelés scorpions, et
on lui mit devant les yeux tous les genres de tortures.
Comme l'empereur lui commandait de sacrifier afin
qu'il échappât à ces tourments, Laurent répondit :
« Malheureux ! ce sont des mets que j'ai toujours dé-
sirés. » Dèce lui dit : « Si ce sont des mets, fais-moi
connaître les profanes qui te ressemblent afin qu'ils
partagent ce festin avec toi. » Laurent répondit : « Ils
ont déjà donné leurs noms dans les cieux et c'est pour
cela que tu n'es pas digne de les voir. » Alors par
l'ordre de Dèce, il est dépouillé, battu de coups de
fouets et des lames ardentes lui sont appliquées sur
les côtés. « Seigneur J.-C., dit alors Laurent, Dieu
de Dieu, ayez pitié de votre serviteur, puisque quand
j'ai été accusé, je n'ai pas renié votre saint nom,
quand j'ai été interrogé, je vous ai confessé comme
mon Seigneur. » Et Dèce lui dit : « Je sais que c'est
par les secrets de la magie que tu te joues des tourments, mais tu ne sauras te jouer longtemps de moi.
J'en atteste les dieux et les déesses ; si tu ne sacrifies,
tu périras dans des tourments sans nombre. » Alors
il commanda qu'on le frappât très longtemps avec des
fouets garnis de balles de plomb. Mais Laurent se mit
à prier en disant : « Seigneur Jésus, recevez mon
esprit. » Alors il se fit entendre une voix du ciel que
Dèce ouït aussi : « Tu as encore bien des combats à
soutenir. » Dèce rempli de fureur s'écria : « Romains,
vous avez entendu les démons consolant ce sacrilège,
qui n'adore pas nos dieux, ne craint pas les tourments et ne s'épouvante pas de la colère des princes. »

Il ordonna une seconde fois qu'on le battît avec des
scorpions. Laurent se mit à sourire, remercia Dieu
et pria pour les assistants. Au même instant, un soldat, nommé Romain, crut et dit à saint Laurent : « Je
vois debout en face de toi un très beau jeune homme
qui essuie tes membres avec un linge. Je t'en conjure,
au nom de Dieu, ne me délaisses pas, mais hâte-toi
de me baptiser. » Et Dèce dit à Valérien : « Je pense
que nous voici vaincus par la magie. » Il ordonna
donc de le détacher de la cathaste * à laquelle il était
attaché et de le renfermer sous la garde d'Hippolyte.
Alors Romain apporta un vase plein d'eau, se jeta aux
pieds de saint Laurent et reçut de ses mains le saint
baptême. Aussitôt que Dèce en fut informé, il fit
battre de verges Romain qui, s'étant déclaré chrétien
de plein gré, fut décapité par l'ordre de l'empereur.
Cette nuit-là, Laurent fut amené à Dèce. Or, comme
Hippolyte pleurait et criait qu'il était chrétien, Laurent lui dit : « Cache plutôt J.-C. au-dedans de ton
cœur, et quand j'aurai crié, prête l'oreille et viens. »
On apporta donc des instruments de supplices de tous
les genres. Alors Dèce dit à Laurent : « Ou tu vas sacrifier aux dieux, ou cette nuit finira avec tes supplices. » Laurent lui répondit : « Ma nuit n'a pas

* La cathasta, d'après Rich, est tout simplement un gril de
fer au-dessous duquel on mettait du feu pour torturer les cri-
minels. Cet instrument était distingué du chevalet *Eculeus*
et avait la forme d'une échelle d'après ce passage de Salvien:
Lib III, *De Gubernat. Dei* · *Ad cœlestis regiæ januam..... ascen-
dentes scalas sibi quodam modo de eculeis catastisque fecerunt.*
Iso Magister in Glossis *catastæ, genus tormenti, id est, lecti fer-
rei.*

d'obscurités, mais tout pour moi est plein de lumière. »
Et Dèce dit : « Qu'on apporte un lit de fer afin que
l'opiniâtre Laurent s'y repose. » Les bourreaux se
mirent donc en devoir de le dépouiller et l'étendirent
sur un gril de fer sous lequel on mit des charbons ardents et ils foulaient le corps du martyr avec des four-
ches de fer. Alors Laurent dit à Valérien : « Apprends,
misérable, que tes charbons sont pour moi un rafraîchissement, mais qu'ils seront pour toi un supplice
dans l'éternité, parce que le Seigneur lui-même sait
que quand j'ai été accusé, je ne l'ai pas renié; quand
j'ai été interrogé, j'ai confessé J.-C. ; quand j'ai été
rôti, j'ai rendu des actions de grâces. » Et il dit à
Dèce d'un ton joyeux : « Voici, misérable, que tu as
rôti un côté, retourne l'autre et mange. » Puis remer-
ciant Dieu :. « Je vous rends grâce, dit-il, Seigneur,
parce que j'ai mérité d'entrer dans votre demeure. »
C'est ainsi qu'il rendit l'esprit. Dèce, tout confus, s'en
alla avec Valérien au palais de Tibère, laissant le corps
sur le feu. Le matin, Hippolyte l'enleva et, de concert
avec le prêtre Justin, il l'ensevelit avec des aromates
au champ Véranus. Les chrétiens jeûnèrent, et pendant trois jours célébrèrent ses vigiles, au milieu des
sanglots et en versant des torrents de larmes.

Est-il certain que saint Laurent ait souffert le martyre sous cet empereur Dèce ? Le fait est douteux
pour beaucoup de monde, puisque dans les chroniques, on lit que Sixte vécut longtemps avant Dèce.
C'est le sentiment d'Eutrope quand il dit : Dèce qui
suscita une persécution contre les chrétiens fit tuer
entre autres le bienheureux lévite et martyr Laurent.

Il est rapporté dans une chronique assez authentique
que ce ne fut pas sous l'empereur Dèce, successeur
de Philippe, mais sous un Dèce qui fut César, et non
pas empereur, que saint Laurent souffrit le martyre.
Car entre l'empereur Dèce et Dèce le jeune, sous
lequel on dit que saint Laurent fut martyrisé, il y
eut plusieurs empereurs et plusieurs souverains pontifes intermédiaires. En effet, il est dit dans le même
livre que après Gallus et Volusien son fils, successeur
de Dèce à l'empire, régnèrent Valérien et Gallien, et
que ces deux derniers créèrent César, Dèce le jeune,
mais sans le faire empereur. Car anciennement les
empereurs donnaient à quelques-uns la qualité de
Césars, sans cependant les créer Augustes ou empereurs ; ainsi on lit dans les chroniques que Dioclétien
fit César Maximien, et que, dans la suite, de César il
le créa Auguste. Or, du temps de ces empereurs, c'est-
à-dire de Valérien et de Gallien, c'était Sixte qui
siégeait à Rome. Ce fut donc ce Dèce simple César,
mais non pas empereur qui martyrisa saint Laurent.
C'est pour cela que dans la légende de ce saint, Dèce
n'est pas appelé empereur, mais Dèce-César seulement.
Car l'empereur Dèce ne régna que deux ans, et martyrisa le pape saint Fabien. A Fabien succéda Corneille qui souffrit sous Volusien et Gallus. Après
Corneille vint Lucien, et Lucien eut pour successeur
Etienne qui souffrit sous Valérien et Gallien dont le
règne dura quinze ans. A Etienne succéda Sixte. Ce
qui précède est tiré de la chronique qui a été citée
ci-dessus. Cependant toutes les chroniques, tant d'Eusèbe, que de Bède et d'Isidore s'accordent à dire que

le pape Sixte ne vécut pas du temps de l'empereur Dèce, mais bien de Gallien. Mais on lit encore dans une autre chronique que ce Gallien eut deux noms, qu'il fut appelé Gallien et Dèce, et ce fut sous lui que souffrirent Sixte et Laurent, vers l'an du Seigneur 257. Geoffroy avance aussi dans son livre intitulé *Panthéon* que Gallien se nomma Dèce et que ce fut sous lui que souffrirent saint Sixte et saint Laurent. Et si cet auteur est exact, ce qu'avance Jean Beleth pourrait être véritable. — Saint Grégoire rapporte au livre de ses *Dialogues* qu'une religieuse, nommée Sabine, conserva la continence sans pouvoir modérer l'intempérance de sa langue. Elle fut enterrée dans l'église de saint Laurent, devant l'autel du martyr ; mais une partie de son corps fut coupée par le démon et resta intacte, tandis que l'autre partie fut brûlée : ceci fut constaté le lendemain matin. — Grégoire de Tours rapporte * qu'un prêtre réparant une église de saint Laurent, une poutre se trouvait être trop courte ; il pria le saint martyr qui avait soutenu les pauvres de venir au secours de son indigence ; la poutre s'allongea de telle sorte qu'elle était beaucoup trop longue : le prêtre coupa alors cet excédent en petites parties et s'en servit pour guérir beaucoup d'infirmités. Ce fait est attesté par le bienheureux Fortunat, et il eut lieu à Brione, château d'Italie. — Un homme avait mal aux dents : on le toucha avec un morceau de cette poutre et sa douleur disparut. — Au rapport de saint Grégoire dans ses *Dialogues* **,

---

* *De Gloria Martyr.*, l I, c. xlii ; — Fortunat, l. ix, c xiv.
** L. III, c. xxxvii.

un autre prêtre appelé Sanctutus, voulant réparer
une église de saint Laurent brûlée par les Lombards,
loua grand nombre d'ouvriers. Or, un jour qu'il
n'avait rien à leur donner à manger, il se mit en prière
et en regardant dans le four il y trouva un pain très
blanc qui ne paraissait cependant pas devoir suffire
à un repas pour trois personnes. Or, saint Laurent,
qui ne voulait pas que ses ouvriers manquassent de
rien, multiplia ce pain de telle sorte qu'il y en eut
assez pendant dix jours pour tous les ouvriers. —
Vincent de Beauvais rapporte, dans sa chronique,
qu'il y avait à Milan dans une église de saint Laurent
un calice de cristal d'une merveilleuse beauté. Dans
une solennité le diacre qui le portait à l'autel le laissa
échapper de ses mains, et en tombant par terre ce
calice se brisa en morceaux. Mais le diacre affligé en
rassembla les fragments, les mit sur l'autel, fit une
prière à saint Laurent, et il reprit le calice entier et
très solide. *

On lit encore dans le livre des *Miracles de la sainte
Vierge*, qu'il y avait à Rome un juge nommé Étienne,
qui recevait volontiers des présents de grand nombre
de personnes, et violait souvent la justice. Il usurpa
par force trois maisons de l'église de saint Laurent
et un jardin de sainte Agnès, et resta en possession
de ce qu'il avait acquis injustement. Or, il arriva
qu'il mourut et qu'il fut mené au jugement de Dieu.
Saint Laurent s'approcha alors de lui, plein d'indignation, et par trois fois il lui serra le bras pendant

* Grég. de Tours, *De Gloria Martyr.*, l. I, c XLVI.

longtemps et lui fit souffrir de cruelles douleurs. Mais
sainte Agnès avec les autres vierges ne voulut pas le
voir et détourna la tête. Alors le juge rendit son arrêt
en ces termes : « Parce qu'il a soustrait le bien d'autrui, et qu'en recevant des présents, il a vendu la vérité, qu'il soit traîné au lieu où est Judas le traître. »
Alors saint Prœject pour lequel Etienne avait eu beaucoup de dévotion pendant sa vie, s'approchant de saint
Laurent et de sainte Agnès, demandait pardon pour ce
juge. Il fut donc accordé à leurs prières unies à celles
de la sainte Vierge que son âme retournerait à son
corps pour y faire pénitence pendant trente jours. En
outre il reçut pour pénitence, de la part de la sainte
Vierge, de réciter chaque jour de sa vie le Psaume cxviii,
Beati immaculati in via. Quand il revint à la vie,
son bras était noir et brûlé comme s'il eût réellement souffert dans son corps, et cette marque resta
sur lui tant qu'il vécut. Il restitua donc le bien mal
acquis et fit pénitence, mais il trépassa dans le Seigneur le trentième jour. — On lit dans la vie de l'empereur saint Henri et de sainte Cunégonde, sa femme,
qu'ils vécurent ensemble dans la virginité ; mais à l'ins-
tigation du diable, l'empereur conçut des soupçons
sur son épouse par rapport à un soldat, et il la fit marcher nu-pieds l'espace de 15 marches sur des socs de
charrue rougis au feu. En montant dessus elle dit :
« De même, Seigneur Jésus, que vous avez connaissance que ni Henri ni aucun autre ne m'a touchée, de
même aussi venez à mon aide. » Mais Henri poussé
par la honte la frappa au visage : et une voix se fit
entendre à Cunégonde en lui disant : « La Vierge

Marie t'a prise sous sa protection, car tu es vierge. »
Elle marcha donc sur cette masse incandescente
sans ressentir aucune douleur. L'empereur venait de
mourir quand une multitude infinie de démons passant devant la cellule d'un ermite, celui-ci ouvrit sa
fenêtre et demanda au dernier passant qui ils étaient.
Et il répondit : « Nous sommes une légion de démons
qui nous hâtons d'aller à la mort du César afin de
voir si nous pourrons trouver en lui quelque chose qui
nous appartienne en propre. » L'ermite adjura le diable de revenir et celui-ci lui dit à son retour : « Nous
n'avons rien trouvé, car bien que le soupçon injuste
qu'avait conçu l'empereur, et ses autres péchés aient
été mis ainsi que ses bonnes œuvres dans la balance,
Laurent le grillé apporta un pot d'or d'un poids énorme,
quand nous pensions emporter César ; cette chaudière
ayant été jetée sur la balance, l'autre côté l'emporta ;
alors, je fus irrité et j'arrachai une oreille de ce pot
d'or. Il donnait le nom de pot à un calice que cet empereur avait fait ciseler pour l'église d'Eichstat en
l'honneur de saint Laurent envers lequel il avait une
dévotion particulière. A cause de sa grandeur, ce calice avait deux anses. Et il se trouva qu'au même moment l'empereur mourut et une anse du calice fut bri-
sée *. Saint Grégoire rapporte dans son *Registre* **,

---

* Ce fait se trouve sculpté en relief sur le tombeau qui
renfermait les reliques de saint Henri et de sainte Cune-
gonde avant leur canonisation. On y voit un ange tenant d'une
main une épée dégainée, de l'autre, une balance sur l'un des
plateaux de laquelle est posé un calice. *Chronic. Casin.*, l. II,
c. XLIV.

** Ep., l. V, c. xxx.

qu'un de ses prédécesseurs voulait soulager quelqu'un
auprès du corps de saint·Laurent, mais qu'il ne savait où le corps reposait ; quand tout à coup et sans
le savoir on découvre le tombeau, et tous ceux qui se
trouvaient là *, aussi bien les moines que ceux qui
étaient attachés à l'église, et qui avaient vu ces saintes
reliques, moururent dans l'espace de dix jours.

Il faut observer que le martyre de saint Laurent
paraît l'emporter sur ceux des autres saints martyrs
par quatre caractères qui lui sont propres et qu'on
trouve exposés dans les paroles de saint Maxime, évêque, et de saint Augustin. Le premier, c'est la rigueur
de ce martyre ; le second, c'est le résultat ou l'utilité
qu'il eut ; le troisième, c'est la constance et le courage
du patient ; le quatrième, c'est le combat admirable
en lui-même et le mode de sa victoire.

I. Le martyre de saint Laurent l'emporte sur les
autres par l'extrême rigueur des tourments. Voici comment s'en exprime le bienheureux évêque Maxime, ou
selon certains textes saint Ambroise : « Mes frères, ce
n'est pas un martyre ordinaire et de quelques instants
que saint Laurent eut à souffrir : car celui qui est frappé
du glaive, meurt une fois, celui qui est plongé dans un
brasier de flammes, est délivré à l'instant ; mais saint
Laurent est tourmenté par des supplices longs et nombreux, en sorte que la mort ne ralentit pas sa souffrance,
et lui manqua à la fin. Nous lisons que des bienheureux
enfants se promenaient au milieu des flammes apprê-

---

* Le texte porte *Mansionarii*. On appelait ainsi les tenan-
ciers d'une maison Quand il s'agit de personnes religieuses,
c'étaient des chanoines vivant en communauté.

tées pour les faire souffrir et qu'ils foulèrent aux pieds
des masses de feu. Et cependant saint Laurent leur
est supérieur en gloire, parce que ceux-là se promenaient dans les flammes, et que lui fut couché sur le
feu même qui faisait son supplice. Ils foulèrent le feu
de leurs pieds, tandis que lui en éteignit l'ardeur par
la position qu'on avait fait prendre à son corps étendu
sur ses flancs. Ceux-là étaient debout et adressaient
leurs prières en levant les mains vers le Seigneur ; celui-ci étendu sur le gril priait pour ainsi dire le Seigneur avec chacun de ses membres. Il faut noter encore
que saint Laurent vient le premier de tous les martyrs
après saint Etienne, non pas pour avoir supporté de
plus grands tourments que les autres martyrs puisque
beaucoup souffrirent des tourments égaux et quelquefois plus violents, mais c'est pour six motifs qui se
trouvent ici réunis : 1° En raison du lieu où il a souffert, c'est à Rome, la capitale du monde et où se trouve
le siège apostolique. 2° En raison de sa prédication,
car il s'y livra avec ardeur. 3° En raison des trésors
qu'il distribua tout entiers avec sagesse aux pauvres. Ces trois raisons sont celles de maître Guillaume
d'Auxerre. 4° Parce que son martyre est authentique
et certain : car bien qu'on lise que les autres aient
souffert de plus grands supplices, cependant cela n'est
pas authentique et quelquefois il y a lieu d'en douter;
mais le martyre de saint Laurent est très solennel dans
l'Eglise qui l'a approuvé, ainsi que nombre de saints
dans leurs discours. 5° Par la dignité à laquelle il fut
élevé ; car il fut archidiacre du siège apostolique, et
après lui, il n'y eut plus à Rome d'archidiacre. 6°Pour

la cruauté des tourments qui furent des plus atroces, puisqu'il fut rôti sur un gril·de fér. Ce qui a fait dire de lui par saint Augustin : « On commanda d'exposer sur le feu ses membres déchirés et coupés par les nombreux coups de fouet qu'il avait reçus, afin que sur ce gril de fer sous lequel était entretenu un feu violent, le tourment fût plus atroce et la souffrance plus longue puisque l'on retournait l'un après l'autre chacun de ses membres.

II. Le martyre de saint Laurent l'emporte sur les autres par ses résultats et son utilité. D'après saint Augustin ou saint Maxime, l'âpreté du supplice a couvert saint Laurent de gloire, l'a rendu célèbre dans l'opinion publique, excite à la dévotion envers lui, et en fait un modèle remarquable. 1° Elle le couvrit de gloire : ce qui fait dire à saint Augustin : « Tyran, tu as sévi contre ce martyr ; tu as tressé, tu as embelli sa couronne en accumulant les tourments. » Saint Maxime ou saint Ambroise ajoute : « Quoique ses membres se disloquent sous l'ardeur de la flamme, cependant la force de sa foi n'est pas ébranlée. Il perd son corps, mais il gagne le salut. » Saint Augustin dit : « O le bienheureux corps, dont les angoisses ne purent lui faire perdre la foi, mais que la religion couronna dans le ciel. » 2° Elle le rendit célèbre dans l'opinion publique. Saint Maxime ou saint Ambroise dit : « Nous pouvons comparer le bienheureux martyr Laurent au grain de sénevé qui, broyé de toutes manières, a mérité de répandre par tout l'univers une odeur mystérieuse. Quand il était en vie, il fut humble, inconnu, méprisé. A peine a-t-il été tourmenté, déchiré, brûlé,

qu'il répandit sur toutes les églises du monde un parfum de noblesse. » Plus loin on lit : « C'est chose sainte
et agréable à Dieu que nous honorions avec une piété
toute particulière le jour de la naissance de saint Laurent : l'Église victorieuse de. J.-C. brille en ce jour
du reflet de son bûcher, aux regards de l'univers. Ce
généreux martyr a acquis une telle gloire dans son martyre qu'il en éclaire le monde entier. » 3° Le martyre de
saint Laurent nous excite à la dévotion pour lui. Saint
Augustin donne trois motifs que nous avons de le louer
et de lui témoigner notre dévotion. Nous devons mettre
toute notre confiance dans ce bienheureux martyr,
d'abord parce qu'il a répandu son précieux sang pour
Dieu, ensuite parce qu'il a le privilège infini de nous
montrer quelle doit être la foi du chrétien puisqu'il
a eu tant d'imitateurs ; enfin, parce que toute sa vie
fut si sainte qu'il mérita d'obtenir la couronne du martyre dans un temps de paix. 4° Le martyre a fait de
saint Laurent un modèle proposé à notre imitation.
Là-dessus saint Augustin s'exprime ainsi : « La cause
pour laquelle ce saint homme a été dévoué à la mort,
n'est que pour porter les autres à être ses imitateurs. »
Or, nous avons trois motifs de l'imiter : 1° la force avec
laquelle il souffrit : « Le peuple de Dieu, dit saint Augustin, n'est jamais instruit d'une manière plus pro-
fitable que par l'exemple des martyrs. Si l'éloquence
entraîne, le martyre persuade. Les exemples l'emportent sur les paroles, et les actions instruisent mieux
que les discours. Les persécuteurs de saint Laurent
ont pu apprécier eux-mêmes quelle dignité possédaient
les martyrs dans cette excellente manière d'instruire,

puisque cette admirable force d'âme ne faiblissait pas,
mais fortifiait encore les autres en leur donnant un
modèle dans ses souffrances. » 2° La grandeur et l'ardeur de sa foi : « En surmontant par la foi, dit saint
Maxime ou saint Ambroise, les flammes du persécuteur, il nous montre que, par le feu de la foi, on peut
surmonter les flammes de l'enfer, et avec l'amour de
J.-C., on n'a plus à craindre le jour du jugement. »
3° Son ardente dévotion : « Saint Laurent, dit encore
le même auteur, a illuminé le monde entier avec cette
lumière qui le brûla lui-même, et de ces flammes dont
il supporta l'ardeur, il échauffa les cœurs de tous les
chrétiens. Sur l'exemple de saint Laurent, nous sommes
excités à souffrir le martyre, nous sommes enflammés
pour la foi, et nous sommes échauffés par la dévotion. »

III. Le troisième caractère qui distingue excellemment son martyre, c'est sa constance, ou son courage.
Voici comme en parle saint Augustin : « Le bienheureux Laurent demeura en J.-C. au milieu de ses
épreuves, pendant son inique interrogatoire, jusqu'aux
atroces menaces qu'on lui fit, et jusqu'à la mort. Dans
cette longue mort, il avait bien mangé, bien bu, il
était rassasié de cette nourriture, et ivre de ce calice
de Dieu ; alors il ne ressentit pas les tourments, il ne
fut pas abattu, mais il monta au ciel. Il fut si constant et si ferme que non seulement, il ne succomba
pas aux tourments, mais, que par ces tourments eux-
mêmes, il devint plus parfait dans la crainte, plus
fervent dans l'amour et plus joyeux en ardeur. » 1°
« On l'étend, dit saint Maxime, sur des charbons ar-

dents, on ne cesse de le tourner sur lui-même ; mais plus il souffre de douleur, plus grande est la patience avec laquelle il craint N.-S. J.-C. » 2° « Le grain de sénevé, dit saint Maxime ou bien saint Ambroise, quand il est broyé, s'échauffe. Laurent au milieu de ses supplices s'enflamme. Chose admirable ! celui-ci tourmente Laurent, ceux-là plus cruels encore perfectionnent les tortures, mais plus les supplices sont atroces plus ils rendent Laurent parfait dans son dévouement. » 3° Son cœur était tellement fortifié par la foi dans J.-C., que ne tenant aucun compte des tortures infligées à son propre corps ; tout joyeux de son triomphe sur les flammes qui le brûlaient, il insultait à la cruauté de son bourreau.

IV. Le quatrième caractère de son martyre fut sa lutte admirable et la manière dont il remporta la victoire. Car, on peut recueillir des paroles de saint Maxime et de saint Augustin, que saint Laurent eut à endurer en quelque sorte extérieurement cinq sortes de feu, qu'il supporta avec courage et qu'il éteignit. Le premier fut le feu de l'enfer, le second le matériel de la flamme, le troisième fut celui de la concupiscence de la chair, le quatrième fut celui d'une violente avarice, le cinquième fut le feu d'une rage insensée. 1° « Pouvait-il faiblir, dit saint Maxime, parce que son corps était momentanément brûlé, celui dont la foi éteignait le feu éternel de l'enfer ? Il passa à travers un feu d'un instant de durée, et tout terrestre, mais il échappa à la flamme de la géhenne qui brûle sans cesse. » 2° « Son corps est brûlé, dit saint Maxime ou saint Ambroise, mais l'amour divin éteignit cette com-

bustion matérielle. Un roi méchant mettra lui-même
le bois, il activera le foyer, mais le bienheureux Laurent n'en sentira pas les effets, parce que l'ardeur dè
sa foi est encore plus vive. » « La charité de J.-C.,
dit saint Augustin, ne fut pas vaincue par la flamme,
et le feu qui brûle à l'extérieur est moins ardent que
celui qui brûle à l'intérieur. » 3° Saint Maxime dit en
parlant de l'extinction du feu de la concupiscence :
« Voici un feu par lequel saint Laurent passa, sans en
être brûlé, puisqu'il en eut horreur ; mais il n'en brille
pas moins d'un grand éclat : il a brûlé pour n'être point
enflammé, et pour ne point être brûlé, il endura d'être
brûlé. » 4° L'avarice de ceux qui convoitaient des trésors a été déçue, selon ces paroles de saint Augustin :
« Il s'arme d'une double torche cet homme cupide, d'argent et ennemi de la vérité : c'est l'avarice pour ravir de
l'or, c'est l'impiété pour faire disparaître J.-C. : mais tu
ne gagnes rien, tu ne retires aucun profit, homme cruel,
ce qui n'est que matière est soustrait à tes recherches ;
Laurent monte au ciel, et tu péris avec tes flammes. »
5° La folie furieuse des persécuteurs a été frustrée et
annihilée, comme le dit saint Maxime : quand il eut
vaincu les bourreaux qui attisaient le foyer, il éteignit
l'incendie allumé par la folie qui débordait de toutes
parts. Jusque-là le démon n'a obtenu qu'un résultat,
c'est que cet homme fidèle montât plein de gloire
jusqu'au trône de son maître, et que la cruauté de
ses persécuteurs confondus fût engourdie avec leurs
feux. » Il montre combien fut ardente la folie des
bourreaux en disant : « La fureur enflammée des
gentils prépare un gril ardent, afin de venger dans

lés flammes l'ardeur de léur indignation. » Il n'y a
rien d'étonnant que saint Laurent ait surmonté ces
cinq sortes de feu extérieur, puisque d'après les
paroles de saint Maxime, il y eut trois choses qui le
rafraîchirent intérieurement, et il porta dans son
cœur trois feux au moyen desquels il adoucit et mo-
déra entièrement le feu extérieur, qui fut ainsi vaincu
par une ardeur plus forte. Ce furent : 1° Le désir du
royaume du ciel, 2° la méditation de la loi de Dieu,
3° la pureté de conscience. Il refroidit et éteignit
ainsi tout feu extérieur 1° le désir de la patrie céleste. Saint Maxime ou saint Ambroise dit : « Le
bienheureux Laurent ne pouvait ressentir les tourments du feu puisqu'il possédait dans ses membres
le désir du paradis qui refroidissait les flammes. —
Aux pieds du tyran, gît une chair brûlée, un corps
inanimé : mais il n'a rien perdu sur la terre, puisque
son âme demeure dans le ciel. 2° La méditation de la
loi divine. Le même auteur s'exprime ainsi : « Tandis
que son esprit est occupé dans la méditation des
commandements de J.-C., tout ce qu'il souffre est
froid pour lui. » 3° La pureté de conscience. Il est
dit à ce propos : « Ce n'est que feu autour des membres de ce généreux martyr, mais il ne pense qu'au
royaume de Dieu, et sa conscience rafraîchie le
fait sortir vainqueur du supplice. » Il posséda néanmoins trois feux intérieurs qui lui firent surmonter
la violence des flammes extérieures. Le premier fut
la grandeur de sa foi, le second, son ardente charité,
et le troisième, une véritable connaissance de Dieu,
qui l'a éclairé comme une flamme. « Plus sa foi est

ardente, dit saint Ambroise, plus la flamme qui le brûle perd de sa force. La ferveur de la foi c'est le feu du Sauveur qui dit dans l'Evangile : « Je suis ve- « nu vous apporter le feu sur la terre. » Saint Laurent en était embrasé, il n'a donc pas ressenti l'ardeur des flammes. » 2° Saint Ambroise dit de sa charité : « Il brûlait au dehors ce saint martyr, parce que le tyran l'avait mis sur un foyer violent, mais la flamme de l'amour de Dieu qui le consumait était plus forte encore. » 3° Le même père parle ainsi de la connaissance de Dieu : « Les flammes les plus cruel- les n'ont pu vaincre cet invincible martyr, parce qu'il avait l'esprit éclairé des rayons les plus pénétrants de la vérité. Enflammé de haine pour le mal, et d'amour pour la vérité, ou il ne sentit pas, ou il vainquit la flamme qui le brûlait au dehors. L'office de saint Laurent a trois privilèges dont ne jouissent pas les autres martyrs. Le premier c'est la vigile ; c'est le seul des martyrs qui en ait une. Mais les vigi- les des saints ont été remplacées en ce jour par le jeûne à cause de certains désordres. Mⁱ Jean Beleth rapporte que c'était autrefois la coutume qu'aux fêtes des saints, les hommes, avec leurs femmes, et les filles venaient à l'église où ils passaient la nuit à la lumière des flambeaux ; mais parce qu'il en résultait des adultères, il fut statué que la vigile serait con- vertie en jeûne. Cependant on a conservé l'ancienne dénomination, et on dit encore vigile et non pas jeûne. Le second, c'est qu'il a une octave. C'est le seul des martyrs avec saint Etienne qui ait une oc- tave, comme saint Martin parmi les confesseurs. Le

troisième, c'est que les antiennes ont des réclames *,
cela ne lui est commun qu'avec saint Paul. Saint Paul
a ce privilège en raison de l'excellence de sa prédication et saint Laurent en raison de l'excellence de son
martyre.

SAINT HIPPOLYTE ET SES COMPAGNONS **

Hippolyte vient de *hyper,* au-dessus, et *lithos,* pierre, comme
si on disait fondé sur la pierre, qui est J.-C. Ou bien de *in,*
dans, et *polis,* ville, ou bien il veut dire très poli. Il fut en effet
fondé solidement sur J.-C qui est la pierre, en raison de sa
constance et de sa fermeté. Il. fut de la cité d'en haut par le
désir et l'avidité : il fut bien poli par l'âpreté des tourments.

Hippolyte, après avoir enseveli le corps de saint
Laurent, vint à sa maison, et en donnant la paix à
ses esclaves et à ses servantes, il les communia *** tous
du sacrement de l'autel que le prêtre Justin avait
offert. Et quand on eut mis la table, avant qu'ils
eussent touché aux mets, vinrent des soldats qui
l'enlevèrent et le menèrent au César. Quand Dèce le
vit, il lui dit en souriant : « Est-ce que tu es devenu
magicien aussi, toi, qui as enlevé le corps de Laurent. » Hippolyte lui répondit : « Je n'ai pas fait cela

---

* Voyez le *Sacramentaire* de saint Grégoire. Dans la ré-
forme du *Bréviaire romain,* cet usage a disparu.

** *Bréviaire romain* ; — Actes anciens de ces saints.

*** Ce ne fut que vers le xi⁰ siècle qu'on cessa de donner
les saintes espèces de l'Eucharistie aux fidèles qui se commu-
nièrent alors de leurs propres mains

comme magicien, mais en qualité de chrétien. » Alors
Dèce rempli de fureur commanda qu'on le dépouillât
de l'habit qu'il portait en sa qualité de chrétien *,
et qu'on lui meurtrît la bouche à coups de pierres.
Hippolyte lui dit : « Tu ne m'as pas dépouillé, mais
tu m'as mieux vêtu. » Dèce lui répliqua : « Comment
es-tu devenu fou au point de ne pas rougir de ta
nudité ? Sacrifie donc maintenant et tu vivras au lieu
de périr avec ton Laurent. » Que ne mérité-je, reprit Hippolyte, de devenir l'imitateur du bienheureux
Laurent dont tu as osé prononcer le nom de ta bouche impure ! » Alors Dèce le fit fouetter et déchirer
avec des peignes de fer. Pendant ce temps-là, Hippolyte confessait à haute voix qu'il était chrétien ; et
comme il se riait des tourments qu'on lui infligeait,
Dèce le fit revêtir des habits de soldat qu'il portait
auparavant, en l'exhortant à rentrer dans son amitié
et à reprendre son ancienne profession de militaire.
Et comme Hippolyte lui disait qu'il était le soldat de
J.-C., Dèce outré de colère le livra au préfet Valérien
avec ordre de se saisir de tous ses biens et de le faire
périr dans les tourments les plus cruels. On découvrit aussi que tous ses gens étaient chrétiens ; alors
on les amena devant Valérien. Comme on les contrai-
gnait de sacrifier, Concordia, nourrice d'Hippolyte,
répondit pour tous les autres : « Nous aimons mieux
mourir chastement avec le Seigneur notre Dieu que
de vivre dans le désordre. » Valérien dit : « Cette race

* Hippolyte portait donc encore la robe blanche dont on
revêtait les nouveaux baptisés.

d'esclaves ne se corrige qu'avec les supplices. » Alors
en présence d'Hippolyte rempli de joie, il ordonna
qu'on la frappât avec des fouets garnis de plombs
jusqu'à ce qu'elle rendît l'esprit : « Je vous rends
grâces, Seigneur, dit Hippolyte, de ce que vous avez
envoyé ma nourrice la première dans l'assemblée des
saints. » Ensuite Valérien fit mener Hippolyte avec
les gens de sa maison hors de la porte de Tibur. Or,
Hippolyte les raffermissait tous : « Mes frères, leur
disait-il, ne craignez rien, parce que vous et moi,
nous avons un seul Dieu. » Et Valérien ordonna de
leur couper la tête à tous sous les yeux d'Hippolyte,
et ensuite il le fit lier par les pieds au cou de chevaux
indomptés afin qu'il fût traîné à travers les ronces et
les épines, jusqu'au moment où il rendit l'âme, vers
l'an du Seigneur 256. Le prêtre Justin put soustraire
leurs corps et les ensevelir à côté de celui de saint
Laurent. Quant aux restes de Concordia, il ne put
les trouver, car ils avaient été jetés dans un cloaque.
Or, un soldat nommé Porphyre, qui croyait que Concordia avait dans ses vêtements de l'or et des pierres
précieuses, alla trouver un cureur de cloaques appelé
Irénée, qui était chrétien, sans être connu comme tel,
et lui dit : « Garde-moi le secret, et retire Concordia, car mon espoir est qu'elle avait de l'or ou des
perles dans ses habits. » Irénée lui dit : « Montre-moi
l'endroit et je garde le secret ; alors si je trouve quelque chose, je t'en informerai. » Lors donc que le corps
eut été retiré, et qu'ils n'eurent rien trouvé, le soldat
s'enfuit aussitôt et Irénée, ayant appelé un chrétien
nommé Habondus, porta le corps à saint Justin. Celui-

ci le prit avec respect et l'ensevelit à côté de saint
Hippolyte et des autres martyrs. Quand Valérien
apprit cela, il fit prendre Irénée et Habondus qu'il
ordonna de jeter tout vivants dans le cloaque : saint
Justin enleva aussi leurs corps et les ensevelit avec
les autres.

Après cela, Dèce monta avec Valérien sur un char
doré et ils allèrent tous deux à l'Amphithéâtre pour
tourmenter les chrétiens. Alors Dèce fut saisi par le
démon et se mit à crier : « O Hippolyte, tu me tiens
lié avec des chaînes bien rudes. » Valérien criait de
son côté : « O Laurent, tu me traînes enlacé dans des
chaînes de feu. » Et à l'instant Valérien expira. Dèce
rentra chez lui, et pendant trois jours qu'il fut tourmenté par le démon, il criait : « Laurent, je t'en conjure, cesse un instant de me tourmenter. » Et il mourut ainsi misérablement. Triphonie, sa femme, qui était
d'un caractère cruel, quand elle vit cela, quitta tout
pour venir trouver saint Justin avec sa fille Cyrille, et
se fit baptiser par lui avec beaucoup d'autres personnes. Le jour suivant, comme Triphonie était en prières, elle rendit l'esprit. Son corps fut enseveli par le
prêtre Justin à côté de celui de saint Hippolyte. Quand
on apprit que l'impératrice et sa fille s'étaient faites
chrétiennes, quarante-sept soldats vinrent avec leurs
femmes chez le prêtre Justin afin de recevoir le baptême. Denys, qui succédait à saint Sixte, les baptisa
tous. Mais Claude, qui était empereur, fit égorger
Cyrille qui ne voulait pas sacrifier, et avec elle les
autres soldats. Leurs corps furent ensevelis avec les
autres dans le champ Véranus. Il faut remarquer qu'il

est ici expressément question de Claude comme successeur de Dèce qui fit martyriser saint Laurent et
saint Hippolyte. Or, Claude ne succéda pas à Dèce ; il
y a plus : d'après les chroniques, à Dèce succéda Volusien, à Volusien Gallien, et à celui-ci Claude. Il
paraît donc ici plausible de dire ou bien que Gallien
porta deux noms, et qu'il s'appela Gallien et Dèce,
d'après Vincent dans sa chronique et Geoffroi dans
son livre, ou bien que Gallien a pris pour coadjuteur
un homme nommé Dèce qu'il aura fait César, sans
que pourtant ce dernier ait été empereur, selon le récit de Richard dans sa chronique. Saint Ambroise
s'exprime ainsi dans la préface de saint Hippolyte :
« Le bienheureux martyr Hippolyte, regardant J.-C.
comme son véritable chef, aima mieux être son soldat que d'être le chef des soldats. Il ne persécuta pas
saint Laurent qui avait été confié à sa garde, mais il
le suivit. En cherchant les trésors de l'Eglise, il en
trouva un que le tyran ne lui ravirait point, mais que
la piété pouvait seule posséder. Il trouva un trésor
d'où découlaient toutes les richesses ; il méprisa la fureur d'un tyran, afin d'être éprouvé avec la grâce du
roi éternel ; il ne craignit point d'avoir les membres
disloqués, afin de ne pas être broyé dans les liens
éternels. — Un bouvier nommé Pierre avait attelé ses
bœufs à son char, le jour de la fête de sainte Marie-
Magdeleine ; il pressait son attelage en proférant des
malédictions, quand tout à coup ses bœufs et son char
furent consumés par la foudre. Quant au bouvier, qui
avait proféré ces imprécations, il était en proie à des
douleurs atroces ; un feu le rongeait de telle sorte que

les chairs et les nerfs de sa jambe tout entière ayant été
consumés, ses os paraissaient à découvert ; enfin sa
jambe finit par se séparer de sa jointure. Il alla alors
à une église dédiée à Notre-Dame, et cacha sa jambe
dans un trou de cette église en priant avec larmes la
Sainte Vierge de lui obtenir sa guérison. Or, une nuit,
la Sainte Vierge lui apparut avec saint Hippolyte auquel elle demanda de guérir Pierre. Aussitôt saint
Hippolyte prit la jambe dans le trou où elle était et
en un instant il la replaça comme une greffe qu'on ente
sur un arbre. Mais au moment où le saint fit cela,
Pierre ressentit des douleurs si vives que par ses cris
il réveilla tous les gens de sa maison. Ils se lèvent,
allument de la lumière et trouvent Pierre avec ses deux
jambes et ses deux cuisses. Se croyant le jouet d'une
illusion, ils le palpaient de toutes les manières et re-
connaissaient qu'il avait des membres véritables. A
peine peuvent-ils l'éveiller ; enfin ils s'informent auprès
de lui comment cela lui est arrivé. Il pense lui-même
qu'on se moque de lui ; mais enfin après avoir vu, il
finit par se convaincre de ce qui existait ; il en resta
stupéfait. Cependant sa cuisse nouvelle, plus faible que
l'autre pour supporter son corps, était en même temps
plus courte. Comme témoignage du miracle, il boita
pendant un an. Alors la Sainte Vierge lui apparut une
seconde fois avec saint Hippolyte auquel elle dit qu'il
devait achever cette cure. Il s'éveilla et se trouvant
entièrement guéri, il se fit reclus. Le diable lui appa-
raissait très fréquemment sous la forme d'une femme
nue qui le portait au crime ; plus il opposait de résistance, plus l'impudence de cette femme augmentait.

Or, une fois qu'elle le tourmentait beaucoup, Pierre enfin prit une étole de prêtre et la mit au cou du démon
qui, en se retirant, ne laissa là qu'un cadavre en putréfaction dont l'odeur était tellement infecte que de
tous ceux qui le virent, il n'y eut personne qui ne
pensât que ce fût le corps d'une femme morte que le
diable avait pris.

L'ASSOMPTION DE LA BIENHEUREUSE
VIERGE MARIE

Un livre apocryphe, attribué à saint Jean l'évangéliste, nous apprend les circonstances de l'Assomption
de la bienheureuse vierge Marie. Tandis que les apôtres parcouraient les différentes parties du monde
pour y prêcher, la bienheureuse Vierge resta, dit-on,
dans une maison près de la montagne de Sion. Elle
visita, tant qu'elle vécut, avec une grande dévotion,
tous les endroits qui lui rappelaient son Fils, comme
les lieux témoins de son baptême, de son jeûne, de sa
prière, de sa passion, de sa sépulture, de sa résurrection et de son ascension, et d'après Epiphane, elle
survécut de vingt-quatre ans à l'ascension de son Fils. Il
rapporte donc que la Sainte Vierge était âgée de quatorze ans quand elle conçut J.-C., qu'elle le mit au
monde à quinze, et qu'elle vécut avec lui trente-trois
ans, et vingt-quatre autres après la mort de J.-C. D'a-
près cela, elle avait soixante-douze ans quand elle
mourut. Toutefois ce qu'on lit ailleurs paraît plus pro-

bable, savoir, qu'elle survécut de douze ans à son Fils, et qu'elle était sexagénaire, lors de son assomption, puisque les apôtres employèrent douze ans à prêcher dans la Judée et les pays d'alentour, selon le récit de l'*Histoire ecclésiastique*. Or, un jour que le cœur de la Vierge était fortement embrasé du regret de son Fils, son esprit enflammé s'émeut et elle répand une grande abondance de larmes. Comme elle ne pouvait facilement se consoler de la perte de ce fils qui lui avait été soustrait pour un temps, voici que lui apparut, environné d'une grande lumière, un ange qui la salua en ces termes, avec révérence, comme la mère du Seigneur : « Salut, Marie qui êtes bénie ; recevez la bénédiction de celui qui a donné le salut à Jacob. Or, voici une branche de palmier que je vous ai apportée du paradis comme à ma dame ; vous la ferez porter devant le cercueil ; car dans trois jours, vous serez enlevée de votre corps ; votre Fils attend sa révérende mère. » Marie lui répondit : « Si j'ai trouvé grâce devant vos yeux, je vous conjure de daigner me révéler votre nom. Mais ce que je demande plus instamment encore, c'est que mes fils et frères les apôtres soient réunis auprès de moi, afin de les voir des yeux du corps, avant que je meure, et d'être ensevelie par eux après que j'aurai rendu en leur présence mon esprit au Seigneur. Il est encore une autre chose que je réclame avec instance, c'est que mon âme, en sortant du corps, ne voie aucun mauvais esprit, et que pas une des puissances de Satan ne se présente sur mon passage. » L'ange lui dit : « Pourquoi, ô dame, désirez-vous savoir mon nom qui est admirable et grand ?

Quant aux apôtres, ils viendront tous et seront réunis auprès de vous; ils feront de magnifiques funérailles lors de votre trépas qui aura lieu en leur présence. Car celui qui autrefois a porté en un clin d'œil, par un cheveu, le prophète de la Judée à Babylone, celui-là assurément pourra en un instant amener les apôtres auprès de vous. Mais pourquoi craignez-vous de voir l'esprit malin, puisque vous lui avez entièrement brisé la tête et que vous l'avez dépouillé de toute sa puissance ? soit faite cependant votre volonté, afin que vous ne les voyiez pas. » Après avoir dit ces mots, l'ange monta aux cieux au milieu d'une grande lumière. Or, cette palme resplendissait d'un très grand éclat, et par sa verdure elle était en tout semblable à une branche; mais ses feuilles brillaient comme l'étoile du matin. Or, il arriva que, comme Jean était à prêcher à Ephèse, un coup de tonnerre éclata tout à coup, et une nuée blanche l'enleva, et l'apporta devant la porte de Marie. Il frappa, entra dans l'intérieur de la maison, et avec grande révérence, l'apôtre vierge salua la Vierge. L'heureuse Marie en le voyant fut saisie d'une grande crainte et ne put retenir ses larmes, tant elle éprouva de joie. Alors elle lui dit: « Jean, mon fils, aie souvenance des paroles de ton maître, quand il m'a confiée à toi comme un fils, et quand il t'a confié à moi comme à une mère. Me voici appelée par le Seigneur à payer le tribut à la condition humaine, et je te recommande d'avoir un soin particulier de mon corps. J'ai appris que les Juifs s'étaient réunis et avaient dit : « Attendons, concitoyens et frè-
« res, attendons jusqu'au moment où celle qui a porté

« Jésus subira la mort, aussitôt nous ravirons son corps
« et nous le jetterons pour être la pâture du feu. » Tu
feras porter alors cette palme devant mon cercueil,
lorsque vous porterez mon corps au tombeau. » Et
Jean dit : « Oh ! plût à Dieu que tous les apôtres mes
frères fussent ici, afin de pouvoir célébrer convenablement vos obsèques et vous rendre les honneurs dont
vous êtes digne. » Pendant qu'il parlait ainsi, tous
les apôtres sont enlevés sur des nuées, des endroits
où ils prêchaient et sont déposés devant la porte de
Marie. En se voyant réunis tous au même lieu, ils
étaient remplis d'admiration : « Quelle est, se disaient-
ils, la cause pour laquelle le Seigneur nous a rassemblés ici en même temps? » Alors Jean sortit et vint
les trouver pour les prévenir que leur dame allait tré-
passer ; puis il ajouta: « Mes frères, quand elle sera
morte, que personne ne la pleure, de crainte que le
peuple témoin de cela ne se trouble et dise : « Voyez
comme ils craignent la mort, ces hommes qui prêchent
aux autres la résurrection. »

Denys, disciple de saint Paul, raconte les mêmes
faits dans son livre des *Noms divins* (ch. III). Il dit qu'à
la mort de la Vierge, les apôtres furent réunis et y
assistèrent ensemble; ensuite que chacun d'eux fit un
discours en l'honneur de J.-C. et de la Vierge. Et
voici comme il s'exprime en parlant à Timothée : « Tu
as appris que nous et beaucoup de saints qui sont nos
frères, nous nous réunîmes pour voir le corps qui a
produit la vie et porté Dieu. Or, se trouvaient là
Jacques, le frère du Seigneur, et Pierre, coryphée et
chef suprême des théologiens. Ensuite il parut conve-

nable que toutes les hiérarchies célébrassent, chacune
selon son pouvoir, la bonté toute-puissante de Dieu
qui s'était revêtu de notre infirmité. » Quand donc la
bienheureuse Marie eut vu tous les apôtres rassemb-
blés, elle bénit le Seigneur, et s'assit au milieu d'eux,
après qu'on eut allumé des lampes et des flambeaux.
Or, vers la troisième heure de la nuit, Jésus arriva
avec les anges, l'assemblée des patriarches, la troupe
des martys, l'armée des confesseurs et les chœurs des
vierges. Tous se rangent devant le trône de la Vierge
et chantent à l'envi de doux cantiques. On apprend
dans le livre attribué à saint Jean quelles ont été les
funérailles qui furent alors célébrées. Jésus commença
le premier et dit : « Venez, vous que j'ai choisie, et je
vous placerai sur mon trône parce que j'ai désiré
votre beauté. » Et Marie répondit : « Mon cœur est
prêt, Seigneur, mon cœur est prêt. » Alors tous ceux
qui étaient venus avec Jésus entonnèrent ces paroles
avec douceur : « C'est elle qui a conservé sa couche
pure et sans tache ; elle recevra la récompense qui appartient aux âmes saintes. » Ensuite la Vierge chanta
en disant d'elle-même : « Toutes les nations m'appel-
leront bienheureuse ; car le Tout-Puissant a fait de
grandes choses en ma faveur : et son nom est saint. »
Enfin le chantre donna le ton à tous en prenant plus
haut : « Venez du Liban, mon épouse, venez du Liban,
vous serez couronnée. » Et Marie reprit : « Me voici,
je viens ; car il est écrit de moi dans tout le livre de
la loi : que je ferais votre volonté, ô mon Dieu; parce
que mon esprit est ravi de joie en Dieu mon Sauveur. »
C'est ainsi que l'âme de Marie sortit de son corps et

s'envola dans les bras de son Fils. Elle fut affranchie
de la douleur de la chair, comme elle avait été exempte
de la corruption. Et le Seigneur dit aux apôtres :
« Portez le corps de la Vierge-Mère dans la vallée de
Josaphat et renfermez-le dans un sépulcre neuf que
vous y trouverez. Après quoi, pendant trois jours,
vous m'attendrez jusqu'à ce que je vienne. » Aussitôt
les fleurs des roses l'environnèrent ; c'était l'assemblée
des martyrs, puis les lys des vallées qui sont les com-
pagnies des anges, des confesseurs et des vierges. Les
apôtres se mirent à s'écrier en s'adressant à elle : « Vierge
pleine de prudence, où dirigez-vous vos pas ? Souvenez-vous de nous, ô notre Dame ! » Alors les chœurs
de ceux qui étaient restés au ciel, en entendant le concert de ceux qui montaient, furent remplis d'admiration et s'avancèrent à leur rencontre ; à la vue de leur
roi portant dans ses bras l'âme d'une femme qui s'ap-
puyait sur lui, ils furent stupéfaits et se mirent à crier :
« Quelle est celle-ci qui monte du désert, remplie de
délices, appuyée sur son bien-aimé ? » Ceux qui l'accompagnaient leur répondirent : « C'est celle qui est
belle au-dessus des filles de Jérusalem. Vous l'avez
déjà vue pleine de charité et d'amour. » Ainsi fut-elle
reçue toute pleine de joie dans le ciel et placée à la
droite de son Fils sur un trône de gloire. Quant aux
apôtres ils virent son âme éclatant d'une telle blancheur qu'aucune langue humaine ne le pourrait raconter.

Trois vierges qui se trouvaient là, dépouillèrent le
corps de Marie pour le laver. Aussitôt ce corps res-
plendit d'une si grande clarté qu'on pouvait bien le

toucher, mais qu'il était impossible de le voir : cette lumière brilla jusqu'à ce que le corps eût été entièrement lavé par les vierges. Alors les apôtres prirent ce saint corps avec révérence et le placèrent sur un brancard. Et Jean dit à Pierre : « Pierre, vous porterez cette palme devant le brancard ; car le Seigneur vous a mis à notre tête et vous a ordonné le pasteur et le prince de ses brebis. » Pierre lui répondit : « C'est plutôt à vous à la porter ; vous avez été élu vierge par le Seigneur, et il est digne que celui qui est vierge porte la palme d'une vierge. Vous avez eu l'honneur de reposer sur la poitrine du Seigneur, et vous y avez puisé plus que les autres des torrents de sagesse et de grâce, il paraît juste qu'ayant reçu plus de dons du Fils, vous rendiez plus d'honneur à la Vierge. Vous donc, devez porter cette palme de lumière aux obsèques de la sainteté, puisque vous vous êtes enivré à la coupe de la lumière, de la source de l'éternelle clarté. Pour moi, je porterai ce saint corps avec le brancard et nos autres frères qui seront à l'entour célébreront la gloire de Dieu. » Alors Paul dit : « Et moi qui suis le plus petit d'entre vous tous, je le porterai avec vous. » C'est pourquoi Pierre et Paul enlevèrent la bière ; Pierre se mit à chanter : « Israël sortit de l'Egypte, alleluia. » Puis les autres apôtres continuèrent ce chant doucement. Or, le Seigneur enveloppa d'un nuage le brancard et les apôtres, en sorte qu'on ne voyait rien, seulement on les entendait chanter. Des anges aussi unirent leurs voix à celle des apôtres et remplirent toute la terre d'une mélodie pleine de suavité. Tous les habitants furent réveillés par ces

doux sons et cette mélodie : ils se précipitèrent hors
de la ville en demandant avec empressement ce qu'il
y avait. Les uns dirent : « Ce sont les disciples de
Jésus qui portent Marie décédée. C'est autour d'elle
qu'ils chantent cette mélodie que vous entendez. »
Aussitôt ils courent aux armes, et s'excitent les uns
les autres en disant : « Venez, tuons tous les disciples
et livrons au feu ce corps qui a porté ce séducteur. »
Or, le prince des prêtres, en voyant cela, fut stupéfait
et il dit avec colère : « Voici le tabernacle de celui qui
a jeté le trouble parmi nous et dans notre race. Quelle
gloire il reçoit en ce moment ! » Or, en parlant ainsi
il leva les mains vers le lit funèbre avec la volonté de
le renverser et de le jeter par terre. Mais aussitôt ses
mains se séchèrent et s'attachèrent au brancard, en
sorte qu'il y était suspendu : il poussait des hurlements lamentables, tant ses douleurs étaient atroces.
Le reste du peuple fut frappé d'aveuglement par les
anges qui étaient dans la nuée. Quant au prince des
prêtres, il criait en disant : « Saint Pierre, ne m'aban-
donnez pas dans la tribulation où je me trouve ; mais
je vous en conjure, priez pour moi, car vous devez
vous rappeler qu'autrefois je vous suis venu en aide
et que je vous ai excusé lors de l'accusation de la servante. » Pierre lui répondit : « Nous sommes retenus
par les funérailles de Notre-Dame et nous ne pouvons
nous occuper de votre guérison : néanmoins si vous
vouliez croire en Notre-Seigneur J.-C. et en celle qui l'a
engendré et qui l'a porté, j'ai lieu d'espérer que vous
pourriez être guéri de suite. » Il répondit : « Je crois
que le Seigneur Jésus est vraiment le Fils de Dieu et

que voilà sa très sainte mère. » A l'instant ses mains
se détachèrent du cercueil ; cependant ses bras restaient desséchés et la douleur violente ne disparaissait
pas. Alors Pierre lui dit : « Baisez le cercueil et dites :
« Je crois en Dieu Jésus-Christ que celle-ci a porté dans
ses entrailles tout en restant vierge après l'enfantement. » Quand il l'eut fait, il fut incontinent guéri. Alors
Pierre lui dit : « Prenez cette palme des mains de notre
frère Jean et vous la placerez sur ce peuple aveuglé :
quiconque voudra croire recouvrera la vue ; mais celui
qui ne voudra pas croire ne verra plus jamais. » Or,
les apôtres qui portaient Marie la mirent dans le tombeau, autour duquel ils s'assirent, ainsi que le Seigneur
l'avait ordonné. Le troisième jour, Jésus arriva avec
une multitude d'anges et les salua en disant : « La paix
soit avec vous. » Ils répondirent : « Gloire à vous, ô
Dieu, qui seul faites des prodiges étonnants. » Et le
Seigneur dit aux apôtres : « Quelle grâce et quel honneur vous semble-t-il que je doive conférer aujourd'hui
à ma mère ? » « Il paraît juste, Seigneur, répondirent-
ils, à vos serviteurs que, comme vous qui régnez dans
les siècles après avoir vaincu la mort, vous ressusci-
tiez, ô Jésus, le corps de votre mère et que vous le
placiez à votre droite pour l'éternité. » Et il l'octroya :
alors l'archange Michel se présenta aussitôt et présenta l'âme de Marie devant le Seigneur. Le Sauveur
lui parla ainsi : « Levez-vous, ma mère, ma colombe,
tabernacle de gloire, vase de vie, temple céleste ; et de
même que, lors de ma conception, vous n'avez pas
été souillée par la tache du crime, de même, dans le
sépulcre, vous ne subirez aucune dissolution du

corps. » Et aussitôt l'âme de Marie s'approcha de son corps qui sortit glorieux du tombeau. Ce fut ainsi qu'elle fut enlevée au palais céleste dans la compagnie d'une multitude d'anges. Or, Thomas n'était pas là, et quand il vint, il ne voulut pas croire, quand tout à coup, tomba de l'air la ceinture qui entourait la sainte Vierge ; il la reçut tout entière afin qu'il comprît ainsi qu'elle était montée tout entière au ciel.

Ce qui vient d'être raconté est apocryphe en tout point ; et voici ce qu'en dit saint Jérôme dans sa lettre, ou autrement dit, son discours à Paul et à Eustochium : « On doit regarder ce libelle comme entièrement apocryphe, à l'exception de quelques détails dignes de croyance, paraissant jouir de l'approbation de saints personnages et qui sont au nombre de neuf, savoir : que toute espèce de consolation a été promise et accordée à la Vierge ; que les apôtres furent tous réunis ; qu'elle trépassa sans douleur ; qu'on disposa sa sépulture dans la vallée de Josaphat ; que ses funérailles se firent avec dévotion ; que J.-C. et toute la cour céleste vint au-devant d'elle ; que les Juifs l'insultèrent ; qu'il éclata des miracles en toute circonstance convenable ; enfin qu'elle fut enlevée en corps et en âme. Mais il y a, dans ce récit, beaucoup de circonstances controuvées et qui s'éloignent de la vérité, comme par exemple, l'absence et l'incrédulité de saint Thomas, et autres semblables, qu'il faut rejeter et taire. On dit que les vêtements de la sainte Vierge restèrent dans son tombeau pour servir de consolation aux fidèles, et qu'une partie opéra le miracle qui suit : Lors du siège de la ville de Char-

tres par un général normand, l'évêque de cette ville
attacha à une lance, en forme de drapeau, la tunique
de la sainte Vierge, qui s'y conserve, et suivi de tout
le peuple, il s'avança sans crainte contre l'ennemi.
Aussitôt, l'armée des Normands fut frappée de démence et d'aveuglement, et elle restait tremblante;
son cœur et son courage étaient paralysés. A cette
vue, les habitants de la ville entrent dans les vues du
jugement de Dieu, et font un horrible massacre des
ennemis. Ce qui parut déplaire à la bienheureuse
Marie; car aussitôt cette tunique disparut, et à l'instant les Normands recouvrèrent la vue. — On lit dans
les révélations de sainte Elisabeth qu'un jour, étant
ravie en esprit, elle vit, dans un lieu fort éloigné, un
sépulcre environné d'une grande lumière, et au-dedans,
comme l'apparence d'une femme entourée d'une foule
d'anges; et peu d'instants après, elle fut enlevée du
sépulcre et élevée en l'air avec toute la multitude qui
se trouvait là. Et voici qu'un personnage admirable
et plein de gloire vint du ciel à sa rencontre, portant
en sa droite l'étendard de la croix, et avec lui, des
milliers d'anges. Ce fut au milieu des concerts d'allégresse qu'ils la conduisirent jusqu'au ciel. Peu de
temps après, sainte Elisabeth demandait à un ange,
avec lequel elle avait de fréquents entretiens, l'explication de cette vision. L'ange lui répondit : « Il t'a
été montré alors comment Notre Dame a été enlevée
au ciel en corps et en âme. » Elle dit encore dans le
même livre, qu'il lui fut révélé que la sainte Vierge
fut portée au ciel en son corps, quarante jours après
son trépas. Car la bienheureuse Marie lui dit en s'en-

tretenant avec elle : « Après l'ascension du Seigneur, j'ai vécu un an entier et tant de jours qu'il y en a, depuis l'ascension jusqu'à mon assomption. Or, tous les apôtres assistèrent à mon trépas et ensevelirent honorablement mon corps ; mais quarante jours après, je ressuscitai. » Et comme sainte Elisabeth lui demandait si elle découvrirait ou si elle célerait cela, la sainte Vierge lui dit : « Il ne faut pas le révéler aux hommes charnels et aux incrédules, et il ne faut pas le cacher aux personnes dévotes et fidèles. »

Observons que la glorieuse vierge Marie fut transportée et élevée au ciel intégralement, honorablement, joyeusement et excellemment. Elle fut transportée intégralement en corps et en âme, selon une pieuse croyance de l'Eglise. Un grand nombre de saints ne se contentent pas de l'avancer, mais ils s'attachent à en donner une quantité de preuves. Voici celle de saint Bernard : « Dieu s'est plu singulièrement à honorer les corps des saints. Ainsi, il a rendu les dépouilles de saint Pierre et de saint Jacques tellement vénérables, et il les a décorées d'honneurs si étonnants, qu'il a choisi, pour leur rendre des hommages, un lieu vers lequel accourt le monde entier. Si donc on disait que le corps de Marie fût sur la terre sans que la dévotion des fidèles s'y portât avec affluence, et que ce lieu ne jouît d'aucun honneur, on pourrait croire que J.-C. ne se serait point intéressé à la gloire de sa mère, quand il honore ainsi sur la terre les corps des autres saints. » Saint Jérôme avance de son côté que la sainte Vierge monta au ciel le 18 des calendes de septembre. Quant à l'assomption corporelle de Marie, il dit que l'Eglise se contente de rester en suspens sans se prononcer. Plus loin, il s'attache à en prouver la croyance de cette manière : « S'il en est qui disent que dans ceux dont la résurrection a coïncidé avec celle de J.-C., la résurrection soit accomplie pour toujours à leur égard, et s'il en est un certain nombre qui croient que saint Jean, le gardien de la sainte Vierge, jouisse du bonheur du ciel avec J.-C. et dans sa chair qui a été glorifiée, à plus forte raison doit-on le croire de la mère du Sauveur? Car celui qui a dit : « Honore ton père et ta « mère », et qui a dit encore : « Je ne suis pas venu « détruire la loi, mais l'accomplir » ; celui-là, certainement, a honoré sa mère, et ce n'est pas pour nous le sujet d'une ombre de doute. » Saint Augustin ne l'affirme pas seulement, mais il en donne trois preuves. La première, c'est que la chair de J.-C. et celle de la Vierge ne font qu'une : « Puisque, dit-il, la nature humaine est condamnée à la pourriture et aux vers, et que d'ailleurs J.-C. ne fut pas exposé à cet outrage, la nature de Marie en est donc exempte, car dans elle, J.-C. a pris la sienne. » La seconde raison qu'il en donne est tirée de la dignité de son corps : « C'est, dit-il, le trône de Dieu, le lit nuptial du Seigneur, le tabernacle de J.-C. doit être où il est lui-même. Il est plus digne de conserver ce trésor dans le ciel que sur la terre. » La troisième raison, c'est la parfaite intégrité de sa chair virginale. Voici ses paroles : « Réjouissez-vous, ô Marie, d'une joie ineffable, dans votre corps et dans votre âme, en J.-C. votre propre fils, avec votre propre fils et par votre propre fils :

La peine de la corruption n'est pas le partage de celle
qui n'a pas éprouvé de corruption dans son intégrité,
quand elle a engendré son divin fils. Toujours elle
sera à l'abri de la corruption, celle qui a été comblée
de tant de grâces ; il faut qu'elle vive dans toute l'intégrité de sa nature, celle qui a mis au monde l'auteur
de la perfection et de la plénitude dans la vie ; il faut
qu'elle demeure auprès de celui qu'elle a porté dans
ses entrailles ; il faut qu'elle soit à côté de celui qu'elle
a engendré, qu'elle a réchauffé, qu'elle a nourri. C'est
Marie, c'est la mère de Dieu, c'est la nourrice, c'est
la servante de Dieu. Je n'oserais penser autrement,
et ce serait présomption de ma part de dire autre
chose. » Un poète élégant s'en exprime comme il suit :

Scandit ad Æthera	Elle monte au ciel
Virgo puerpera,	La Vierge mère,
Virgula Jesse.	La Vierge de Jessé.
Non sine corpore	C'est avec son corps
Sed sine tempore,	Et pour l'éternité, [qui est.
Tendit ad esse.	Qu'elle s'élève jusqu'à celui

Secondement. Elle fut transportée au ciel au milieu
de la joie. Gérard, évêque et martyr, dit à ce propos :
« En ce jour, les cieux ont reçu la bienheureuse Vierge
avec joie. Les Anges se réjouissent, les Archanges jubi-
lent, les Trônes s'animent, les Dominations la célèbrent
dans les cantiques, les Principautés unissent leurs
voix, les Puissances accompagnent de leurs instruments de musique, les Chérubins et les Séraphins
entonnent des hymnes. Tous la conduisent jusqu'au
souverain tribunal de la divine Majesté. »

Troisièmement elle fut élévée au ciel au milieu de grands honneurs. Jésus lui-même et la milice céleste vinrent au-devant d'elle. « Qui pourrait s'imaginer, dit saint Jérôme, quelle fut la gloire dont la Reine du monde fut environnée lors de son passage ? Quel respect affectueux ! Quelle multitude de légions célestes allant à sa rencontre ! Qu'ils étaient beaux les cantiques qui l'accompagnèrent jusqu'à son trône ! Quelle majesté, quelle grandeur dans les divins embrassements de son Fils qui la reçoit et l'élève au-dessus de toutes les créatures ! » « Il est à croire, dit ailleurs le même Père, que la milice des cieux alla en triomphe au-devant de la mère de Dieu, et qu'elle l'environna d'une immense lumière, qu'elle la conduisit en chantant ses louanges et des cantiques jusqu'au trône de Dieu. La milice de la Jérusalem céleste tressaille d'une joie ineffable : elle est fière de tant d'amour et de reconnaissance. Cette fête, qui n'arrive qu'une fois pour nous dans le cours de l'année, ne doit point avoir eu de terme dans les cieux. On croit encore que le Sauveur vint au-devant d'elle de sa personne, dans cette fête, et qu'il la fit asseoir plein de joie auprès de lui sur le trône. Autrement il n'eût point accompli ce que lui-même a ordonné par cette loi : « Honore ton père et ta mère. » Quatrièmement : Elle fut reçue avec magnificence. » C'est le jour, dit saint Jérôme, où la mère sans souillure, la Vierge s'avança jusqu'à son trône élevé, où elle s'assit glorieuse auprès de J.-C. » Voici comment le bienheureux Gérard montre en ses homélies à quel degré de gloire et d'honneur elle fut élevée : « N.-S. J.-C. a pu seul la grandir

comme il l'a fait pour qu'elle reçût de la majesté elle-
même la louange et l'honneur à toujours. Elle est environnée des chœurs angéliques, entourée des troupes
archangéliques, accompagnée des Trônes pleins d'allégresse, au milieu de l'enthousiasme des Dominations ;
les Principautés la vénèrent : les Puissances lui applaudissent : elle est honorée par les Vertus, chantée
par les Chérubins et louée par les hymnes des Séraphins. La très ineffable Trinité lui applaudit elle-
même avec des transports qui n'ont point de fin, et
la grâce dont elle l'inonde tout entière fait que tous
ne pensent qu'à cette Reine. L'illustre compagnie des
Apôtres l'élève au-dessus de toute louange, la multitude des martyrs est toute en suppliante autour d'une
si grande Maîtresse : l'innombrable armée des confesseurs lui adresse des chants magnifiques, le chœur
des Vierges aux vêtements blancs célèbre sa gloire
avec des accents ineffables : l'enfer lui-même hurle
de rage, et les démons insolents l'acclament *. » Un
clerc très dévot à la Vierge Marie voulait pour ainsi
dire consoler Notre-Dame au sujet des cinq plaies de
N.-S. J.-C., en lui adressant tous les jours cette prière :
« Réjouissez-vous, Mère de Dieu, Vierge immaculée ;
réjouissez-vous, puisqu'un ange vous apporte la joie ;
réjouissez-vous puisque vous avez enfanté la clarté de
la lumière éternelle ; réjouissez-vous, Mère ; réjouissez-vous, Sainte Vierge, Mère de Dieu. Vous seule
êtes la Mère-Vierge : toutes créatures vous louent : O
mère de lumière, je vous en prie, ne cessez d'inter-

---

* Saint Pierre Damien, op. xxxiv.

céder pour nous. » Atteint d'une grave maladie ce clerc, réduit à l'extrémité, fut troublé par la frayeur. La sainte Vierge lui apparut et lui dit : « Mon fils, pourquoi une si grande crainte de ta part? toi qui si souvent m'as annoncé la réjouissance. Réjouis-toi aussi toi-même et pour te réjouir éternellement, viens avec moi*. » Un soldat fort puissant et riche avait dissipé tout son bien en libéralités mal entendues. Il devint si pauvre qu'après avoir donné avec profusion, il fut réduit à manquer des moindres choses. Or, il avait

* On voyait dans l'église de l'abbaye de Marsilly (baronnie de Bourgogne), où les seigneurs de Noyers avaient leur sépulture, une inscription ainsi conçue . « En l'an mil deux cent, sous le reigne de Philippe Dieu donné, un nommé Geoffroy Lebrun, maistre d'hostel du roy, estant disgracié de la cour et sans aucun moyen, comme il passait au travers de la forêt Darnois, autrement Darnaux, le diable lui apparut qui luy promit de grandes richesses, à condition qu'il luy livreroit sa femme : ce que le dit Lebrun luy promit, et à cet effet luy en donna une cédule signée de son sang. Ce que voulant exécuter il monta à cheval, mit sadite femme en trousse, et se mit en chemin pour s'en aller au rendez-vous, qui estoit dans la susditte forêt ; et comme son chemin estoit de passer au-devant de l'église de Nostre-Dame de Marcilly, la veille de l'Assomption de N.-D., laditte femme entendit sonner une messe et demanda à son mari d'entrer dans l'église, et comme ledit Lebrun voulut sortir pour achever son voyage, la Vierge prit la figure de sa femme, monta sur la croupe de son cheval derrière luy : — et estant au rendez-vous, on entendit un grand bruit qui se faisoit dans la forêt, et en mesme temps la Vierge enleva dans les bras du diable la cédule dudit Lebrun et la rendit à sa femme, laquelle fut trouvée dans laditte église où elle s'estoit endormie, et la Vierge lui ayant apparu luy ordonna de prier pour la conversion de son mari, et disparut. » (Cabin hist , t. I, p. 158) .

une femme très honnête et fort dévote à la bienheureuse Vierge Marie. A l'approche d'une solennité où il
avait coutume de distribuer de grandes largesses,
comme il n'avait plus rien à donner, il fut poussé par
la honte et la confusion à se retirer, jusqu'à ce que
cette solennité fût passée, dans un lieu désert où il
pourrait soulager sa tristesse, pleurer les inconvénients
de sa position et éviter la honte : tout à coup paraît
un cheval fougueux sur lequel était monté un homme
terrible qui s'approche de lui et lui demande le motif
d'une tristesse si profonde. Le soldat lui ayant fait le
récit détaillé de tout ce qui lui était arrivé, le cavalier
lui dit : « Si tu veux te soumettre à un léger acte d'o-
béissance, tu auras de la gloire et des richesses en plus
grande abondance que par le passé. » Il promet au
prince des ténèbres d'exécuter volontiers ce qu'il lui
commandera, pourvu qu'il accomplisse à son égard ce
qu'il a promis lui-même. Et le diable lui dit : « Va-t'en
chez toi, cherche dans tel endroit de ta maison, tu y
trouveras des masses d'or et d'argent en telle quantité
et tant de pierres précieuses : Mais aie soin tel jour
de m'amener ici ta femme. » Sur cette promesse le
soldat retourne à sa maison, et dans l'endroit désigné,
il trouve tout ce qui lui avait été annoncé. Il achète
aussitôt des palais, il répand des largesses, il rachète
ses biens, il se procure des esclaves. Or, le jour fixé
étant proche, il appela sa femme et lui dit : « Montez
à cheval, car il vous faut aller avec moi en un lieu
assez éloigné. » La dame tremblante et effrayée, n'o-
sant pas aller contre ses ordres, se recommanda bien
dévotement à la bienheureuse Vierge Marie et suivit

son époux. Parvenus assez loin, ils rencontrèrent une
église sur leur chemin ; la femme descendit de son
cheval et entra, pendant que son mari attendait dehors.
Elle se recommandait avec dévotion à la bienheureuse
Marie, quand tout à coup elle s'endormit et la glorieuse Vierge, semblable en tout à cette dame dans ses
habits et dans ses manières, s'avança de l'autel, sortit
et monta à cheval pendant que la dame elle-même
restait endormie dans l'église. Le mari persuadé que
c'était sa femme continua son chemin. Quand ils furent
arrivés au lieu convenu, le prince des ténèbres accourut
de son côté avec grand fracas. A peine s'est-il approché
que tout d'un coup il frémit et tremblant de stupeur il
n'osa avancer. Alors il dit au soldat : « O le plus félon
des hommes, pourquoi m'as-tu joué ainsi et pourquoi
te comportes-tu de cette manière quand je t'ai comblé
de bienfaits ? Je t'avais bien dit de m'amener ta femme
et tu m'as amené la mère du Seigneur. Je voulais ta
femme et tu as amené Marie. Car ta femme ne cesse
de me faire tort ; je voulais me venger sur elle, et tu
m'as amené celle-là pour qu'elle me tourmentât et
qu'elle m'envoyât dans l'enfer. » En entendant ces
paroles, cet homme était stupéfait, la crainte et l'étonnement l'empêchaient de parler. La bienheureuse Vierge
Marie dit alors : « Quelle a été ta témérité, esprit méchant, d'oser nuire à une personne pleine de dévotion
pour moi ? Tu ne l'auras pas fait impunément. Voici
maintenant la sentence que je lance contre toi : c'est
que tu descendes en enfer, et que tu n'aies plus désormais la présomption de nuire à quiconque m'invo-
quera avec dévotion. » Et le diable se retira en pous-

sant de grands hurlements. Alors le mari, sautant à
bas de son cheval, se prosterna aux pieds de la sainte
Vierge, qui le réprimanda et lui ordonna de retourner
vers sa femme encore endormie dans l'église et de se
dépouiller de toutes les richesses du démon. Et quand
il revint, il trouva sa femme qui dormait encore, la
réveilla et lui raconta ce qui lui était arrivé. Revenus
chez eux, ils jetèrent toutes les richesses du démon,
ne cessèrent d'adresser des louanges en l'honneur de
la sainte Vierge qui leur accorda dans la suite une
grande fortune.

Un homme accablé sous le poids du péché fut ravi
en vision au jugement de Dieu *. Et voilà que Satan
vint dire : « Il n'y a rien en cette âme qui vous appartienne en propre ; elle est plutôt de mon domaine,
d'ailleurs j'ai un titre authentique. » Et le Seigneur
lui dit : « Où est ton titre ? » Satan reprit : « J'ai un
titre ; vous l'avez dicté de votre propre bouche, et
vous lui avez donné une sanction éternelle. Vous avez
dit en effet : « En même temps que vous en mangerez,
« vous mourrez très certainement. » Comme donc il est
de la race de ceux qui ont mangé le fruit défendu, à
ce titre authentique il doit être condamné à mourir
avec moi. » Alors le Seigneur dit : « O homme, il
t'est permis de te défendre. » Or, l'homme se tut. Le
démon ajouta : « D'ailleurs je l'ai par prescription,
depuis trente ans je possède son âme, et il m'a servi
comme un esclave qui est ma propriété. « Cet homme

---

* Saint Antonin rapporte dans sa *Somme* un fait qui n'offre
qu'une légère variante avec le texte de la Légende *Summa*,
4ᵉ part , tit XV, c v, § 1.

continua à se taire. Le démon reprit : « Cette âme est
à moi, car quand elle aurait fait quelque bien, ses
mauvaises actions l'emportent incomparablement sur
les bonnes. » Mais le Seigneur qui ne voulait pas
porter de suite une condamnation contre ce pécheur
lui assigna un délai de huit jours, afin que, ce terme
expiré, il comparût devant lui et s'expliquât sur tout
ce qui lui était reproché. Or, comme il s'en allait de
devant le Seigneur, tout tremblant et pleurant, il rencontra une personne qui lui demanda la cause d'une
tristesse aussi vive. Et comme il lui eut raconté tout
en détail, l'autre lui dit : « Ne crains rien, n'appré-
hende rien, car sur le premier point je t'aiderai fortement. » Le pécheur lui ayant demandé comment
il s'appelait, il lui fut répondu : « La Vérité est mon
nom. » Il en trouva une seconde qui lui promit de
l'aide sur la deuxième accusation. Il lui demanda comment elle s'appelait et il lui fut répondu : « Je suis
la Justice. » Or, le huitième jour, il comparut en jugement et le démon lui objecta le premier chef d'accusation ; la Vérité répondit : « Nous savons qu'il y
a deux sortes de mort, celle du corps et celle de l'enfer : Or, démon, ce titre que tu invoques en ta faveur
ne parle pas de la mort de l'enfer, mais de celle du
corps. Ce qui est évident, puisque tout le monde subit
cette sentence, c'est-à-dire que tous meurent corporellement, sans cependant que tous meurent des feux
de l'enfer. Quant à la mort du corps, oui, elle aura
toujours lieu ; mais quant à la mort de l'âme, l'arrêt
en a été révoqué par le sang de J.-C. » Alors le démon,
voyant qu'il avait succombé sur le premier chef, se

mit à lui objecter le second. Mais la Justice se présenta
et répondit ainsi pour cet homme : « Quoique tu aies
possédé cet homme comme ton esclave pendant nombre d'années, cependant toujours la raison voulait le
contraire ; toujours la raison murmurait de servir un
si cruel maître. » A la troisième objection, il n'eut
personne pour le défendre. Et le Seigneur dit : « Qu'on
apporte une balance et qu'on pèse les bonnes actions
et toutes les mauvaises. Alors la Vérité et la Justice
dirent au pécheur : « Voici la mère de miséricorde
assise auprès du Seigneur, aie recours à elle de toute
ton âme et essaie de l'appeler à ton aide. » Quand il
l'eut fait, la sainte Vierge Marie vint à son secours et
elle mit la main sur la balance du côté où se trouvait
le peu de bien ; mais le diable s'efforçait de faire baisser l'autre plateau ; cependant la mère de miséricorde
l'emporta et délivra le pécheur. Celui-ci, revenu alors
à lui, se corrigea.

Dans la ville de Bourges *, vers l'an du Seigneur
527, comme les chrétiens communiaient le jour de
Pâques, un enfant juif s'approcha de l'autel avec les
enfants des chrétiens et reçut comme eux le corps du
Seigneur. Revenu chez lui, son père lui ayant demandé
d'où il venait, l'enfant répondit qu'il avait été à l'église
avec les enfants chrétiens, écoliers comme lui, et qu'il
avait communié avec eux. Alors le père, rempli de
fureur, prit l'enfant et le jeta dans une fournaise ardente qui se trouvait là. A l'instant la mère de Dieu

---

* Évagre, *Histoire eccles.*, l IV, c. xxxv, rapporte un fait
semblable arrivé à C. P.

se présenta à l'enfant sous les traits d'une image qu'il avait vue sur l'autel, et le protégea contre le feu dont il ne reçut aucune atteinte. Alors la mère de l'enfant rassembla par ses clameurs un grand nombre de chrétiens et de juifs. En voyant dans la fournaise l'enfant qui n'avait éprouvé aucun accident, ils l'en retirèrent et lui demandèrent comment il avait pu en échapper. Il répondit : « C'est que cette révérende Dame qui était sur l'autel m'a prêté du secours et a écarté de moi tout le feu. » Les chrétiens, qui comprirent que c'était de l'image de la sainte Vierge que l'enfant parlait, prirent le père de l'enfant et le jetèrent dans la fournaise où il fut brûlé aussitôt et consumé entièrement. — Quelques moines étaient avant le jour auprès d'un fleuve et s'entretenaient de bagatelles et de discours oiseux. Et voici qu'ils entendent des rameurs qui passaient sur le fleuve avec une grande rapidité. Les moines leur dirent : « Qui êtes-vous ? » Et ils répondirent : « Nous sommes des démons, et nous portons en enfer l'âme d'Ebroïn, prévôt du roi des Francs qui a apostasié du monastère de Saint-Gall. » En entendant cela, les moines furent saisis d'une très violente peur, et s'écrièrent de toutes leurs forces : « Sainte Marie, priez pour nous. » Et les démons leur dirent : « Vous avez bien fait d'invoquer Marie, car nous voulions vous démembrer et vous noyer, parce que nous vous trouvons à une heure indue vous livrant à des conversations déréglées. » Alors les moines rentrèrent au couvent et les démons se hâtèrent d'aller en enfer[*].

* Gauthier de Cluny, *Miracles de la sainte Vierge*, c. IV.

— Il y avait un moine fort lubrique, mais fort dévot
à la bienheureuse Vierge Marie. Une nuit qu'il allait
commettre son crime habituel, il passa devant un autel,
salua la sainte Vierge, et sortit de l'église. Comme il
voulait traverser un fleuve, il tomba dans l'eau et mourut. Or, comme les démons s'étaient saisis de son âme,
vinrent des anges pour la délivrer. Les démons leur
dirent · « Pourquoi êtes-vous venus ici? vous n'avez
rien en cette âme. » Et aussitôt la bienheureuse Vierge
Marie se présenta et les reprit de ce qu'ils avaient osé
ravir l'âme du moine. Ils lui répondirent qu'ils l'avaient
trouvé au moment où il finissait sa vie dans de mauvaises œuvres. La sainte Vierge leur dit : « Ce que
vous dites est faux, car je sais que s'il allait quelque
part, il me saluait d'abord et à son retour, il en faisait autant ; que si vous dites que l'on vous fait violence, posons la question au tribunal du souverain
Juge. » Et comme on discutait devant le Seigneur, il
lui plut que l'âme retournerait à son corps et ferait
pénitence de ses actions. Pendant ce temps-là, les
frères voyant que l'heure des matines s'écoulait sans
qu'on les sonnât * cherchent le sacristain ; ils vont
jusqu'à ce fleuve et le trouvent noyé. Après avoir retiré le corps de l'eau, ils s'émerveillaient de cet accident, quand tout à coup le moine revint à la vie et
raconta ce qui était arrivé. Il passa le reste de sa vie
dans de bonnes œuvres. — Une femme souffrait une
foule d'importunités de la part du démon qui lui appa-
raissait visiblement sous la forme d'un homme : elle

* Le moine était sonneur.

employait quantité de moyens de se préserver; tantôt c'était de l'eau bénite, tantôt une chose, tantôt une autre, sans que le démon cessât de la tourmenter. Un saint homme lui conseilla, quand le démon s'approcherait d'elle, de lever les mains et de crier aussitôt : « *Sancta Maria, adjuva me.* Sainte Marie, aidez-moi. » Et quand elle l'eut fait, le diable, comme s'il eût été frappé d'une pierre, s'arrêta effrayé; après quoi il dit : « Qu'un mauvais diable entre dans la bouche de celui qui t'a enseigné cela. » Et aussitôt il disparut et il ne s'approcha plus d'elle dans la suite.

MODE DE L'ASSOMPTION DE LA SAINTE VIERGE MARIE

Le mode de l'Assomption de la très sainte Vierge Marie est rapporté dans un sermon compilé de divers écrits des saints, qu'on lit solennellement dans plusieurs églises, et où l'on trouve ce qui suit : « Tout ce que j'ai pu rencontrer dans les récits des saints Pères, du monde entier, touchant le vénérable trépas de la Mère de Dieu, j'ai pris soin d'en faire mémoire en son honneur. Saint Côme, surnommé Vestitor, rapporte des choses qu'il a apprises par une relation certaine de la bouche des descendants de ceux qui en ont été les témoins. Il faut en tenir compte. Voici ses paroles : Quand J.-C. eut décidé de faire venir auprès de soi la Mère de la vie, il lui fit annoncer par l'ange qu'il lui avait déjà envoyé, comment elle devait s'endormir *, de crainte que la mort survenant inopiné-

---

* On s'est servi depuis les premiers siècles de l'Eglise, tant

ment ne lui apportât quelque trouble. Elle avait conjuré son fils face à face, alors qu'il était encore sur la terre avec elle, de ne lui laisser voir aucun des esprits malins. Il envoya donc en avant un ange avec ordre de lui parler ainsi : « Il est temps, ma mère, de vous prendre auprès de moi. De même que vous avez rempli la terre de joie, de même vous devez réjouir le ciel. Rendez agréables les demeures de mon Père ; consolez les esprits de mes saints ; ne vous troublez pas de quitter un monde corruptible avec toutes ses vaines convoitises, puisque vous devez habiter le palais céleste. O ma Mère, que votre séparation de la chair ne vous effraie pas, puisque vous êtes appelée à une vie qui n'aura pas de fin, à une joie sans bornes, au repos de la paix, à un genre de vie sûr, à un repos qui n'aura aucun terme, à une lumière inaccessible, à un jour qui n'aura pas de soir, à une gloire inénarrable, à moi-même votre Fils, le créateur de l'univers ! Car je suis la vie éternelle, l'amour incomparable, la demeure ineffable, la lumière sans ombre, la bonté inestimable. Rendez sans crainte à la terre ce qui lui appartient. Jamais personne ne vous ravira de ma main, puisque la terre, dans toute son étendue, est en ma main. Donnez-moi votre corps, parce que j'ai mis ma divinité dans votre sein. La mort ne tirera aucune gloire de vous, parce que vous avez engendré

chez les Latins que chez les Grecs de l'expression *dormitio* pour signifier le trépas, et même la fête de l'Assomption de la sainte Vierge. On donna encore à ce jour le nom de depositio, pausatio, transitus. L'Eglise d'orient n'emploie que le mot *κοιμησις*, dormitio, sommeil

la vie. L'obscurité ne vous enveloppera point de ses ombres parce que vous avez mis au monde la lumière ; vous ne subirez ni meurtrissure, ni brisure, car vous avez mérité d'être le vaisseau qui m'a reçu. Venez à celui qui est né de vous afin de recevoir la récompense qui vous est due pour l'avoir porté dans votre sein, pour l'avoir nourri de votre lait ; venez habiter avec votre Fils unique ; hâtez-vous de vous réunir à lui. Je sais qu'aucun autre amour que celui de votre Fils ne vous tourmente. C'est comme vierge-mère que je vous ai présentée ; je vous présente comme le mur qui soutient le monde entier, comme l'arche de ceux qui doivent être sauvés, la planche du naufragé, le bâton des faibles, l'échelle de ceux qui montent au ciel, et la protectrice des pécheurs. Alors j'amènerai auprès de vous les apôtres qui vous enseveliront de leurs mains comme si c'était des miennes. Il convient en effet que les enfants de ma lumière spirituelle, auxquels j'ai donné le Saint-Esprit, ensevelissent votre corps et me remplacent à vos admirables funérailles. » Après ce récit l'ange donne pour gage à la Vierge une palme, cueillie dans le paradis, afin de la rendre assurée de sa victoire contre la corruption de la mort, il y ajoute des vêtements funèbres ; ensuite il regagne le ciel d'où il était venu.

La Bienheureuse Vierge Marie convoqua ses amis et ses parents et leur dit : « Je vous apprends qu'aujourd'hui je dois quitter la vie temporelle ; il faut donc veiller, car au trépas de tout le monde, viennent auprès du lit du mourant la vertu divine des anges et les esprits malins. » A ces mots, tous se mirent à pleurer et à

dire : « Vous craignez, vous la présence des esprits ;
quand vous avez été digne d'être la mère de l'auteur
de toutes choses, quand vous avez engendré celui qui
a dépouillé l'enfer, quand vous avez mérité d'avoir
un trône préparé au-dessus des chérubins et des séraphins ! Que ferons-nous donc, nous autres ? comment fuirons-nous ? » Il y avait là une multitude de
femmes qui pleuraient et lui demandaient de ne pas
les laisser orphelines. Alors la sainte Vierge leur dit
pour les consoler : « Si vous qui êtes les mères d'enfants soumis à la corruption, vous ne pouvez supporter d'en être séparées pour un peu de temps, comment
donc moi qui suis mère et vierge ne désirerais-je pas
d'aller trouver mon fils, le Fils unique de Dieu le
Père ? Si chacune de vous quand elle a perdu quelqu'un de ses fils, se console en celui qui survit ou dans
celui qui doit naître, moi qui n'ai que ce fils, et qui
reste pure, comment ne me hâterai-je pas de mettre fin
à mes angoisses en allant à lui qui est la vie de tous ? »
Or, pendant que ceci se passait, saint Jean arrive et
s'informe de ce qui a lieu. Quand la Vierge lui eut annoncé son départ pour le ciel, il se prosterna par terre
et s'écria en pleurant : « Que sommes-nous, Seigneur,
puisque vous nous réservez de si grandes tribulations ?
Pourquoi plutôt ne m'avez-vous dépouillé de mon
corps ? J'aurais mieux aimé être enseveli par la mère
de mon Seigneur, que d'être obligé d'assister à ses funérailles. » Alors la sainte Vierge le mena tout en
pleurs dans sa chambre et lui montra la palme et les
vêtements ; après quoi elle s'assit sur le lit qui avait
été préparé pour sa sépulture. Et voici qu'on entend

un violent coup de tonnerre; un tourbillon semblable
à une nuée blanche se forme, et les apôtres sont déposés, comme la pluie qui tombe, devant la porte de
la maison de la sainte Vierge. Ils s'étonnent de ce qui
arrive, mais saint Jean vient à eux et leur révèle ce qui
a été annoncé par l'ange à la sainte Vierge : comme ils
pleuraient tous, saint Jean les consola. Ils essuyèrent
donc leurs larmes, entrèrent, et après avoir salué la
Bienheureuse Vierge avec respect, ils l'adorèrent.
Et elle dit : « Salut, les enfants de mon Fils unique. »
Après avoir écouté le récit qu'ils lui firent de leur arrivée, elle leur manifesta tout. Les apôtres lui dirent :
« C'est en tournant nos regards vers vous, très honorable Vierge comme vers notre maître lui-même et notre Seigneur, que nous nous consolions; c'était là
notre seule ressource d'espérer que nous vous avions
pour médiatrice auprès de Dieu. » Après qu'elle eut
salué Paul en l'appelant par son nom, celui-ci lui dit :
« Je vous salue, reine de ma consolation; car bien
que je n'aie pas vu J.-C. dans sa chair, cependant,
quand je vous vois, je suis consolé comme si je le
voyais lui-même. Jusqu'à ce jour je prêchais aux nations que vous aviez engendré Dieu, maintenant j'en-
seignerai que vous êtes allée à lui. » Après quoi la
sainte Vierge montra ce que l'ange lui avait apporté,
et les avertit de ne point éteindre les lampes jusques
après son trépas. Il y avait là cent vingt vierges occupées à la servir. Après quoi elle revêtit ses vêtements
funèbres et en disant adieu à tous, elle place son
corps sur son lit pour mourir; saint Pierre était
placé à la tête, saint Jean à ses pieds, les autres apô-

tres autour du lit, adressant des louanges à la mère
de Dieu. Alors saint Pierre prit la parole en ces termes : « Réjouissez-vous, épouse du lit céleste, candé-
labre à trois branches de la lumière éclante, par qui
a été manifestée la clarté éternelle. » Saint Germain,
archevêque de Constantinople atteste aussi que les
apôtres se rassemblèrent pour le sommeil de la très
sainte Vierge, quand il dit : « O sainte Mère de Dieu,
quoique vous ayez été soumise à la mort que ne saurait éviter aucune créature humaine, cependant votre
œil qui nous garde ne s'assoupira point ni ne s'endor-
mira point : car votre trépas n'eut pas lieu sans témoins et votre sommeil est certain. Le ciel raconte la
gloire de ceux qui chantèrent sur votre dépouille ; la
terre rend hommage à la véracité ; les nuages procla-
ment les hommages que vous en avez reçus. Les anges
célèbrent les bons offices qui vous ont été rendus, en
ce que les apôtres se rassemblèrent auprès de vous
dans Jérusalem. » Le grand Denys l'aréopagite atteste
aussi la même chose en disant : « Ainsi que tu le sais
bien, nous nous sommes rassemblés avec beaucoup
de nos frères pour voir le corps de celle qui a reçu le
Seigneur. » Or, se trouvaient là Jacques, frère de Dieu,
avec Pierre le souverain chef des Théologiens. Ensuite
il sembla bon, après ce qu'on avait vu, que tous les
souverains prêtres chantassent des hymnes, selon que
chacun avait en soi d'énergie, de bonté vivifiante ou
de faiblesse.

Saint Cosme poursuit ainsi sa narration : « Après
cela, un fort coup de tonnerre ébranla la maison
entière, et un vent doux la remplit d'une odeur si

suave, qu'un sommeil profond s'empara de ceux qui
s'y trouvaient, à l'exception des apôtres et de trois
vierges qui portaient des flambeaux ; car le Seigneur
descendit avec une multitude d'anges et enleva l'âme
de sa mère. Or, l'éclat de cette âme était si resplendissant qu'aucun des apôtres ne la pouvait regarder.
Et le Seigneur dit à saint Pierre : « Ensevelissez le
corps de ma mère avec le plus grand respect, et gar-
dez-le soigneusement pendant trois jours, car je viendrai alors, et le transporterai dans le lieu où n'existe
point la corruption ; ensuite je le revêtirai d'une clarté
semblable à la mienne, afin qu'il y ait union et accord
entre ce qui a été reçu et ce qui a reçu. » Saint Cosme
rapporte encore un mystère étrange et merveilleux,
et qui ne souffre ni investigation curieuse, ni discussion ordinaire : puisque tout ce qu'on dit de la mère
de Dieu est surnaturel, admirable, redoutable, plutôt
que sujet à discussion. « Car, dit-il, quand l'âme sortit de son corps, ce corps prononça ces mots : « Je
vous rends grâces, Seigneur, car je suis digne de
votre gloire. Souvenez-vous de moi puisque je suis
votre œuvre, et que j'ai conservé ce que vous m'avez
confié. » Quand ceux qui dormaient furent éveillés,
continue saint Cosme, et qu'ils virent sans vie le corps
de la Vierge, ils se livrèrent à une grande tristesse et
poussèrent des gémissements. Les apôtres prirent
donc le corps qu'ils portèrent au monument, en même
temps que saint Pierre commença le Psaume : *In
exitu Israèl de Ægypto*. Les chœurs des anges louaient
la Vierge de telle sorte que Jérusalem fut émue à
l'occasion de cette grande gloire. Alors les grands-

prêtres envoient une multitude de gens armés d'épées
et de bâtons. Un d'eux se rue sur le grabat, avec
l'intention de jeter par terre le corps de Marie, mère
de Dieu. Mais parce qu'il l'ose toucher avec impiété,
il mérite d'être privé de l'usage de ses mains ; elles
s'arrachent toutes les deux de ses bras, et restent
suspendues au lit funèbre ; en même temps, il éprouve
des tourments horribles. Cependant, il implore son
pardon, et promet de s'amender. Pierre lui dit :
« Tu ne pourras jamais obtenir le pardon, si tu n'em-
brasses le corps de celle qui a toujours été vierge, et
si tu ne confesses que J.-C., qui est né d'elle, est le
Fils de Dieu. » Quand il l'eut fait, ses mains se rejoi-
gnirent aux coudes d'où elles avaient été arrachées.
Et saint Pierre prit une datte de la palme et lui dit :
« Va, rentre dans la ville, et pose-la sur les infirmes,
et tous ceux qui croiront recevront la santé*. » Quand
les apôtres arrivèrent au champ de Gethsémani, ils y
trouvèrent un sépulcre semblable au glorieux sépulcre
de J.-C. ; ils y déposèrent le corps avec beaucoup de
respect, sans oser toucher au très saint vaisseau de
Dieu, mais ils le prirent par les coins du suaire et le
placèrent dans le sépulcre, qu'ils scellèrent. Pendant
ce temps, les apôtres et les disciples du Seigneur restèrent autour du tombeau, selon l'ordre qu'ils en
avaient reçu de leur maître. Le troisième jour, une
nuée toute resplendissante l'environne, les voix angéliques se font entendre, une odeur ineffable se répand,
tous sont dans une immense stupeur ; alors, ils voient

* Nicephore Calliste., *Hist*, l. II ; c. xxi.

que le Seigneur est descendu, et qu'il transporte le
corps de la Vierge avec une gloire ineffable. Les apôtres embrassèrent le sépulcre et retournèrent chez
saint Jean l'évangéliste et le théologien, en le louant
d'avoir été le gardien de la sainte Vierge. Or, il y eut
un des apôtres qui n'assista pas à cette solennité.
Dans l'admiration où le jetait le récit de choses si
merveilleuses, il suppliait qu'on ouvrît le tombeau
pour s'assurer de la vérité. Les apôtres s'y refusaient
sous le prétexte que ce qu'ils lui racontaient devait
suffire, dans la crainte que si les infidèles en avaient
connaissance, ils publiassent que le corps avait été
volé. Mais l'apôtre contristé disait : « Pourquoi me
privez-vous de partager un trésor qui nous est commun, quand je suis autant que vous? » Enfin, ils
ouvrirent le tombeau, où ils ne trouvèrent pas le corps,
mais seulement les vêtements et le suaire.

Au livre III, chap. XL de l'*Histoire Euthimiata*,
saint Germain, archevêque de Constantinople, dit
avoir découvert, et le grand Damascène l'atteste
comme lui, que, du temps de l'empereur Marcien,
l'impératrice Pulchérie, de sainte mémoire, après
avoir fait bâtir à C. P. beaucoup d'églises, en éleva
entre autres une admirable auprès des Blaquermes,
en l'honneur de la sainte Vierge. Elle convoqua Juvénal, archevêque de Jérusalem, et d'autres évêques de
la Palestine, qui restaient alors dans le capitale pour
le concile qui se tint à Chalcédoine, et leur dit : « Nous
avons appris que le corps de la très sainte Vierge fut
enterré dans le champ de Gethsémani ; nous voulons
donc, pour garder cette ville, y transporter ce corps

avec un respect convenable. » Or, comme Juvénal lui
eut répondu que ce corps, d'après ce qu'il en avait
appris dans les anciennes histoires, avait été transporté dans la gloire et qu'il n'était resté dans le tombeau que les vêtements avec le suaire, le même Juvénal envoya ces vêtements à C. P., où ils sont placés
avec honneur dans l'église dont on vient de parler *. »
Et que personne ne pense que j'aie forgé ce récit à
l'aide de mon imagination, mais j'ai raconté ce que
j'ai connu par l'enseignement, et d'après les recherches de ceux qui ont appris ces faits de leurs devan-
ciers, par une tradition digne de toute créance. Ce qui
est rapporté jusqu'ici, se trouve dans le discours dont
il a été question plus haut. Or, saint Jean Damascène,
Grec d'origine, raconte plusieurs circonstances merveilleuses au sujet de la très sainte assomption de la
sainte Vierge. Il dit donc dans ses sermons :

« Aujourd'hui la très sainte Vierge est transportée
dans le lit nuptial du ciel ; aujourd'hui cette arche
sainte et vivante qui a porté en soi celui qui l'a créée,
est placée dans un temple que n'a pas construit la
main des hommes ; aujourd'hui la très sainte colombe
pleine d'innocence et de simplicité, s'est envolée de
l'arche, c'est-à-dire de ce corps qui a reçu Dieu ;
elle a trouvé où poser les pieds ; aujourd'hui l'immaculée Vierge que n'ont pas souillée les passions terrestres, mais au contraire qui a été instruite par les
intelligences célestes, ne s'en est pas allée dans la
terre, mais appelée à juste raison, un ciel animé, elle

---

* Nicéphore Calliste, *Hist.*, l. XV, ch. xiv.

habite dans les tabernacles célestes. Bien que votre bienheureuse âme soit séparée d'après la loi de la nature de votre glorieux corps, et que ce corps soit confié à la sépulture, cependant il ne reste pas la propriété de la mort, et il n'est pas dissous par la corruption : car dans celle qui a enfanté, la virginité est restée intacte ; dans celle qui meurt, le corps reste toujours indissoluble, et il passe à une meilleure et plus sainte vie ; la mort ne le détruit pas, car il doit même durer éternellement. De même que ce soleil éclatant, qui verse la lumière, paraît s'éclipser un instant quand il est caché par un corps sublunaire, sans pourtant perdre rien de sa lumière intarissable, de même, vous, fontaine de vraie lumière, trésor inépuisable de vie, quoique condamnée à subir la mort corporelle pour un court espace de temps, vous versez cependant sur nous avec abondance la clarté d'une lumière qui ne s'altère jamais. De là vient que votre sommeil ne doit pas recevoir le nom de mort, mais de passage, de retraite, ou mieux encore d'arrivée. En quittant votre corps, vous arrivez au ciel. Les anges et les archanges viennent au-devant de vous : les esprits immondes redoutent votre ascension. Bienheureuse Vierge, vous n'avez pas été enlevée au ciel, comme Elie, vous n'êtes pas montée comme Paul jusqu'au troisième ciel, mais vous avez atteint au trône royal de votre Fils. On bénit la mort des autres saints parce qu'elle démontre qu'ils sont heureux, mais cela n'existe pas chez vous. Ni votre mort, ni votre béatitude, ni votre trépas, ni votre départ, pas même votre retraite n'ajoutent rien à la sécurité de votre bonheur ;

car vous êtes le principe, le moyen et la fin de tous
les biens que ne saurait comprendre l'intelligence de
l'homme. Votre sécurité, votre avancement réel, votre
conception surnaturelle s'expliquent : vous êtes l'habitation de Dieu. Aussi avez-vous dit avec vérité que
ce n'est pas à dater de votre mort, mais du moment
de votre conception que toutes les générations vous
béniraient. La mort ne vous a pas rendue heureuse,
mais vous-même vous avez ennobli la mort ; nonobs-
tant la tristesse qui l'accompagne, vous l'avez changée en joie. En effet si Dieu a dit : De crainte que
le premier homme n'étende la main et ne cueille du
fruit de l'arbre de vie et qu'il ne vive pour toujours ;
comment celle qui a porté la vie elle-même, la vie qui
n'a pas eu de commencement, la vie qui n'aura point
de fin, comment ne vivrait-elle point dans le siècle
qui doit durer toujours ? Dieu autrefois a chassé du
paradis les auteurs du genre humain endormis dans
la mort du péché, ensevelis dans les profondeurs de
la désobéissance, et qui déjà étaient gâtés par l'infec-
tion du péché ; il les a exilés ; mais aujourd'hui celle
qui a apporté la vie à tout le genre humain, qui a
donné des preuves de son obéissance à Dieu le Père,
qui a chassé toutes les impressions du vice, comment
le paradis ne la recevrait-il pas ? comment le ciel
joyeux ne lui ouvrirait-il pas ses portes ? Eve a prêté
l'oreille au serpent ; elle a avalé la coupe empoisonnée ;
elle se laisse allécher par la volupté ; elle enfante
dans la douleur : elle est condamnée avec Adam.
Mais celle qui est véritablement bienheureuse, qui
prêta l'oreille à la voix de Dieu, qui fut remplie du

Saint-Esprit, qui porta la miséricorde du Père en son sein, qui conçut sans l'entremise de l'homme, qui enfanta sans douleur, comment la mort en fera-t-elle sa proie? comment la corruption osera-t-elle quelque chose sur un corps qui a porté la vie elle-même? »

Le Damascène dit encore dans ses sermons : « Il est vrai que, dispersés par toute la terre et occupés à pêcher des hommes, jetant le filet de la parole pour les amener hors des ténèbres où ils étaient ensevelis à la table céleste et aux noces solennelles du Père, les apôtres furent rassemblés et réunis par l'ordre de Dieu, et furent apportés des confins du monde à Jérusalem, enveloppés dans une nuée comme dans un filet. En ce moment nos premiers parents Adam et Eve s'écrièrent : « Venez à nous, ô sacrée et salutaire « nourriture, vous avez comblé notre joie ! » De son côté la compagnie des saints qui se trouvait corporellement présente disait : « Demeurez avec nous ; vous êtes notre consolation ; ne nous laissez pas orphelins ; vous êtes notre soutien dans nos travaux, notre rafraîchissement dans nos fatigues ; c'est notre gloire de vivre ou de mourir avec vous : car la vie n'est rien pour nous, si nous sommes privés de votre présence. » Je pense que ce furent ces paroles ou d'autres semblables que les apôtres exprimaient au milieu des sanglots de tous ceux qui composaient l'assemblée. Marie se tournant vers son fils : « Soyez vous-même, lui dit-elle, le consolateur de ceux qu'il vous a plu appeler vos frères et qui sont dans la douleur à cause de mon départ ; et ajoutez bénédiction sur bénédiction à l'imposition des mains que je vais faire sur

eux. » Ensuite elle étendit les mains et bénit le col-
lège des fidèles, puis elle ajouta : « Seigneur, je
remets mon esprit entre vos mains : recevez mon âme
qui vous est si chère et que j'ai conservée pure. C'est
à vous et non à la terre que je confie mon corps ;
conservez-le entier puisqu'il vous a plu l'habiter.
Transportez-moi auprès de vous, afin que là où vous
êtes, vous, le fruit de mes entrailles, j'y sois et j'y
habite avec vous. » Ce fut alors que les fidèles entendirent ces paroles : « Levez-vous, venez, ô ma bien-
aimée, ô la plus belle des femmes ; vous êtes belle,
mon amie,·et il n'y a pas de tache en vous. » En
entendant ces paroles, la Vierge recommande son
esprit aux soins de son Fils. Alors les apôtres répandent des torrents de larmes, et couvrent de baisers
le tabernacle du Seigneur : le contact de ce sacré corps
les remplit de bénédiction et de sainteté. Les maladies disparaissent, les démons s'enfuient, l'air et le
ciel sont sanctifiés par la présence de son esprit qui
s'élève, la terre l'est à son tour, parce que son corps
y est déposé ; comme aussi l'eau, par l'ablution de
son corps. En effet, ce corps sacré est lavé dans une
eau très limpide qui n'a pu le nettoyer, mais qui en a
été sanctifiée. Ensuite le saint corps enveloppé d'un
suaire blanc est placé sur un lit, les lampes resplen-
dissent, les parfums répandent leur douce odeur, et
l'air retentit du chant des hymnes angéliques. Ce fut
au milieu du concert que les apôtres et les autres
saints qui se trouvaient là, faisaient entendre, en
chantant des cantiques divins, que l'arche du Seigneur,
soutenue sur les têtes sacrées des apôtres, est amenée

de la montagne à la sainte terre de Gethsémani. Les
anges la précèdent et la suivent, les autres étendent
des voiles sur le précieux corps, toute l'Eglise l'accompagne. Il s'y trouva aussi des Juifs endurcis par le
vieux levain de la méchanceté. On raconte encore que
comme ceux qui portaient le corps sacré de la mère
de Dieu descendaient de la montagne de Sion, un
hébreu, un instrument du diable, poussé par un mouvement téméraire et conduit par une inspiration
infernale s'approcha, en courant, du saint corps auprès
duquel les anges eux-mêmes tremblaient de s'approcher, et comme un furieux, prit de ses deux mains le
lit funèbre qu'il renversa à terre. Mais on dit qu'une
de ses mains se sécha comme bois et tomba. C'était
merveille de le voir semblable à un tronc inutile, tant
que la foi n'eut changé son cœur, et ne l'eut fait repentir avec larmes de son crime. Alors ceux qui portaient le cercueil s'arrêtèrent, jusqu'à ce que le misérable mettant sa main sur le très saint corps, reçut
une guérison complète à l'instant qu'il l'eut touché.
De là on arrive à Gethsémani, où le saint corps est
déposé dans un tombeau vénérable, après qu'il eut
reçu les baisers, les embrassements, les larmes des
fidèles couverts de sueur et chantant des hymnes
sacrés. Mais votre âme ne fut pas laissée dans l'enfer
et votre corps n'a pas été atteint par la corruption.
Il convenait que le sein de la terre ne retînt pas le
sanctuaire de Dieu, la fontaine qui n'a pas été creu-
sée, le champ vierge, la vigne qui n'avait pas reçu la
rosée, l'olivier fécond. Il fut convenable que la Mère
fût élevée par le Fils, afin qu'elle montât vers lui

comme il était descendu en elle, afin que celle qui a
conservé sa virginité dans son enfantement n'éprou-
vât pas les atteintes de la corruption en son corps,
et que celle qui a porté son créateur dans son sein
habitât les divins tabernacles. Le Père l'avait prise
pour épouse, elle doit être gardée dans le palais céleste : la mère doit jouir de ce qui appartient au Fils. »
(Saint Jean Damascène.)

Saint Augustin s'étend aussi fort longuement dans
un sermon sur la très sainte Assomption de Marie
toujours vierge : « Avant, dit-il, de parler du très saint
corps de celle qui toujours a été vierge, et de l'assomption de sa bienheureuse âme, nous commençons
par dire que l'Ecriture ne parle pas d'elle après que le
Seigneur l'eut recommandée sur la croix au disciple,
si ce n'est ce que saint Luc rapporte dans les Actes des
apôtres : « Ils étaient tous, dit-il, persévérants una-
« nimement dans la prière avec Marie, mère de Jésus
« (Actes, 1). » Que dire donc de sa mort? Que dire de son
assomption? Puisque l'Ecriture se tait, il ne faut demander à la raison que ce qui est conforme à la vérité.
Que la vérité donc soit notre autorité puisque sans
elle il n'y a même pas d'autorité. Nous nous basons
sur la connaissance que nous avons de la condition
humaine quand nous n'hésitons pas à dire qu'elle a
souffert la mort temporelle * ; mais si nous disons
qu'elle fut la pâture de la pourriture, des vers et de la
cendre, il faut examiner si cet état convient à la sain-

---

* Il paraît par ce passage que l'oraison *Veneranda* qui se
récitait dans les liturgies modernes au jour de la fête de l'Assomption, est d'une très haute antiquité.

teté qui la distingue et aux prérogatives qui appar-
tiennent à cette merveilleuse habitation de Dieu. Nous
savons bien qu'il a été dit à notre premier père : « Tu
« es poussière et tu retourneras en poussière. » La chair
de J.-C. ne subit pas cette condamnation puisqu'elle
ne fut pas soumise à la corruption. Donc elle fut
exceptée de la sentence générale la nature qui fut prise
de la Vierge. Le Seigneur dit aussi à la femme : « Je
« t'affligerai de nombreuses misères : tu enfanteras dans
« la douleur. » Marie a bien enduré les angoisses, puisqu'un glaive perça son âme ; cependant elle enfanta
sans douleur. Donc Marie, quoique partageant les angoisses d'Ève, ne les partagea pas en enfantant avec
douleur. Donc celle qui jouit d'une prérogative immense est exceptée de la règle générale. Si donc l'on
dit qu'elle a souffert la mort sans cependant que la
mort l'ait retenue dans ses liens, serait-ce une impiété
de dire qu'il n'ait pas voulu préserver sa mère contre
les horreurs de la pourriture, quand il a voulu conserver intacte la pudeur de sa virginité ? Est-ce qu'il n'appartenait pas à la bonté du Seigneur de conserver
l'honneur de sa mère, lui qui était venu non pour détruire la loi, mais pour l'accomplir ?~S'il l'a honorée
pendant sa vie plus que toute autre par la grâce qu'il
lui fit de le concevoir, c'est donc chose pieuse de croire
qu'il l'honora dans sa mort d'une préservation particulière et d'une grâce spéciale. La pourriture et les
vers, c'est la honte de la condition humaine. Or,
comme J.-C. est exempt de cet opprobre, Marie en est
exempte aussi, puisque J.-C. est né d'elle. Car la chair
de Jésus, c'est la chair de Marie, qu'il éleva au-dessus

des astres, honorant par là la nature humaine, mais
plus encore celle de sa mère. Si le fils a la nature de
la mère, il est de toute convenance que la mère possède la nature du Fils, non pas quant à l'unité de la
personne, mais quant à l'unité de la nature corporelle.
Si la grâce peut faire qu'il y ait unité sans qu'il y ait
communauté de nature, à plus forte raison quand il
y a unité en grâce et naissance corporelle en particulier. Il y a unité de grâce comme celle des disciples
avec J.-C., selon qu'il en parle lui-même quand il dit :
« Afin qu'ils soient un comme nous sommes un » :
et ailleurs : « Mon père, je veux qu'ils soient avec moi
« partout où je suis. » Si donc J.-C. veut avoir avec soi
ceux qui, réunis par la foi en lui, sont censés ne faire
qu'un avec lui, que penser, par rapport à sa mère, du
lieu où elle soit digne de se trouver, sinon en présence
de son Fils ? Autant que je puis le comprendre, autant
que je puis le croire, l'âme de Marie est honorée par
son Fils d'une prérogative plus excellente encore, puisqu'elle possède en J.-C. le corps de ce Fils qu'elle a
engendré avec les caractères de la gloire. Et pourquoi
ce corps ne serait-il pas le sien, puisqu'elle le conçut
par lui ? S'il n'a pas été au-devant d'elle, je ne reconnais pas là son autorité. Oui, je crois que c'est par lui
qu'elle a engendré ; car une si grande sainteté est plus
digne du ciel que de la terre. Le trône de Dieu, le lit
de l'époux, la maison du Seigneur et le tabernacle de
J.-C. a le droit d'être où il est lui-même. Le ciel est
plus digne que la terre de conserver un si précieux
trésor. L'incorruptibilité et non la dissolution causée
par la pourriture est la conséquence directe d'une si

grande intégrité. Que ce très saint corps ait été abandonné aux vers comme à leur pâture, je rougirais de
le penser, j'aurais honte de le dire ! Les grâces incom-
parables qui lui ont été départies sont de nature à
me faire rejeter cette pensée. Plusieurs passages de
l'Ecriture viennent à l'appui de ce que j'avance. La
vérité a dit autrefois à ses ministres : « Où je suis, là
« aussi sera mon ministre. » Si cette sentence générale
regarde tous ceux qui servent J.-C. par leur croyance
et leurs œuvres, elle s'applique bien mieux encore à
Marie qui, sans le moindre doute, l'a aidé par toutes
ses œuvres. Elle l'a porté dans ses entrailles, elle l'a
mis au monde, elle l'a nourri, elle l'a réchauffé, elle
l'a couché dans la crèche, dans la fuite en Egypte elle
l'a caché, elle a guidé les pas de son enfance, elle l'a
suivi jusqu'à la croix. Elle ne pouvait douter qu'il fût
Dieu, puisqu'elle savait l'avoir conçu non par les voies
ordinaires, mais par l'aspiration divine. Elle n'hésite
pas à croire à sa puissance comme à la puissance
d'un dieu quand elle dit, lorsque le vin manquait :
« Ils n'ont pas de vin. » Il accueillit sa demande par
un miracle ; elle savait qu'il le pouvait faire. Donc, il
est clair que Marie par sa foi et par ses œuvres a aidé
J.-C. Mais si elle n'est pas où J.-C. veut que soient
ses ministres, où donc sera-t-elle ? Et si elle y est,
serait-ce à titre égal ? Et si c'est à titre égal, où est
l'égalité devant Dieu s'il ne rend à chacun selon ses
mérites ? Si c'est avec justice que la sainte Vierge a
reçu pendant sa vie une plus grande abondance de
grâces que les autres, pourquoi donc lui soustraire
cette grâce quand elle est morte ? Non certes ! car si

la mort de tous les saints est précaire, la mort de
Marie est évidemment très précieuse. Je pense donc
qu'il faut déclarer que Marie, élevée aux joies de
l'éternité par la bonté de J.-C., a été reçue avec plus
d'honneur que les autres, puisqu'il l'a honorée de sa
grâce plus que les autres : et qu'elle n'a point eu à
subir après sa mort ce que les autres hommes su-
bissent, la pourriture, les vers et la poussière, puisqu'elle a engendré son Sauveur et celui de tous les
hommes Si la divine volonté a daigné conserver intacts
au milieu des flammes les vêtements des enfants,
pourquoi ne garderait-elle pas, dans sa propre mère,
ce qu'il a gardé dans les vêtements des autres? La
miséricorde seule a voulu conserver vivant Jonas dans
le ventre de la baleine, et la grâce ne conservera pas
Marie contre la corruption? Daniel fut conservé malgré la faim dévorante des lions, et Marie ne se serait
pas conservée après que ses mérites l'ont élevée à une
si haute dignité? Puisque dans ce que nous venons de
dire, nous reconnaissons que tout a été fait contre les
lois de la nature, nous sommes certains aussi que la
grâce a plus fait que la nature pour l'intégrité de
Marie. Donc J.-C., comme fils de Marie, fait qu'elle
tire sa joie de lui-même dans son âme et dans son
corps. Il ne la soumet pas au supplice de la corruption,
puisqu'en enfantant ce divin fils, elle ne fut pas soumise à la perte de sa virginité; en sorte qu'elle est incorruptible en raison des grâces qui l'ont inondée,
qu'elle vit intégralement parce qu'elle a mis au monde
celui qui est la vie entière de tous. O Jésus, si j'ai
parlé comme je l'ai dû, approuvez-moi, vous et les

vôtres. Si j'ai parlé autrement que je ne le dois, je vous en conjure, vous et les vôtres, pardonnez-le moi. »

SAINT BERNARD

Bernard vient de *ber*, puits, fontaine, et de nard, plante, d'après la Glose sur le Cantique des Cantiques Humble, d'une nature échauffante et odoriférante. En effet saint Bernard fut échauffé d'un fervent amour ; il fut humble dans ses habitudes et odoriférant par la suavité de sa réputation Sa vie fut écrite par Guillaume, abbé de Saint-Thierry, compagnon du saint, et par Hernold, abbé de Bonneval [*].

Saint Bernard naquit au château de Fontaine, en Bourgogne, de parents aussi nobles que religieux. Son père Técelin était un chevalier plein de valeur et non moins zélé pour Dieu ; sa mère s'appelait Aaleth. Elle eut sept enfants, six garçons et une fille ; les sept garçons devaient tous être moines et la fille religieuse. Aussitôt qu'elle en avait mis un au monde, elle l'offrait à Dieu de ses propres mains. Elle refusa toujours de faire nourrir ses enfants du lait d'une étrangère, comme si avec le lait maternel, elle dût les remplir de tout ce qui pouvait se trouver de bon dans elle. Quand ils avançaient en âge, tout le temps qu'elle les eut sous la main, elle les élevait pour le désert plutôt que pour la cour, leur donnant à manger des nourritures communes et des plus grossières, comme s'ils devaient par-

[*] Jacques de Voragine a écrit cette vie d'après le livre de Guillaume, de Saint-Thierry.

tir d'un instant à l'autre pour la solitude. Etant enceinte de Bernard, son troisième fils, elle eut un songe
qui était un présage de l'avenir. Elle vit dans son sein
un petit chien blanc, tout roux sur le dos et qui
aboyait. Elle déclara son rêve à un homme de Dieu.
Celui-ci lui répondit d'une voix prophétique : « Vous
serez la mère d'un excellent petit chien, qui doit être
le gardien de la maison de Dieu ; il jettera de grands
aboiements contre les ennemis de la foi ; car ce sera
un prédicateur distingué, qui guérira beaucoup de
monde par la vertu de sa langue. » Or, comme Bernard
était encore tout petit, et qu'il souffrait d'un grand
mal de tête, il repoussa et chassa, en criant avec une
extrême indignation, une femme qui venait pour soulager sa douleur par des charmes ; mais la miséricorde
de Dieu ne manqua pas de récompenser le zèle du
petit enfant ; en effet il se leva aussitôt et se trouva
guéri. Dans la très sainte nuit de la naissance du Seigneur, comme le jeune Bernard attendait dans l'église
l'office des Matines, il désira savoir à quelle heure de
la nuit J.-C. était né. Alors le petit enfant Jésus lui
apparut comme s'il venait de naître du sein de sa
mère. Ce qui lui fit penser, tant qu'il vécut, que c'était
l'heure de la naissance du Seigneur. Dès ce moment
il lui fut donné, pour ce mystère, une intelligence plus
profonde et une éloquence plus riche. Aussi dans la
suite, il mit au jour, en l'honneur de la mère et du Fils
un opuscule remarquable parmi tous ses autres traités,
dans lequel il expliqua l'évangile *Missus est Angelus
Gabriel.* L'antique ennemi voyant des dispositions si
saintes dans cet enfant fut jaloux de la résolution

qu'il avait prise de garder la chasteté, et il tendit une
infinité de pièges pour le faire succomber à la tentation. En effet une fois que Bernard avait arrêté quelque temps les yeux sur une femme, à l'instant il rougit
de lui-même et exerça sur son corps une vengeance
très sévère ; car il se jeta dans un étang dont les eaux
étaient glacées, où il resta jusqu'à être presque gelé,
et par la grâce de Dieu, il éteignit en soi toutes les
ardeurs de la concupiscence de la chair.

Vers le même temps, une fille poussée par le démon
se glissa nue dans le lit où il dormait. En la sentant,
il lui céda en toute paix et silence le côté du lit où
elle s'était placée, et se retournant de l'autre côté, il
s'endormit. Alors cette misérable resta quelques instants tranquille et attendit ; enfin elle se mit à le toucher
et à le remuer ; enfin comme il restait immobile, cette
fille tout impudente qu'elle fût, se prit à rougir et
pleine d'une crainte étrange et d'admiration, elle se
leva et s'enfuit. Une autre fois, il avait reçu l'hospitalité chez une dame qui, en voyant un si beau jeune
homme, conçut pour lui des désirs brûlants. Comme
elle lui avait fait préparer un lit à l'écart, elle se leva
au milieu du silence de la nuit, et eut l'impudence de
venir le trouver. Bernard ne l'eut pas plutôt sentie,
qu'il se mit à crier : « Au voleur, au voleur. » A ce
cri la femme fuit ; on allume une lampe ; on cherche
le voleur, mais il n'y a pas moyen de le trouver. Chacun retourne à son lit, et repose, la misérable seule ne
repose pas, car elle se lève une seconde fois, va au lit
de Bernard qui s'écrie de nouveau : « Au voleur, au
voleur. » On cherche encore le larron, qui ne fut pas

découvert par celui-là seul qui le connaissait. Cette
méchante femme ainsi rebutée ne laissa pas de revenir
une troisième fois ; enfin vaincue par la crainte ou le
désespoir, elle cessa à peine ses tentatives. Or, le lendemain, quand Bernard se fut remis en route, ses compagnons de voyage lui demandèrent, en lui adressant
des reproches, pourquoi il avait tant rêvé voleurs. Il
leur dit : « Véritablement cette nuit, j'ai été attaqué
par un voleur ; car l'hôtesse essayait de m'enlever le
trésor de la chasteté qui ne se peut recouvrer. » Réflé-
chissant donc qu'il n'est pas sûr de demeurer avec un
serpent, il pensa à s'enfuir, et dès lors il résolut d'entrer dans l'ordre de Cîteaux. Lorsque ses frères en
furent instruits, ils voulurent le détourner de toutes les
manières d'exécuter son dessein ; mais le Seigneur lui
accorda une si grande grâce que non seulement rien
ne s'opposa à sa conversion mais il gagna au Seigneur
pour entrer en religion tous ses frères et beaucoup
d'autres encore. Gérard, son frère, militaire vaillant,
regardait comme vaines les paroles de Bernard, et rejetait absolument ses conseils ; alors Bernard, animé
d'une foi toute de feu, et transporté du zèle de la charité
pour le salut de son frère, lui dit : « Je sais, mon frère,
je sais qu'il n'y aura que le malheur qui puisse donner à tes oreilles de comprendre. Puis mettant le doigt
sur son côté : « Le jour viendra dit-il, et il viendra
bientôt, qu'une lance perçant ce côté fera arriver jusqu'à ton cœur l'avis que tu rejettes. » Peu de jours
après Gérard, qui avait reçu un coup de lance à l'endroit où son frère avait posé le doigt, est fait prisonnier et jeté dans les fers. Bernard vint pour le voir,

et comme on ne lui permettait pas de lui parler, il lui cria : « Je sais, mon frère Gérard, que dans peu nous devons aller pour entrer au monastère. » Cette nuit-là même, les chaînes qui retenaient Gérard par les pieds tombèrent ; la porte de la prison s'ouvrit et il s'enfuit plein de joie. Alors il fit connaître à son frère qu'il avait changé de résolution et qu'il voulait se faire moine.

L'an de l'Incarnation 1112, la quinzième année depuis l'établissement de la maison des cisterciens, le serviteur de Dieu Bernard, âgé d'environ vingt-deux ans, entra dans l'ordre de Citeaux avec plus de trente de ses compagnons. Or, comme il sortait avec ses frères de la maison paternelle, Guidon, l'aîné, voyant Nivard, son tout petit frère, qui jouait sur la place avec des enfants, lui dit : « Allons, mon frère Nivard, c'est à toi seul qu'appartient toute la terre de notre héritage. » Et l'enfant lui répondit non pas comme un enfant : « Vous aurez donc le ciel, et à moi vous me laissez seulement la terre ? Ce partage n'a pas été fait *ex æquo.* » Nivard resta donc quelque peu de temps avec son père ; mais dans la suite, il alla rejoindre ses frères. Le serviteur de Dieu Bernard étant entré dans cet ordre, s'adonna tellement à la contemplation spirituelle et fut tellement occupé du service de Dieu, qu'il ne se servait déjà plus d'aucun de ses sens corporels ; car il y avait un an qu'il était dans la cellule des novices, qu'il ignorait encore si la maison avait une voûte. Bien qu'il entrât souvent dans l'église et qu'il en sortît, il pensait qu'il n'y avait qu'une fenêtre au chevet, où il s'en trouvait trois. L'abbé de Citeaux

envoya des frères pour fonder la maison de Clairvaux,
et ce fut Bernard qu'il leur proposa pour abbé. Il y
vécut longtemps dans une pauvreté excessive, et souvent il n'avait que des feuilles de hêtre pour confec-
tionner le potage. Le serviteur de Dieu veillait au delà
de ce que peut la force d'un homme : et il avait coutume de dire que le temps qu'il regrettait le plus était
celui qu'il passait à dormir ; il trouvait que la comparaison qu'on fait entre le sommeil et la mort était
assez juste, puisque ceux qui sont morts semblent
dormir aux yeux des hommes comme ceux qui dor-
ment semblent morts aux yeux de Dieu. C'est pourquoi, s'il entendait un frère ronfler trop fort, ou bien
s'il le voyait couché avec peu de bienséance, il le supportait avec peine, et prétendait qu'il dormait comme
un homme charnel ou bien comme un séculier. Il n'é-
tait porté à manger par aucun plaisir de contenter son
appétit ; c'était la crainte de défaillir qui le faisait se
mettre à table, comme à un lieu de supplice. Après
le repas, il avait constamment la coutume de penser à
la quantité de nourriture qu'il avait prise, et s'il s'a-
percevait avoir excédé seulement d'un peu sa ration
ordinaire, il ne laissait pas passer cela impunément.
Il avait tellement dompté les attraits de la friandise
qu'il avait perdu en grande partie le sens du goût ;
car un jour qu'on lui avait versé de l'huile par mégarde,
il la but sans s'en apercevoir : et le fait serait resté
ignoré, si quelqu'un n'eût remarqué avec étonnement
qu'il avait les lèvres couvertes d'huile. On sait que
pendant plusieurs jours, il fit usage de sang caillé qui
lui avait été servi pour du beurre. Il ne trouvait de

saveur qu'à l'eau, parce que, en la prenant, disait-il,
elle lui rafraîchissait la bouche et la gorge. Il disait
ingénument que tout ce qu'il avait appris dans l'Écriture sainte, il l'avait acquis par la méditation et la
prière dans les forêts et dans les champs; et il répétait souvent à ses amis qu'il n'avait jamais eu d'autres
maîtres que les chênes et les hêtres. Enfin il avoua
que c'était souvent dans la méditation et la prière que
toute la Sainte Écriture s'était présentée à lui sous son
véritable sens, et toute sa clarté. A une époque, rap-
porte-t-il dans le 82° sermon sur le Cantique des Cantiques, pendant qu'il parlait, il voulait retenir quelque
chose que le Saint-Esprit lui suggérait, et se le réser-
ver pour une autre fois où il serait obligé de traiter le
même sujet, il lui sembla entendre une voix qui lui
disait : « Tant que vous retiendrez cela, vous ne recevrez pas autre chose. » Il est certain qu'il ne le faisait
pas par un sentiment d'infidélité, quoiqu'il témoignât
manquer d'un peu de foi.

Dans ses vêtements la pauvreté lui plut toujours,
mais jamais la malpropreté, qu'il disait être la marque
d'un esprit négligent, ou plein d'un sot orgueil, ou
bien convoitant la gloire humaine. Souvent il citait
ce proverbe, que toujours il avait dans le cœur : « Qui
veut être remarqué, agit autrement qu'un autre. »
C'est pour cela qu'il porta un cilice plusieurs années,
tant que la chose put rester secrète ; mais quand il
s'aperçut qu'elle était découverte, il s'en dépouilla et
fit comme la communauté. S'il riait, c'était toujours
de telle sorte qu'il lui fallait faire des efforts pour rire
plutôt que pour réprimer des ris : il fallait qu'il les

excitât plutôt qu'il ne les retînt. Comme il avait coutume de dire qu'il y avait trois genres de patience,
savoir : 1° patience pour les paroles injurieuses, 2°
patience pour le dommage dans les biens, et 3° patience dans les maladies du corps, il prouva qu'il les
possédait tous par les exemples qui suivent : Il avait
écrit une lettre dans laquelle il donnait des avis à un
évêque en termes affectueux. L'évêque outré de colère
lui répondit en style des plus amers et commença ainsi sa
lettre : « Salut et non par esprit de blasphème », comme
si saint Bernard lui eût écrit poussé par l'esprit de blasphème ; mais celui-ci lui écrivit de nouveau en disant :
« Je ne crois pas avoir l'esprit de blasphème, et je ne
sache pas avoir maudit personne, ni avoir l'envie de le
faire à l'égard de qui que ce soit, mais surtout envers le
prince de mon peuple. » Un abbé lui envoya 600 marcs
d'argent pour construire un monastère ; or, toute la
somme fut ravie en route par des voleurs. A cette
nouvelle, Bernard se contenta de dire : « Béni soit
Dieu, qui nous a délivrés de ce fardeau ; il faut toutefois avoir pitié de ceux qui l'ont enlevé ; car, d'une
part, c'était la cupidité humaine qui les poussa ; et
d'ailleurs cette grosse somme d'argent avait été l'occasion d'une grande tentation. Un chanoine régulier
vint le prier instamment de le recevoir au nombre des
moines. Comme Bernard n'acquiesçait pas à sa demande et lui conseillait de retourner à son église :
« Pourquoi donc, lui dit le chanoine, recommandez-
vous si fort la perfection dans vos écrits, si vous ne
l'offrez pas à ceux qui la désirent ? Que ne puis-je les
tenir dans mes mains, vos livres, afin de les mettre en

morceaux ! » Bernard reprit : « Vous n'avez lu dans
aucun d'eux que vous ne pouviez pas être parfait
dans votre cloître : c'est la correction des mœurs, ce
n'est pas le changement de lieux que j'ai recommandé
dans tous mes livres. » Alors cet insensé se jeta sur
lui et le frappa si grièvement à la joue, que la rougeur
succéda au coup, et l'enfle à la rougeur. Déjà ceux qui
se trouvaient là se levaient contre le sacrilège, mais le
serviteur de Dieu les prévint en criant et en les con-
jurant au nom de J.-C. de ne point le toucher et de
ne lui faire aucun mal. Il avait coutume de dire aux
novices qui voulaient entrer en religion : « Si vous
voulez avoir part à tout ce qui se fait dans l'intérieur
de cette maison, laissez à la porte le corps que vous
avez amené du siècle : l'esprit seul entre ici ; on n'y a
pas besoin de la chair. » Son père, qui était resté seul
à la maison, vint au monastère et y mourut après un
court espace de temps, dans une belle vieillesse.

Sa sœur, qui s'était mariée, vivait exposée au danger
au sein des richesses et des délices du monde. Or, elle
vint une fois au monastère faire une visite à ses frères.
Et comme elle était arrivée avec une suite et un appareil
magnifique, Bernard en eut horreur comme du filet
dont se sert le diable pour prendre les âmes ; il refusa
absolument de sortir pour la voir. Comme aucun de
ses frères ne venait à sa rencontre, mais que l'un d'eux,
qui pour lors était portier, l'appelait fumier habillé,
elle fondit toute en larmes. « Bien que je sois une pécheresse, dit-elle, c'est pour les gens de cette sorte que
J.-C. est mort : c'est parce que je sens être une pécheresse que je recherche les avis et l'entretien des per-

sonnes de bien; et si mon frère méprise mon corps,
que le serviteur de Dieu ne méprise pas mon âme.
Qu'il vienne, qu'il ordonne, et tout ce qu'il ordonnera,
je l'accomplirai. » Ce ne fut qu'après cette promesse
que saint Bernard vint la trouver avec ses frères; et
parce qu'il ne pouvait pas la séparer de son mari, il
lui interdit d'abord toute la vaine gloire du monde, et
il lui proposa, pour modèle à imiter, la conduite de sa
mère; après quoi il la congédia. A son retour, il s'opéra
en elle un changement si soudain, qu'au milieu de la
gloire du monde, elle menait une vie érémitique et
qu'elle se rendait absolument étrangère à tout ce
qui tenait du siècle. Enfin à force de prières, elle gagna
son mari, et après avoir reçu l'autorisation de son
évêque, elle entra dans un monastère. L'homme de
Dieu tomba malade, et on croyait qu'il allait rendre
le dernier soupir, quand il fut ravi en esprit et il lui
parut qu'il était présenté au tribunal de Dieu: Satan y fut
aussi de son côté, et le pressait d'accusations injustes.
Quand il eut tout articulé et que ce fut au tour de
l'homme de Dieu à parler, celui-ci dit sans se troubler
et sans s'effrayer : « Je l'avoue, je suis un indigne,
et je ne saurais, par mes propres mérites, obtenir le
royaume des cieux. Au reste mon Seigneur qui le
possède à double titre, savoir par héritage de son père,
et par le mérite de sa passion, se contente de l'un et
me donne l'autre; ce don, je le revendique pour moi,
et je ne saurais être confondu. » A cette parole l'ennemi fut confus, l'assemblée dissoute, et l'homme de
Dieu revint à lui. Il atterra son corps par une absti-
nence excessive, par le travail, par les jeûnes, à tel

point qu'il était continuellement malade et languissant, la fièvre le dévorait, et c'était à peine s'il pouvait suivre les exercices du couvent. Une fois, il était très gravement malade; ses frères firent des prières pour lui, et il se sentit revenir à la santé. Alors il convoqua la communauté et dit : « Pourquoi retenez-vous un misérable homme? vous êtes plus forts et vous l'avez emporté. Grâce, je vous en prie, grâce, laissez-moi m'en aller. » Plusieurs villes élurent l'homme de Dieu pour évêque : ce furent en particulier Gênes et Milan. A ceux qui le demandaient, il disait sans consentir, comme aussi sans refuser avec dureté, qu'il ne s'appartenait pas, mais qu'il était consacré au service des autres. Au reste, les frères, d'après le conseil de l'homme de Dieu, s'étaient pourvus et munis de l'autorité du souverain Pontife pour que personne ne pût leur ravir leur joie. A une époque ayant visité les frères Chartreux, Bernard les édifia beaucoup en tous points. Il n'y eut qu'une chose qui frappa le prieur de la Chartreuse, c'est que la selle qui portait le saint abbé n'était pas sans quelque élégance et n'annonçait pas la pauvreté. Le prieur en fit l'observation à un des frères qui rapporta cela à l'homme de Dieu. Celui-ci n'en fut pas moins étonné et s'informa de ce qu'était cette selle : car de Clairvaux, il était venu à la Chartreuse sans savoir comment elle pouvait être. Pendant toute une journée, il chemina auprès du lac de Lausanne sans le voir, ou bien il ne remarqua pas qu'il le voyait. Le soir, comme ses compagnons parlaient de ce lac, Bernard leur demanda où il se trouvait. En entendant cela, ils restèrent dans l'admiration.

L'humilité de son cœur l'emportait en lui sur la gloire de son nom, et le monde entier ne parvenait pas autant à l'élever qu'il se rabaissait lui-même. Tous le regardaient comme un homme extraordinaire, et lui se considérait comme le dernier de tous : personne ne lui trouvait son égal et lui-même ne se préférait à personne. Enfin, d'après ses propres aveux, au milieu des plus grands honneurs, et quand il recevait des hommages universels, il se croyait être un personnage d'emprunt, ou bien il pensait rêver : mais où il rencontrait des frères plus simples, il était joyeux de se trouver jouir d'une humilité qui lui était chère, et d'être rendu à lui-même. Or, toujours on le rencontrait ou priant, ou lisant, ou écrivant, ou méditant, ou bien édifiant les frères par sa parole. Une fois qu'il prêchait au peuple et que tous l'écoutaient avec attention et dévotion, cette tentation se glissa dans son esprit : « Vraiment tu parles aujourd'hui admirablement ; les hommes t'écoutent volontiers et tu passes généralement pour un savant ! » Mais l'homme de Dieu, qui se sentait pressé par cette tentation, s'arrêta un instant, et se mit à penser, s'il devait continuer ou finir son discours. Et aussitôt, fortifié par le secours de Dieu, il répondit tout bas au tentateur : « Ce n'est pas par toi que j'ai commencé, ce n'est pas par toi que je cesserai. » Et, sans se troubler, il poursuivit sa prédication jusqu'à la fin. Un moine qui, dans le siècle, avait été ribaud et joueur, fut tenté par le malin esprit de rentrer dans le monde. Or, comme Bernard ne le pouvait retenir, il lui demanda de quoi il vivrait. Celui-ci lui répondit : « Je sais jouer aux dés et avec cela je pourrai vivre. »

Bernard lui dit : « Si je te confie un capital, veux-tu
revenir tous les ans et partager avec moi le bénéfice ?»
Quand le moine entendit cette proposition, il fut tout
joyeux, et promit qu'il y viendrait volontiers. Bernard
commanda donc de lui donner vingt sols et cet homme
s'en alla avec cet argent. Or, le saint homme agissait
ainsi afin de pouvoir le faire revenir une seconde fois,
comme cela eut lieu plus tard. Ce malheureux s'en
alla donc, et perdit tout : puis il revint fort confus à
la porte. Quand l'homme de Dieu eut appris son arrivée, il alla plein de joie vers lui, et tendit son giron
afin de partager le gain ensemble. Et l'autre dit:
« Rien, mon père, je n'ai rien gagné ; mais j'ai encore
perdu le capital : si vous voulez, recevez-moi pour notre
capital. » Bernard lui répondit avec bonté : « S'il en
est ainsi, dit-il, mieux vaut encore recevoir cela que
tout perdre ». Une fois saint Bernard voyageait monté
sur une jument ; il rencontra un paysan, avec lequel
il vint à parler et à gémir de la légèreté du cœur dans
la prière. Quand cet homme l'eut entendu, il le méprisa aussitôt, et lui dit que quant à lui, dans ses
prières, il avait le cœur ferme et solide. Mais saint
Bernard voulant le convaincre et réprimer sa témérité
lui dit : « Eloignez-vous un peu de nous, et commencez
l'oraison dominicale avec toute l'attention dont vous
pouvez être capable. Si vous l'achevez sans aucune
distraction et sans vous tromper, je vous donne bien
certainement la jument sur laquelle je suis assis. Mais
vous allez me promettre consciencieusement aussi, que
si vous avez en même temps une distraction, vous vous
garderez bien de me le cacher. » Le paysan enchanté

et qui se croyait déjà avoir gagné la jument, fut assez téméraire pour se retirer, et après s'être recueilli, il commença à réciter l'oraison dominicale. Il avait à peine achevé la moitié du *Pater*, qu'une pensée le tourmente : c'est de savoir s'il aura la selle avec la jument. Alors s'étant aperçu de sa distraction, il revint vite trouver saint Bernard auquel il déclara ce qui l'avait inquiété pendant sa prière, et dans la suite, il fut moins présomptueux de soi-même.   .

Frère Robert, moine et parent de saint Bernard, trompé dès son enfance par les discours de certaines personnes, s'en était allé à Cluny. Or, le vénérable Père, après avoir gardé le silence à ce sujet pendant un certain temps, prit la résolution de lui écrire pour le faire rentrer. Et comme il était en plein air, et qu'un autre moine écrivait en même temps sous la dictée du saint, tout à coup, et sans qu'on s'y attendît, la pluie tomba avec impétuosité. Or, celui qui écrivait voulait plier la feuille. « C'est œuvre de Dieu, lui dit Bernard, écrivez, et ne craignez rien. » Il écrivit donc la lettre au milieu de la pluie, sans en recevoir une goutte, car bien qu'il eût plu de tout côté, cependant la force de la charité suffit pour éloigner l'incommodité de l'orage. — L'homme de Dieu avait bâti un monastère, qui était envahi par une multitude incroyable de mouches, en sorte que c'était une grande gêne pour tout le monde. Saint Bernard dit : « Je les excommunie. » Et le matin, on les trouva toutes mortes. — Ayant été envoyé par le souverain pontife à Milan, pour en réconcilier les habitants avec l'Église, il était déjà de retour à Pavie, quand un homme

lui amena sa femme, qui était possédée. Aussitôt le
diable se mit à vomir contre le saint mille injures par
la bouche de cette misérable. Il disait : « Ce mangeur
de poireaux, cet avaleur de choux, ne me chassera
point de ma petite vieille. » Mais l'homme de Dieu
l'envoya à l'église de saint Syr. Saint Syr voulut le
céder à son hôte et ne fit aucun bien à cette femme.
On l'amena donc de nouveau à saint Bernard. Alors
le diable, par la bouche de la possédée, se mit à plai-
santer et à dire : « Ce ne sera pas Sirule, ce ne sera
pas Bernardinet qui me chassera. » A cela, le serviteur de Dieu répondit : « Ni Syr, ni Bernard ne te
chassera, mais ce sera le Seigneur J.-C. » Et il ne se
fut pas plutôt mis en oraison, que le malin esprit dit :
« Que je sortirais volontiers de cette petite vieille!
Combien j'y suis tourmenté! Que je sortirais volontiers! mais je ne le puis ; le grand Seigneur ne le veut
pas. » Le saint lui dit : « Et quel est le grand Seigneur? » « C'est Jésus de Nazareth », répondit le diable.
« L'as-tu jamais vu ? » reprit Bernard. « Oui, » répondit le malin. « Où? » dit Bernard. L'autre lui répondit : « Dans la gloire. » « Tu as donc été dans la
gloire ? » repartit Bernard. « Certainement, » dit le
démon. « Et comment en es-tu sorti ? » lui demanda
le saint. « C'est avec Lucifer que nous fûmes précipités en grand nombre. » Or, l'esprit méchant disait
cela d'une voix lugubre, par la bouche de la vieille,
en présence de tout le monde qui l'entendait. Et
l'homme de Dieu lui dit : « Est-ce que tu ne voudrais
pas retourner dans cette gloire? » Et le démon se mit
à ricaner d'une certaine façon et dit : « C'est un peu

tard, à présent. » Alors, l'homme de Dieu fit une
prière, et le démon sortit de la femme. Mais quand
saint Bernard se fut retiré, le diable s'en empara de
nouveau. Alors son mari accourut dire à saint Bernard ce qui était arrivé. Celui-ci ordonna de lier au
cou de la femme un papier sur lequel étaient écrits
ces mots : « Au nom de N.-S. J.-C., je te commande,
démon, de ne plus oser toucher cette femme à l'avenir. » Après quoi, le diable n'osa plus s'approcher
d'elle *. — Il y avait, dans l'Aquitaine, une misérable
femme tourmentée par un démon impudent et incube.
Pendant six ans, il abusa d'elle et la vexa par des
débauches incroyables. Quand l'homme de Dieu vint
en ce pays, le démon défendit à la possédée, avec des
menaces horribles, de s'approcher du saint, parce
qu'il ne pourrait lui rien faire de bien, et qu'après son
départ, celui qui était son amant serait pour elle un
persécuteur acharné. Mais cette femme alla trouver
avec assurance l'homme de Dieu, et lui raconta avec
beaucoup de sanglots ce qu'elle souffrait. Saint Bernard lui dit : « Prenez mon bâton que voici, mettez-le
dans votre lit, et s'il peut faire quelque chose, qu'il le
fasse. » La femme le fit et se coucha ; mais aussitôt
l'autre vint et n'osa pas s'approcher du lit, ni entreprendre ce qu'il avait coutume de faire. Alors il la
menace vivement qu'aussitôt après le départ du saint,
il se vengera d'elle d'une manière atroce. Ceci fut
rapporté à saint Bernard qui rassembla le peuple,

* Ripamoulins rapporte ce fait dans la 2ᵉ partie des *Histo-
riarum Ecclesiæ mediolanensis*, page 57 (œuvre de Loup de
Ferr , page 518.

commanda que chacun tînt une chandelle allumée à
la main, et, avec toute l'assemblée qui se trouvait là,
il excommunia le démon; ensuite il lui interdit tout
accès, soit auprès de cette femme, soit auprès d'aucune autre. Ce fut ainsi qu'elle fut délivrée entièrement d'une semblable illusion.

Dans la même province, le saint homme remplissait
les fonctions de légat, pour réconcilier à l'Église le
duc d'Aquitaine, qui refusait absolument de le faire.
Alors, l'homme de Dieu s'approcha de l'autel pour
célébrer les saints mystères, et le duc attendait à la
porte de l'église, comme excommunié. Quand saint
Bernard eut dit *Pax Domini*, il mit le corps de N.-S.
sur la patène et le prit avec lui, et alors, la figure
embrasée et les yeux flamboyants, il sort de l'église et
adresse au duc ces paroles terribles : « Nous t'avons
prié, dit-il, et tu nous as méprisés. Voici le Fils de la
Vierge qui vient à toi ; c'est lui qui est le seigneur de
l'Église que tu persécutes. C'est ici ton juge au nom
duquel tout genou fléchit. C'est ici ton juge dans les
mains duquel ton âme viendra un jour. Est-ce que tu
le mépriseras aussi, lui, comme tu as méprisé ses serviteurs ? Résiste-lui, si tu l'oses. » Et aussitôt le duc
fut glacé, et comme si tous ses membres eussent été
disloqués, il se laissa tomber à l'instant aux pieds du
saint, qui, le poussant du talon, lui ordonna de se
lever et d'écouter la sentence de Dieu. Le duc se leva
tout tremblant, et accomplit de suite ce que le saint
homme lui commandait. — Le serviteur de Dieu étant
venu en Allemagne pour apaiser une grande discorde,
l'archevêque de Mayence envoya au-devant de lui un

clerc vénérable. Celui-ci lui disait qu'il avait été envoyé au-devant de lui par son seigneur, et l'homme de Dieu répondit : « C'est un autre Seigneur qui vous a envoyé. » Celui-ci, étonné, lui assurait qu'il avait été envoyé par l'archevêque, son maître. De son côté, le serviteur de J.-C. disait · « Vous vous trompez, mon fils, vous vous trompez ; c'est un plus grand maître qui vous a envoyé ; c'est J.-C. » Le clerc, qui comprit : « Vous pensez, dit-il, que je veux me faire moine ? Dieu m'en garde ! Je n'y ai pas pensé ; et cela n'entre pas dans mes goûts. » Cependant, dans le même voyage, il dit adieu au siècle et reçut l'habit des mains de l'homme de Dieu. — Le saint homme avait accueilli dans son ordre un militaire d'une famille très noble, lequel, étant resté un certain temps avec saint Bernard, fut aux prises avec une tentation très grave. Un des frères, qui le vit si triste, lui en demanda la cause. Il lui répondit : « Je sais, dit-il, je sais que désormais il n'y aura plus de joie pour moi. » Le frère rapporta cette parole au serviteur de Dieu, qui pria pour le militaire avec plus de ferveur. A l'instant, ce frère, qui avait été si grièvement tenté et qui était si triste, parut aux frères aussi joyeux et aussi gai qu'il avait paru désolé auparavant. Le frère lui rappela le mot triste qu'il avait prononcé, alors, il répondit : « Bien, que j'aie dit alors, je ne serai plus jamais gai, je dis maintenant, je ne serai plus jamais triste. »

Saint Malachie, évêque d'Irlande, dont saint Bernard a écrit la vie pleine de vertus, étant trépassé heureusement à J.-C. dans son monastère, l'homme

de Dieu offrit pour lui l'hostie salutaire ; il connut
alors sa gloire par une révélation divine, et par inspiration * il changea la formule de la postcommunion
en disant avec une voix toute joyeuse : *Deus qui
Beatum Malachiam sanctorum tuorum meritis coæ-
quasti, tribue, quæsumus, ut qui pretiosæ mortis ejus
festa agimus, vitæ quoque imitemus exempla. Per Dominum...**. Le chantre lui faisant signe qu'il se trom-
pait : « Non, dit-il, je ne me trompe pas ; je sais ce
que je dis. » Ensuite il alla baiser les précieux restes
du saint. — A l'approche du carême, il reçut la visite
d'un grand nombre d'étudiants qu'il pria de s'abstenir,
au moins dans ces saints jours, de leurs vanités et de
leurs débauches. Comme ils n'acquiesçaient pas à sa
prière, il leur fit servir du vin en disant : « Buvez la
boisson des âmes. » Quand ils eurent bu ils furent
subitement changés ; ils avaient tout à l'heure refusé
de servir Dieu pendant un peu de temps, et ils lui
consacrèrent toute leur vie. — Enfin, saint Bernard
approchant heureusement de la mort, dit à ses frères :
« Je vous laisse trois points à observer, et dans tout
le cours de ma vie je les ai pratiqués autant qu'il a
été en moi : je n'ai voulu donner de scandale à personne et s'il y en a eu, je l'ai caché comme je l'ai pu.
J'ai toujours cru moins à mon sentiment qu'à celui
d'autrui. Quand j'ai été offensé je n'ai jamais cherché
à me venger. Voici donc que je vous laisse la charité,

---

* Guill de S. Th., l. IV, c. xxi
** C'est la postcommunion de la messe de saint Grégoire ler,
pape, telle qu'elle se trouve dans le Romain actuel, à l'exception du mot *mortis* qui est remplacé par *commemorationis*

l'humilité et la patience. » Enfin après avoir opéré un grand nombre de miracles, construit 160 monastères, composé beaucoup de livres et de traités, et avoir vécu environ 63 ans, il s'endormit dans les bras de ses frères, l'an du Seigneur 1153. Après son décès, il manifesta sa gloire à beaucoup de personnes. Il apparut en effet à l'abbé d'un monastère et l'engagea à le suivre. Comme cet abbé le suivait, l'homme de Dieu lui dit : « Voici que nous allons à la montagne du Liban. Pour vous, vous demeurerez ici et moi j'y monterai. » L'abbé lui demanda pourquoi il voulait monter ? « C'est que je veux apprendre », dit-il. « Et que voulez-vous apprendre, mon Père, reprit l'abbé étonné, vous dont nous ne connaissons pas aujourd'hui le pareil sur la terre en ce qui concerne la science ? » Le saint lui répondit : « Il n'y a pas de science ici-bas, il n'y a aucune connaissance du vrai. C'est là-haut qu'est la plénitude de la science, c'est là-haut qu'est la véritable connaissance de la vérité. » Et en disant ces mots, il disparut. L'abbé nota le jour, et il trouva que c'était celui où saint Bernard était mort. Dieu opéra par son serviteur beaucoup d'autres miracles, qu'il est presque impossible de compter.

SAINT TIMOTHÉE

Timothée viendrait de *timorem tenens*, tenant peur, ou de *timor*, et *Theos*, crainte de Dieu. Et selon le mot de saint Grégoire, le saint est pris de peur en considérant où il a été, où il sera, où il est et où il n'est pas. Où il a été, c'est-à-dire dans le péché; où il sera, au jugement; où il est, dans la misère; où il n'est pas, dans la gloire.

Timothée fut tourmenté à Rome sous Néron par le préfet de la ville; ses plaies furent arrosées de chaux vive * et pendant qu'il souffrait ces supplices affreux, il rendait grâces à Dieu. Deux anges lui apparurent alors et lui dirent : « Lève la tête aux cieux et vois. » En regardant il vit les cieux ouverts et J.-C tenant une couronne ornée de pierres précieuses qui lui disait : « Tu la recevras de ma main. » Un homme nommé Apollinaire, voyant cela, se fit baptiser. C'est pourquoi le président ordonna que tous deux fussent décapités, puisqu'ils persévéraient dans leur confession. Ce qui arriva vers l'an du Seigneur 57.

SAINT SYMPHORIEN

Symphorien vient de symphonie. Car il fut comme un instrument de musique qui rend des sons harmonieux de vertu. Dans un instrument de musique il y a trois choses, comme elles existèrent dans Symphorien. D'après Averroës, l'objet qui résonne doit être dur à la résistance, doux pour la prolongation des sons et large quant à leur ampleur. De même Symphorien fut comme un instrument de musique; il fut dur à lui-même par austérité, doux aux autres par mansuétude et large à tous par grandeur de charité.

Symphorien était originaire de la ville d'Autun. Dès sa jeunesse, il excellait par une telle gravité de mœurs qu'il semblait prévenir la vieillesse. Les païens célé-

* *Breviaire romain.*

braient une fête de Vénus et l'on portait sa statue devant le préfet Héraclius. Symphorien qui s'y trouva ne
voulut pas l'adorer; alors il fut battu longtemps et
jeté en prison. On le fit sortir ensuite du cachot et
comme on le forçait à sacrifier et qu'on lui promettait
de grandes récompenses, il dit : « Notre Dieu sait récompenser le mérite comme il sait punir les péchés.
Cette vie que nous avons à payer à Dieu comme une
dette, payons-la en dévouement. On se repent, trop
tard, d'avoir tremblé devant son juge. Vos présents
trompeurs qui paraissent avoir la douceur du miel ne
sont que poison à ceux dont l'esprit est assez crédule
pour les accepter. Votre cupidité, en voulant tout posséder, ne possède rien, parce que enlacée dans les artifices du démon, elle est retenue dans les entraves
d'un misérable gain : et vos joies, semblables à une
eau glacée, se brisent dès qu'elles reçoivent les rayons
du soleil. » Alors le juge, rempli de colère, porta une
sentence de mort contre Symphorien. On le conduisait
à l'endroit de l'exécution, quand sa mère lui cria de
dessus le mur : « Mon fils, mon fils, souviens-toi de la
vie éternelle : regarde en haut, et vois celui qui règne
dans le ciel. Ta vie n'est point détruite, puisqu'elle est
changée en une meilleure * ». Bientôt après il fut décapité, et son corps enlevé par les chrétiens fut enseveli honorablement. Il s'opérait tant de miracles à son
tombeau que les païens l'avaient en grand honneur.
Grégoire de Tours rapporte ** qu'un chrétien ramassa

* *Bréviaire romain.*
** *De Glor. Mart.*, l. IV, c. LII.

trois pierres à l'endroit où son sang avait été répandu
et qu'il les renferma dans une boîte d'argent revêtue
de bois. Il la déposa dans un château qu'un incendie
dévora tout entier ; mais la boîte fut retirée intacte et
entière du milieu du foyer. Il pâtit vers l'an du Seigneur 270.

SAINT BARTHÉLEMY

Barthélemy signifie fils de celui qui suspend les eaux, ou
fils de celui qui se suspend Ce mot vient de *Bar*, qui veut dire
fils, de *thelos*, sommité,et de *moys*, eau. De là Barthélemy, c'est-
à-dire, le fils de celui qui suspend les eaux de Dieu ; donc,
qui élève l'esprit des docteurs en haut, afin qu'ils versent en
bas les eaux de la doctrine. C'est un nom Syrien et non pas
Hébreu, il y a trois manières d'être suspendu, que notre saint
posséda. En effet il fut suspendu, c'est-à-dire élevé au-dessus
de l'amour du monde, porté à l'amour des choses du ciel, entièrement appuyé sur la grâce et le secours de Dieu, de sorte
que toute sa vie dépendit non de ses mérites mais de l'aide de
Dieu. Par la seconde étymologie,est indiquée la profondeur de
sa sagesse dont saint Denys dit ce qui suit dans sa *Théologie
mystique* [*] · « Le divin Barthélemy avance que la Théologie est
tout ensemble développée et briève, l'évangile ample, abondant
et néanmoins concis. » Saint Barthélemy veut insinuer par là,
d'après l'opinion de Denys, que la nature suprême de Dieu
s'élève au-dessus de tout, au-dessus de toute négation comme
de toute affirmation.

Saint Barthélemy, apôtre, en venant dans l'Inde [**],
qui est située aux extrémités du monde, entra dans

[*] Chapitre ı, 3.
[**] *Bréviaire romain.*

un temple où se trouvait une idole nommée Astaroth, et il s'y arrêta comme ferait un voyageur. Dans cette idole habitait un démon qui prétendait faire du bien aux malades; or, il ne les guérissait pas, mais il suspendait seulement leurs souffrances. Cependant comme le temple était rempli de malades et que, malgré les sacrifices offerts tous les jours pour les infirmes des pays, les plus éloignés, on ne pouvait avoir aucune réponse d'Astaroth, les malades allèrent à une autre ville où l'on adorait une idole nommé Bérith. Ils demandèrent à Bérith pourquoi Astaroth ne donnait pas de réponse, et il dit : « Notre Dieu est lié dans des chaînes de feu ; il n'ose ni respirer, ni parler, à dater du moment où est entré l'apôtre de Dieu Barthélemy.» Ils lui disent: « Et quel est ce Barthélemy ? » Le démon répondit : « C'est l'ami du Dieu tout-puissant ; il est venu en cette province pour chasser tous les dieux de l'Inde. » Et ils dirent : « Dis-nous à quels signes nous pourrions le trouver. » Le démon reprit : « Il a les cheveux crépus et noirs, le teint pâle, les yeux grands, le nez régulier et droit, la barbe longue et mêlée de quelques poils blancs, la taille bien prise ; il est revêtu d'une robe sans manches avec des nœuds couleur de pourpre, son manteau est blanc, garni de pierres précieuses couleur de pourpre à chaque coin. Depuis vingt ans qu'il les porte, ses habits et ses sandales ne s'usent ni ne se salissent. Chaque jour il fléchit les genoux cent fois pour prier, et autant pendant la nuit. Les anges voyagent avec lui, et ils ne le laissent pas se fatiguer, ni avoir faim. Son visage est toujours le même, toujours il est joyeux et gai. Il prévoit tout, il

sait tout. Il connaît et comprend les langues de tous
les pays, et ce que je vous dis en ce moment, il le sait
déjà ; quand vous le cherchez, s'il le veut, il se mon-
trera à vous, mais, s'il ne le veut pas, vous ne pourrez
le trouver. Or, je vous prie, quand vous l'aurez rencontré, conjurez-le de ne pas venir ici de peur que ses
anges ne me fassent ce qu'ils ont déjà fait à mon compagnon. » Après donc qu'on l'eut cherché avec soin
pendant deux jours sans le trouver, un démoniaque
s'écria un jour : « Apôtre de Dieu, Barthélemy, tes
prières me brûlent. » L'apôtre lui dit : « Tais-toi, et
sors de cet homme. » A l'instant le possédé fut délivré.
En apprenant cela, le roi de ce pays, nommé Polimius, qui avait une fille lunatique, envoya prier l'a-
pôtre de venir chez lui et de guérir sa fille. L'apôtre
étant venu chez le roi, et voyant sa fille enchaînée,
parce qu'elle déchirait par ses morsures ceux qui l'approchaient, ordonna de la délier ; et comme les serviteurs n'osaient l'approcher, il dit : « Déjà je tiens enchaîné le démon qui était en elle, et vous craignez ? »
On la délia et elle fut délivrée. Alors le roi fit charger
des chameaux d'or, d'argent et de pierres précieuses,
et fit chercher l'apôtre qu'on ne put rencontrer nulle
part. Le lendemain matin, cependant, le roi étant seul
dans sa chambre, l'apôtre lui apparut et lui dit : « Pourquoi m'as-tu cherché toute la journée avec de l'or, de
l'argent et des pierres précieuses ? Ces présents sont
utiles à ceux qui sont avides des biens de la terre ;
quant à moi, je ne désire rien de terrestre, rien de
charnel. » Alors saint Barthélemy se mit à lui apprendre beaucoup de choses sur la manière dont nous avons

été rachetés ; il lui montra, entre autres, que J.-C.
avait vaincu le diable par convenance prodigieuse, par
puissance, par justice et par sagesse. 1° Il fut convenable
en effet que celui qui avait vaincu le fils d'une vierge,
c'est-à-dire, Adam créé de la terre, alors qu'elle était
encore vierge, fût vaincu par le fils de la Vierge. 2° Il
le vainquit par puissance : comme le diable, en faisant
tomber l'homme, avait usurpé l'empire de Dieu, J.-C.
l'en chassa avec sa toute-puissance. Et comme le vainqueur d'un tyran envoie ses compagnons de victoire
pour arborer ses drapeaux partout et pour abattre
ceux du tyran, de même J.-C. vainqueur envoie partout ses messagers afin de renverser le culte du diable
et établir à la place le culte de J.-C. 3° Il le vainquit
avec justice. Il était juste en effet que celui qui avait
vaincu l'homme par le manger, et qui le tenait encore
sous sa puissance, fût vaincu par le jeûne d'un homme,
et dépouillé de son usurpation. 4° Il le vainquit par
sagesse, puisque les artifices du diable furent déjoués
par l'habileté de J.-C. Tel fut l'artifice du diable : comme
un épervier qui saisit un oiseau, il devait saisir J.-C.
dans le désert ; si en jeûnant J.-C. n'avait pas faim,
il n'y aurait plus de doute qu'il fût Dieu ; mais s'il
avait faim, il l'aurait vaincu lui-même par la gourman-
dise comme il avait fait du premier homme ; mais Dieu
ne se fit pas connaître, parce qu'il eut faim ; il ne put
pas être vaincu, car il résista à sa tentation. Quand
donc il eut enseigné au roi les mystères de la foi, il
ajouta que s'il voulait recevoir le baptême, il lui mon-
trerait son Dieu, chargé de chaînes.

Le lendemain, les pontifes offraient, vis-à-vis du pa-

laïs du roi, un sacrifice à l'idole, quand le démon se
mit à crier en disant : « Cessez, misérables, de m'offrir des sacrifices, de peur que vous ne souffriez pire
encore que moi qui suis lié de chaînes de feu par l'ange
de J.-C., que les Juifs ont crucifié, avec la pensée qu'il
serait retenu par la mort : au lieu qu'il a enchaîné la
mort elle-même, notre reine, et qu'il retient captif,
dans des chaînes de feu, notre prince, l'auteur de la
mort. » Aussitôt tous se mirent en œuvre d'attacher
des cordes pour renverser l'idole, mais ils ne le purent.
Alors l'apôtre commanda au démon de sortir de l'idole
en la brisant : et à l'instant le démon sortit et brisa
lui-même toutes les idoles du temple. Puis l'apôtre fit
une prière et tous les infirmes furent guéris. Alors
saint Barthélemy consacra le temple à Dieu et ordonna
au démon de s'en aller dans le désert. L'ange du Seigneur apparut en cet endroit, et en volant autour du
temple, il grava le signe de la croix avec le doigt aux
quatre angles en disant : « Voici ce que dit le Seigneur :
Comme je vous ai purifiés de votre infirmité, de même
aussi ce temple sera purifié de toute souillure, et de la
présence de celui qui l'habitait, puisque l'apôtre l'a
fait s'en aller au désert. Mais auparavant, je vous le
ferai voir. Ne craignez pas en le regardant, mais faites
sur votre front un signe pareil à celui que j'ai sculpté
sur ces pierres. » Et il leur montra un Éthiopien plus
noir que la suie, à la figure anguleuse, avec une longue barbe, et des cheveux qui lui tombaient aux pieds,
des yeux enflammés et jetant des étincelles comme le
fer rouge ; des flammes couleur de soufre lui sortaient
de la bouche et des yeux, et il avait les mains liées

derrière le dos avec des chaînes de feu. Et l'ange lui
dit : « Puisque tu as entendu l'ordre de l'apôtre, et
que tu as brisé toutes les idoles en sortant du temple,
je te délierai afin que tu puisses aller en tel endroit
où aucun homme n'habite, et que tu y restes jusqu'au
jour du jugement. » Quand il fut délié il disparut en
hurlant et faisant un grand bruit : mais l'ange du Seigneur s'envola vers le ciel à la vue de tous les assistants. Alors le roi avec son épouse, ses enfants et tout
le peuple reçut le baptême : après quoi il quitta son
royaume pour se faire le disciple de l'apôtre.

Tous les pontifes des temples s'assemblèrent et allèrent trouver le roi Astyage, son frère. Ils portèrent
contre l'apôtre des plaintes concernant la perte de leurs
dieux, la profanation du temple et la séduction magi-
que qu'on avait exercée contre le roi*. Alors le roi
Astyage indigné fit partir mille hommes armés pour
prendre l'apôtre. Quand il eut été amené au roi, celui-
ci lui dit : « Es-tu celui qui a perverti mon frère ? »
L'apôtre répondit : « Je ne l'ai pas perverti, mais je
l'ai converti. » Le roi lui dit : « De même que tu as
fait que mon frère abandonnât son Dieu pour croire
au tien, de même aussi je te ferai abandonner ton Dieu
pour sacrifier au mien. » L'apôtre repartit : « Le Dieu
qu'adorait ton frère, je l'ai lié, et je l'ai fait voir lié ;
après quoi je l'ai forcé à briser la statue de l'idole : si
tu parviens à en faire autant à mon Dieu, alors tu
pourras m'inviter à adorer la statue, sinon, de mon
côté, je briserai tes dieux et tu croiras au mien. »

* *Bréviaire romain.*

Comme l'apôtre parlait encore, on annonce au roi que son dieu Baldach s'était renversé et brisé en morceaux. A cette nouvelle, le roi déchira la robe de pourpre dont il était revêtu ; ensuite il fit fouetter l'apôtre avec des verges, et commanda qu'on l'écorchât vif. Mais les chrétiens enlevèrent son corps, et l'ensevelirent avec honneur. Quant au roi Astyage, et aux pontifes des temples, ils furent saisis par les démons et ils moururent : mais le roi Polimius fut ordonné évêque et après avoir rempli avec honneur pendant vingt ans, le ministère épiscopal, il mourut en paix et plein de vertus. — Il y a différentes opinions sur le genre de la passion de saint Barthélemy : car le bienheureux Dorothée dit qu'il fut crucifié. Voici ses paroles : « Barthélemy prêcha aux Indiens et il traduisit dans leur langue l'Évangile selon saint Mathieu. Il s'endormit à Albane, ville de la grande Arménie, et fut crucifié la tête en bas. » Mais saint Théodore dit qu'il fut écorché. Cependant, dans beaucoup de livres, on lit qu'il fut seulement décapité. On peut concilier ces opinions différentes, en disant qu'il fut d'abord crucifié, ensuite qu'il fut descendu de la croix avant de mourir, et que pour ajouter à ses tortures, il fut écorché et qu'en dernier lieu, il eut la tête tranchée.

L'an du Seigneur 831, les Sarrasins, qui envahirent la Sicile, ravagèrent l'île de Lipard, où reposait le corps de saint Barthélemy, et brisant son tombeau, ils dispersèrent ses ossements. Or, voici comme on rapporte que son corps fut transporté de l'Inde dans cette île. Ces païens voyant que son corps était en grande vénération à cause de la quantité de miracles

qu'il opérait, en furent remplis d'indignation et ils le
renfermèrent dans un coffre de plomb qu'ils jetèrent
dans la mer. Dieu permit qu'il abordât dans l'île sus-
dite*; et comme les Sarrasins avaient dispersé ses
os, quand ils se furent retirés, le saint apparut à un
moine et lui dit : « Lève-toi, rassemble mes os qui ont
été dispersés. » Le moine lui répondit : « Pour quelle
raison devons-nous ramasser vos os ou vous rendre
quelque honneur, quand vous nous avez laissé extermi-
ner sans nous secourir ? » L'apôtre reprit : « Pendant
un long espace de temps, le Seigneur a épargné ce peuple en vue de mes mérites ; mais ses péchés s'augmentant de plus en plus et criant jusqu'au ciel, je n'ai plus
pu obtenir pardon pour lui. » Comme le moine lui demandait comment il pourrait jamais trouver ses os qui
étaient confondus avec beaucoup d'autres, l'apôtre lui
dit : « La nuit, tu iras pour les rassembler, et ceux
que tu verras briller comme du feu, tu les enlèveras. »
Le moine trouva tout ainsi que l'apôtre lui avait dit :
il enleva les os, et, s'embarquant sur un vaisseau, il
les transporta à Bénévent, métropole de la Pouille.
Maintenant on dit qu'ils sont à Rome, quoique les
Bénéventins assurent les posséder encore. — Une
femme avait apporté un vase plein d'huile qu'elle voulait verser dans la lampe de saint Barthélemy. Mais
de quelque façon que l'on penchât le vase sur la lampe,
il ne pouvait rien en sortir, quoique en touchant l'huile
avec les doigts on la trouvât liquide. Alors quelqu'un
s'écria : « Je pense qu'il n'est pas agréable à l'apôtre

---

* Grég. de Tours, *De Glor. Martyr.*, l. I, c. xxxviii.

qu'on verse de cette huile dans sa lampe. » C'est pourquoi on versa dans une autre lampe cette huile qui coula aussitôt.

Quand l'empereur Frédéric détruisit Bénévent, il donna l'ordre de raser toutes les églises ; car son intention était de transporter la ville entière dans un autre endroit. Alors un homme rencontra quelques personnages revêtus d'aubes blanches, et resplendissants, qui paraissaient parler ensemble et discuter entre eux une question. Cet homme, rempli d'étonnement, demanda qui ils étaient, et l'un d'eux répondit : « Voici l'apôtre Barthélemy avec les autres saints dont il se trouvait des églises dans la ville : ils se sont réunis pour chercher et discuter quelle peine devra subir celui qui les a chassés de leurs demeures : déjà ils ont décidé entre eux et leur sentence est inviolable, que le coupable sera traduit sans retard au tribunal de Dieu, devant lequel il aura à répondre de tout cela. » Et de vrai, peu après, ledit empereur mourut misérablement.
— On lit dans un livre des *Miracles des Saints*, qu'un Docteur célébrait solennellement chaque année la fête de saint Barthélemy. Un jour qu'il prêchait, le diable lui apparut sous l'apparence d'une jeune fille remarquablement belle : Le prédicateur jeta les yeux sur elle et l'invita à dîner. Pendant le repas, elle faisait tous ses efforts pour lui inspirer de l'amour. Saint Barthélemy vint à la porte sous la figure d'un pèlerin qui demanda avec instance qu'on le fît entrer pour l'amour de saint Barthélemy. La jeune fille s'y opposa et on envoya au pèlerin un pain que celui-ci refusa d'accepter. Alors, par le messager il envoya prier le

maître de lui dire ce qui était plus particulièrement propre à l'homme. Le maître prétendait que c'était le rire,
mais la jeune fille répondit : « Dites plutôt le péché, avec
lequel l'homme est conçu, naît et vit. » Barthélemy répondit que le maître avait bien parlé, mais que la femme avait
donné une réponse renfermant un sens plus profond. En
second lieu, le pèlerin envoya demander au maître de
lui indiquer un endroit n'ayant qu'un pied d'étendue
où Dieu avait manifesté les plus grandes merveilles.
Comme le maître disait que c'était l'endroit de la
croix dans lequel Dieu a opéré des miracles, la femme
dit : « C'est plutôt la tête de l'homme, dans laquelle
existe comme un petit monde. » L'apôtre approuva la
sentence de l'un et de l'autre. Troisièmement il demanda quelle distance il y avait depuis le haut du ciel,
jusqu'au bas de l'enfer. Comme le maître avouait qu'il
ne le savait pas, la femme dit : « Je vois maintenant
que je suis surpassée : mais je le sais, moi, qui suis
tombée de l'un dans l'autre ; et il faut que je te montre cela. » Alors le diable en poussant un grand hurlement se précipita dans l'abîme. Or, quand on chercha le pèlerin, on ne le trouva pas. On lit quelque
chose d'à peu près semblable de saint André.

Saint Ambroise dans la préface qu'il a composée
pour cet apôtre raconte ainsi sa légende en abrégé.
« O Jésus, vous avez daigné manifester d'une manière
admirable votre majesté à ceux que vous avez chargés
de prêcher votre Trinité qui forme une seule divinité.
Parmi eux, c'est sur saint Barthélemy que vous avez
daigné jeter les yeux pour l'envoyer prêcher un peuple éloigné. Aussi l'avez-vous orné de toutes sortes de

vertus. Ce peuple, bien que séparé du reste du monde, vous a été acquis, et a été rapproché de vous par les mérites de la prédication de votre apôtre. De quelles louanges n'est pas digne cet homme merveilleux! Ce n'est pas assez pour lui de gagner à la foi les cœurs de ceux qui l'environnent; il vole plutôt qu'il ne marche vers les extrémités du monde habitées par les Indiens. Une multitude innombrable de malades le suit dans le temple du démon et à l'instant ce père du mensonge ne donne plus de réponses. Oh! combien furent merveilleux les prodiges de sa vertu! Un sophiste veut argumenter contre lui; l'apôtre ordonne et le sophiste reste muet et épuisé. La fille du roi que le démon tourmentait, il la délivre et la rend guérie à son père. Oh! prodige de sainteté! il force le démon à réduire en poudre les idoles sous lesquelles l'antique ennemi du genre humain se faisait adorer. Il peut bien être compté dans l'armée du ciel celui auquel apparut un ange envoyé de la cour céleste afin de rendre un témoignage certain à la vérité! Cet ange montre le démon enchaîné, et grave sur la pierre le signe de la croix qui a sauvé les hommes. Le roi et la reine sont baptisés avec leur peuple, et les habitants de douze villes vous confessent de corps et de cœur. Enfin, sur la dénonciation des pontifes païens, un tyran, le frère de Polémius encore néophyte, fait battre de verges l'apôtre, et le fait écorcher et périr de la mort la plus atroce. » Le bienheureux Théodore *, abbé et docteur, dit entre autres ces paroles, au sujet de saint

* Cf Anastase le Biblioth., t. III, p. 732.

Barthélemy : « L'apôtre Barthélemy prêcha premièrement en Lycaonie, ensuite dans l'Inde, enfin dans
Albane, ville de la grande Arménie où il fut d'abord
écorché et enfin décapité ; il y fut aussi enseveli. Quand
il reçut du Seigneur la mission de prêcher, je pense
qu'il entendit qu'on lui adressait ces mots : « Mon
« disciple, va prêcher, va au combat : affronte les pé-
« rils ; j'ai achevé l'œuvre de mon père ; j'ai été témoin
« le premier ; accomplis la tâche qui t'est imposée ;
« marche sur les pas de ton maître ; donne sang pour
« sang, chair pour chair ; endure ce que j'ai enduré
« pour toi dans ma passion. Que tes armes soient la bé-
« nignité au milieu de tes fatigues, et la douceur vis-à-
« vis des méchants, et la patience dans cette vie qui
« passe. » L'apôtre accepta, et comme un serviteur
fidèle, il acquiesça à l'ordre de son Seigneur ; il s'a-
vance plein de joie comme la lumière du monde, afin
d'éclairer ceux qui vivaient dans les ténèbres : c'est le
sel de la terre qui conserve les peuples énervés ; c'est
le laboureur qui met la dernière main à la culture des
cœurs. L'apôtre saint Pierre enseigne aussi les nations,
saint Barthélemy en fait autant : Pierre opère de grands
prodiges, Barthélemy fait des miracles éclatants ;
Pierre est crucifié la tête en bas ; Barthélemy, après
avoir été écorché vif, est décapité. Autant Pierre
conçoit de mystères, autant en pénètre Barthélemy.
Il féconde l'Eglise comme le prince des apôtres ; les
grâces qu'ils ont reçues tous les deux se balancent. De
même que la harpe produit des accords harmonieux,
de même Barthélemy, qui tient le milieu dans le mys-
térieux nombre douze, s'accorde avec ceux qui le pré-

cèdent comme avec ceux qui le suivent pour produire
des sons mélodieux au moyen de la parole divine.
Tous les apôtres, en se partageant l'univers, ont été
établis les pasteurs du Roi des rois. L'Arménie qui s'é-
tend de Ejulath jusqu'à Gabaoth est la partie qui lui
échoit; aussi voyez-le se servir de sa langue comme
d'un soc pour labourer le champ de l'esprit des hommes, dans les cœurs desquels il enfouit la parole de sa
foi; il plante les jardins et les vignes du Seigneur; il
greffe les remèdes qui guériront les passions de chacun; il extirpe les épines nuisibles, il coupe le bois
de l'impiété; il entoure le dogme de défenses. Mais
qu'ont-ils gagné pour l'offrir au Créateur ! Au lieu des
honneurs, ils n'ont que déshonneur, au lieu de bénédiction, malédiction, au lieu des récompenses, des
tourments; au lieu d'une vie de repos, la mort la plus
amère : car après avoir subi des supplices intoléra-
bles, Barthélemy fut écorché par les impies comme
s'ils avaient prétendu en faire un sac et après sa sortie
de ce monde, il ne méprisa pas ceux qui l'avaient tué ;
mais ceux qui se perdaient, il les attirait par des miracles, ceux qui étaient des adversaires, il les gagnait
par des prodiges. Cependant il n'y avait rien qu'il
n'employât pour calmer leur fureur aveugle, et pour
les éloigner du mal. Or, comment se comportent-ils
ensuite? Ils s'acharnent contre le corps du saint. Les
malades méprisent celui qui les voulait guérir ; les orphelins, celui qui les menait par la main, les aveugles,
leur conducteur, les naufragés, leur pilote, les morts,
celui qui leur rendait la vie. Et comment cela? En jetant ce corps saint dans la mer. »

« Le flot poussa des rivages de l'Arménie le coffre
où étaient les ossements du saint avec quatre autres
coffres d'os de martyrs qui avaient été jetés aussi
dans la mer. Pendant tout le trajet, les quatre coffres
précédaient celui de l'apôtre auquel ils semblaient
faire cortège. Ils abordèrent ainsi, auprès de la Sicile,
dans une île appelée Lipari. Le prodige fut révélé
à l'évêque d'Ostie qui se trouvait présent. Ce trésor inestimable vint dans un lieu très pauvre. Cette
pierre des plus précieuses vint aborder sur un rocher ;
cette lumière resplendissante se répandit dans un lieu
obscur. Les quatre autres coffres allèrent dans différents pays et laissèrent le saint apôtre dans l'île citée
plus haut. En effet l'apôtre laissa les quatre martyrs
par derrière et envoya l'un, savoir : Papinus, dans une
ville de Sicile nommée Milas, un autre qui s'appelait
Lucien, à Messine ; les deux autres, il les fit aller dans
la Calabre, savoir : Grégoire dans la cité de Colonne, et
Achatius dans la cité de Chale où jusque aujourd'hui
ils brillent par les faveurs qu'ils accordent. Le corps
de saint Barthélemy fut reçu au chant des hymnes, au
milieu des louanges ; on alla au-devant de lui avec
des flambeaux, et on éleva en son honneur un temple
magnifique. — Le mont Volcano, voisin de l'île, causait
des dommages aux habitants parce qu'il jetait du
feu : il s'éloigna de sept stades sans qu'on le vît, et
s'arrêta au milieu de la mer, en sorte qu'aujourd'hui
encore on n'en aperçoit plus que comme l'apparence
d'un feu qui s'échappe. Maintenant donc, salut, ô bienheureux des bienheureux ! Trois fois heureux Barthélemy, qui êtes la splendeur de la lumière divine, le

pêcheur de la sainte Eglise, l'homme habile à prendre
les poissons doués de raison, le doux fruit du palmier vivace, l'exterminateur du diable occupé à blesser le monde par ses violences ! Gloire à vous, soleil
qui éclairez tout ce qu'il y a sur la terre, bouche de
Dieu, langue de feu qui répand la sagesse, fontaine intarissable de santé, qui avez sanctifié la mer dans votre
course, qui avez rougi la terre de la pourpre de votre
sang, qui êtes monté aux cieux, où vous brillez dans
l'armée divine, qui êtes environné d'un éclat, d'une
gloire incorruptible, et qui nagez dans des transports
d'un bonheur sans fin ! * »

SAINT AUGUSTIN

Augustin fut ainsi nommé, ou bien en raison de l'excellence
de sa dignité, ou bien pour l'ardeur de son amour, ou bien
par la signification étymologique de son nom. 1° L'excellence
de sa dignité. De même qu'Auguste excellait sur tous les rois,
de même Augustin excelle sur tous les docteurs, selon ce qu'en
dit Remi. Daniel compare les autres docteurs à des étoiles
quand il dit (xii) : « Ceux qui enseignent aux autres la voie de la
justice luiront comme des étoiles dans toute l'éternité. » Mais
saint Augustin est comparé au soleil dans l'épître qu'on chante
en sa messe**. Il a lui dans le temple de Dieu comme un soleil
éclatant de lumière. 2° L'ardeur de son amour. De même que
le mois d'Auguste (août) est très chaud, de même saint Augustin brûla extraordinairement du feu de l'amour divin.

* Théodore Studite, traduit par Anastase le Bibliothécaire.
** C'était sans doute l'épître de la messe de saint Augustin
telle qu'elle se lisait au xiii° siècle, et qui était prise du L°
chapitre de l'*Ecclesiastique*

Aussi dit-il de lui au livre de ses *Confessions :* « Vous avez
percé mon cœur des flèches de votre charité, etc. » Il dit encore dans le même ouvrage : « Quelquefois vous répandez en
moi une douceur si merveilleuse, les sentiments que j'éprouve
sont si extraordinaires que, s'ils recevaient leur perfection, ils
surpasseraient tout ce qu'on peut ressentir ici-bas. » 3º L'étymologie de son nom. Augustin, vient de *augeo,* augmenter et
de *astin,* ville, et *ana,* en haut Augustin, c'est donc celui qui
augmente la cité d'en haut Et c'est pour cela qu'on chante
dans son office* : *Qui prævaluit amplificare civitatem.* Voici
comme il parle lui-même de cette ville dans le livre XI de la
Cité de Dieu · « Dans la Trinité, la cité sainte a son origine, sa
beauté, sa béatitude. Demandez-vous son auteur ? C'est Dieu
qui l'a créée ; — l'auteur de sa sagesse ? C'est Dieu qui l'é-
claire ; — l'auteur de sa félicité ? C'est Dieu dont elle jouit ;
Dieu perfection de son être, lumière de sa contemplation, joie
de sa fidélité ; elle est, elle voit, elle aime ; elle vit dans l'é-
ternité de Dieu ; elle brille dans la vérité de Dieu ; elle jouit
dans la bonté de Dieu. » — Ou bien selon le Glossaire, Augustin veut dire magnifique, heureux, lumineux ; car il fut magnifique dans sa vie, lumineux dans sa doctrine, et heureux
dans la gloire. Sa vie fut compilée par Possidius, évêque de
Catane, ainsi que le dit Cassiodore, en son livre des *Hommes
illustres **.*

Augustin, docteur éminent, naquit dans la province
d'Afrique. en la ville de Carthage, de parents fort
distingués ; son père s'appelait Patrice et sa mère Mo-
nique. Il fut instruit dans les arts libéraux suffisamment pour être regardé comme un profond philosophe
et comme un rhéteur très habile. Il lut et comprit seul

* Le bienheureux Jacques avait un office propre de saint
Augustin sous les yeux, car ces paroles ne se rencontrent pas
dans les Sacramentaires.
** La vie de saint Augustin est compilée ici d'après Possidius
et le livre des *Confessions.*

les ouvrages d'Aristote et tous les livres qui traitent
des arts libéraux; il l'assure dans son livre des *Con-*
fessions : « J'ai lu, dit-il, et compris, sans aucun secours, tout ce que je pus lire traitant de ce qu'on appelle les arts libéraux. Tout ce qui tient à l'art de parler et de raisonner, aux dimensions des corps, à la
musique, aux nombres, je l'ai appris sans beaucoup
de peines et sans le secours de personne ; vous le savez, ô Seigneur, mon Dieu, puisque cette vivacité de
conception, cette pénétration d'esprit sont des avantages que je tiens de vous, cependant je ne songeais pas
à vous en témoigner ma reconnaissance. » Mais parce
que la science isolée de la charité enfle sans édifier,
il tomba dans l'erreur des Manichéens qui affirment
que le corps de J.-C. est fantastique et nient la résurrection de la chair. Et cela dura pendant l'espace de
neuf ans, c'est-à-dire tout le temps de sa jeunesse. Il en
vint au point de dire que le figuier pleurait quand on
en arrachait les feuilles ou le fruit. A l'âge de dix-neuf
ans, comme il lisait l'ouvrage d'un philosophe * dans
lequel on démontre qu'il faut mépriser les vanités du
monde et s'attacher à la philosophie, il fut contrarié
de ne pas rencontrer dans ce livre, qui l'attachait beaucoup, le nom de J.-C. qu'il avait sucé, pour ainsi dire,
avec le lait de sa mère. Quant à celle-ci, elle pleurait
beaucoup et s'efforçait de le ramener à l'unité de foi.
Un jour, dit-il au III° livre de ses *Confessions,* elle se
vit debout sur une règle en bois, fort affligée ; quand
vient à elle un jeune homme qui lui demanda la cause

---

* L'*Hortensius,* de Cicéron.

d'une si grande tristesse. Quand elle lui eut répondu :
« Je déplore la perte de mon fils », le jeune homme
répondit : « Consolez-vous, voyez, il est où vous êtes.»
Et voici que tout à coup elle vit son fils à côté d'elle.
Quand elle eut raconté sa vision à Augustin, celui-ci
dit à sa mère : « Vous vous trompez, ma mère, vous
vous trompez ; on ne vous a pas dit cela ; mais on vous
a dit que vous étiez où je suis. » « Non, s'écria-t-elle,
non, car l'on ne m'a pas dit : « Vous êtes où il est, mais
« il est où vous êtes. » Cette mère pleine de zèle priait
avec importunité, d'après les paroles de saint Augustin dans ses *Confessions*, un saint évêque de vouloir
bien intercéder pour son fils. Et cet homme vaincu en
quelque sorte par ses instances lui répondit ces paroles prophétiques : « Allez, soyez tranquille ; car il est
impossible qu'un fils ainsi pleuré périsse pour toujours. » Après avoir enseigné pendant bien des années la rhétorique à Carthage, il vint à Rome, secrètement, sans en prévenir sa mère, et il y rassembla
beaucoup de disciples. En effet sa mère l'ayant accompagné jusqu'au port pour le retenir ou pour aller avec
lui, il la trompa et partit cette nuit-là même à la dérobée. Le matin quand elle s'en aperçut, elle fit retentir ses clameurs aux oreilles de Dieu. Or, chaque jour,
le matin et le soir, elle allait à l'église et priait pour
son fils. A cette époque, les habitants de Milon envoyèrent prier Symmaque, préfet de Rome, de leur envoyer un maître de rhétorique. C'était alors saint Ambroise, un homme de Dieu, qui était évêque de Milan ;
Augustin y fut envoyé. Mais sa mère, qui ne pouvait
pas goûter de repos, vint le joindre après de grandes

difficultés; elle le trouva ni tout à fait manichéen, ni
tout à fait catholique. Or, Augustin se prit à s'attacher
à saint Ambroise, et à écouter souvent ses prédications. Le saint évêque balançait beaucoup si dans ses
discours il parlerait pour ou contre le manichéisme.
Une fois pourtant Ambroise parla longtemps contre
cette hérésie, de sorte que par les raisons et par les
autorités avec lesquelles il la réfuta, cette erreur fut
extirpée entièrement du cœur d'Augustin.

Il raconte ainsi au livre de ses *Confessions* ce qui
lui arriva dans la suite : « A peine eus-je commencé
à vous connaître, la faiblesse de ma vue fut éblouie
par les flots de lumière que vous lançâtes alors sur
moi : une horreur mêlée d'amour fit frémir mon âme,
et je découvris que j'étais bien éloigné de vous, dans
une région qui vous est étrangère, il me semblait entendre une voix qui me criait d'en haut : « Je suis la
« nourriture des forts; croissez et vous pourrez vous
« nourrir de moi. Vous ne me changerez point en votre
« propre substance, comme ces aliments dont votre
« chair se nourrit; mais ce sera vous qui serez changés
« en moi. » Or, comme il était bien aise de voir que le
Sauveur est lui-même la voie véritable, mais qu'il lui
répugnait encore de marcher dans ses étroits sentiers,
le Seigneur lui inspira la pensée d'aller trouver Simplicien en qui brillait la lumière, c'est-à-dire la grâce
divine, et de lui révéler toutes ses agitations, de sorte
que le connaissant bien, il pût lui indiquer le moyen
le plus propre à le faire entrer dans la voie de Dieu,
où l'un marchait d'une façon et l'autre d'une autre. Il
avait pris en aversion la vie qui se menait dans le

monde, quand il la comparait aux douceurs et à la
beauté de la demeure céleste qu'il aimait. Alors Simplicien se mit à l'exhorter en lui disant : « Combien
d'enfants et de jeunes filles qui servent Dieu dans le
sein de son Eglise ! Et vous ne pourrez pas ce qu'ont
pu ceux-ci et celles-là ? L'ont-ils pu par eux-mêmes
et non par le Seigneur leur Dieu ? Pourquoi compter
sur vos propres forces ? N'avoir que vous-même pour
appui, c'est comme si vous n'en aviez point. Jetez-
vous dans son sein, il vous recevra, il vous guérira. »
Au milieu de ces entretiens, on vint à parler de Victorin ; alors Simplicien, enchanté, lui raconte comment
ce vieillard n'étant encore que gentil, avait mérité, à
cause de sa sagesse, qu'on lui dressât une statue à
Rome, sur le forum ; chose extraordinaire pour ce
temps-là ! et comment il ne cessait de se dire chrétien. Car comme Simplicien disait à Victorin : « Je
n'en croirai rien, tant que je ne vous aurai pas vu
dans l'église. » Mais lui se moquait de cette réponse,
en disant : « Sont-ce donc les murailles qui font qu'un
homme soit chrétien ? » Enfin Victorin vint à l'église,
et comme on lui donnait, en cachette, dans la crainte
qu'il n'en rougît, le livre qui contenait le symbole de
la foi afin de le lire tout haut, comme c'était alors la
coutume, il monta alors sur l'estrade et en prononça
à haute voix les paroles ; Rome en était dans l'admiration et l'Eglise toute joyeuse. Sa présence avait soudainement excité un frémissement et dans un transport unanime suivi d'un profond silence, chacun
s'écria : « C'est Victorin ! c'est Victorin ! » Saint Augustin reçut alors la visite d'un ami, nommé Pontitien,

qui venait d'Afrique ; celui-ci lui raconta la vie et les miracles du grand Antoine qui venait de mourir en Egypte sous l'empereur Constantin. Augustin embrasé fortement par les exemples de ces personnages et en proie à une agitation intérieure que trahissait l'expression de son visage, se tourna vers Alype, son compagnon, et s'écria avec force : « Qu'attendons-nous ? Qu'avez-vous entendu ? Voici des ignorants qui s'empressent de ravir le ciel, et nous, avec notre science, nous nous précipitons dans l'enfer ! Rougirions-nous de marcher après eux, parce qu'ils ont pris le devant, au lieu de rougir de n'avoir pas même le courage de les suivre ? » Alors il alla dans un jardin s'étendre sous un figuier ; c'est encore lui qui le rapporte dans ses *Confessions ;* et là, en versant des larmes amères, il poussait ces cris lamentables : « Jusqu'à quand ? Jusqu'à quand ? Demain et toujours demain ? Tout à l'heure ; encore un instant. » Mais cet instant n'avait point de terme et ce court répit se prolongeait indéfiniment. Il se plaignait beaucoup de cette lenteur qui l'engourdissait, selon ce qu'il en dit plus tard dans le même ouvrage : « O faiblesse de mon intelligence ! que vous êtes élevé, Seigneur, dans les choses les plus élevées ! Que vous pénétrez profondément les plus profondes ! Jamais vous ne vous éloignez de nous, et cependant nous avons tant de peine à retourner à vous. Agissez en nous, Seigneur, mettez-vous à l'œuvre, réveillez-nous et rappelez-nous ; enflammez-nous et entraînez-nous ; embrasez-nous, pénétrez-nous de vos douceurs. » J'appréhendais de me voir libre de toutes les entraves du monde autant qu'il

faudrait craindre de s'y voir engagé. J'ai commencé
bien tard à vous aimer, ô beauté toujours ancienne et
toujours nouvelle ! J'ai commencé bien tard à vous
aimer ! vous étiez au-dedans de moi ; mais j'étais hors
de moi ; et c'était là que je vous cherchais : quand j'étais
moi-même si difforme à vos yeux ; je brûlais pour ces
beautés qui sont l'ouvrage de vos mains. Vous étiez
avec moi et je n'étais pas avec vous. Vous m'avez appelé, vous avez crié et vous avez ouvert mes oreilles
sourdes jusqu'alors. Vous avez frappé mon âme de vos
éclairs ; vous avez lancé vos rayons sur elle et mes
yeux aveuglés se sont ouverts. Vous m'avez fait sentir
l'odeur de vos parfums et je respire, je soupire pour
vous. Vous m'avez touché, et mon ardeur s'est enflammée pour jouir de votre paix. » Et comme il versait des larmes amères, il entendit une voix qui lui
dit : « Prenez et lisez ; prenez et lisez. » Et il se hâta
d'ouvrir le livre de l'apôtre, et il lut le chapitre sur lequel ses yeux se portèrent d'abord : « Revêtez-vous de
Notre-Seigneur J.-C. », et à l'instant furent dissipées
les ténèbres où ses doutes l'avaient plongé. Sur ces entrefaites, il fut tourmenté d'un très violent mal de
dents, en sorte qu'il en serait presque venu à croire,
c'est lui qui le dit, à l'opinion du philosophe Corné-
lius, qui faisait consister le souverain bien de l'âme
dans la sagesse et le souverain bien du corps dans
l'absence entière du sentiment de la douleur. Or, cette
douleur fut si violente qu'il en perdit la parole. Ce fut
alors, ainsi qu'il le rapporte dans ses *Confessions*,
qu'il écrivit sur des tablettes de cire que tous ses amis
priassent pour lui, afin que le Seigneur le guérît. Il se

mit lui-même à genoux avec les autres, et à l'instant il se sentit guéri. Il écrivit donc au saint pontife Ambroise pour lui confier ses intentions, en le priant de lui indiquer ce qu'il devait lire, de préférence, dans les Livres saints, pour le rendre plus digne de la foi catholique. L'évêque recommanda la lecture du prophète Isaïe, qui lui paraissait avoir prédit le plus clairement l'Evangile et la vocation des gentils. Mais Augustin n'en comprenant pas le commencement et pensant qu'il était partout obscur, l'abandonna, en se réservant d'y revenir lorsque les saintes Ecritures lui seraient devenues plus familières. Or, quand l'époque de Pâques fut arrivée, Augustin, parvenu à l'âge de trente ans, reçut, avec Alype, son ami, le saint baptême ainsi que son fils Adéodat, enfant plein d'esprit, qu'il avait eu dans sa jeunesse, alors qu'il était encore païen et philosophe. Il devait ce bonheur aux mérites de sa mère et à la prédication de saint Ambroise. Alors, dit-on, saint Ambroise s'écria : *Te Deum laudamus!* et Augustin répondit : *Te Dominum confitemur*. Et ce fut ainsi que tous les deux composèrent, en se répondant alternativement, cette hymne qu'ils chantèrent en entier jusqu'à la fin. C'est ce qu'atteste encore Honorius (d'Autun), *Patrol. lat.*, 172, dans son livre intitulé *Miroir de l'Eglise*. Cependant dans quelques livres anciens, le *Te Deum* est intitulé ainsi : « Cantique compilé par saint Ambroise et saint Augustin. » Tout aussitôt après, Augustin fut affermi merveilleusement dans la foi catholique ; il abandonna toutes les espérances qu'il pouvait attendre du monde et renonça à donner des leçons dans les écoles. Il raconte lui-même dans

ses *Confessions* l'abondance des douceurs que lui faisait éprouver l'amour divin : « Vous aviez, dit-il, Seigneur, percé mon cœur des traits de votre amour et je
portais vos paroles comme fixées au fond de mes entrailles ; les exemples de vos serviteurs qui étaient
passés, par votre secours, des ténèbres à la lumière et
de la mort à la vie, se pressaient en foule dans mon
esprit pour enflammer mon ardeur et dissiper ma lan-
guissante apathie. Je sortais de cette vallée de larmes
et je chantais le cantique des degrés *, blessé des flèches aiguës et des charbons ardents qui venaient de
vous. Je trouvais une douceur infinie, dans ces premiers jours, à considérer la profondeur de vos des-
seins sur le salut des hommes. Combien de larmes je
versai en prêtant l'oreille à ce mélodieux concert des
hymnes et des cantiques qui retentissaient dans votre
église ! Pendant que mes oreilles cédaient au charme
de ces paroles, votre vérité se glissait par elles dans
mon cœur : mes larmes coulaient par torrents, et c'était
un bien pour moi de les répandre. Ce fut alors en
effet qu'on établit le chant des cantiques dans l'église
de Milan. Je m'écriais du fond de mon cœur : Oh ! ce
sera dans la paix ! oh ! ce sera dans son sein (ah !
quelles paroles !) que je dormirai, que je me reposerai,
que je prendrai mon sommeil ! car vous êtes bien cet
être qui ne change point : en vous je trouve le repos
qui fait oublier toutes les peines. Je lisais ce psaume
en entier ** et je brûlais, moi qui tout à l'heure n'étais

* C'est-à-dire le psaume cxix, *Ad te levavi.*
** Le psaume iv, *Cum invocavem, exaudivit me Deus.*

qu'un ennemi acharné, un aveugle et furieux détrac-
teur de ces Ecritures qui-distillent un miel céleste et
brillent de tout l'éclat de votre lumière : je séchais de
douleur en pensant aux ennemis de ce divin Livre.
O Jésus, mon appui ! Que soudain il me parut doux de
renoncer aux douceurs des vains amusements ! Ce que
j'avais tant redouté de perdre, je le quittai avec joie.
Car vous les chassiez loin de moi ces douceurs, vous,
la véritable et la souveraine douceur ; vous les chassiez
pour prendre leur place, vous qui êtes plus suave que
toutes les voluptés, mais d'une suavité inconnue de la
chair et du sang ; qui êtes plus brillant que toute lumière, mais plus caché que ne l'est aucun secret ; qui
êtes plus élevé que toutes les dignités, mais non aux
yeux de ceux qui s'élèvent eux-mêmes. »

Après quoi, il se prépara à revenir en Afrique
avec Nébrode, Evode et sa mère. Mais arrivés à Ostie,
sa pieuse mère mourut. Alors Augustin revint dans
ses propriétés, où se livrant, avec ceux qui lui étaient
attachés, aux jeûnes et à la prière, il écrivait des
livres et instruisait les ignorants. Sa réputation se
répandait partout : on le trouvait admirable dans
tous ses écrits et dans ses actions. Il avait soin de ne
point aller dans les villes où les sièges étaient vacants,
de peur qu'il ne fût exposé aux embarras de l'épiscopat. Il y avait dans le même temps à Hippone
un homme jouissant d'une grande fortune qui envoya
dire à saint Augustin que, s'il venait le trouver et le
faire jouir de son entretien, il pourrait bien renoncer
au monde. A cette nouvelle, Augustin se hâta de venir.
Alors Valère, évêque d'Hippone, informé de sa répu-

tation, l'ordonna prêtre de son église, malgré toutes
ses résistances. Quelques-uns attribuaient ses larmes
à son orgueil, et lui disaient, pour le consoler, que le
poste qu'il occupait comme prêtre, bien qu'inférieur
à son mérite, était un acheminement vers l'épiscopat. Aussitôt Augustin établit un monastère de clercs,
dans lequel il commença à vivre selon la règle instituée par les saints apôtres, et d'où il sortit au moins
dix évêques. Or, comme l'évêque Valère était grec de
naissance et peu versé dans les lettres et dans la langue latine, il donna à Augustin le pouvoir de prêcher
en sa présence dans l'église, ce qui était contre les usages de l'Orient : mais comme beaucoup d'évêques ne les
suivaient pas en ce point, il ne s'en inquiéta pas,
pourvu que le bien qu'il ne pouvait opérer se fît par
un autre que soi. Dans le même temps, il convainquit,
gagna et réfuta Fortunat, prêtre manichéen et d'autres hérétiques, principalement les rebaptiseurs, les
donatistes et les manichéens. Alors Valère commença
à craindre qu'on ne lui enlevât Augustin et que quelque autre ville ne le demandât pour évêque. Et on
aurait bien pu le lui ravir, s'il n'eût pris garde de
l'envoyer dans un lieu retiré, de manière qu'on ne
put le trouver. Il demanda donc à l'archevêque de Carthage la permission de se démettre en faveur d'Augustin qui serait promu à l'évêché d'Hippone. Mais Augustin s'opposa de toutes ses forces à ce projet : enfin,
pressé et poussé, il fut obligé de céder, et il se chargea
du fardeau de l'épiscopat. Dans la suite, il dit et il
écrivit qu'on n'aurait pas dû l'ordonner évêque du
vivant de celui qu'il remplaçait. Il sut plus tard que

cela était défendu par un concile général ; aussi ne
voulait-il pas faire pour d'autres ce qu'il regrettait
qu'on eût fait pour lui. Et il donna tous ses soins à
ce que dans les conciles des évêques il fût statué que
ceux qui conféraient les ordres intimassent toutes les
ordonnances des Pères à ceux qui devaient être ordon-
nés. On lit qu'il dit plus tard en parlant de lui-même :
« Je n'ai jamais mieux reconnu que Dieu fût irrité
contre moi, que quand j'ai été placé au gouvernail de
l'Eglise, alors que je n'étais pas digne d'être mis au
nombre des rameurs. » Ses vêtements, sa chaussure
et ses autres ornements n'étaient ni trop brillants ni
trop négligés, toutefois ils étaient simples et conve-
nables. On lit en effet qu'il dit de soi : « Je l'avoue,
je rougis d'avoir un habit précieux ; c'est pour cela
que quand on m'en donne un, je le vends, afin de
pouvoir au moins en partager le produit, puisque je
ne puis partager l'habit. » Sa table était servie fru-
galement et simplement, et avec les herbes et les
légumes, il y avait le plus souvent de la viande pour
les infirmes et les hôtes. Pendant les repas, il goûtait
plus la lecture ou la discussion que les mets eux-
mêmes et il avait fait graver dans sa salle ce distique
contre le poison de la médisance :

Quisquis amat dictis absentûm rodere vitam,
Hanc mensam indignam noverit esse sibi *.

Aussi il arriva une fois que quelques-uns de ses
collègues dans l'épiscopat avec lesquels il vivait dans

* O vous qui des absents déchirez la conduite,
Sachez qu'aux détracteurs ma table est interdite.

la familiarité, s'étant permis de médire, il les reprit
durement, et dit que s'ils ne cessaient, ou bien il effa-
cerait ces vers ou bien il allait quitter la table. Ayant
invité un jour quelques intimes à un repas, l'un d'eux,
plus curieux que les autres, entra dans la cuisine, où,
ayant trouvé tout refroidi, il demanda à son retour à
saint Augustin quels mets le père de famille avait commandé de servir. Augustin, qui ne s'occupait pas de
choses pareilles, lui répondit : « Et je ne le sais pas
plus que vous. »

Il disait avoir appris trois choses de saint Ambroise :
la première de ne demander jamais de femme pour
quelqu'un ; la seconde, de ne jamais exciter personne
qui voulût s'engager dans l'état militaire, à suivre ce
parti ; et la troisième, de n'accepter aucune invitation
pour un repas. Quant à la première, c'était dans la
crainte que les époux ne se convinssent pas et se que-
rellassent ; quant à la seconde, c'était de peur que si
les militaires se livraient à la calomnie, cela ne lui fût
reproché ; enfin, quant à la troisième, c'était pour ne
point dépasser les bornes de la tempérance. Telle fut
sa pureté et son humilité, que même les péchés les
plus légers, qui parmi nous sont réputés nuls ou mi-
nimes, il les avoue dans le livre des *Confessions* et
s'en accuse en toute humilité devant Dieu : car il s'y
accuse qu'étant enfant, il jouait à la paume, au lieu
d'aller à l'école. Il s'accuse encore de ne vouloir ni
lire, ni s'appliquer, si son maître ou ses parents ne l'y
forçaient ; de ce qu'étant enfant, il lisait volontiers les
fables des poètes, comme celle d'Enée, et qu'il pleurait
sur Didon se tuant par amour ; de dérober sur la

table ou dans le cellier quelque chose qu'il pût donner
aux enfants, ses compagnons de jeu ; de les avoir
trompés quelquefois au jeu. Il s'accuse aussi d'avoir
volé, à l'âge de seize ans, des poires sur l'arbre de son
voisin.

Dans ce même livre de ses *Confessions*, il s'accuse
d'une légère délectation qu'il éprouvait quelquefois
en mangeant : « Vous m'avez appris, dit-il, Seigneur,
à ne considérer les aliments que comme un remède,
et c'est dans cet esprit que je m'efforce de satisfaire à ce besoin. Mais lorsque je passe de la douleur que me cause la faim à cet état de quiétude qui
s'empare de moi quand elle est apaisée, alors la concupiscence me tend des pièges. Cette transition est
vraiment une volupté, et il n'est pas d'autre voie pour
satisfaire à cette nécessité à laquelle nous sommes
réduits.

« En effet le boire et le manger étant nécessaires à
la conservation de notre existence, un certain plaisir
s'est attaché à cette nécessité comme une compagne
inséparable : mais bien souvent elle s'efforce de prendre les devants, pour m'obliger à faire pour elle-même
ce que je dois et ne veux faire seulement que pour ma
santé. Pour les excès du vin, j'en suis bien éloigné, et
j'espère que vous me ferez la grâce de n'y tomber jamais. Après les repas, un certain engourdissement
peut s'emparer de quelqu'un des vôtres, vous me ferez
la grâce d'en être préservé. Quel est donc l'homme, ô
mon Dieu, qui n'est pas quelquefois entraîné au delà
des bornes que lui prescrit la nécessité ? Oh ! celui-là
est grand ; qu'il glorifie votre nom. Mais ce n'est pas

moi, moi qui suis un malheureux pécheur ! » Il ne se
croyait pas exempt de fautes par rapport à l'odorat
et il disait : « Quant aux plaisirs qu'excitent en nous
les odeurs, je m'en inquiète peu : je ne les recherche
pas quand elles me manquent ; quand elles viennent
à moi, je ne les repousse pas, toujours disposé à m'en
priver pour toujours. C'est du moins, si je ne me
trompe, ce que je crois ressentir : car nul ne doit être
dans une sécurité complète dans cette vie qu'à juste titre
on peut appeler une tentation continuelle, puisque celui
qui de méchant est devenu bon, ne sait pas si de bon
il ne deviendra pas plus méchant. » Voici ce qu'il dit
touchant le sens de l'ouïe : « Les plaisirs de l'ouïe
avaient pour moi, je l'avoue, plus de charmes et plus
d'attraits ; mais vous avez rompu ces liens et m'en avez
affranchi. S'il m'arrive d'être plus ému par la mélodie que par les paroles que l'on chante, alors je
reconnais avoir péché et je préférerais ne point entendre
chanter en cette occasion. »

Il s'accuse encore des péchés de la vue, comme
quand il dit qu'il aimait trop volontiers à voir un
chien courir, qu'il prenait plaisir à regarder la chasse,
quand il lui arrivait de passer dans la campagne,
qu'il examina avec trop d'attention des araignées
enveloppant des mouches dans leurs toiles, alors qu'il
était chez lui. Il s'accuse de cela devant Dieu comme
de choses qui distraient dans les bonnes méditations et qui troublent les prières. Il s'accuse aussi
de désirer les louanges et d'être entraîné par la vaine
gloire : « Celui, dit-il, Seigneur, qui ambitionne les
louanges des hommes, alors qu'il s'attire votre blâme,

ne sera point défendu par les hommes lorsque vous
le jugerez, ni délivré par eux, lorsque vous le con-
damnerez.

Un homme que l'on félicite de quelque bienfait
qu'il a reçu de votre main; se complaît plus dans les
louanges qu'on lui donne, que dans la grâce qui les lui
a méritées. Nous sommes tous les jours exposés sans
relâche à ces sortes de .tentation, et la langue de
l'homme est une fournaise où nous sommes mis journellement à l'épreuve. Néanmoins je ne voudrais pas
que le bon témoignage des autres n'ajoutât rien à la
satisfaction que j'éprouve du bien qui peut être en
moi; mais il faut l'avouer non seulement ce bon témoignage l'augmente, mais le blâme la diminue. Je
suis contristé des éloges que l'on me prodigue, soit
qu'ils se rapportent à des choses que je suis fâché de
trouver en moi, soit que l'on y estime de petites qualités plus qu'elles ne le méritent. »

Ce saint homme réfutait les hérétiques avec une si
grande énergie, qu'ils disaient entre eux publiquement
que ce n'était pas pécher de tuer Augustin qu'ils regardaient comme un loup à égorger; et ils affirmaient
aux assassins que Dieu leur pardonnerait alors tous
leurs péchés.

Il.eut à subir grand nombre d'embûches de leur
part quand il avait besoin de voyager; mais la providence de Dieu permettait qu'ils se trompassent de chemin et qu'ils ne le rencontrassent point. Pauvre lui-
même, il se souvenait toujours des pauvres, et il leur
donnait libéralement de tout ce qu'il pouvait avoir :
car il en vint jusqu'à faire briser et fondre les vases

sacrés afin d'en donner la valeur aux pauvres, aux
captifs et aux indigents. Il ne voulut jamais acheter ni
champ, ni maison à la ville ou à la campagne. Il refusa
grand nombre d'héritages qui lui avaient été légués, par
la raison que cela devait appartenir de préférence aux
enfants ou aux parents des défunts. Quant aux biens
de l'Eglise, il n'y était pas attaché : ils ne lui donnaient
aucun tracas ; mais le jour et la nuit, il méditait les
Saintes Ecritures et les choses de Dieu. Jamais il ne
s'occupait de nouvelles constitutions qui auraient pu
lui embarrasser l'esprit que toujours il voulait conserver
exempt de tout tracas extérieur, afin de pouvoir se
livrer avec liberté à des méditations continuelles et à
des lectures assidues. Ce n'est pas qu'il empêchât
quelqu'un de bâtir, à moins qu'il ne s'aperçût qu'on
le fît sans mesure. Il louait aussi beaucoup ceux qui
avaient le désir de la mort, et il rapportait fort souvent
à ce sujet les exemples de trois évêques. C'était saint
Ambroise qui, au lit de la mort, répondit à ceux qui
lui demandaient d'obtenir pour soi, par ses prières, un
prolongement de vie : « Je n'ai pas vécu de manière à
rougir de vivre parmi vous, et je ne crains pas de
mourir, puisque nous avons un bon maître. » Réponse
que saint Augustin vantait extraordinairement. Il citait
encore l'exemple d'un autre évêque auquel on disait
qu'il était fort nécessaire à l'Eglise, et que cette raison
ferait que Dieu le délivrerait encore, et qui répondit:
« Si je ne devais jamais mourir, ce serait bien ; mais
si je dois mourir un jour, pourquoi pas maintenant ? »
Il rapportait encore ce que saint Cyprien racontait d'un
autre évêque qui, souffrant beaucoup, demandait le

rétablissement de sa santé. Un jeune homme d'une
grande beauté lui apparut alors et lui dit avec un mouvement d'indignation : « Vous craignez de souffrir,
vous ne voulez pas mourir, que vous ferai-je? » Il ne
laissa demeurer avec lui aucune femme, pas même sa
sœur Germaine, ni les filles de son frère qui s'étaient
vouées ensemble au service de Dieu. Il disait que,
quand bien même on n'aurait aucun soupçon mauvais
par rapport à sa sœur et à ses nièces, cependant parce
que ces personnes auraient besoin des services d'autres
femmes, qui viendraient chez elles, avec d'autres, ce
pourrait être un sujet de tentation pour les faibles,
ou certainement une source de mauvais soupçons pour
les méchants. Jamais il ne voulait parler seul à seule
avec une femme, à moins qu'il ne se fût agi d'un secret.
Il fit du bien à ses parents, non pas en leur procurant
des richesses, mais en les empêchant d'être dans la
gêne ou bien dans l'abondance. Il était rare qu'il s'en-
tremît en faveur de quelqu'un par lettres ou par paroles,
imitant en cela la conduite d'un philosophe qui par
amour de sa réputation ne rendit pas de grands services à ses amis, et qui répétait souvent : « Presque
toujours, pouvoir qu'on demande, pèse. » Mais quand
il le faisait, il mesurait son style de manière à ne pas
être importun, mais à mériter d'être exaucé en faveur
de la politesse de sa demande.

Il préférait avoir à juger les procès de ceux qui lui
étaient inconnus, plutôt que ceux de ses amis ; et il
disait que parmi les premiers il pouvait distinguer le
coupable, sans avoir rien à craindre, et que de l'un
d'eux il s'en ferait un ami, mais qu'entre ses amis, il

en perdrait certainement un, savoir celui contre lequel
il prononcerait sa sentence. Beaucoup d'églises l'invi-
tèrent ; il y prêchait la parole de Dieu et opérait des
conversions. Quelquefois, dans ses prédications, il
sortait du cadre qu'il s'était tracé ; alors il disait que
cela entrait dans le plan de Dieu pour le salut de quelqu'un. Ce qui fût évident, par rapport à un homme
d'affaires des manichéens, qui se convertit en assistant à une prédication où saint Augustin fit une
digression contre cette hérésie. En ce temps-là, les
Goths s'étaient emparés de Rome ; alors les idolâtres
et les infidèles insultaient beaucoup les chrétiens ; à
cette occasion, saint Augustin composa son livre de la
Cité de Dieu, pour démontrer qu'ici-bas les justes
doivent souffrir et les impies prospérer. Il y traite des
deux cités, celle de Jérusalem et celle de Babylone et
de leurs rois, parce que le roi de Jérusalem, c'est J.-C.,
et le roi de Babylone, c'est le diable : « Deux amours,
dit-il, ont bâti ces deux cités, l'amour de soi, allant
jusqu'au mépris de Dieu, a bâti la cité du diable, et
l'amour de Dieu, allant jusqu'au mépris de soi, la
cité de Dieu. » Pendant qu'Augustin vivait encore,
vers l'an du Seigneur 440, les Vandales s'emparèrent
de toute la province d'Afrique, ravageant tout, et n'é-
pargnant ni le sexe, ni le rang, ni l'âge. Quand ils
arrivèrent devant la ville d'Hippone, ils l'assiégèrent
vigoureusement. Au milieu de cette tribulation, saint
Augustin, plus que personne, passa les dernières
années de sa vie dans l'amertume et la tristesse. Ses
larmes lui servaient de pain le jour et la nuit, en voyant
ceux-ci tués, ceux-là forcés de fuir, les églises veuves

de leurs prêtres, et les villes détruites et sans habitants. Au milieu de tant de maux, il se consolait par cet adage d'un sage, qui disait : « Celui-là n'est pas un grand homme qui regarde comme chose extraordinaire que les arbres tombent, que les pierres s'écroulent et que les mortels meurent. » Mais il rassembla ses frères et leur dit : « Oui, j'ai prié Dieu afin qu'il nous délivre de ces périls, ou qu'il nous accorde la patience, ou bien qu'il m'enlève de cette vie pour n'être point forcé de voir tant de calamités. » Il n'obtint que la troisième demande, car après trois mois de siège, en février, la fièvre le prit, et il se mit au lit. Comprenant que sa fin approchait, il se fit écrire les sept Psaumes de la pénitence qu'il commanda d'attacher à la muraille, à côté de son lit, d'où il les lisait, en versant sans cesse des larmes abondantes ; et afin de ne penser qu'à Dieu et de n'être gêné par personne, dix jours avant sa mort, il défendit de laisser entrer qui que ce fût dans sa chambre, si ce n'est le médecin, ou bien celui qui lui apportait quelque nourriture.

Or, un malade vint le trouver, et le pria instamment de lui imposer les mains et de le guérir. Augustin lui répondit : « Que dis-tu là, mon fils ? Penses-tu que si je pouvais faire chose pareille, je ne me l'accorderais pas pour moi ? » Mais le malade insistait, et lui assurait que dans une vision qu'il avait eue, il lui avait été ordonné de venir le trouver et qu'il serait guéri. Alors Augustin, voyant sa foi, pria pour lui et il fut guéri. Il délivra beaucoup d'énergumènes et fit plusieurs autres miracles. Au livre XXII de la *Cité de Dieu*, il rapporte, comme ayant été opérés par un

autre, deux miracles qu'il fit. « A ma connaissance,
dit-il, une jeune personne d'Hippone, ayant répandu
sur elle une huile où le prêtre qui priait pour elle
avait mêlé ses larmes, fut délivrée du démon. » Il dit
encore au même endroit : « Il est aussi à ma connaissance que le démon quitta soudain un jeune possédé ;
un évêque avait prié pour ce jeune homme sans le
voir. » Il n'y a aucun doute qu'il ne parle de lui-
même, mais par humilité, il n'a pas voulu se nommer. Il rapporte, dans ce même ouvrage, qu'un
malade devait être taillé, et on craignait beaucoup
qu'il ne mourût de cette opération. Le malade pria
Dieu avec abondance de larmes ; Augustin pria avec
lui et pour lui, et sans aucune incision, il reçut une
guérison parfaite. Enfin, à l'approche de son trépas,
il laissa cet enseignement mémorable, savoir que
l'homme, quelque excellent qu'il soit, ne doit pas
mourir sans confession et sans recevoir l'Eucharistie.
Quand ses derniers instants furent arrivés, jouissant
de toutes ses facultés, la vue et l'ouïe encore saines,
à l'âge de 77 ans, et de son épiscopat la 40e, en présence de ses frères rassemblés et priant, il passa au
Seigneur. Il ne fit aucun testament, parce que ce
pauvre de J.-C. ne laissait rien qu'il pût léguer. Il
vivait vers l'an du Seigneur 400.

Augustin, cet astre éclatant de sagesse, cette forte-
resse de la vérité, ce rempart de la foi, l'emporta sans
comparaison sur tous les docteurs de l'Eglise, aussi
bien par son génie que par sa science. Il fut aussi
illustre par ses vertus que par sa doctrine. C'est ce
qui fait que le bienheureux Remi, en parlant de saint

Jérôme et de quelques autres docteurs; conclut ainsi :
« Saint Augustin les surpassa tous par le génie et par
la science. Car bien que saint Jérôme avoue avoir lu
les 6000 ouvrages d'Origène, cependant saint Augustin en a tant écrit, que non seulement personne, y
passât-il ses jours et ses nuits, ne saurait transcrire ses
livres, mais qu'il ne s'en rencontre pas même un qui
les ait lus en entier. » Volusien, auquel saint Augustin adressa une lettre, parle ainsi : « Cela ne se trouve
pas dans la loi de Dieu si saint Augustin l'ignore. »
Saint Jérôme dit dans une lettre écrite par lui à
saint Augustin : « Je n'ai encore pu répondre à vos
deux opuscules si pleins d'érudition et d'une éloquence
si brillante; certes, tout ce qu'on peut dire, tout ce
à quoi peut atteindre le génie, et tout ce qu'on saurait
puiser dans les saintes Écritures, vous l'avez traité,
vous l'avez épuisé : mais je prie Votre Révérence de
me permettre de donner à votre génie les éloges qu'il
mérite. » Dans son ouvrage des *Douze Docteurs*, saint
Jérôme écrit ces mots sur saint Augustin : « Saint
Augustin, évêque, est comme l'aigle qui plane sur le
sommet des montagnes : Il ne s'occupe pas de ce qui
se trouve au bas, mais il traite avec clarté de ce qu'il
y a de plus élevé dans les cieux; il embrasse d'un
coup d'œil la terre avec les eaux qui l'entourent. »
On peut juger du respect et de l'amour qu'éprouvait
saint Jérôme pour saint Augustin par les lettres que
celui-ci lui adressa. Il s'exprime ainsi dans l'une d'elles :
« Jérôme, au saint et très heureux seigneur pape,
salut. En tout temps, j'ai eu le plus profond respect
pour votre béatitude, et j'ai chéri J.-C. notre Sau-

veur qui habite en vous ; mais aujourd'hui je veux,
s'il est possible, ajouter quelque chose encore et mettre le comble à ma pensée ; c'est que je ne me permets
pas de passer même une heure sans avoir votre nom
présent à mon esprit. » Dans une autre lettre qu'il lui
envoie : « Tant s'en faut, dit-il, que j'ose toucher à
quoi que ce soit des ouvrages de votre béatitude ; j'ai
déjà assez de corriger les miens, sans porter la main
sur ceux des autres. » Saint Grégoire s'exprime ainsi
dans une lettre écrite à Innocentius, préfet d'Afrique :
« Nous nous réjouissons du désir que vous manifes-
tez de recevoir de nous l'exposition sur Job. Mais si
vous souhaitez vous rassasier de quelque nourriture
délicieuse, lisez les opuscules de saint Augustin, votre
compatriote ; vous trouverez que c'est, en comparaison de notre livre, de la fleur de farine à côté de
quelque chose de fort inférieur venant de nous. » Voici
ce qu'il écrit dans son *Registre* : « On lit que saint
Augustin ne consentit pas même à habiter avec sa
sœur ; car, disait-il, celles qui sont avec ma sœur ne
sont pas mes sœurs. La précaution excessive de ce
grand docteur doit nous servir de leçon. On lit dans
la *Préface Ambroisienne* : « Nous adorons, Seigneur,
votre magnificence au jour de la mort de saint Augustin : car votre force, qui opère dans tous, a fait
que cet homme embrasé de votre esprit, ne se laissa
pas vaincre par les promesses des attraits fallacieux :
vous l'aviez en effet rempli de tout genre de piété,
en sorte qu'il vous était tout à la fois, l'autel, le sacrifice, le prêtre et le temple. » Saint Prosper dans son
Traité de la vie contemplative (Julien Pomère, I. III),

parle ainsi de saint Augustin : « Il avait un génie
pénétrant, une éloquence suave ; un grand fonds de
littérature classique ; il avait scruté les matières ecclésiastiques ; il était clair dans ses discussions de tous
les jours, grave dans son maintien, habile à résoudre
une question, attentif à réfuter les hérétiques, catholique dans l'exposition du dogme, sûr dans l'explication des écritures canoniques. » Saint Bernard dit de
son côté : « Augustin, c'est le fléau le plus redoutable
des hérétiques. »

Après sa mort, les barbares ayant fait invasion dans
le pays, ils profanèrent les lieux saints ; alors les fidèles prirent le corps de saint Augustin et le transportèrent en Sardaigne. 280 ans s'étant écoulés depuis
sa mort, vers l'année du Seigneur 718, Luitprand,
pieux roi des Lombards, apprenant que la Sardaigne
avait été dépeuplée par les Sarrasins, fit partir des
messagers pour faire rapporter à Pavie les reliques
du saint docteur *. Au prix d'une somme considé-
rable, ils obtinrent le corps de saint Augustin et le
transportèrent jusqu'à Gênes. Le saint roi l'ayant
appris, il se fit un bonheur de venir à sa rencontre et
de le recevoir. Mais le lendemain matin, quand on
voulut reprendre le corps, on ne put le lever de l'endroit qu'il occupait, jusqu'au moment où le roi fit
vœu que si le saint se laissait emmener, il ferait bâtir,
au même lieu, une église qui serait dédiée en son
nom. Aussitôt on put prendre le corps sans difficulté.

* Vincent de Beauvais, *Hist*, l XXIII, c cxlviii ; — Sigebert, an 721.

Le roi tint sa promesse et fit construire à Gênes une église en l'honneur de saint Augustin. Pareil miracle arriva le lendemain dans une villa du diocèse de Tortone, nommée Casal, où l'on construisit encore une église en l'honneur de saint Augustin. De plus, Luitprand concéda cette même villa avec toutes ses dépendances, pour être possédée à perpétuité par ceux qui desserviraient l'église. Or, comme le roi voyait qu'il plaisait au saint qu'on lui élevât une église partout où il s'arrêtait, dans la crainte qu'il ne se choisît un autre lieu que celui où il voulait le mettre, partout où on passait la nuit avec le saint corps, il fondait une église en son honneur. Ce fut ainsi qu'on arriva à Pavie dans des transports de joie, et que l'on plaça les saints restes avec de grands honneurs dans l'église de saint Pierre, appelée au *Ciel d'or*. — Un meunier, qui avait une dévotion toute spéciale à saint Augustin, souffrait à la jambe d'une tumeur nommée *phlegma salsum*; et il invoquait pieusement saint Augustin à son secours. Le saint, dans une vision, lui toucha la jambe et le guérit. A son réveil, se trouvant délivré, il rendit grâces à Dieu et à saint Augustin. — Un enfant avait la pierre et de l'avis des médecins, il fallait le tailler. La mère qui craignait que l'enfant ne mourût, s'adressa dévotement à saint Augustin pour qu'il secourût son fils. Elle n'eut pas plutôt fini sa prière que l'enfant rendit la pierre en urinant et recouvra une parfaite santé.

Dans un monastère, appelé Elémosina, un moine, la veille de la fête de saint Augustin, fut ravi en extase et vit une nuée lumineuse descendant du ciel, et sur

cette nuée, saint Augustin assis revêtu de ses habits
pontificaux. Ses yeux étaient comme deux rayons de
soleil illuminant toute l'église qui était remplie d'une
odeur très suave. — Saint Bernard étant à Matines
s'assommeilla un peu, et pendant qu'on chantait une
leçon de saint Augustin, il vit un jeune homme très
beau qui se tenait debout, et de la bouche duquel sortait une si grande abondance d'eau que toute l'église
paraissait devoir en être remplie. Saint Bernard ne
fit pas difficulté de penser que c'était saint Augustin
qui a fait couler dans l'Église entière des fontaines de
doctrine. — Un homme, qui aimait singulièrement
saint Augustin, donna beaucoup d'argent à un moine,
gardien du saint corps, pour avoir un doigt d'Augustin. Le moine reçut bien l'argent, mais, à la place du
doigt de saint Augustin, il lui donna le doigt d'un
mort qu'il enveloppa dans de la soie. L'homme le reçut
avec respect et lui adressait sans cesse ses hommages
avec grande dévotion, le pressant sur sa bouche, sur
ses yeux et le suspendant à sa poitrine. Dieu, qui voyait
sa foi, lui donna d'une manière aussi miraculeuse que
miséricordieuse un doigt de saint Augustin ; l'autre
avait disparu. Cet homme étant rentré dans sa patrie,
il s'y fit beaucoup de miracles et le bruit en alla jusqu'à Pavie. Mais comme le moine assurait que c'était
le doigt d'un mort, on ouvrit le sépulcre et on trouva
qu'il manquait un des doigts du saint. L'abbé, qui sut
le fait, déposa le moine de son office et le punit sévè-
rement. — En Bourgogne*, dans un monastère nommé

* Herbert, *De miraculis*, l. III, c. xxxviii ; — *Opp. de saint
Bernard.*

Fontaines, vivait un moine appelé Hugues, très dévot
à saint Augustin, dont il lisait les ouvrages avec bonheur. Il le priait souvent de ne pas permettre qu'il
trépassât de ce monde un autre jour que celui où l'on
solennisait sa fête. Quinze jours auparavant, la fièvre
le saisit si violemment que la veille de la fête on le posa
par terre dans l'église comme un mourant. Et voici
que plusieurs personnages beaux et brillants, en aubes,
entrèrent processionnellement dans l'église dudit monastère : à leur suite venait un personnage vénérable
revêtu d'habits pontificaux. Un moine qui était alors
dans l'église fut saisi à cette vue ; il demanda qui ils
étaient et où ils allaient. L'un d'eux lui répondit que
c'était saint Augustin avec ses chanoines qui venait
assister à la mort de ce moine qui lui était dévot afin
de porter son âme au royaume de la gloire. Ensuite
cette noble procession entra dans l'infirmerie, et après
y être restée quelque temps, la sainte âme du moine
fut délivrée des liens de la chair. Son doux ami le
fortifia contre les embûches des ennemis et l'introduisit dans la joie du ciel. — On lit encore que, de son
vivant, saint Augustin, étant occupé à lire, vit passer
devant lui le démon portant un livre sur ses épaules.
Aussitôt le saint l'adjura de lui ouvrir ce livre pour voir
ce qu'il contenait. Le démon lui répartit que c'étaient
les péchés des hommes qui s'y trouvaient écrits, péchés qu'il avait recueillis de tous côtés et qu'il y avait
couchés. Et à l'instant saint Augustin lui commanda
que, s'il se trouvait porté quelqu'un de ses péchés, il
le lui donnât à lire de suite. Le livre fut ouvert et saint
Augustin n'y trouva rien d'écrit, si ce n'est qu'une

fois, il avait oublié de réciter complies. Il commanda
au diable d'attendre son retour; il entra alors dans
l'église, récita les complies avec dévotion et après avoir
fait ses prières accoutumées, il revint et dit au démon
de lui montrer encore une fois l'endroit qu'il voulait
relire. Le diable, qui retournait toutes les feuilles avec
rapidité, finit par trouver la page, mais elle était
blanche : alors il dit tout en colère : « Tu m'as hon-
teusement déçu ; je me repens de t'avoir montré mon
livre, puisque tu as effacé ton péché par la vertu de
tes prières. » Ayant parlé ainsi, il disparut tout plein
de confusion.

Une femme avait à souffrir les injures de quelques
personnes pleines de malice : elle vint trouver saint
Augustin pour lui demander conseil. L'ayant trouvé
qui étudiait, et l'ayant salué avec respect, il ne la regarda ni ne lui répondit point. Elle pensa que peut-
être c'était par une sainteté extrême qu'il ne voulait
pas jeter les regards sur une femme : cependant elle
s'approcha et lui exposa son affaire avec soin. Mais
il ne se tourna pas vers elle, pas plus qu'il ne lui
adressa de réponse : alors elle se retira pleine de tristesse. Un autre jour que saint Augustin célébrait la
messe et que cette femme y assistait, après l'élévation,
elle se vit transportée devant le tribunal de la très
sainte Trinité où elle vit Augustin, la face inclinée,
discourant avec la plus grande attention et en termes
sublimes sur la gloire de la Trinité. Et une voix se
fit entendre qui lui dit : « Quand tu as été chez Augustin, il était tellement occupé à réfléchir sur la
gloire de la sainte Trinité qu'il n'a pas remarqué que

tu sois venue le trouver ; mais retourne chez lui avec
assurance ; tu le trouveras affable et tu recevras un
avis salutaire. » Elle le fit et saint Augustin l'écouta
avec bonté et lui donna un excellent conseil. — On
rapporte aussi qu'un saint homme étant ravi en esprit
dans le ciel et examinant tous les saints dans la gloire,
n'y voyant pas saint Augustin, demanda à quelqu'un
des bienheureux où il était. Il lui fut répondu : « Augustin réside au plus haut des cieux, où il médite sur
la gloire de la très excellente Trinité. » — Quelques
habitants de Pavie étaient détenus en prison par le
marquis de Malaspina. Toute boisson leur fut refusée
afin de pouvoir en extorquer une grosse somme d'argent. La plupart rendaient déjà l'âme, quelques-uns
buvaient leur urine. Un jeune homme d'entre eux, qui
avait une grande dévotion pour saint Augustin, réclama son assistance. Alors au milieu de la nuit, saint
Augustin apparut à ce jeune homme, et comme s'il
lui prenait la main, il le conduisit au fleuve de Gra-
velon où avec une feuille de vigne trempée dans l'eau,
il lui rafraîchit tellement la langue, que lui, qui aurait
souhaité boire de l'urine, n'aurait plus souhaité maintenant boire du nectar. — Le prévôt d'une église,
homme fort dévot envers saint Augustin, fut malade
pendant trois ans au point de ne pouvoir sortir du lit.
La fête de saint Augustin était proche, et déjà on
sonnait les vêpres de la vigile, quand il se mit à prier
saint Augustin de tout cœur. Saint Augustin se
montra à lui revêtu d'habits blancs et en l'appelant
trois fois par son nom, il lui dit : « Me voici, tu m'as
appelé assez longtemps, lève-toi de suite, et va me cé-

lébrer l'office des Vêpres. » Il se leva guéri, et, à l'é-
tonnement de tous, il entra dans l'église, où il assista
dévotement à tout l'office. — Un pasteur avait un
chancre affreux entre les épaules. Le mal s'accrut au
point de le laisser absolument sans forces. Comme il
priait saint Augustin, celui-ci lui apparut, posa la main
sur la partie malade et la guérit parfaitement. Le même
homme, dans la suite, perdit la vue. Il s'adressa avec
confiance à saint Augustin, qui, un jour sur le midi,
lui apparut, et en lui essuyant les yeux avec les mains,
il lui rendit la santé.

Vers l'an du Seigneur 912, des hommes gravement
malades, au nombre de plus de quarante, allaient à
Rome de l'Allemagne et de la Gaule pour visiter le
tombeau des apôtres. Les uns courbés se traînaient
par terre sur des sellettes, d'autres se soutenaient sur
des béquilles, ceux qui étaient aveugles se laissaient
traîner par ceux qui marchaient en avant, ceux-là enfin avaient les mains et les pieds paralysés. Ils passèrent une montagne et parvinrent à un endroit appelé
la Charbonnerie. Ils étaient près d'un lieu qui se nomme
Cana, à une distance de trois milles de Pavie, quand
saint Augustin revêtu de ses ornements pontificaux,
et sortant d'une église érigée en l'honneur des saints
Côme et Damien, leur apparut et leur demanda où ils
se dirigeaient. Ils lui répondirent qu'ils allaient à Rome ;
alors saint Augustin ajouta : « Allez à Pavie et demandez le monastère de saint Pierre qui s'appelle Ciel
d'or, et là vous obtiendrez les miséricordes que vous
désirez. Et comme ils lui demandaient son nom, il dit :
« Je suis Augustin autrefois évêque de l'église d'Hip-

pone. » Aussitôt il disparut à leurs regards. Ils se di-
rigèrent donc vers Pavie, et étant arrivés au monastère indiqué et apprenant que c'était là que reposait
le corps de saint Augustin, ils se mirent tous à élever
la voix et à crier tous ensemble : « Saint Augustin,
aidez-nous. » Leurs clameurs émurent les citoyens et les
moines qui s'empressaient d'accourir à un spectacle
si extraordinaire. Or, voilà que, par l'extension de leurs
nerfs, une grande quantité de sang se mit à couler, de telle
sorte que depuis l'entrée du monastère, jusqu'au tombeau de saint Augustin, la terre paraissait en être toute
couverte. Parvenus au tombeau, tous furent entièrement guéris, comme s'ils n'avaient jamais été estropiés.
Depuis ce moment, la renommée du saint se propagea
de plus en plus, et une multitude d'infirmes vint à
son tombeau, où tous recouvraient la santé, et laissaient des gages de leur guérison. Telle fut la quantité
de ces gages que tout l'oratoire de saint Augustin et
le portique en étaient pleins, en sorte que cela devint
la cause d'un grand embarras pour entrer et pour sortir. La nécessité força les moines à les ôter. — Il y a
trois choses qui sont l'objet des désirs des personnes
du monde, les richesses, les plaisirs et les honneurs.
Or, le saint atteignit à un tel degré de perfection qu'il
méprisa les richesses, qu'il repoussa les honneurs et
qu'il eut les plaisirs en aversion. Il méprisa les richesses; c'est lui-même qui l'assure dans ses *Solilo-
ques*, où la raison l'interroge et lui dit : « Est-ce que
tu ne désires pas de richesses ? » Et Augustin répond :
« Je ne saurais avouer ce premier point : j'ai trente
ans, et il y en a bien quatorze que j'ai cessé de les

désirer. Des richesses, je n'en désire que ce qu'il faut pour me procurer ma nourriture. C'est un livre de Cicéron qui m'a entièrement convaincu qu'il ne faut en aucune manière souhaiter les richesses. » Il a repoussé les honneurs : il le témoigné dans le même livre. « Que pensez-vous des honneurs? » lui demande la raison. Et saint Augustin répond. : « Je l'avoue, c'est seulement depuis peu de temps, presque depuis quelques jours que j'ai cessé de les ambitionner. » Les plaisirs et les richesses, il les méprisa, par rapport à la chair et au goût. La raison lui demande donc : « Quelle est votre opinion au sujet d'une épouse? Ne vous plairait-elle pas, si elle était belle, chaste, honnête, riche, et surtout si vous aviez la certitude qu'elle ne vous serait pas à charge? » Et saint Augustin répond : « Quelque bien que vous la vouliez peindre, quand vous la montreriez comblée de tous les dons, j'ai décidé que je n'avais rien tant à craindre que le commerce avec une femme. » « Je ne demande pas, reprend la raison, ce que vous avez décidé, je vous demande si vous vous y sentez porté? » Et saint Augustin répond : « Je ne cherche, je ne désire rien à ce sujet : les souvenirs qui m'en restent me sont à charge, affreux et détestables. » Pour ce qui est du second point, la raison l'interroge en disant : « Et pour la nourriture, qu'avez-vous à dire? » « Pour ce qui est du boire, et du manger, des bains et des autres plaisirs du corps, ne me demandez rien. J'en prends ce qu'il me faut seulement, pour conserver la santé. »

LA DÉCOLLATION DE SAINT JEAN-BAPTISTE

La décollation de saint Jean-Baptiste se célèbre et a été instituée, paraît-il, pour quatre motifs, d'après l'*Office mitral** : 1° En raison de sa décollation ; 2° à cause de la combustion et de la réunion de ses os ; 3° à l'occasion de l'invention de son chef ; 4° en mémoire de la translation d'un de ses doigts, et de la dédicace de son église. De là les différents noms attribués à cette fête, savoir la décollation, la collection, l'invention et la dédicace.

I. On célèbre cette fête à cause de la décollation. En effet, selon le récit de l'*Histoire scholastique***, Hérode Antipas, fils d'Hérode le Grand, en partant pour Rome passa par chez son frère Philippe ; alors eut lieu un accord secret entre lui et Hérodiade, femme de Philippe, et selon Josèphe, sœur d'Hérode Agrippa, de répudier sa propre femme à son retour et de se marier avec cette même Hérodiade. Sa femme, fille d'Arétas, roi de Damas, eut connaissance de cette convention ; alors sans attendre le retour de son mari, elle se hâta de rentrer dans sa patrie. En revenant, Hérode enleva Hérodiade à Philippe et s'attira l'inimitié d'Arétas, d'Hérode Agrippa et de Philippe tout à la fois. Or, saint Jean le reprit, parce que, d'après la loi, il ne lui était pas permis de prendre pour femme, ainsi qu'il l'avait fait, l'épouse de son frère du vivant de celui-ci.

---

* Cap. xli.
** In *Evangel.*, cap. lxxiii.

Hérode voyant que saint Jean le reprenait si durement
pour ce crime, et que, d'un autre côté, saint Jean, au
rapport de Josèphe, à cause de sa prédication et de
son baptême, s'entourait d'une foule de monde, le fit
jeter en prison, dans le désir de plaire à sa femme, et
dans la crainte d'un soulèvement populaire. Mais auparavant il voulut le faire mourir, mais il eut peur du.
peuple. Hérodiade et Hérode désiraient également
trouver une occasion quelconque pour pouvoir tuer
Jean. Il paraît qu'ils convinrent secrètement ensemble
qu'Hérode donnerait une fête aux principaux de la
Galilée et à ses officiers le jour anniversaire de sa naissance ; qu'il promettrait avec serment de donner à la
fille d'Hérodiade, quand elle danserait, tout ce qu'elle
demanderait ; que cette jeune personne demandant la
tête de Jean, il serait de toute nécessité de la lui accorder à raison de son serment, dont il ferait semblant
d'être contristé. Qu'il ait poussé la feinte et la dissi-
mulation jusque-là, c'est ce que donne à entendre
l'*Histoire scholastique* où on lit ce qui suit : « Il
est à croire qu'Hérode convint secrètement avec sa
femme de faire tuer Jean, en se servant de cette circonstance. » Saint Jérôme est du même sentiment dans
la glose : « Hérode, dit-il, jura probablement, afin d'a-
voir le moyen de tuer Jean ; car si cette fille eût demandé
la mort d'un père ou d'une mère Hérode n'y eût certainement pas consenti. Le repas est prêt, la jeune fille
est là présente ; elle danse devant tous les convives :
elle ravit le monde ; le roi jure de lui donner tout ce
qu'elle demandera. Prévenue par sa mère, elle demande la tête de Jean, mais l'astucieux Hérode, à cause

de son serment, simula la tristesse, parce que, comme
le dit Raban, il avait eu la témérité de jurer ce qu'il
lui fallait tenir. Or, sa tristesse était seulement sur sa
figure, tandis qu'il avait la joie dans le cœur. Il s'excuse sur son serment afin de pouvoir être impie sous
l'apparence de la piété. Le bourreau est donc envoyé,
la tête de Jean est tranchée, elle est donnée à la jeune
fille, et celle-ci la présente à sa mère adultère. » Saint
Augustin, à propos de ce serment, raconte l'exemple
suivant dans un sermon qu'il fit à la Décollation de
saint Jean-Baptiste.

« Voici un fait qui m'a été raconté par un homme innocent et de bonne foi. Quelqu'un lui ayant nié un prêt
ou une dette, il en fut ému et il le provoqua à faire serment. Le débiteur le fit et l'autre perdit. La nuit suivante,
ce dernier se crut traîné devant le juge qui l'interrogea
en ces termes : « Pourquoi as-tu provoqué ton débiteur à faire serment, quand tu savais qu'il se parjure-
rait ? » Et l'homme répondit : « Il m'a nié mon bien. »
« Il valait mieux, reprit le juge, perdre ton bien que
de tuer son âme par un faux serment. » On le fit
prosterner, et il fut condamné à être battu de verges ;
or, il le fut si rudement, qu'à son réveil, on lui voyait
encore la marque des coups sur le dos. Mais il lui fut
pardonné après qu'il eut fait pénitence. » Ce ne fut
cependant point à pareil jour que saint Jean fut décollé, mais un an avant la Passion de J.-C., vers les
jours des azymes. Il a donc fallu, à cause des mystères de Notre-Seigneur, que l'inférieur le cédât à son
supérieur. A ce sujet, saint Jean Chrysostome s'écrie :
« Jean, c'est l'école des vertus, la règle de vie, l'ex-

pression de la sainteté, le modèle de la justice, le
miroir de la virginité, le porte-étendard de la pudi-
cité, l'exemple de la chasteté, la voie de la pénitence,
le pardon des péchés, la doctrine de la foi. Jean est
plus grand qu'un homme, il est l'égal des anges, le
sommaire de la loi, la sanction de l'évangile, la voix
des apôtres, celui qui fait taire les prophètes, la
lumière du monde, le précurseur du souverain juge,
l'intermédiaire de la Trinité tout entière. Et cet
homme si éminent est donné à une incestueuse, il est
livré à une adultère, il est accordé à une danseuse ! »
Hérode ne resta pas impuni, mais il fut condamné à
l'exil. En effet, d'après ce qu'on trouve dans l'*Histoire scholastique*, Hérode Agrippa, vaillant personnage, mais pauvre, se voyant réduit à l'extrémité,
s'enferma par désespoir dans une tour avec l'intention de s'y laisser mourir de faim. Hérodiade, sa
sœur, informée de cette résolution, supplia Hérode
Antipas, tétrarque, son mari, de le tirer de la tour et
de lui fournir ce qui lui était nécessaire. Il le fit, et
comme ils étaient tous les deux à table, Hérode,
tétrarque, échauffé par le vin, reprocha à Hérode
Agrippa les bienfaits dont il l'avait comblé lui-même.
Celui-ci en conçut un vif chagrin et partit pour Rome
où il fut bien accueilli par Caïus César, qui lui
accorda deux tétrarchies, celle de Lisanias et celle du
pays d'Abilène ; il lui plaça, en outre, le diadème sur
le front, avec l'intention de le faire roi de Judée.
Hérodiade, voyant que son frère avait le titre de roi,
pressait instamment son mari d'aller à Rome et de
solliciter aussi pour lui la même distinction. Mais,

étant fort riche, il ne voulait pas suivre le conseil de
sa femme, car il préférait le repos à des fonctions
honorables. Vaincu enfin par ses prières, il alla à
Rome avec elle. Agrippa, qui en eut connaissance,
expédia à César des lettres pour l'informer qu'Hérode
s'était assuré de l'amitié du roi des Parthes, et voulait se révolter contre l'empire romain, et pour preuve,
il lui fit savoir qu'il avait dans ses places fortes des
armes en assez grande quantité pour armer soixante-
dix mille soldats. Caïus, après avoir lu la lettre, s'informa, comme s'il le tenait d'une autre source, auprès
d'Hérode, sur sa position, et entre autres choses, il
lui demanda s'il était vrai, ainsi qu'il l'avait entendu
dire, qu'il eût une si grande quantité de troupes sous
les armes, dans les villes de sa juridiction. Hérode ne
fit aucune difficulté d'en convenir. Caïus, persuadé
alors de l'exactitude du rapport d'Hérode Agrippa,
l'envoya en exil ; quant à son épouse, qui était sœur
de ce même Hérode Agrippa pour lequel il avait
beaucoup d'affection, il lui permit de retourner dans
son pays. Mais elle voulut accompagner son mari, en
disant que puisqu'elle avait partagé sa prospérité,
elle ne l'abandonnerait pas dans l'adversité. Ils furent
donc déportés à Lyon, où ils finirent leur vie dans la
misère. Ceci est tiré de l'*Histoire scholastique*.

II. Cette fête est célébrée à cause de la combustion
et de la réunion des os de saint Jean ; car des auteurs
prétendent qu'on les brûla en ce jour, et que les restes en furent recueillis par les fidèles. C'est, en quelque sorte, un second martyre que saint Jean souffre,
puisque il est brûlé dans ses os, et c'est la raison

pour laquelle l'Eglise célèbre cette fête comme si elle
était son second martyre *. On lit donc au XIIᵉ livre
de l'*Histoire scholastique* ou *ecclésiastique*, que les
disciples de saint Jean ensevelirent son corps auprès
de Sébaste, ville de Palestine, entre Elisée et Abdias.
Il se faisait de grands miracles à son tombeau ; mais,
par l'ordre de Julien l'Apostat, les gentils dispersèrent les os du saint ; et comme les miracles
continuaient toujours, on recueillit les os, on les
brûla, puis on les réduisit en une poussière que l'on
vanna dans les champs, toujours d'après l'*Histoire
scholastique*. Mais le bienheureux Bède dit que les
os eux-mêmes furent ramassés et épars plus loin
encore. Saint Jean parut souffrir ainsi un second
martyre. (C'est ce que certaines gens imitent sans
savoir ce qu'ils font, quand, à la Nativité de saint
Jean, ils ramassent des os partout et les brûlent.) Or,
pendant qu'on les recueillait pour les brûler, d'après
l'*Histoire ecclésiastique* et le témoignage de Bède, des
moines, venus de Jérusalem, se mêlèrent en cachette
à ceux qui étaient occupés à les recueillir, et en prirent
une grande partie. Ils portèrent alors ces ossements à
Philippe, évêque de Jérusalem, qui, plus tard, les
envoya à Athanase, évêque d'Alexandrie. Dans la suite,
Théophile, évêque de cette ville, les mit dans un temple de Sérapis, purgé de ses ordures ; il le consacra
comme une basilique, en l'honneur de saint Jean. Mais
aujourd'hui, on les honore à Gênes, ainsi que Alexan-

---

* Eusèbe de Césarée, l. II ; — *Hist. ecclésiastique*, c. XXVIII ; —
Sigebert, *Chronique*, an 394.

dre III et Innocent IV l'ont approuvé par leurs privilèges, après en avoir reconnu l'authenticité. De même
qu'Hérode, qui fit couper la tête à saint Jean, subit le
châtiment de ses crimes, de même aussi, Julien l'Apostat, qui fit brûler ses os, fut frappé par la vengeance
divine. On a l'histoire de la punition de ce dernier
dans la légende de saint Julien, après la conversion
de saint Paul *.

Mais, dans l'*Histoire tripartite* **, on trouve de
plus amples détails sur l'origine de Julien l'Apostat,
son règne, sa cruauté et sa mort. Constance, frère
du grand Constantin et descendant du même père,
eut deux fils, Gallus et Julien. A la mort de Constantin, Constance créa césar Gallus, son fils, que pourtant
il tua par la suite. Alors Julien, plein de crainte,
se fit moine, et imagina de consulter les magiciens
pour savoir s'il pouvait avoir encore l'espérance de
parvenir au trône. Après quoi, Constance créa césar
Julien, qu'il envoya dans les Gaules, où il remporta
grand nombre de victoires. Une couronne d'or, suspendue par un fil entre deux colonnes, tomba sur sa
tête, en s'y adaptant parfaitement, au moment où il
passait (le fil s'était rompu); tous s'écrièrent alors que
c'était un signe qu'il serait empereur. Comme les soldats le proclamaient Auguste, et qu'il ne se trouvait
pas là de couronne, un des soldats prit un collier
qu'il avait au cou et le mit sur le front de Julien,

* Ou mieux, après la légende de sainte Paule, qui est à la
suite de la conversion de saint Paul, c'est-à-dire, au 27 janvier.

** Lib. VI, passim.

lequel fut ainsi créé empereur par les soldats. Dès
lors, il renonça aux pratiques du christianisme, qu'il
ne suivait que d'une manière hypocrite, ouvrit les
temples des idoles et leur y offrit des sacrifices. Il se
proclamait le Pontife des païens et faisait abattre partout les images de la Croix. Une fois, la rosée tomba
sur ses vêtements et sur ceux des personnes qui l'accompagnaient, et chaque goutte prit la forme d'une
croix. Dans le désir de plaire à tous, il voulut, après
la mort de Constance, que chacun suivît le culte qui
lui convînt ; il chassa de sa cour les eunuques, les barbiers et les cuisiniers ; les eunuques, parce qu'après la
mort de sa femme il ne s'était point remarié ; les cuisiniers, parce qu'il ne faisait usage que des mets les
plus simples, et les barbiers, parce que, disait-il, un
seul était suffisant pour beaucoup de monde. Il composa une foule d'ouvrages, dans lesquels il déchira
tous les princes, ses prédécesseurs. En chassant les
cuisiniers et les barbiers il faisait œuvre de philosophe,
mais non pas d'empereur ; mais en critiquant et en
déférant des louanges, il ne se comporta ni en philosophe ni en empereur. Un jour que Julien offrait un
sacrifice aux idoles, dans les entrailles de la brebis
qui venait d'être immolée, on lui montra le signe de
la croix entouré d'une couronne. A cette vue, les ministres eurent peur, et expliquèrent le fait en disant
qu'il viendrait un temps qui n'aurait pas de terme, et
où la croix serait victorieuse et uniquement vénérée.
Julien les rassura et dit que cela indiquait qu'il fallait
réprimer le christianisme et le resserrer dans un cercle. Tandis que Julien offrait à Constantinople un sa-

crifice à la Fortune, Maris, évêque de Chalcédoine;
auquel la vieillesse avait fait perdre la vue, le vint
trouver et l'appela impie et apostat. Julien lui dit :
« Ton Galiléen n'a donc pu te guérir, lui? » Maris lui
répondit : « J'en rends grâces à Dieu, car il m'a privé
de la vue afin de ne pas te voir dépouillé de piété. »
Julien ne lui répondit rien et se retira. A Antioche, il
fit ramasser les vases sacrés et les ornements, puis les
jetant par terre, il s'assit dessus et se permit de les
salir. Mais à l'instant, il fut frappé à l'endroit par où
il avait péché, en sorte que les vers y fourmillaient et
rongeaient les chairs. Tant qu'il vécut depuis, il ne
put se guérir.

Julien le préfet qui, par l'ordre de l'empereur, avait
enlevé les vases sacrés appartenant aux églises, dit en
les salissant de son urine : « Voyez dans quels vases
on administre le fils de Marie. » Immédiatement sa
bouche est changée en anus : et ce fut ainsi qu'il sa-
tisfaisait les besoins de la nature. Pendant que l'apostat
Julien entrait dans le temple de la Fortune, les ministres du temple aspergeaient avec de l'eau ceux qui
arrivaient afin de les purifier : Valentinien vit une
goutte de cette eau sur sa chlamyde ; plein d'indignation, il frappa du poing le ministre en disant qu'il
était sali plutôt que purifié. L'empereur, témoin de
cela, le fit mettre sous bonne garde et conduire dans
un désert. En effet, Valentinien était chrétien, et il
mérita pour récompense d'être élevé par la suite à
l'empire. Par haine encore contre les chrétiens, Julien
fit aussi réparer le temple des Juifs, auxquels il four-
nit des sommes énormes ; mais quand ils eurent ras-

semblé une grande quantité de pierres, un vent extraordinaire s'éleva subitement et les dispersa toutes ;
ensuite il se fit un affreux tremblement de terre ; en
dernier lieu, le feu sortit dès fondements et brûla beaucoup de monde *. Un autre jour, une croix apparut
dans le ciel et les habits des Juifs furent couverts de
croix de couleur noire. En allant chez les Perses, il
vint à Ctésiphonte qu'il mit en état de siège. Le roi,
qui s'y trouvait, lui offrit la moitié de son pays, s'il
voulait s'en aller. Mais Julien s'y refusa : car il avait
les idées de Pythagore et de Platon au sujet de la mu-
tation des corps, croyant posséder l'âme d'Alexandre,
ou plutôt qu'il était lui-même Alexandre dans un autre
corps. Mais tout à coup il reçut un dard qui s'enfonça
dans son côté ; cette blessure mit fin à sa vie. Qui
lança cette flèche ? On l'ignore encore ; mais les uns
pensent que ce fut un des esprits invisibles, d'autres,
que ce fut un berger ismaélite : quelques-uns disent
que c'était la main d'un soldat abattu par la faim et
les fatigues de la route. Que ce soit un homme ou
bien un ange, il fut évidemment l'instrument de Dieu.
Calixte, un de ses familiers, dit qu'il fut frappé par le
démon.

III. L'institution de cette fête eut lieu à l'occasion
de l'invention du chef de saint Jean en ce jour. Au
XIe livre de l'*Histoire ecclésiastique*, il est écrit que
saint Jean fut détenu et décapité dans un château de
l'Arabie nommé Machéronte. Mais Hérodiade fit apporter la tête du saint à Jérusalem où elle la fit en-

---

* Socrate, *Hist. eccles.*, l. III, c. XVII ; — Sozomène ; Nicéphore, l. X, c. XXXII-XXXIII.

terrer avec soin auprès de la maison d'Hérode, dans
la crainte que ce prophète ne ressuscitât, si son chef
était enterré avec son corps. Or, du temps de Marcien,
en 453, saint Jean révéla où était sa tête à deux moines
venus à Jérusalem. Ils allèrent en toute hâte au palais
qui avait appartenu à Hérode, et trouvèrent le précieux chef enveloppé dans des sacs de poils de chèvre
provenant, je pense, des habits dont saint Jean était
revêtu dans le désert. Durant le trajet qu'ils firent pour
retourner en leur pays avec ce trésor, un potier de la
ville d'Emèse, vivant de son métier, se joignit à eux.
Or, tandis que cet homme portait la besace qu'on lui
avait confiée, et dans laquelle se trouvait le saint chef,
ce dont il avait été averti la nuit par saint Jean, il se
déroba de ses compagnons, et s'en vint à Emèse avec
cette relique, qu'il y garda avec respect dans un trou
profond tout le temps qu'il vécut : dès lors ses affaires
prospérèrent extraordinairement. Etant près de mourir, il révéla son secret à sa sœur en toute confiance,
et ses héritiers en firent autant les uns aux autres.
Longtemps après, saint Jean révéla à un saint moine,
nommé Marcel, habitant la même caverne, que sa tête
s'y trouvait. Le fait se passa de la manière suivante :
Pendant son sommeil il lui semblait qu'une grande
foule s'avançait et disait : « Voici que saint Jean-
Baptiste vient. » Il vit ensuite le saint conduit par
deux personnages, l'un à sa droite et l'autre à sa gauche. Or, tous ceux qui s'approchaient recevaient une
bénédiction. Marcel s'étant approché se prosterna à
ses pieds, mais le saint précurseur le fit lever, et le
prenant par le menton, il lui donna le baiser de paix.

Alors Marcel lui demanda : « Seigneur, d'où êtes-vous
venu chez nous ? » Saint Jean répondit : « De Sébaste. »
Quand Marcel fut éveillé, il fut fort étonné de cette
vision ; mais une autre nuit qu'il dormait, quelqu'un
vint le réveiller ; après quoi, il vit une étoile brillante
arrêtée sur la porte de sa petite cellule. Il se leva
et voulut la toucher, mais elle se posa ailleurs. Alors
il suivit l'étoile jusqu'à ce qu'elle se fût arrêtée à l'endroit où se trouvait la tête de Jean-Baptiste. Il y
fouilla, trouva une urne contenant ce saint trésor.
Quelqu'un, qui n'en croyait rien, mit la main sur l'urne,
mais à l'instant sa main se sécha et resta attachée au
vase. Alors ses compagnons s'étant mis en prières, il
put retirer sa main, mais elle resta paralysée. Or,
saint Jean lui apparut et lui dit : « Quand on déposera
mon chef dans l'église, tu toucheras l'urne et tu seras
guéri. » Il le fit, et fut guéri entièrement. Marcel rapporta ces événements à Julien, évêque d'Emèse. Ils
prirent la tête et la transportèrent dans la ville. A
partir de cette époque, l'on commença en cette ville
à célébrer la décollation de saint Jean au jour, où,
pensons-nous, le chef fut trouvé ou élevé, selon ce
qu'en dit l'*Histoire scholastique*. Dans la suite on en
fit la translation à Constantinople.

D'après l'*Histoire tripartite* (l. IX, c. XLIII), l'empereur Valens ordonna que le saint chef fût mis sur un
char et transporté à Constantinople ; mais arrivé auprès
de Chalcédoine, on ne put faire avancer le char, quels
qu'aient été les moyens employés pour aiguillonner et
presser les bœufs. On fut donc forcé de laisser là le
chef. Mais, dans la suite, comme Théodose voulait

l'enlever, il pria la vierge, aux soins de laquelle il était
confié, de lui permettre de l'emporter. Elle y voulut
bien consentir, dans la persuasion que, comme du
temps de Valens, il ne se laisserait pas emporter.
Alors le pieux empereur enveloppa le chef dans de la
pourpre et le transporta à Constantinople où il lui fit
bâtir la plus belle des églises. De là, il fut peu de
temps après transporté à Poitiers dans les Gaules, sous
le règne de Pépin. Plusieurs morts y furent ressuscités
par ses mérites. — Or, de même qu'Hérode, qui avait
fait couper la tête à saint Jean et que Julien qui brûla
ses os, furent punis, de même aussi Hérodiade, qui
avait suggéré à sa fille de demander la tête de Jean,
reçut la punition de son crime, ainsi que la fille qui
avait fait la demande. Quelques-uns disent qu'Hérodiade ne mourut pas en exil comme elle y avait été
condamnée, mais alors qu'elle tenait dans les mains la
tête de saint Jean, elle se fit un plaisir de l'insulter ;
or, par une permission de Dieu, cette tête elle-même
lui souffla au visage, et cette méchante femme mourut
aussitôt. C'est le récit du vulgaire ; mais ce qui a été
rapporté plus haut, qu'elle périt misérablement en exil
avec Hérode, est affirmé par les saints dans leurs
chroniques : et il faut s'y tenir. Quant à sa fille, elle
se promenait un jour sur une pièce d'eau gelée dont la
glace se brisa sous ses pieds, et elle fut étouffée à
l'instant dans les eaux. On lit cependant dans une
chronique qu'elle fut engloutie toute vive dans la terre.
Ce qui peut s'entendre, comme quand on parle des
Egyptiens engloutis dans la mer Rouge, on dit avec
l'Ecriture sainte : « La terre les dévora. »

IV. La translation de son doigt et la dédicace de
son église. On dit que le doigt avec lequel saint Jean
montra le Seigneur ne put être brûlé. C'est pour cela
que ce doigt fut trouvé par les moines dont il a été
parlé. Dans la suite sainte Thècle le porta au delà des
Alpes et le déposa dans une église dédiée à saint Martin *. Ceci est attesté par Jean Beleth qui dit que
sainte Thècle apporta ce doigt, qui n'avait pu être
brûlé, des pays d'outre-mer en *Normandie* ** où elle
fit élever une église en l'honneur de saint Jean. On assure que cette église fut dédiée à pareil jour. C'est ce
qui a porté le souverain Pontife à faire célébrer en ce
jour cette fête dans l'univers entier. — Dans une ville
des Gaules nommée Maurienne ***, se trouvait une
dame remplie de dévotion envers saint Jean-Baptiste ;
elle priait Dieu avec les plus grandes instances pour
obtenir quelqu'une des reliques de saint Jean. Mais
comme elle voyait que ses prières n'étaient pas exau-
cées, elle prit la confiance de s'engager avec serment
à ne point manger jusqu'à ce qu'elle eût reçu ce qu'elle
demandait.

Après avoir jeûné pendant quelques jours, elle
vit sur l'autel un pouce d'une admirable blancheur,
et elle recueillit avec joie ce don de Dieu. Trois évêques étant accourus à l'église, chacun d'eux voulait
avoir une parcelle de ce pouce, quand ils furent saisis
de voir couler trois gouttes de sang sur le linge où

* Les éditions plus modernes disent saint Maxime.
** J. Beleth dit la Mauritanie, c. CXLVII.
*** Saint-Jean de Maurienne ainsi nommée à cause des mi-
racles de saint Jean-Baptiste.

était placée la relique, et ils s'estimèrent heureux
d'en avoir obtenu chacun une *.

Théodoline, reine des Lombards, fit élever et dota
à *Modoelia*, près de Milan, une grande église en l'honneur de saint Jean-Baptiste. Dans la suite du temps,
d'après le témoignage de Paul **, Constantin, aussi
bien que l'empereur Constance, voulant soustraire
l'Italie à la domination des Lombards, demanda à un
saint homme, doué de l'esprit de prophétie, quelle
serait l'issue de la guerre. Celui-ci passa la nuit en
prière et le lendemain matin, il répondit : « La reine
a fait construire une église à saint Jean-Baptiste qui
intercède continuellement pour les Lombards, et c'est
pour cela qu'ils ne peuvent être vaincus. Il viendra
cependant un temps que ce lieu sera méprisé et alors
les Lombards seront vaincus. » Ce qui fut accompli
au temps de Charles. — Il est rapporté par saint Grégoire ***, qu'un homme d'une grande sainteté, nommé
Sanctulus, avait reçu en sa garde un diacre pris par
les Lombards, sous la condition que si ce diacre s'en-
fuyait, il serait, lui, condamné à perdre la tête. Sanctulus força le diacre à s'enfuir et à recouvrer la liberté.
Alors Sanctulus fut conduit au supplice; et pour l'exécution on choisit le bourreau le plus robuste qui pourrait, sans le moindre doute, trancher la tête d'un seul
coup. Sanctulus avait présenté son cou et le bourreau
avait levé l'épée avec le bras de toute sa force, quand
le patient dit : « Saint Jean, recevez-le. » A l'instant,

* Saint Grégoire de Tours, *De gloria martyr.*, l. I, c. xiv.
** *Histoire des Lombards*, l. V, c. vi.
*** *Dialogues*, l. III, c. xxxvii.

le bras du bourreau se roidit et resta immobile avec l'épée en l'air; il fit alors le serment de ne frapper désormais plus aucun chrétien; alors l'homme de Dieu pria pour lui et aussitôt il put baisser le bras.

SAINT FÉLIX ET SAINT ADAUCTE
OU ADJOINT *

Félix, prêtre, et son frère, nommé aussi Félix et prêtre comme lui, furent présentés à Dioclétien et à Maximien. L'aîné ayant été amené au temple de Sérapis pour y sacrifier, souffla sur la statue qui tomba à l'instant. Conduit ensuite à la statue de Mercure, il souffla de la même manière et l'idole tomba aussitôt. Traîné en troisième lieu à l'image de Diane, il en fit autant. Il subit la torture du chevalet; il fut mené en quatrième lieu à un arbre sacrilège, afin qu'il sacrifiât. Alors il se mit à genoux, fit une prière et souffla sur l'arbre qui fut déraciné et qui brisa en tombant l'autel et le temple. Le préfet, en ayant été informé, ordonna qu'on le décapitât au même endroit, et qu'on abandonnât son corps aux loups et aux chiens. Aussitôt un homme sortant du milieu de la foule se déclara de lui-même chrétien. Alors les deux confesseurs s'embrassèrent et furent décapités sur les lieux en même temps. Or, les chrétiens, qui ignoraient le nom du dernier, l'appelèrent adjoint (*Adaucte*) parce qu'il s'était

* *Bréviaire.*

adjoint à saint Félix pour recevoir la couronne du martyre. Les chrétiens les ensevelirent dans le trou creusé par la chute de l'arbre, et les païens, qui voulurent les en ôter, furent aussitôt saisis par le diable. Ils pâtirent vers l'an du Seigneur 287.

SAINT SAVINIEN ET SAINTE SAVINE

Savinien et Savine étaient les enfants de Savin, personnage de grande noblesse, mais païen, qui, d'une première femme, eut Savinien, et d'une seconde, Savine ; et il leur donna son nom à tous deux. Savinien lisait ce verset: *Asperges me, Domine*, et cherchait la signification de ces mots, sans pouvoir les comprendre. Alors il entra dans sa chambre, se prosterna sur la cendre et le cilice et dit qu'il aimait mieux mourir que de ne pas comprendre le sens de ce passage. Un ange lui apparut et lui dit: « Ne te fais pas mourir de chagrin, parce que tu as trouvé grâce devant Dieu. Quand tu auras été baptisé, tu seras plus blanc que la neige, et tu comprendras alors ce que tu cherches à présent. » L'ange se retirant, Savinien devient joyeux, et méprise les idoles qu'il n'honore plus ; son père lui adressa de vifs reproches de sa conduite et lui dit: « Mieux vaut, comme tu n'adores pas les dieux, que tu périsses seul, que de nous envelopper tous dans ta mort. » Savinien s'enfuit donc secrètement et vint dans la ville de Troyes. Quand il fut arrivé auprès de la Seine, et qu'il eut prié le Seigneur d'être baptisé de ses

eaux; il y reçut en effet le baptême. Alors le Seigneur
lui dit : « Tu as trouvé maintenant ce que tu as cherché autrefois avec tant de labeur. » Aussitôt Savinien
enfonça son bâton en terre et après avoir fait une
prière, sous les yeux des assistants réunis en grand
nombre, ce bâton produisit des feuilles et des fleurs,
en sorte qu'il y eut onze cent huit personnes qui crurent au Seigneur. Quand l'empereur Aurélien apprit
cela, il envoya plusieurs soldats pour s'emparer de
Savinien. Or, comme ils le trouvèrent en prière, ils n'o-
sèrent s'approcher de lui. L'empereur en envoya d'autres en plus grand nombre. Ils vinrent, s'unirent à ses
prières et se levèrent ensuite pour lui dire : « L'empereur désire vous voir. » Le saint les suivit, mais
comme il ne voulait pas sacrifier, Aurélien lui fit lier
les mains et les pieds et ordonna de le frapper avec
des barres de fer. Savinien lui dit : « Aggrave les tourments, si tu peux. » Alors l'empereur le fit lier, au
milieu de la ville, sur un banc au-dessous duquel on
mit du bois afin de brûler le saint, puis on jeta de
l'huile dans le feu. En même temps le roi le vit debout
et priant au milieu des flammes. Il fut stupéfait, tomba
sur la face et en se levant il dit à Savinien : «Méchante
bête, tu n'as pas encore assez des âmes que tu as dé-
çues; voudrais-tu essayer de nous faire tomber dans
le piège à l'aide de ta magie. » Savinien lui répondit :
« Il y a encore beaucoup d'âmes, et la tienne la première que je dois faire croire au Seigneur. » Quand
l'empereur entendit cela, il en blasphéma le nom de
Dieu, et ordonna, pour le lendemain, que Savinien fût
attaché à un poteau et percé de flèches. Mais les flè-

ches restant suspendues en l'air à droite et à gauche, aucune ne le blessa. Le lendemain, l'empereur le vint trouver et lui dit : « Où est ton Dieu ? qu'il vienne à présent et qu'il te protège contre ces flèches. » Et à l'instant l'une d'elles frappa le roi à l'œil et le rendit tout à fait aveugle. Le roi irrité fit reconduire Savinien en prison pour être décapité le lendemain. Or, Savinien pria d'être transporté à l'endroit où il avait été baptisé. Alors ses chaînes se brisèrent, les portes s'ouvrirent et il y vint en passant au milieu des soldats. A cette nouvelle l'empereur ordonna de l'y poursuivre et de lui couper la tête. Quand Savinien vit les soldats à sa poursuite, il marcha sur l'eau comme sur de la pierre, jusqu'à ce qu'il fût arrivé à l'endroit où il avait été baptisé. Lors donc que les soldats eurent passé le fleuve comme à gué, ils eurent peur de le frapper, mais il leur dit : « Frappez-moi avec une hache, ensuite portez de mon sang à l'empereur afin qu'il recouvre la lumière et qu'il reconnaisse la puissance de Dieu. » Il reçut alors le coup, prit sa tête et la porta l'espace de quarante-neuf pas. Pour l'empereur, quand il eut touché son œil avec le sang du saint, il fut guéri aussitôt et dit : « Il est véritablement bon et grand le Dieu des chrétiens. » Une femme aveugle depuis quarante ans, informée de ce miracle, se fit porter en cet endroit, et après avoir fait une prière, elle recouvra incontinent la vue. Or, saint Savinien souffrit vers l'an du Seigneur 279, aux calendes de février. Mais sa vie est insérée ici afin qu'elle soit réunie à celle de sa sœur dont on célèbre la fête principale en ce jour.

Savine, sa sœur, pleurait chaque jour le départ de

son frère, et suppliait pour lui les idoles. Enfin, pendant son sommeil, un ange lui apparut et lui dit : « Savine, cesse de pleurer, mais quitte tout ce que tu possèdes et tu trouveras ton frère élevé au plus grand honneur. » A son réveil, Savine dit à sa sœur de lait : « Mon amie, n'as-tu rien senti ? » Celle-ci répondit : « Oui, madame ; j'ai vu un homme parlant avec toi, mais je ne sais vraiment pas ce qu'il disait : « Tu ne m'accuseras pas ? » reprit Savine. « Tant s'en faut, madame, répondit la sœur de lait : tu peux faire tout ce que tu veux ; seulement ne te tues pas. » Et le lendemain elles partirent toutes deux. Le père, après l'avoir fait chercher longtemps sans la trouver, dit en levant les mains au ciel : « Dieu puissant, s'il en existe dans le ciel, brise mes idoles qui n'ont pu sauver mes enfants. » Mais le Seigneur fit entendre son tonnerre, brisa et réduisit toutes les idoles en morceaux. Alors un grand nombre de témoins se convertirent à la foi. Pour la bienheureuse Savine, elle vint à Rome, où elle resta cinq ans, après avoir été baptisée par le pape Eusèbe, et avoir guéri deux aveugles et deux paralytiques. Un ange lui apparut pendant son sommeil, et lui dit : « Savine, que fais-tu donc ? tu as abandonné tes richesses et tu vis ici dans les délices ? Lève-toi et va dans la ville de Troyes pour y trouver ton frère. » Savine dit alors à sa suivante : « Nous ne devons plus habiter ici. » « Où veux-tu aller ? reprit celle-ci. Tu vois que tout le monde te chérit, est-ce que tu veux mourir en voyageant ? » « Dieu nous gardera », répondit Savine. Elle prit un pain d'orge et arriva à Ravenne. Elle se présenta à la maison d'un riche qui pleurait sa fille expirante, et elle y demanda l'hospitalité à une servante de l'hôtel qui lui dit : « Madame, comment pourras-tu loger ici, quand la fille de ma maîtresse se meurt, quand tout le monde est dans une grande affliction. » « Ce ne sera pas à cause de moi qu'elle mourra », répondit Savine. Elle entra donc dans la maison, et prenant la jeune fille par la main, elle la fit lever entièrement guérie. Comme on voulait retenir Savine, elle ne voulut jamais y consentir. Arrivée à un mille de Troyes, elle dit à sa suivante qu'il leur fallait prendre un peu de repos, quand un noble personnage, nommé Licérius, qui venait de la ville, leur dit : « D'où êtes-vous ? » Savine lui répondit : « Je suis d'ici, de cette ville. » « Pourquoi mens-tu, reprit Licérius, puisque ton langage indique que tu es une étrangère ? » « Oui, seigneur, dit Savine, je suis étrangère et je cherche mon frère Savinien qui est perdu depuis longtemps. » Licérius reprit : « L'homme que tu cherches a été décapité, il y a fort peu de temps, pour J.-C. et il est enseveli dans tel endroit. » Alors Savine se prosterna à terre et fit cette prière : « Seigneur qui m'avez toujours conservée chaste, ne permettez pas que je continue à me fatiguer dans des routes pénibles, ni que mon corps soit enlevé de ce lieu désormais. Je vous recommande ma servante qui a tant souffert pour moi. Faites que je mérite de voir dans votre royaume, mon frère que je n'ai pu voir ici-bas. » Après sa prière, elle trépassa au Seigneur. En voyant cela, sa suivante se mit à pleurer parce qu'elle n'avait pas le nécessaire pour l'ensevelir. Mais le personnage dont il vient d'être question, envoya à la

ville un hérault pour qu'on vînt ensevelir une femme
étrangère en voyage. On vint et on l'ensevelit avec
honneur.

On fait encore, en ce jour, la fête de sainte Sabine,
épouse du soldat Valentin, qui ne voulant pas sacrifier, fut décapitée sous l'empereur Adrien.

SAINT LOUP

Saint Loup, né à Orléans de famille royale, resplendissait de toutes les vertus quand il fut élu archevêque de Sens. Il donnait presque tout aux pauvres,
et un jour qu'il avait invité beaucoup de personnes à
manger, il n'avait pas assez de vin pour suffire jusqu'au milieu du repas ; il dit alors à l'officier qui l'en
prévenait : « Je crois que Dieu, qui repaît les oiseaux,
viendra au secours de notre charité. » Et à l'instant se
présenta un messager qui annonça cent muids de vin
à la porte. Les gens de la cour l'attaquaient vivement
d'aimer sans mesure une vierge, servante de Dieu, et
fille de son prédécesseur ; en présence de ses détracteurs, il prit cette vierge et l'embrassa en disant :
« Les paroles d'autrui ne nuisent pas à celui auquel sa
propre conscience ne reproche rien. » En effet, comme
il savait que cette vierge aimait Dieu ardemment, il la
chérissait avec une intention très pure. Clotaire, roi
des Francs, entrant en Bourgogne, avait envoyé, contre
les habitants de Sens, son sénéchal qui se mit en devoir d'assiéger la ville, saint Loup entra dans l'église

de saint Étienne et se mit à sonner la cloche. En l'entendant, les ennemis furent saisis d'une si grande frayeur qu'ils crurent ne pouvoir échapper à la mort, s'ils ne prenaient la fuite. Enfin après s'être rendu maître du royaume de Bourgogne, le roi envoya un autre sénéchal à Sens : et comme saint Loup n'était pas venu au-devant de lui avec des présents, le sénéchal outré le diffama auprès du roi afin que celui-ci l'envoyât en exil. Saint Loup y brilla par sa doctrine et par ses miracles. Pendant ce temps-là, les Sénonais tuèrent un évêque usurpateur du siège de saint Loup et demandèrent au roi de rappeler le saint de son exil. Quand le roi vit revenir cet homme si mortifié, Dieu permit qu'il fût changé, à son égard, au point de se prosterner à ses pieds en lui demandant pardon. Il le combla de présents et le rétablit dans sa ville. — En revenant par Paris, une grande foule de prisonniers dont les cachots s'étaient ouverts et qui avaient été délivrés de leurs fers, vint à sa rencontre. — Un dimanche, pendant qu'il célébrait la messe, une pierre précieuse tomba du ciel dans son saint calice, et le roi la déposa avec ses autres reliques. — Le roi Clotaire entendant que la cloche de Saint-Étienne avait des sons admirablement doux, donna des ordres pour qu'on la transportât à Paris afin de pouvoir l'entendre plus souvent. Mais comme cela déplaisait à saint Loup, aussitôt que la cloche eut été sortie de Sens, elle perdit le moelleux de ses sons. A cette nouvelle, le roi la fit restituer à l'instant et aussitôt après elle rendit un son qui fut entendu dans la ville d'où elle était éloignée de sept milles. C'est pourquoi saint Loup alla au-devant de ce qu'il regrettait d'avoir perdu et reçut la cloche avec honneur. — Une nuit qu'il priait, le démon lui fit ressentir une soif extraordinaire ; le saint homme se fit apporter de l'eau froide ; mais découvrant les ruses de l'ennemi, il mit son coussin sur le vase où il renferma le diable qui se mit à hurler et à crier pendant toute la nuit. Quand vint le matin, celui qui avait choisi les ténèbres pour tenter le saint, s'enfuit tout confus en plein jour. — Une fois qu'il venait de visiter, selon sa coutume, les églises de la ville, en rentrant chez lui, il entendit ses clercs se disputer parce qu'ils voulaient faire le mal avec des femmes. Il entra alors dans l'église, pria pour eux, et à l'instant l'aiguillon de la tentation cessa absolument de les tourmenter : ils vinrent le trouver et lui demandèrent pardon. Enfin après s'être rendu illustre, par une foule de vertus, il reposa en paix, vers l'an du Seigneur 610, du temps d'Héraclius.

TABLE DU TOME DEUXIÈME

TOME DEUXIÈME

SOMMAIRES ANALYTIQUES

INVÉNTION DE LA SAINTE CROIX

SAINT APOLLINAIRE

SAINTE CHRISTINE

SAINT JACQUES LE MAJEUR

SAINT ÉTIENNE, PAPE

SAINT DOMINIQUE

SAINT SIXTE, PAPE

SAINT DONAT

SAINT CYRIAQUE ET SES COMPAGNONS

SAINT LAURENT, MARTYR

SAINT HIPPOLYTE ET SES COMPAGNONS

L'ASSOMPTION DE LA BIENHEUREUSE VIERGE MARIE

SAINT BERNARD

CE VOLUME A ÉTÉ ACHEVÉ D'IMPRIMER
LE TRENTE-UN AOUT MIL NEUF CENT UN
SUR LES PRESSES DE
DARANTIERE, IMPRIMEUR A DIJON
POUR
ÉDOUARD ROUVEYRE, ÉDITEUR
A PARIS

B

∂

(LEGENDA AUREA)

LA

LÉGENDE DORÉE

de

JACQUES DE VORAGINE

Nouvellement traduite en français, avec Notices, Notes
ET RECHERCHES SUR LES SOURCES
Par l'Abbé J.-B. M. ROZE

Trois volumes in-8 carré *(ensemble 1720 pages)* . . . **32** francs
Vingt-cinq exemplaires ont été imprimés sur papier du Japon

Publication honorée de la Souscription
du Ministère de l'Instruction publique et des Beaux-Arts

OUVRAGE COMPLET EN DIX VOLUMES

Connaissances nécessaires

Accompagnées de Notes critiques
et Documents bibliographiques **à Un Bibliophile**

recueillis et publiés par

ÉDOUARD ROUVEYRE

Libraire-Antiquaire et Éditeur, Officier de l'Instruction publique

CINQUIÈME ÉDITION

Dix volumes in-8 carré (14×22,5), illustrés de 1.800 figures
Prix : 80 francs

MÉMOIRES DE FLEURY DE CHABOULON

Ex-Secrétaire de l'Empereur Napoléon et de son Cabinet

Pour servir à l'Histoire de la Vie privée, du Retour et du Règne de Napoléon en 1815

AVEC ANNOTATIONS
MANUSCRITES de NAPOLÉON Ier

Publiés par LUCIEN CORNET, Député, Maire de Sens

3 volumes in-8 carré, avec reproductions documentaires. . . **16** francs
(2 volumes papier vélin teinté pour le texte original et 1 volume papier vert pour les notes)

EN COURS DE PUBLICATION

Manuscrits inédits de LÉONARD DE VINCI

Reproduits d'après les originaux conservés à la Bibliothèque du Château Royal de Windsor
au British Museum et au South Kensington Museum, à Londres.
Impression faite à *Cent exemplaires*, numérotés et paraphés.

Imp. A. Gauthier, Paris

Ingram Content Group UK Ltd.
Milton Keynes UK
UKHW010648150623
423468UK00005B/75